U0574451

国家社科基金青年项目"中国式现代化道路的生成逻辑与时代意蕴研究"（批准号：22CKS027）

国家社科基金丛书
GUOJIA SHEKE JIJIN CONGSHU

中国式现代化道路的
生成逻辑与时代意蕴研究

Research on the Formation Logic and Era Connotation
of the Chinese path to Modernization

严文波　著

人民出版社

责任编辑：刘　伟
封面设计：石笑梦
版式设计：胡欣欣

图书在版编目（CIP）数据

中国式现代化道路的生成逻辑与时代意蕴研究 ／ 严文波著. -- 北京 ：
人民出版社，2024. 10. -- ISBN 978 - 7 - 01 - 026794 - 4

Ⅰ. D616

中国国家版本馆 CIP 数据核字第 2024HL7673 号

中国式现代化道路的生成逻辑与时代意蕴研究

ZHONGGUOSHI XIANDAIHUA DAOLU DE SHENGCHENG LUOJI YU SHIDAI YIYUN YANJIU

严文波　著

人民出版社 出版发行

（100706　北京市东城区隆福寺街 99 号）

北京汇林印务有限公司印刷　新华书店经销

2024 年 10 月第 1 版　2024 年 10 月北京第 1 次印刷
开本：710 毫米×1000 毫米 1/16　印张：23.75
字数：320 千字

ISBN 978 - 7 - 01 - 026794 - 4　定价：108.00 元

邮购地址 100706　北京市东城区隆福寺街 99 号
人民东方图书销售中心　电话（010）65250042　65289539

版权所有·侵权必究
凡购买本社图书，如有印制质量问题，我社负责调换。
服务电话：(010)65250042

序

　　中华民族是世界上伟大的民族,有着五千多年源远流长的文明历史,为人类文明进步作出了不可磨灭的贡献。1840 年鸦片战争以后,中国逐步成为半殖民地半封建社会,国家蒙辱、人民蒙难、文明蒙尘,中华民族遭受了前所未有的劫难。从那时起,实现中华民族伟大复兴,就成为中国人民和中华民族的伟大梦想。中国共产党一经诞生,就把为中国人民谋幸福、为中华民族谋复兴确立为自己的初心使命。一百余年来,中国共产党团结带领中国人民进行的一切奋斗、一切牺牲、一切创造,归结起来就是一个主题:实现中华民族伟大复兴。实现中华民族伟大复兴,道路问题至关重要。中国共产党团结带领中国人民实现中华民族伟大复兴的历史,也是一部探索现代化道路的历史。现代化,是一个世界性的现象,指的是人类社会从传统文明向现代文明转变的历史过程。现代化的本质,是人的现代化。现代化的最终目标,是实现人自由而全面的发展。人类走向现代化的历史告诉我们,现代化是世界各国发展的必由之路,但各国的现代化道路又各不相同,世界上不存在定于一尊的现代化模式,也不存在放之四海而皆准的现代化标准。"中国式现代化道路",是习近平总书记明确提出的富有原创性、体现独特性、凸显时代性的重大命题。这条新途,是中国共产党团结带领中国人民在实现中华民族伟大复兴的历史叙事、理论探索和生动实践中不断生发而成的,是中国共产党领导的社会主义现代化。它摒弃了西方以资本为中心的现代化、两极分化的现代化、物质主义膨胀的现代化、对外扩张掠夺的现代化老路,打破了"现代化＝西方化"的迷向、迷思,展现了现代化的另一幅图景,拓展了发展中国家走向现代化的路径选择,为人类对更好社会制度的探索提供了中国方案。

习近平总书记在庆祝中国共产党成立一百周年大会上的讲话中、在党的二十大报告中、在学习贯彻党的二十大精神研讨班开班式上的讲话中,提出了"中国式现代化""中国式现代化新道路"等重大命题,论述了中国式现代化的鲜明特色、本质要求、必须牢牢把握的重大原则、需要正确处理好的重大关系等一系列方向性、根本性问题,初步构建了中国式现代化的理论体系,使中国式现代化更加清晰、更加科学、更加可感可行。如何深入挖掘和研究"中国式现代化道路"这一重大理论创新与实践创新成果背后的学理意涵,是贯通历史、现实与未来的热点话题、前沿问题和战略课题。"中国式现代化道路"何以生成?其内在逻辑理路如何建构?如何彰显其时代价值?这是"中国式现代化道路"研究必须阐释与回答的问题。江西师范大学马克思主义学院博士生导师严文波教授聚焦中国式现代化道路"何以生成""何以规定""为何正确"及"如何走下去"等问题,撰著《中国式现代化道路的生成逻辑与时代意蕴研究》一书。作为国家社科基金青年项目的最终研究成果,该书以其突出优点和鲜明特点,被全国哲学社会科学工作办公室鉴定为"优秀"等次顺利结项,即将由人民出版社出版。

1. 坚持理论逻辑与实践逻辑相统一,精心耙梳"中国式现代化道路"生成的逻辑机理。该书前言开宗明义,指出"中国式现代化道路"的形成与发展绝非历史偶然,而是理论和实践双重向度的创新突破,是理论逻辑与实践逻辑在中华民族伟大复兴历史进程中的必然统一,具有深刻的历史渊源、文化土壤、理论依据与实践根基。第一章至第四章浓笔重墨,进一步阐明了"中国式现代化道路"生成的多重逻辑。首先,"中国式现代化道路"的生成是历史自觉、历史主动和历史自信的内在要求,是基于中国自身国情与实践经验的必然结果。其次,"中国式现代化道路"是中国共产党理论创新的产物,是赓续了马克思主义现代化理论,并在此基础上初步形成了中国式现代化理论体系。其三,"中国式现代化道路"是从中国土壤中生长起来的现代化新道路,是在实践中探索形成并为实践所反复检验的独立之路、发展之路与复兴之路。其四,"中国式现代化道路"具有独特的文化根源与精神特质,其生成离不开中华优秀传统文化的积极作用与中国共产党人精神谱系的思想精髓。通过对历史逻辑、理论逻辑、实践逻辑以及文化逻辑四个维度的细致梳理与深刻剖析,作者以逻辑链条的层级式展开剖析了中国式现代化道路之所以成为中国共产党领导的社会主义现代化道路的动因,揭示了"中国式现代化道路"是从外源到内生、从解决温饱到实现共同富裕、从单一模式到高质量发展的独特发展道路,诠释了以中国式现代化推进中华民族伟大复兴的极端重要性。

2.坚持问题导向与目标导向相统一,聚焦探察"中国式现代化道路"的问题域和新意涵。问题是时代的声音。思维始于问题。目标任务的实现在于问题导向的明确。该书以"中国式现代化道路"的生发为核心理念统摄全书,从问题的递进式回答对"中国式现代化道路"的内涵特质、价值意蕴、世界贡献和未来进路展开全面、系统研究。围绕"中国式现代化道路",作者集中回答了两个关键问题。其一,"中国式现代化道路"如何在中国共产党领导下,在中国人民长期奋斗的历史逻辑、理论逻辑、实践逻辑和文化逻辑中生成,并植根中国具体实际,反映中国人民意愿,适应时代发展要求?其二,"中国式现代化道路"何以能够在新的历史阶段彰显时代意蕴与价值内涵,并确保"中国式现代化道路"在具体实践中行稳致远?在此基础上,形成多维度发散、富有逻辑性的问题链,进而构成关于"中国式现代化道路"的问题集群,通过对诸问题的正确求解和具体阐述,对"中国式现代化道路"形成贯通性认识、整体性把握和系统性研究。在理论探索和实践探索中,提出问题往往比解答问题更为重要。作为人类历史上最为宏大而独特的理论创新和实践创新,中国式现代化是一个高度复杂的系统工程。习近平总书记指出,推进中国式现代化,是一项前无古人的开创性事业,必然会遇到各种可以预料和难以预料的风险挑战、艰难险阻甚至惊涛骇浪。康庄大道并不等于一马平川。在世界的坐标系中,两种意识形态、两种社会制度的竞争和较量更趋激烈,守成势力不甘心优势地位旁落,必然会对我们进行各种打压、遏制甚至破坏;在中国的坐标系中,推进中国式现代化涉及思想观念、生产方式、利益格局的深刻变革,还有一系列难点、卡点、堵点需要突破,改革发展的任务异常繁重。我们必须深刻认识推进中国式现代化的艰巨性和长期性,以强烈的历史主动精神破解"问题岛链"、穿越"矛盾漩涡"。正是在这个意义上,党的二十届三中全会把进一步全面深化改革、推进中国式现代化作为当前和今后一个时期的主题。紧跟时代步伐,顺应时间发展,突出问题导向,聚焦新时代新征程党面临的中心任务,聚焦进一步全面深化改革的总目标,我们完全有理由相信,中国式现代化是在改革开放中不断前进的,也必将在改革开放中开辟广阔前景。

3.坚持共性特征与个性特征相统一,以中国话语和中国叙事体系彰显"中国式现代化道路"的思维向度。实现现代化,是人类文明尤其是发展中国家历史行程中的基本共识、普遍实践和一致目标。该书基于整体历史进程视域下的人类文明,考察现代化和中国式现代化,构建起从普遍性的现代化道路到特殊性的"中国式现代化道路"的话语和叙事体系。习近平总书记指出:"经过长期努力,我们比以往任何一个时代都更有条件破解'古今中西之争',也比以往任何时代都更迫切需要一批熔铸古今、汇通中西的文化成果。"在世界现代化发展史上,社会主义国家是后来者。如何克服资本主义的顽瘴痼疾,从而建立起超越资本主义现代性的"现代社会"和"现代文明",始终是马克思主义经典作家的主题叙事、经典篇章。也正是因为西方在现代化进程中所具有的先发优势和全球话语权的垄断地位,"现代化=西方化"的话语陷阱和思想迷雾一度笼罩全球。现代化与西方化的关系,是该书作者探讨现代化道路的共性与个性时,首先厘清与回应的关键性问题。辩证地看,人类社会的现代化必然有其共性,如工业化、城镇化的实现,以及工业文明对农业文明的取代等等,但不同国家走向现代化的道路理应由其所处的时空坐标以及具体实际来决定。中国式现代化实践孕育中国式现代化理论,中国式现代化理论指导"中国式现代化道路"。两极分化还是共同富裕、物质至上还是物质精神协调发展?竭泽而渔还是人与自然和谐共生?零和博弈还是合作共赢?照抄照搬别国模式还是立足自身国情自主发展?我们究竟需要什么样的现代化?怎样才能实现现代化?面对这一系列的"现代化之问",作为引领和推动现代化进程举足轻重的力量,当今政党特别是执政党有责任作出理性、科学的回答。中国共产党人深化了对现代化建设规律的认识,给出了"中国式现代化"的答案,使现代化道路由原来的"单数"变成了现在的"复数"。该书以历史叙事的客观真实与理论逻辑的缜密演绎,科学阐释了"中国式现代化道路"的生成源于现代化共性规律和中国具体实践的有机结合,生动展现了人类文明演进历程中现代化的共性特征与中国国情所决定的个性特征之间的辩证统一。

"行之力则知愈进,知之深则行愈达。"恩格斯曾指出:"我们的目的是要建立社会主义制度,这种制度将给所有的人提供健康而有益的工作,给所有的人提供充裕的物质生活和闲暇时间,给所有的人提供真正的充分的自由。"中国式现代化道路,融合了物质的现代化、精神的现代化、治理的现代化、生态的现代化和人的现代化,这既从理论和实践的结合上系统回答了马克思主义经典作家所提出的"时代之问""历史之问""世界之问",也是不断对"什么是社会主义、怎样建设社会主义"所作出的深入思考和继续探索。全面建成社会主义现代化强国、以中国式现代化全面推进中华民族问答复兴,归根到底,就是回答和解决如何彰显社会主义优越性的问题。

物之至美者,必有其不逮。中国式现代化,涵盖人民生活方式、生存方式、生产方式、生命方式,同时也包括现代社会治理体系、现代国家执政党的执政能力等。发展和推进中国式现代化,不是静态的,而是一个动态的、持续的、螺旋式上升的、不断前进的过程。在这一过程中,我们必然还会遇到很多问题特别是很多全新的问题,并需要我们不断给出创新性回答。严文波教授的著作是探讨"中国式现代化道路"重大理论问题与实践问题的崭新的起点,同时也是可贵的起点。开卷有益,唯愿该书能够助推人们对"中国式现代化道路"生发更多兴趣、给予人们对"中国式现代化道路"研究更多启迪、凝聚人们推进中国式现代化更多更强大力量。

是为序。

中国社会科学院中国式现代化研究院
党委书记、教授、博士生导师　林建华
2024 年 9 月 12 日

目　录

前　言

　　道路问题是根本性问题,坚持走什么样的道路关乎国家前途、民族命运、人民幸福。走中国式现代化道路,是近代以来中国人民长期奋斗的历史逻辑、理论逻辑、实践逻辑和文化逻辑所决定的,符合中国具体实际,反映中国人民意愿,适应时代发展要求。党的十九届六中全会审议通过的《中共中央关于党的百年奋斗重大成就和历史经验的决议》提出"中国式现代化道路"①的新表述,赋予现代化道路新的理论内涵、新的结构功能和新的精神境界。党的二十大报告明确指出:"从现在起,中国共产党的中心任务就是团结带领全国各族人民全面建成社会主义现代化强国、实现第二个百年奋斗目标,以中国式现代化全面推进中华民族伟大复兴。"②中国式现代化的根本就是中国式现代化道路,以中国式现代化推进民族复兴,其实质就是通过走中国式现代化道路来完成这一中心任务。党的十八大以来,在新中国成立特别是改革开放以来长期探索和实践的坚实基础上,在以习近平新时代中国特色社会主义思想的科学指引下,中国共产党取得了理论和实践双重向度的创新突破,成功推进和拓

---

　　① 《中共中央关于党的百年奋斗重大成就和历史经验的决议》,人民出版社 2021 年版,第64 页。

　　② 习近平:《高举中国特色社会主义伟大旗帜　为全面建设社会主义现代化国家而团结奋斗——在中国共产党第二十次全国代表大会上的报告》,人民出版社 2022 年版,第 64 页。

展了中国式现代化。

中国式现代化道路是在中国共产党领导下的社会主义现代化道路,坚持中国共产党领导与坚持中国特色社会主义,是中国式现代化道路的根本遵循。从逻辑与现实的统一来看,坚持中国共产党领导是中国式现代化道路始终且必然是社会主义现代化道路的根本前提,坚持中国特色社会主义则是中国式现代化道路始终在中国共产党领导下行稳致远的夺目旗帜。一方面,要行稳中国式现代化道路必须坚决维护党中央权威和集中统一领导。党的领导直接关系到中国式现代化道路的根本方向、前途命运和最终成败。只有将党的领导充分落实到党和国家事业各领域各方面各环节,中国式现代化道路才能前景光明、繁荣兴盛,才能不断夺取全面建设社会主义现代化国家新胜利。另一方面,要走好中国式现代化道路必须高举中国特色社会主义伟大旗帜并坚持中国特色社会主义制度。社会主义制度决定了中国式现代化道路的基本性质和发展方向。中国式现代化道路不是什么别的路,而是在坚持以经济建设为中心,坚持四项基本原则,坚持改革开放,坚持独立自主、自力更生,坚持道不变、志不改下走出的人间正道。

中国式现代化道路是具有基于自己国情的鲜明特色和本质要求的现代化道路,只有始终坚持从国情出发,才能牢牢把握中国式现代化道路的历史主动权。党的二十大报告指出,中国式现代化是人口规模巨大的现代化、全体人民共同富裕的现代化、物质文明和精神文明相协调的现代化、人与自然和谐共生的现代化、走和平发展道路的现代化,其本质要求是坚持中国共产党领导,坚持中国特色社会主义,实现高质量发展,发展全过程人民民主,丰富人民精神世界,实现全体人民共同富裕,促进人与自然和谐共生,推动构建人类命运共同体,创造人类文明新形态。这一系列重要论述,既体现了中国式现代化的内在规定性和本质属性的辩证统一,也是中国式现代化道路从何而来、现在哪里、又将去往何处的基本向度,集中反映了中国的具体国情与最大实际,充分彰显了中国特色社会主义制度的巨大优势。

　　志之所趋,道之所向。习近平总书记在党的二十大报告中指出,"我们比历史上任何时期都更接近、更有信心和能力实现中华民族伟大复兴的目标"①。中国式现代化道路正是踔厉实现这一伟大目标的关键所在,是中国共产党带领中国人民在百年征程的艰辛探索中开辟出的光明之路,是历史逻辑、理论逻辑、实践逻辑与文化逻辑相统一的正确之路,是既立足于现实国情又胸怀世界的未来之路,更是推进全面建成社会主义现代化强国、圆梦中华民族伟大复兴的必由之路。

---

　　①　习近平:《高举中国特色社会主义伟大旗帜　为全面建设社会主义现代化国家而团结奋斗——在中国共产党第二十次全国代表大会上的报告》,人民出版社2022年版,第27—28页。

第一章　历史逻辑：中国式现代化道路的历史演进

人类社会向前迈出的每一步，都布满了艰辛和曲折，呈现出螺旋式向前的发展态势。中华民族对现代化的探寻之路经历了漫长而艰辛的历程，实现现代化是近代以来所有革命者和建设者的夙愿，它与近代化和工业化有着紧密联系。鸦片战争后，中国逐步沦为半殖民地半封建社会，国家深陷战争泥潭，民生凋敝、万物萧条，中华民族正遭遇"三千年未有之大变局"。前所未有的民族劫难，激励着一批批有识之士，为了拯救羸弱的民族和苦难的国人，他们纷纷从器物、制度、思想等方面进行艰辛探索。但是，由于受到自身阶级属性、历史局限性等制约，这些受西方影响的被动现代化探索最终都以失败而告终。中国共产党成立后，历经革命、建设和改革发展各个时期，团结带领中国人民走出了一条不同于西方现代化和苏联—东欧模式现代化的新型发展道路。这条新型发展道路彰显了中国共产党人超凡的政治智慧，为人类社会发展提供了中国智慧、中国经验、中国方案。总之，中国式现代化道路具有其深刻的历史逻辑和历史依据，推动着中华民族实现从"站起来""富起来"到"强起来"的历史性飞跃，体现了高度的历史自觉、历史主动和历史自信。因而，从历史维度深刻审视中国式现代化道路的生成、选择与发展，是深入把握和科学认识中国式现代化道路的根本前提。

第一节 站起来：中国式现代化
道路的历史自觉

马克思指出："人们自己创造自己的历史，但是他们并不是随心所欲地创造，并不是在他们自己选定的条件下创造，而是在直接碰到的、既定的、从过去承继下来的条件下创造。"①现代化是人类社会发展的更高形态，实现现代化是人类社会进入近现代以来的时代潮流和必然趋势。现代化最早出现于英国工业革命时期，工业革命快速发展及对外扩展，引起了全球范围经济、政治、文化等领域的广泛变革，继而推动人类社会从农耕文明时代走向工业文明时代。作为西方舶来品，现代化伴随着西方侵略者的坚船利炮，"轰入"古老而文明的中华民族，深深刺痛着中国腐朽封建统治者的脆弱心理和敏感神经，冲击了几千年来封建社会"家国天下"的等级观念以及循环反复的"历史周期率"，对近代中国社会发展产生深远影响。中华民族在经历鸦片战争带来的屈辱和痛苦的同时，逐步思考、觉醒并开启了中国现代化道路的艰辛探索历程，从被动卷入走向主动顺应，从追赶、并跑到逐渐超越、引领，中国在探索现代化道路的历程中逐渐越走越宽、越站越稳。

一、近代以来中华民族对现代化的早期探索

1840 年爆发的鸦片战争使得中国历史发展从此发生重大转折，中华民族进入了屈辱和衰败的近代史。古老文明的中国被率先迈入工业现代化的西方资本主义列强终结了昔日"天朝上国"的辉煌，沦为半殖民地半封建社会，逐步丧失了独立自主的地位，坠落到任人宰割、随意蹂躏的悲惨境地，自给自足的封建自然经济体系也随之瓦解。同时，开启了近代中国人民和中华民族反

---

① 《马克思恩格斯选集》第 1 卷，人民出版社 2012 年版，第 669 页。

抗外敌、追求民族解放、实现国家富强和人民幸福的现代化之路。"鸦片战争之后，中国人民和无数仁人志士不屈不挠，苦苦寻求中国现代化之路。"①从鸦片战争到中国共产党成立前的几十年间，中国社会各阶级的先进分子不断从西方资本主义国家的发展中探寻现代化道路，着眼于实现现代化和中华民族复兴的奋斗目标，进行了各种尝试和探索。

（一）有识之士民族意识的觉醒：近代以来现代化思想的萌芽

近代中国是在西方列强的坚船利炮下被裹挟着拖入资本主义世界历史进程中的，中国现代化的序幕也是在鸦片战争的浓浓硝烟中开启的。西方列强发动的一次次侵华战争以及中国人民反侵略战争的一次次失利，极大地激励着中国人的思考、探索和奋起，努力寻找救国救民道路。正如毛泽东所说："自从一八四〇年鸦片战争失败那时起，先进的中国人，经过千辛万苦，向西方国家寻找真理。"②鸦片战争后，中国少数先进分子开始"睁眼看世界"，主动关注国际形势，深入探究外国发展历程，总结战争失败教训，积极寻求救亡图存和民族复兴之路，民族意识逐渐觉醒。

近代以来无数有识之士主张通过各种方式向西方学习，试图改变近代中国"一穷二白""落后挨打"的悲惨局面。林则徐在查禁鸦片、进行抗英斗争时，积极组织人翻译西方书刊，编成《四洲志》，向民众介绍世界各国的地理、历史等情况。魏源在《海国图志》中提出"师夷长技以制夷"的思想，主张向外国学习先进的军事和科学技术，以实现富国强兵，抵御外国侵略。王韬、薛福成等积极主张吸纳西方的政治、经济学说，表现出强烈的爱国思想和反对封建专制的民主思想。郑观应在《盛世危言》中提出要大力发展民族工商业，与西方国家进行"商战"，设立议院，实行"君民共生"制度等主张。中日甲午战争后，西方列强掀起了瓜分中国的狂潮，促使中华民族各阶级普遍产生了亡国灭

---

① 《习近平谈治国理政》第四卷，外文出版社 2022 年版，第 151 页。
② 《毛泽东选集》第四卷，人民出版社 1991 年版，第 1469 页。

种的民族危机感。一大批有识之士为民族利益积极奔走、呐喊,以期唤醒民众。康有为在保国会的演说中高呼:"吾中国四万万人,无贵无贱,当今日在覆屋之下,漏舟之中,薪火之上,如笼中之鸟,釜底之鱼,牢中之囚,为奴隶,为牛马,为犬羊,听人驱使,听人割宰,此四千年中二十朝未有之奇变。"①严复在《天演论》中借用"物竞天择""适者生存"的进化论思想融入人类社会发展进程,深入浅出地阐释了一切民族都在为生存而竞争,提出"负者日退,而胜者日昌"②的观点,强调中华民族应该顺应时代潮流,不断改革创新,以谋求自强自立。孙中山在创立兴中会时,喊出"振兴中华"的时代最强音,提出"驱除鞑虏,恢复中国,建立合众政府"的奋斗目标。近代以来,无数有识之士怀着强烈的家国情怀和忧患意识,历经千难万险,苦苦探寻拯救民族危亡、实现民族复兴的道路,不断激发民众的民族意识。

(二) 农民阶级的太平天国运动:提出具有资本主义性质的现代化建设方案

在中国几千年的封建专制统治下,农民阶级始终处于社会最底层,长期受到封建地主阶级的残酷剥削和无情压迫,过着极端贫困的生活。鸦片战争失败后,清朝统治者为了赔付巨额的战争赔款,进一步加剧了对农民阶级的横征暴敛,农民负担日益沉重,最终走上了反抗斗争的道路。其中,1851年洪秀全组织、领导的太平天国运动影响最为广泛、深远,是一次反对清朝腐朽统治和地主阶级压迫、剥削的正义战争,得到广大农民群众的积极参与和拥护。

太平天国运动中提出的两个纲领性文件,反映了当时农民阶级对未来社会改革和社会发展的迫切渴望,其中的具体构想和有益探索对后世具有重要的借鉴价值。《天朝田亩制度》确立了平均分配土地的方案,反映了千百年来

---

① 《康有为政论集》上册,中华书局1981年版,第237页。
② 《严复集》第五册,中华书局1986年版,第1351—1352页。

农民对拥有土地的强烈愿望。他们提出"凡天下田，天下人同耕"的原则，希望以解决农民土地问题为中心推行比较完整的社会改革，建立"有田同耕，有饭同食，有衣同穿，有钱同使，无处不均匀，无人不饱暖"的大同理想社会。洪仁玕的《资政新篇》提出了一个统筹全局的社会发展方案，主张学习西方，制定法律制度，发展近代工业和商业。这其实就是提倡资本主义的劳动雇佣制度，将向西方学习从生产力领域扩展到生产关系领域。同时，还提出设立新闻馆，兴办学校、医院，积极发展社会福利事业，等等。《资政新篇》是具有资本主义性质的未来社会发展方案，反映了当时先进的中国人寻找真理和探索救国救民道路的迫切愿望。虽然受制于当时的历史条件，未能付诸实施，但其内容及思想主张具有重要的进步意义。太平天国运动是中国旧式农民战争的最高峰，它沉痛地打击了封建统治阶级，有力地打击了西方侵略者，彰显了中国农民阶级强烈的反抗斗争精神，尤其是它提出的关于社会发展建设的思想主张和制度方案，体现了人们试图通过向外国学习来寻求出路的一种实践探索。

（三）封建地主阶级的洋务运动：近代以来现代化建设的开启

第二次鸦片战争结束后，为了挽救摇摇欲坠的满清王朝，部分开明的统治阶级，如曾国藩、李鸿章、左宗棠、张之洞等，在不变革封建专制统治制度的条件下，试图通过学习西方先进科学技术、引进西方武器装备、创办近代企业，实现器物层面的现代化，开展了轰轰烈烈的洋务运动。冯桂芬是最早对洋务派兴办洋务事业提出指导思想的，他认为应对西方列强的挑战，必须进行改革。提出改革科举制度、改革吏治的建议，主张向西方学习科学技术；对兵工厂和造船厂的优异工匠应授予举人的功名，要重视人才的作用等，强调"以中国之伦常名教为原本，辅以诸国富强之术"[1]。洋务派倡导向西方学习现代技术，提出了"中学为体，西学为用"的主张，兴建了一大批具有资本主义性质的近

---

① 冯桂芬：《校邠庐抗议》，中州古籍出版社 1998 年版，第 211 页。

代军用工业、民用企业;建立了用洋枪、洋炮和舰艇装备的新式海陆军;创办新式学堂,如翻译学堂、工艺学堂、军事学堂等,培养各式人才,积极派遣留学生。洋务派以实现"自强""求富"为目标,开展的一系列改革措施,在一定程度上借助所掌握的国家权力集中力量发展了军事工业和民用企业,培养了通晓洋务的人才,给当时的中国带来了新知识,开阔了人们的视野,对中国早期工业化发展起到了促进作用。

由封建地主阶级发起的洋务运动,是在西方列强不断入侵和封建统治内部腐朽没落的背景下开始的。伴随着洋务运动推动的工业化发展以及资本主义生产方式的出现,几千来形成的重农抑商观念受到强烈冲击,进而导致社会风气、价值观念逐渐发生改变,工商业的地位及作用被逐渐认识和重视,过去一直被人们视为"雕虫小技""奇技淫巧"的西方技术和器物,逐渐成为被学习、效仿的对象。这些改变就是巨大的进步,有利于资本主义经济发展,对推动近代中国工业化、现代化发展具有一定积极意义。但是,洋务运动主要是为了维护封建专制统治,并不是要真正使中国朝着独立的资本主义方向发展。与此同时,西方列强并不希望中国就此真正富强起来,因而它们不断从政治、经济、军事等方面加紧对中国的侵略和掠夺,企图继续对中国进行蹂躏、控制。因此,洋务运动不可能为中国摆脱贫穷落后找到出路,也不可能改变中国的命运,更不可能引导中国走上现代化之路。

（四）资产阶级改良派的维新变法:触及封建专制政体的现代化改革

甲午战争的惨败,进一步加剧了西方列强对中国的侵略,造成了新的民族危机,也激发了新的民族觉醒,促使各阶层的探索逐渐走向深入。以康有为、梁启超、谭嗣同等为主要代表人物的资产阶级改良派开始登上历史舞台,他们试图在部分变革中国封建专制制度的基础上,通过效仿英国、日本等建立君主立宪式的资产阶级国家,推行自上而下的改良运动。在政治方面,改革行政机构,进行政治体制改革,设立议院、兴民权,将封建君主专制转变为君主立宪制;在经济方面,保护、奖励农工商业和交通采矿业,提倡开办实业,坚持工商立国,鼓励发展民族工业;在军事方面,改革旧式军队,训练新式陆军,采用西洋兵制,配备西式武器;在文化教育方面,大兴教育事业,积极培养各式人才,创设京师大学堂等各类高等、中小学堂,改革科举制,提倡西学,开设经济特科,派遣留学生,要求一定程度的言论、出版、结社自由等。相较于前,资产阶级改良派突破了洋务派"中体西用"思想的局限,具有触及封建君主专制政体实质的重大进步,他们积极推动政治体制改革,并主张使资产阶级享有一定程度的政治权利,这是我国近代以来对现代化道路探索的重要尝试。

但是,由于资产阶级改良派自身的局限性,缺乏强有力的领导核心和革命力量,再加上封建顽固势力的强烈反对和各种阻挠,这场试图通过政治现代化"撬动"整个国家现代化进程的改良运动最终走向失败。维新变法的失败表明,在半殖民地半封建的旧中国,企图通过统治者走自上而下的改良道路,效仿西方政治体制,以实现中国现代化道路是根本行不通的。维新变法之后,一部分人继续深入思考中国的前途和命运,逐渐放弃改良主张,开始走上革命道路。

(五) 资产阶级革命派的辛亥革命:提出现代化建设的第一份蓝图

1911 年,孙中山领导的辛亥革命推翻了延续两千多年的封建君主专制制度,建立了西方式的资产阶级共和国,颁布了具有资产阶级共和国宪法性质的法典,为中国资本主义发展扫除障碍。以孙中山为代表的资产阶级革命派以巨大的革命勇气和决心推翻封建专制统治,不仅提出了中国近代以来现代化建设的第一份蓝图,而且将此前被打断的现代化建设进程重新启动,为推动中国现代化发展作出重要贡献。孙中山先生在紧张激烈的革命斗争中,积极致力于中国现代化发展,提出了诸多真知灼见。一是提出"三民主义"和"新三民主义"思想主张。构建一个比较完整而明确的资产阶级民主革命纲领,为现代化建设提供思想指引。二是提出近代以来现代化建设的第一份蓝图——《建国方略》。孙中山强调要重视国家基础设施建设,特别是铁路建设,"国家之贫富,可以铁道之多寡定之,地方之苦乐,可以铁道之远近计之。"①提出未来中国要建成 16 万公里铁路和 160 万公里公路的计划。要发展民族工商业,鼓励实业救国,"设冶铁、制钢并造士敏士(即水泥)之大工厂。"②大力发展采煤、石油、采矿等产业。三是主张政治体制改革。以主权在民的民权主义作为中国实现现代化的政治基础,孙中山强调现代化建设不仅仅是实现经济现代化,更重要的是政治现代化,并尝试将西方政治思想与我国传统文化相结合,对现代化内涵和外延的认识更加全面。要以人民为主体,民治下的官"只尽其能,不窃其权,予夺之自由仍在于人民,是以人民为主体,人民为自动者"③。四是主张走中国特色的现代化道路。孙中山指出中国的现代化建设不走西方工业化的老路,强调工业化过程中要"节制资本",防止出现贫富不均、两极分化的社会问题,指出欧美国家贫富悬殊,不能从根本上解决各种社会问题的关键原因是没有解决土地问题。孙中山领导的辛亥革命以及擘画的现代化蓝图,充分显示了他对中国未来发展的卓越见解和强烈愿望,虽然这些设想在当时的历史条件下难以实现,但是仍然对推动近代以来中国现代化进程具有一定的探索意义。

但是,资产阶级革命派自身存在的软弱性和妥协性,使其很难成为坚强有力的现代政党的领导者,并且没有建立独立的武装力量,再加上内外反动势力的干扰和破坏,导致在半殖民地半封建社会的中国,通过资产阶级革命建立资本主义共和国,进而来实现现代化的革命道路行不通,也无法挽救苦难深重的中华民族。毛泽东指出:"帝国主义的侵略打破了中国人学西方的迷梦。很

---

① 《孙中山全集》第八卷,人民出版社 2015 年版,第 200 页。
② 《孙中山选集》(上),人民出版社 2011 年版,第 225 页。
③ 《孙中山全集》第二卷,人民出版社 2015 年版,第 202 页。

奇怪,为什么先生老是侵略学生呢? 中国人向西方学得很不少,但是行不通,理想总是不能实现。多次奋斗,包括辛亥革命那样全国规模的运动都失败了。"①虽然这场资产阶级革命运动最终失败了,但这场革命的洗礼,却持续激励着中国先进分子继续进行新的探索,努力为谋取中国现代化开辟新的出路。

近代以来,面对"三千年未有之大变局",面对西方列强的肆意侵略和满清王朝的腐朽统治,中国社会各阶级的先进分子掀起了一场场轰轰烈烈的救亡图存运动,为实现现代化和民族复兴进行了各种大胆尝试和积极探索。虽然各种努力最终都以失败告终,却为后期中国共产党领导人民进行的成功探索提供了弥足珍贵的借鉴。这些早期的现代化探索历程用实践证明:中国要实现现代化,必须有先进政党的引领,必须彻底改变半殖民地半封建社会的旧中国,必须结合中国实际情况和历史传统。只有道路正确、理论正确、制度正确、文化正确,再经过几代人艰苦卓绝的不懈奋斗,才能实现民族独立、国家富强和人民幸福,最终实现现代化的宏伟目标。

二、新民主主义革命时期"实现工业化"的任务

1917 年列宁领导的俄国十月革命取得胜利,建立了世界上第一个社会主义国家和无产阶级政权,使科学社会主义从理论变为现实,打破了资本主义一统天下的世界格局,也给世界上其他受剥削和压迫的地区和民族重新燃起了希望并提供了全新选择。十月革命一声炮响,给中国人民送来了马克思列宁主义。马克思主义迅速传入中国并得到广泛传播,给处于黑暗中苦苦摸索的中国先进分子以极大的鼓舞和震撼,为中国共产党的创立提供了坚实的理论基础和实践借鉴,为中华民族实现现代化和民族复兴提供了强大的思想武器,从而开启了中国共产党领导人民探索现代化道路的新征程。

———————————

① 《毛泽东选集》第四卷,人民出版社 1991 年版,第 1470 页。

（一）新民主主义革命胜利为探索中国现代化提供根本社会条件

新民主主义革命时期，面对帝国主义、封建主义和官僚资本主义的三重压迫，要在半殖民地半封建社会的旧中国推进现代化进程困难重重。毛泽东曾明确指出中国进行革命的目的，他说道："为什么要革命？为了使中华民族得到解放，为了实现人民的统治，为了使人民得到经济的幸福。"①因此，中国共产党成立后，通过对中国国情进行历史的、科学的分析，将推翻三座大山的压迫，为中国人民谋幸福、为中华民族谋复兴作为自身的初心使命，不断探索现代化道路，并将夺取新民主主义革命胜利作为实现中国现代化的历史前提。要解决中华民族救亡图存与实现现代化的两大历史任务，中国共产党必须团结带领全国各族人民进行一场彻底的社会革命，把半殖民地半封建社会的旧中国变成社会主义新中国，然后在此基础上进行社会主义革命和建设，才能最终实现现代化和民族复兴。

为了给中国现代化道路创造根本社会条件，在新民主主义革命时期，中国共产党领导中国人民开创"农村包围城市、武装夺取政权"的革命道路，走上了一条符合中国国情的民主革命道路；建立最广泛的爱国统一战线，团结领导全国各族人民共同抵抗日本侵略者，取得抗日战争胜利；建立最广泛的人民民主统一战线，团结领导各族人民推翻了国民党反动独裁统治，获得解放战争胜利。新民主主义革命的胜利和新中国的成立，彻底改变了近代以来中国积贫积弱、任人欺侮的悲惨命运，为实现现代化道路和中华民族伟大复兴创造了根本社会条件。

（二）新民主主义理论首次系统全面地提出中国现代化的建设纲领

毛泽东曾明确提出建设一个"新民主主义国家"的构想，提出新民主主义

---

① 《毛泽东文集》第一卷，人民出版社 1993 年版，第 21 页。

革命纲领。其实，这也是中国现代化的建设纲领，指明了中国现代化的发展目标和根本途径，强调中国未来的现代化不仅包括经济现代化，还包括政治现代化、文化现代化等方面，是一个全新的现代化。

第一，"实现工业化"是推动中国现代化的根本途径。在新民主主义理论中，毛泽东提出了工业化的标准，高度重视工业化的影响和作用，他强调"要打倒日本帝国主义，必需有工业；要中国的民族独立有巩固的保障，就必需工业化。我们共产党是要努力于中国的工业化的"[1]，"工业必须是新民主主义社会的主要经济基础"[2]。结合中国的经济社会异常落后的基本国情，毛泽东在《论联合政府》中指出："中国工人阶级的任务，不但是为着建立新民主主义的国家而斗争，而且是为着中国的工业化和农业近代化而斗争。"[3]在《目前形势和我们的任务》中，毛泽东指出："中国人民的任务，是要在第二次世界大战结束、日本帝国主义被打倒以后，在政治上、经济上、文化上完成新民主主义的改革，实现国家的统一和独立，由农业国变成工业国。"[4]从此，"实现工业化""由农业国变成工业国""工业化和农业近代化"等，成为毛泽东以及其他领导人讲话时的常用词语，也成为实现现代化目标的必然要求。毛泽东从近代中国历史和民族前途命运的角度深刻阐述了"实现工业化"的极端重要性，将实现国家独立、民族解放与实现工业化、发展社会生产力紧紧联系在一起，体现了中国共产党领导人民致力于现代化建设的前瞻性和战略性考量。

第二，新民主主义理论开辟了中国现代化新道路。毛泽东在新民主主义理论中对中国未来社会发展提出各种构想，开辟了一条与西方现代化截然不同的社会主义现代化新道路。毛泽东提出，我们要建立的新民主主义社会和

---

[1]　《毛泽东文集》第三卷，人民出版社 1996 年版，第 146 页。
[2]　《毛泽东文集》第三卷，人民出版社 1996 年版，第 184 页。
[3]　《毛泽东选集》第三卷，人民出版社 1991 年版，第 1081 页。
[4]　《毛泽东选集》第四卷，人民出版社 1991 年版，第 1245 页。

国家,既要与国民党蒋介石的法西斯独裁统治道路划清界限,又要与欧美资本主义道路划清界限,强调中国"决不能建立欧美式的资本主义社会,也决不能还是旧的半封建社会"①。他明确指出,新民主主义是向社会主义过渡的形式,它的前途是社会主义。因此,为了保证新民主主义能够顺利向社会主义过渡,确保方向和前途的正确性,毛泽东对新民主主义社会内部各要素提出建设构想,这也是对未来中国现代化道路的一种设想。在政治建设方面,毛泽东提出要在全国范围内彻底推翻国民党反动统治,建立各革命阶级联合专政的国体和人民民主集中制的政体;在经济建设方面,"一定要走'节制资本'和'平均地权'的路"②,农村地区要在实现"耕者有其田"的基础上发展各种具有社会主义因素的合作经济,废除农村中的各种封建生产关系,大力发展农村生产力。在城市要逐步发展社会主义性质的国营经济、公营经济,使之成为整个国民经济的主导力量;在文化建设方面,要"努力在工人阶级中宣传社会主义和共产主义,并适当地有步骤地用社会主义教育农民及其他群众"③,要大力发展新民主主义文化,宣传民族的、科学的、大众的文化,积极构建中华民族的新文化。在新民主主义政治、经济、文化相结合基础上构成的国家,"这就是新民主主义共和国,这就是名副其实的中华民国,这就是我们要造成的新中国。"④

三、社会主义革命和建设时期"实现四个现代化"的艰辛探索

"现代化"是一个历史性概念,也是一个持续演进的动态过程。随着人类社会持续向前发展,现代化的内涵也不断得到丰富。中国的现代化道路是从新中国成立后才正式开启的。新中国成立后,中国要建设成一个什么样的社

---

① 《毛泽东选集》第二卷,人民出版社 1991 年版,第 679 页。
② 《毛泽东选集》第二卷,人民出版社 1991 年版,第 678 页。
③ 《毛泽东选集》第二卷,人民出版社 1991 年版,第 704 页。
④ 《毛泽东选集》第二卷,人民出版社 1991 年版,第 709 页。

会主义国家以及怎样建设社会主义国家,是中国共产党成为执政党后要考虑的首要问题,也是解决一切问题的出发点。社会主义革命和建设时期,面对旧中国留下的破烂摊子和积贫积弱的现实状况,以毛泽东同志为主要代表的中国共产党人,将工作重点和治国方略主要集中于实现社会主义工业化,明确提出了实现"四个现代化"的宏伟目标,并以社会主义改造为起点,开启了对现代化的探索之路,继而为推进社会主义现代化建设奠定根本政治前提和制度基础。

(一) 社会主义基本制度为现代化建设提供制度保障

实现社会主义现代化和中华民族伟大复兴,必须建立符合中国国情的先进社会制度,而先进的社会制度集中体现在经济、政治及社会制度领域。通过新民主主义革命,中国已经实现了从半殖民地半封建社会向新民主主义社会的转变,推动了资本主义经济成分和要素的发展。但是,新民主主义社会向社会主义社会转变需要经过一个过渡时期,而处于过渡阶段、以资本主义经济成分为主的新民主主义社会并不能支撑中国的现代化发展。毛泽东指出:"我们不搞资本主义,这是定了的,如果又不搞社会主义,那就要两头落空。"①因此,在新中国成立初期,中国共产党领导人民开展了中华民族有史以来最为广泛而深刻的社会变革,确立了社会主义基本制度,继而进入了社会主义社会,以社会主义建设开启现代化道路的历史新征程。

第一,社会主义经济制度的确立。随着国民经济的初步恢复和社会经济成分的变化,中国共产党人对向社会主义社会过渡步骤的认识逐渐发生变化,提出了过渡时期的总路线,"要在一个相当长的时期内,逐步实现国家的社会主义工业化,并逐步实现国家对农业、对手工业和对资本主义工商业的社会主义改造。"②过渡时期的总路线,向全党全国人民提出了向社会主义逐步过渡

---

① 《毛泽东文集》第六卷,人民出版社 1999 年版,第 299 页。
② 《毛泽东文集》第六卷,人民出版社 1999 年版,第 316 页。

的目标任务,体现了实现工业化与推动社会改造的密切结合。同时,党和国家着手制订了第一个"五年计划",突出了集中力量发展重工业,科学统筹发展农业、轻工业、交通运输业等。这一系列关于经济建设的举措和计划,极大地调动了全国人民建设社会主义国家的热情和积极性。随着社会主义改造的完成,以生产资料公有制、按劳分配和计划经济体制为特征的社会主义经济制度逐步建立起来,标志着我国进入社会主义社会阶段。社会主义经济制度的确立,使人民民主政权获得了更加牢固的经济条件,能够更好地发挥出社会主义制度的优越性,保证广大人民群众能够实现安居乐业,逐步走上共同富裕的道路,为社会主义现代化建设提供经济制度保障。

第二,社会主义政治制度的确立。国家有序建设和社会有效管理需要相应的政治制度作为保障。党和国家在积极推动社会主义改造、建立社会主义经济制度的同时,也在有步骤地推进人民民主政治建设。1954年,召开了第一届全国人民代表大会,颁布了《中华人民共和国宪法》,确定了国体和政体,确立了人民代表大会的根本政治制度;妥善处理好中国共产党与各民主党派的关系,确立了多党合作和政治协商制度,构建起最广泛的爱国统一战线,在我国政治生活中发扬社会主义民主;确立了民族区域自治制度,在少数民族聚集的地区设立了自治区、自治州、自治县、民族乡等,用民主和平等原则解决民族问题,实现各民族之间的团结互助,共同维护国家安全稳定和繁荣发展;积极探索和建立了新的基层社会管理体系,在广大农村地区建立合作社、互助组、村民委员会等农村新型组织形式,在城市建立居民委员会,极大地推动了基层社会治理。社会主义革命和建设时期,我国政治制度建设迎来了全新时刻,人民代表大会制度、多党合作和政治协商制度、民族区域自治制度及基层社会管理体系等基本政治制度的建立,共同构成了我国社会主义的政治制度体系,为我国社会主义经济发展提供了重要的政治保障,也为社会主义现代化建设提供政治制度保障。

第三,社会各项事业的民主改革。社会主义革命和建设时期,面对种种困难和严峻考验,党和国家积极采取一系列稳健的政策措施,领导全国各族人民开展了巩固新生政权、建设新中国的伟大斗争,有效地推动着社会各项事业的民主改革,为社会主义经济建设、政治建设提供了稳定有序的社会环境,持续稳步地推动着我国现代化建设向前发展。积极开展土地改革,废除了封建土地所有制,从根本上解放和发展了农村生产力,激发了农民的生产积极性,推动了农业迅速恢复和发展,为新中国的工业化奠定根基;大张旗鼓地开展了镇压反革命运动,基本肃清了国内的反动势力,维护国内社会安全稳定;废除封建婚姻制度,使广大妇女群众获得婚姻自由的权利,社会地位得到极大提升;取缔旧社会遗留的娼、赌、毒等社会痼疾,树立健康文明的社会新风尚,人民群众精神面貌焕然一新;教育科学文化卫生事业除旧布新,各项事业呈现出欣欣向荣的良好发展景象;以群众运动的方式,开展"三反"运动,严厉惩治腐败行为,纯洁党员干部队伍,加强党的自身建设;积极发动人民群众开展"五反"运动,严厉打击不法资本家的违法行为。这一时期,对社会各项事业的民主改革及其取得的成就,有力地证明:中国共产党和人民政府是能够经得住执政考验的,是能够带领中国人民建设新中国的。广大人民群众真诚地拥护党和政府的领导,相信跟着中国共产党走,能够迎来国家富强、人民富裕的美好愿景,能够实现民族伟大复兴和现代化目标。

(二)"实现四个现代化"为现代化建设谋划蓝图

中国共产党人对现代化道路是一个逐步探索的过程,每段历程都凝结了党和人民的集体智慧和力量。在社会主义革命和建设时期,中国共产党人实现了从"工业化"到"四个现代化"的目标转变和任务延伸。在《关于党在过渡时期总路线的学习和宣传提纲》中,毛泽东把现代化建设的战略目标由实现"工业化"进一步发展到实现工业现代化及整个国民经济和社会发展的现代化。1954年,毛泽东指出:"准备在几个五年计划之内,将我们现在这样一个经济上文化上落后的国家,建设成为一个工业化的具有高度现代文化程度的

伟大的国家。"①社会主义制度确立后,毛泽东强调工业化是新中国发展的首
要任务,"要使它最后巩固起来,必须实现国家的社会主义工业化。"②在《政
府工作报告》中,周恩来从"摆脱落后和贫困"必须具备的条件出发,提出要
"建设起强大的现代化的工业、现代化的农业、现代化的交通运输业和现代化
的国防"③。这一时期,中国共产党人提出了"四个现代化"的概念,并逐步建
立了较为完善而独立的工业体系,为后期的现代化建设发展打下了坚实基础。

随着对现代化道路认识的逐步深化,毛泽东在社会主义改造完成和第一
个五年计划实现的基础上进一步指出:"要把我们的国家建设成为一个具有
现代工业、现代农业和现代科学文化的社会主义国家。"④从 1959 年底到 1960
年初,毛泽东继续深化对现代化的认识。由此开始,完整地提出了"实现四个
现代化"的理论。从毛泽东提出的"四个现代化"理论可以看出,中国共产党
人追求的现代化道路,不仅仅体现在物质文明方面,而且还有对精神文化的追
求,由最初的"工业现代化"到将"科学文化现代化"与"工业现代化、农业现代
化、国防现代化"并提,表明中国共产党人开始认识到"科学文化现代化"对推
动社会主义现代化建设的重要地位和作用,也表明对社会主义现代化的内涵
认知逐渐丰富和完善。1964 年,周恩来在三届全国人大的《政府工作报告》
中,向全国各界正式提出了"四个现代化"战略目标,指出"把我国建设成为一
个具有现代农业、现代工业、现代国防和现代科学技术的社会主义强国,赶上
和超过世界先进水平"⑤。1975 年,在四届全国人大一次会议上,周恩来再次
重申"实现四个现代化"目标的重要性。

"实现四个现代化"宏伟战略目标的提出,为我国现代化建设构建了宏伟
蓝图和远景目标。这一宏伟战略目标的确定,极大地团结凝聚着全国各族人

---

① 《毛泽东文集》第六卷,人民出版社 1999 年版,第 350 页。
② 《毛泽东文集》第七卷,人民出版社 1999 年版,第 268 页。
③ 《周恩来选集》下卷,人民出版社 1984 年版,第 132 页。
④ 《建国以来重要文献选编》第十五册,中央文献出版社 1997 年版,第 316 页。
⑤ 《周恩来选集》下卷,人民出版社 1984 年版,第 439 页。

民的智慧和力量，激励着人们建设社会主义新中国的热情和积极性，推动着现代化建设持续向前发展。但是，由于受到历史条件限制、主观认知局限以及缺乏足够经验，我们党关于社会主义现代化发展的宏伟蓝图仍然是初步描绘，属于摸着石头过河，还需要不断探索和完善。这一时期，"实现四个现代化"的发展目标主要集中于经济领域，主要落脚于国家整体利益层面的物质文明、科学技术和国家硬实力等方面，而较少延伸至政治、社会领域，过于强调人的无私奉献、精神信念和道德境界层面，忽视或未能正确看待人的合理正当需求及正当物质利益分配等问题。正如邓小平所说："革命精神是非常宝贵的，没有革命精神就没有革命行动。但是，革命是在物质利益的基础上产生的，如果只讲牺牲精神，不讲物质利益，那就是唯心论。"①由于受到国际国内复杂形势变化的影响，在社会主义实践中未能把"实现四个现代化"的战略目标坚决地探索和贯彻下去，使得国家建设重心发生了偏移，"以阶级斗争为纲""文化大革命"等对实现四个现代化建设造成了重大冲击，导致现代化建设一度处于徘徊、停滞中。这段特殊历史时期，给我们探索现代化建设带来深刻教训和启示。

（三）制定"两步走"发展战略为现代化建设拟定进度表

现代化的实现过程不是一蹴而就，也不可能一劳永逸，而是一个漫长而艰辛的探索历程，需要明确的路线图和时间表，有计划、有步骤地推进。以毛泽东同志为主要代表的中国共产党人依据基本国情和现实条件，不断调整实现现代化的时间进度表。尽管有时过于乐观，产生某些急躁情绪，带来一些波折和困难，但总的来看，我们党对于现代化时间进度表的设计基本上是客观科学的。1962 年，在扩大的中央工作会议上的讲话中，毛泽东强调社会主义现代化建设的长期性和艰巨性，强调我们至少要用半个世纪的时间来建成伟大的社会主义国家，他指出："建设强大的社会主义经济，在中国，五十年不行，会

---

① 《邓小平文选》第二卷，人民出版社 1994 年版，第 146 页。

要一百年,或者更多的时间。"①在修改《关于工业发展问题》初稿时,毛泽东进一步明确了实现现代化的时间进度表,并提出了"两步走"的路线图:"第一步,搞十年,建立一个独立的完整的工业体系,使我国工业大体上赶上世界先进水平;第二步,再用十年,使我国工业走在世界最前列。"②之后,周恩来在1964年三届全国人大的《政府工作报告》中提出"两步设想",即"第一步,用十五年时间,即在一九八〇年以前,建成一个独立的比较完整的工业体系和国民经济体系;第二步,在本世纪内,全面实现农业、工业、国防和科学技术的现代化,使我国国民经济走在世界的前列。"③由此,形成了新中国初期对现代化探索历程的时间进度表。此后,我国的现代化建设进程基本按照"两步走"的总体设想稳步向前推进。中国共产党人在探索现代化道路的过程中,逐步加深了对现代化的认识,积累了一定经验,不仅对实现现代化的内容和特征作出了科学判断,而且对时间进度和发展战略都有了较为清晰的安排,使得现代化道路越发符合中国国情和发展速度。

综上可知,鸦片战争以后,摆脱西方列强殖民统治、实现民族复兴和国家现代化,逐渐成为无数仁人志士的民族共识。虽然中国社会各阶级纷纷通过不同方式进行艰辛探索,但由于缺乏先进理论指导、没有先进政党领导以及缺乏对实现现代化和民族复兴依靠力量的正确把握,历次探索都以失败告终。直到中国共产党的成立,中华民族和中国人民才有了真正的领导者,使中国革命的面貌彻底焕然一新,由此揭开了迈向民族复兴和现代化之路的崭新历史篇章。中国共产党领导人民历经土地革命、抗日战争、解放战争,最终取得了新民主主义革命胜利,为民族复兴和现代化建设创造了根本的社会条件。新中国成立后,中国共产党团结带领全国人民对社会主义现代化道路进行了艰辛探索,为持续推动现代化建设奠定了牢固的制度基础和政治前提。从近代

---

① 《毛泽东文集》第八卷,人民出版社1999年版,第301页。
② 《毛泽东年谱(一九四九——一九七六)》第5卷,中央文献出版社2013年版,第252页。
③ 《周恩来年谱(一九四九——一九七六)》下卷,中央文献出版社1997年版,第691页。

屈辱史中走出来、站起来的中华民族和中国人民，逐渐以更加自觉、主动的姿态投身社会主义现代化建设的历史潮流中，必将在现代化道路上越走越稳、越走越好。

第二节　富起来：中国式现代化道路的历史主动

粉碎"四人帮"，彻底结束"文化大革命"，改变了十年内乱造成的严重局面，使党和国家从危难中重新奋起，给人民群众带来了新希望。党的十一届三中全会上，邓小平等中央领导人在总结社会主义现代化建设成功和失败经验教训的基础上，作出了将党和国家工作重心转移到经济建设上来、实行改革开放的历史性决策，从而开启了中国特色社会主义现代化建设的新征程。经过四十多年的不懈探索和奋斗，我国改革开放和现代化建设事业取得了举世瞩目的显著成就，中国现代化道路在理论和实践上更加丰富和更显成熟，为实现社会主义现代化强国目标和中华民族伟大复兴提供了充满活力的体制保证和快速发展的物质条件。

一、开创改革开放和社会主义现代化建设新局面

党的十一届三中全会后，党和国家的各项事业逐步回归正轨，重新开启了对现代化道路的探索。进入改革开放和社会主义现代化建设新时期，以邓小平同志为主要代表的中国共产党人开始思考中国社会的发展问题，逐渐提出中国现代化是"中国式的现代化"，是具有社会主义性质的现代化，进而开创了中国特色社会主义现代化道路。

（一）"中国式的现代化"的提出过程

进入新时期，中国共产党人结合我国探索现代化道路的艰辛历程以及国际形势的变化发展，提出了"中国式的现代化"的新概念。党的十一届三中全

会结束不久,邓小平在会见英中文化协会会长麦克唐纳时,就提到关于中国实现四个现代化的话题。他说道:"我们定的目标是在本世纪末实现四个现代化。我们的概念与西方不同,我姑且用个新说法,叫做中国式的四个现代化。"①邓小平认为,中国在技术水平方面与英国还存在较大差距,而且由于中国缺乏经验,在实现现代化的道路上可能比想象的还要困难些,要做好吃苦耐劳、艰苦奋斗的准备。此后,邓小平将之前提出的"中国式的四个现代化"概括为"中国式的现代化",明确强调:"现在搞建设,也要适合中国情况,走出一条中国式的现代化道路。"②在当时生产力水平低、工业化底子薄弱的基本国情下建设社会主义现代化,是新时期中国共产党人要着力解决的现实难题。在随后的一系列重要讲话中,邓小平系统阐述了"中国式的现代化"的重要内涵和战略安排。

1979年12月,邓小平在会见日本首相大平正芳时,首次用中国传统文化的"小康"之家来形象地描述"中国式的现代化"。他说道:"我们的四个现代化的概念,不是像你们那样的现代化的概念,而是'小康之家'。"③此后,邓小平在不同场合多次深刻阐释了"中国式的现代化"的概念和内涵,并且强调"中国式的现代化"必须立足本国国情,从实际出发。作为对"四个现代化"理论的继承和发展,"中国式的现代化"是中国共产党人在新的历史时期对社会主义现代化道路的新探索,并逐渐成为改革开放新时期指导社会主义现代化建设的总体思想。

(二)"中国式的现代化"的丰富内涵

改革开放和社会主义现代化建设新时期,邓小平结合我国国情和国际形势,不仅首次提出"中国式的现代化"的概念,而且对其作出了具体阐释,使全

---

① 《邓小平年谱(一九七五——一九九七)》上卷,中央文献出版社2004年版,第496页。
② 《邓小平文选》第二卷,人民出版社1994年版,第163页。
③ 《邓小平文选》第二卷,人民出版社1994年版,第237页。

党全国人民对现代化道路的认识和理解更加深入、全面。

第一，"中国式的现代化"具有极其重要的价值和作用。邓小平强调，实现现代化关系到国家和民族的前途命运，关系到人民群众的根本利益，要始终坚持马克思主义，高举毛泽东思想的伟大旗帜。他指出："社会主义现代化建设是我们当前最大的政治，因为它代表着人民的最大的利益、最根本的利益。"①同时，他强调，实现现代化是全国人民的共同追求和集体事业，要充分发动广大人民群众积极参与，调动人民群众的主动性和创造性，引导他们共同致力于社会主义现代化建设，"每一个党员、团员，每一个爱国的公民，都必须在党和政府的统一领导下，克服一切困难，千方百计地为实现四个现代化贡献出一切力量。"②

第二，"中国式的现代化"是社会主义的现代化。"中国式的现代化"是建立在社会主义制度、社会主义国家的基础上的，与西方式的现代化道路有着根本制度属性的差别。邓小平明确指出："我们要实现工业、农业、国防和科技现代化，但在四个现代化前面有'社会主义'四个字，叫'社会主义四个现代化'。"③这强调社会主义现代化要坚持以公有制为主体、不搞两极分化，也强调"中国式的现代化"必须从中国底子薄弱、科学技术力量不足以及人口多、耕地少的国情特点出发。同时，面对西方国家鼓吹的"现代化＝全盘西化"的错误思想观点，邓小平强调"中国式的现代化"必须遵循我国的基本国情，必须满足全国人民的共同利益，绝不是少数人的现代化。他明确指出："中国要解决十亿人的贫困问题，十亿人的发展问题。如果搞资本主义，可能有少数人富裕起来，但大量的人会长期处于贫困状态，中国就会发生闹革命的问题。中国搞现代化，只能靠社会主义，不能靠资本主义。"④这些重要论述从根本上明

---

① 《邓小平文选》第二卷，人民出版社 1994 年版，第 163 页。
② 《邓小平文选》第二卷，人民出版社 1994 年版，第 163 页。
③ 《邓小平文选》第三卷，人民出版社 1993 年版，第 138 页。
④ 《邓小平文选》第三卷，人民出版社 1993 年版，第 229 页。

确了"中国式的现代化"必须根植社会主义社会,必须具备社会主义性质,进而为现代化建设指明了方向。

第三,"中国式的现代化"是实现社会全面进步的现代化。中国共产党人对现代化的艰辛探索经历了从"工业化"到"四个现代化"的阶段,而"中国式的现代化"是在"四个现代化"基础上进一步拓展和延伸,覆盖管理、民主、法制等方面,不再单纯地追求工业、农业、科学技术及国防现代化方面的高指标,逐渐侧重于提高人民生活水平和富裕程度。邓小平指出:"现代化建设的任务是多方面的,各个方面需要综合平衡,不能单打一。"①强调"中国式的现代化",不仅要积极推动国家经济建设,坚持以经济建设为中心,而且还要重视社会主义其他方面的发展,推动各项社会事业共同进步,从而真正实现社会主义现代化。

在改革开放初期,邓小平在总结历史教训、了解世界各国现代化发展概况以及对我国国情深入把握的基础上,提出"中国式的现代化"的全新概念,既明确了新时期我国现代化道路的发展目标,又指出了现代化道路建设应遵循的基本要求,为我国持续探索现代化发展道路指明了方向和路径。在改革开放进程中,中国共产党人团结带领全国人民始终沿着中国特色社会主义道路持续探索,取得了改革开放和社会主义现代化建设的伟大成就,"实现了人民生活从温饱不足到总体小康、奔向全面小康的历史性跨越,推进了中华民族从站起来到富起来的伟大飞跃。"②

二、全面改革开放与现代化理论和实践的深入探索

在新的历史时期,我国改革开放步伐显著加快,进一步激发了整个国家和社会的活力,有力地推动着中国特色社会主义现代化建设事业向前发展。进

---

① 《邓小平文选》第二卷,人民出版社 1994 年版,第 250 页。
② 《中共中央关于党的百年奋斗重大成就和历史经验的决议》,人民出版社 2021 年版,第 22 页。

入全面改革开放阶段,我国建立了充满生机活力的社会主义市场经济体制,极大地改变了束缚我国经济建设和生产力发展的各类障碍。与此同时,相应的政治体制和其他社会制度也进行有效改革,不断满足社会发展和人民群众的需求。随着进入全面改革开放阶段,我们党在改革开放之初提出的"中国式的现代化"概念以及一些原则性要求和目标设想,需要通过改革开放和现代化建设实践加以回答。

(一) 建设成为高度文明、高度民主的社会主义国家

在 1979 年 3 月召开的党的理论工作务虚会上,邓小平发表了题为《坚持四项基本原则》的讲话,他旗帜鲜明地指出,坚持四项基本原则是中国实现四个现代化的重要前提,"如果动摇了这四项基本原则中的任何一项,那就动摇了整个社会主义事业,整个现代化建设事业。"[1]同时,邓小平强调,走中国式的现代化道路必须符合中国实际情况,不能停留于应对迫切需要解决的种种问题上,还需要有一个全盘的战略布局和方向。这涉及了以经济建设为中心、坚持四项基本原则、坚持改革开放作为新时期党的政治路线的核心内容。邓小平的讲话为开创中国特色社会主义道路奠定了政治思想基础。同年 9 月,党的十一届四中全会上,叶剑英代表中央对现代化作出阐述:"我们所说的四个现代化,是实现现代化的四个主要方面,并不是说现代化事业只以这四个方面为限。我们要在改革和完善社会主义经济制度的同时,改革和完善社会主义政治制度,发展高度的社会主义民主和完备的社会主义法制。我们要在建设高度物质文明的同时,提高全民族的教育科学文化水平和健康水平,树立崇高的革命理想和革命道德风尚,发展高尚的丰富多彩的文化生活,建设高度的社会主义精神文明。"[2]这段讲话明确表明,改革开放新时期我们所追求的现代化,不仅仅包括之前的工业、农业、国防和科学技术这类技术或物质层面,而

---

[1] 《邓小平文选》第二卷,人民出版社 1994 年版,第 173 页。
[2] 《改革开放三十年重要文献选编》(上),中央文献出版社 2008 年版,第 71 页。

且逐步延伸到了政治制度、民主法治等精神文明层面。在新的历史时期,在原先探索现代化道路的基础上,中国共产党人进一步加深了对现代化的认识,并将现代化所涉及的领域扩展延伸得更加广阔。

在一系列重要思想理论的指引下,我们党领导人民开创了中国特色社会主义事业,逐步打开了"中国式的现代化"崭新局面。对"文化大革命"造成的大量冤假错案进行大规模平反,有条不紊地妥善处理好新中国成立以来的历史遗留问题,调整好各方面的社会关系,为有序推动社会主义现代化建设提供重要前提和条件,集中全党全国人民的热情和力量投入社会主义现代化建设中;加强和改善党的领导,整顿党风党纪。为适应改革开放和现代化建设的新形势新要求,全面提高干部队伍素质,强调选拔德才兼备,符合革命化、年轻化、知识化、专业化要求的干部,为党的事业和社会主义现代化事业源源不断地输送人才干部;调整国民经济,努力解决经济体制问题,积极推动改革开放。邓小平指出:"为了有效地实现四个现代化,必须认真解决各种经济体制问题。"①改革首先在农村地区取得突破性进展,实施家庭联产承包责任制,充分调动了农民的积极性,加快农业发展和实现四个现代化。与此同时,城市经济体制改革逐步展开,扩大企业自主经营权、改革商业流通体制以及所有制结构调整等,促进了城市经济的繁荣和发展。同时,现代化的发展离不开世界舞台,必须牢牢抓住经济全球化和世界先进科技迅猛发展带来的重要机遇。随着国内改革的稳步推进,我国对外开放的步伐和辐射面也逐步扩大,构筑了多层面、点面结合的对外开放格局,实现了中国与世界的重新接轨。通过学习和借鉴国外的先进技术、管理经验等一切优秀文明成果,促进生产和技术变革,有效地提升我国现代化水平,逐步缩小与发达国家现代化发展的差距。在改革开放新时期,党和国家的各项事业迎来了发展新高潮,党领导人民更加坚毅和更加自信地踏上了建设社会主义现代化国家的新征程。

① 《邓小平文选》第二卷,人民出版社 1994 年版,第 161 页。

1981 年 6 月,党的十一届六中全会通过的《关于建国以来党的若干历史问题的决议》指出:"要把我们的国家,逐步建设成为具有现代农业、现代工业、现代国防和现代科学技术的,具有高度民主和高度文明的社会主义强国。"①进一步回答了中国要建设什么样的社会主义和怎样建设社会主义的问题,对中国特色社会主义现代化有了越发清晰的认识。1982 年 9 月,党的十二大明确提出"建设有中国特色的社会主义"重大命题。邓小平在大会上指出:"我们的现代化建设,必须从中国的实际出发。无论是革命还是建设,都要注意学习和借鉴外国经验。但是,照抄照搬别国经验、别国模式,从来不能得到成功。"②强调走中国特色社会主义道路,是推动社会主义现代化建设的必由之路。在战略部署上分为"两步走",即前十年主要打好基础,积蓄力量,为现代化建设创造条件,后十年要进入一个新的经济振兴时期,有步骤地推动中国特色社会主义现代化建设。这一时期,我们党对现代化的认识进一步深化,提出发展经济建设目标的同时,要努力建设高度的社会主义精神文明和高度的社会主义民主的战略方针。建设社会主义现代化事业,不仅需要物质文明建设,而且要兼顾精神文明建设,偏废任一方面都会导致现代化建设发生方向偏移。建设社会主义的物质文明和精神文明,都要靠继续发展社会主义民主来保证和支持。

(二) 建设成为富强、民主、文明的社会主义现代化国家

实践证明,我国走改革开放的道路是正确的,有力地推动着中国特色社会主义事业稳步向前发展。从实施改革开放到党的十三大的九年时间里,社会生产力得到快速发展,民众生活水平和质量显著提升,绝大多数人过上了温饱生活,社会各项事业都取得显著成就。在物质生活改善的同时,民众的精神面貌和社会风气也焕然一新。随着改革开放的不断深入,迫切需要从理论和实

---

① 《改革开放三十年重要文献选编》(上),中央文献出版社 2008 年版,第 211 页。
② 《邓小平文选》第三卷,人民出版社 1993 年版,第 2 页。

践层面对"什么是社会主义""怎样建设社会主义"以及现代化建设的基本路线等一系列问题进一步作出明确回答。

1987年10月,党的十三大系统阐述了社会主义初级阶段的理论,明确概括了党在社会主义初级阶段的基本路线。由于我国社会发展起步比较晚,发展速度比较慢,社会主义初级阶段跨度时间较长,从社会主义改造基本完成到社会主义现代化基本实现,至少需要一百年的时间,而这期间都属于社会主义初级阶段。社会主义初级阶段的主要矛盾是人民日益增长的物质文化需要同落后的社会生产之间的矛盾,党和国家的主要任务是大力解放和发展生产力,推动经济建设发展,不断满足人民群众对物质文化的需要。根据社会主义初级阶段这一新的理论认识,大会提出党在社会主义初级阶段的基本路线:领导和团结全国各族人民,以经济建设为中心,坚持四项基本原则,坚持改革开放,自力更生,艰苦创业,为把我国建设成为富强、民主、文明的社会主义现代化国家而奋斗。初级阶段的基本路线提出社会主义现代化国家要实现富强、民主、文明的"三位一体"建设要求,使我国现代化道路目标更加明确,内涵更加丰富。与此同时,在立足社会主义初级阶段的基本国情和总结历史经验的基础上,党的十三大第一次明确提出了分"三步走"基本实现社会主义现代化的发展战略。第一步,实现国民生产总值比1980年翻一番,解决人民的温饱问题。这个任务已经基本实现。第二步,到20世纪末,国民生产总值再增长一倍,人民生活达到小康水平。第三步,到21世纪中叶,人均国民生产总值达到中等发达国家水平,人民生活比较富裕,基本实现现代化。"三步走"发展战略将富强、民主、文明的社会主义现代化建设目标落实到国民生产总值上,通过不断改善人民生活水平反映出来,使得每一步更加具体化和目标化。"三步走"的发展战略,对中华民族伟大复兴和现代化建设作出了积极而稳妥的规划,是中国共产党探索中国特色社会主义建设的重大成果,绘就了社会主义现代化建设的宏伟蓝图。

(三) 建设富强民主文明和谐的社会主义现代化国家

20 世纪 80 年代末 90 年代初期,我国社会主义现代化建设所面临的国际国内形势发生重大变化。国际上,随着东欧剧变和苏联解体,社会主义运动在全世界范围内陷入低谷;西方国家扬言资本主义对社会主义将"不战而胜",极力散播"历史终结论";冷战结束,世界开始朝着多极化趋势发展。同时,中国国内资产阶级自由化思潮滋生蔓延,加上改革开放中积累的矛盾和问题日益凸显,导致国内发生政治风波。在这决定党和国家命运前途的重要历史时期,中国共产党人紧紧依靠广大人民群众,坚持马克思主义理论指导,坚决贯彻党的十一届三中全会以来的路线方针不动摇,积极应对国际复杂局面、维护国内政治稳定和社会安全,积极思考经济发展、深化改革开放等重大问题,成功稳住了改革开放道路和方向,捍卫了中国特色社会主义伟大事业。

随着国内国际形势日趋复杂严峻,尤其是在东欧剧变、苏联解体,世界多极化、经济全球化的现实背景下,国内部分民众对社会主义、对改革开放、对经济与计划的关系等产生了思想疑惑或动摇。在党和国家处于历史发展的重要关头,邓小平于 1992 年初先后到武昌、深圳、珠海、上海等地视察,发表了著名的南方谈话,明确地回答了长期困扰和束缚人们思想的许多重大问题,对人们开展了一场思想大解放,对推动我国改革开放和现代化建设具有重大意义。讲话提出:"革命是解放生产力,改革也是解放生产力。""社会主义的本质,是解放生产力,发展生产力,消灭剥削,消除两极分化,最终达到共同富裕。""发展才是硬道理。""社会主义经历一个长过程发展后必然代替资本主义,这是社会历史发展不可逆转的总趋势。"党的十四大作出了三项具有深远意义的重大决策:强调要抓住机遇,集中精力把经济建设搞上去;明确了建立社会主义市场经济体制的改革目标;确立了邓小平建设有中国特色社会主义理论在全党的指导地位。按照党的十四大工作部署,党和国家积极推动经济体制改革,建立社会主义市场经济体制,使市场在资源配置中起基础性作用。坚持以公有制为主、多种经济成分共同发展,建立现代企业制度、完善宏观调控体系和健全多层次的社会保障制度等,正确处理好改革、发展、稳定的关系,经济社会发展各项事业及改革开放都获得重大进步。

党的十五大总结了十一届三中全会以来的方针政策,进一步阐明了建设中国特色社会主义的经济、政治、文化的基本特征和要求,是对"什么是社会主义""怎样建设社会主义"问题上的又一次思想解放和深刻回答。在我国经济发展"三步走"战略的第二步目标即将实现之际,对如何实现第三步目标作出新规划,提出了新的"三步走"发展战略。即新世纪第一个10年实现国民生产总值比2000年翻一番,使人民的小康生活更加宽裕,形成比较完善的社会主义市场经济体制;再经过10年的努力,到中国共产党成立100年时,使国民经济更加发展,各项制度更加完善;到下世纪中叶中华人民共和国成立100年时,基本实现现代化,建成富强民主文明的社会主义国家。进入20世纪90年代中后期,世界科技革命出现新高潮,国际竞争日益激烈。党中央根据国际经济、科技发展潮流和我国现代化建设需要,及时提出科教兴国、可持续发展、对外开放"走出去"、西部大开发等战略,加强政治文明、先进文化建设、国防和军队建设等,扎实推进党的建设新的伟大工程,确立了"三个代表"重要思想,构建全方位多层次对外关系新格局等,这一系列重大举措有力地推动着改革开放和社会主义现代化建设事业继续破浪前行。

跨入21世纪,国际形势加速演变,我国的世情、国情和党情都发生深刻变化。在此背景下,2002年召开的党的十六大,制定了全面建设小康社会的宏伟纲领,明确回答了新世纪新阶段举什么旗、走什么路、实现什么样的发展目标等重大问题。大会将"全面建设小康社会"作为"基本实现现代化"的一个重要目标,明确把第一个百年奋斗目标确定为"全面建设惠及十几亿人口的更高水平的小康社会",并从经济、政治、文化等方面提出了全面建设小康社会的具体目标。在优化结构和提高效益的基础上,国内生产总值到2020年力争比2000年翻两番;社会主义民主、法治更加完备;人民的政治、经济和文化权益得到切实尊重和保障;全民族的思想道德、科学文化、健康素质明显提高;生态环境持续改善,人与自然和谐发展。大会确立了全面建设小康社会的目标,是中国特色社会主义经济、政治、文化、社会、生态全面发展的目标,这意味着共产党人对现代化的建设内容进一步拓展。然而,2003年一场突如其来的非典型性肺炎疫情灾害暴发,给我国经济建设和改革开放带来严峻挑战,由此引起党和政府对影响经济社会发展的突出矛盾和问题的思考。在此背景下,以胡锦涛同志为总书记的党中央开始探索现阶段中国要"实现什么样的发展""怎样发展"的问题,并提出科学发展观的重要思想。与此同时,党中央提出了建设社会主义和谐社会的重大战略目标,构成了经济建设、政治建设、文化建设、社会建设"四位一体"总体布局。在这一重要思想的指导下,我国积极促进城乡、区域协调发展,推动西部大开发、促进中部地区崛起、推动农业现代化和新农村建设等,国家各项事业稳步发展。

党的十七大不仅进一步明确提出了全面建设小康社会奋斗目标的新要求,而且进一步提出"建设富强民主文明和谐的社会主义现代化国家"的发展战略目标,把"社会和谐"明确纳入"基本实现社会主义现代化"的宏伟蓝图中。这是对现代化内涵和发展战略目标的再次拓展和重大提升。大会对实现全面建设小康社会的宏伟目标作出全面部署,并提出更高要求:增强发展协调性,努力实现经济又好又快发展;扩大社会主义民主,更好保障人民群众权益;加强文化建设,提升全民文明素质;加快发展社会事业,改善人民生活;建设生态文明,保护生态环境等,这些内容更加明确了我们建设社会主义现代化国家的目标要求和奋斗方向。党的十七大以后,我们党团结领导全国人民万众一心、开拓进取,为不断夺取全面建设小康社会新胜利而努力奋斗。这一时期,我国有效应对2008年国际金融危机冲击,在世界上率先实现经济回升向好;持续推动深化改革和扩大开放;积极推动民主法治建设和政治体制改革;推动社会主义文化大发展大繁荣,推进社会主义核心价值体系建设;加快以改善民生为重点的社会建设;等等。新时期取得的巨大成就,逐步实现着社会主义现代化建设的发展目标,极大地激励着全国各族人民建设中国特色社会主义的热情和积极性,使人们更加坚定不移地把改革开放和社会主义现代化建设伟大事业推向前进。

进入改革开放和社会主义现代化建设新时期,中国共产党人明确提出了"中国式的现代化"道路,团结领导全国各族人民接续奋斗,不断深化对社会主义现代化的认识,使"中国式的现代化"道路更具中国特色、更符合中国国情。几代中国共产党人和中国人民的艰辛探索,使我们在社会主义现代化建设问题上逐渐形成了一系列重要理论成果,并在实践中丰富和发展了现代化的战略目标、任务步骤和具体内容等,取得了社会主义现代化建设事业的重要成就,为持续推动现代化建设向前发展提供了坚实的物质保障和充满活力的制度保证。

第三节　强起来:中国式现代化道路的历史自信

改革开放以来,中国仅用几十年的时间就取得了西方资本主义国家用几百年才取得的成就,使中华民族实现从"站起来"到"富起来"的伟大飞跃。党的十八大以来,中国特色社会主义进入新时代,以习近平同志为核心的党中央面对中华民族伟大复兴的战略全局和世界百年未有之大变局,全盘统筹国内国际两个大局,积极应对世情、国情和党情的新变化新挑战,带领全国各族人民不断深化和拓展中国特色社会主义道路,提出一系列新理念、新思想、新战略、新举措,推进了一系列重大工作,创造性地提出了"中国式现代化道路"的重要论断,极大地丰富了中国式现代化的新内涵,描绘出全面建设社会主义现代化国家的远大图景,开启了新时代中国式现代化道路的新征程。

一、在新时代的形成推进

进入 21 世纪的第二个十年,我国经济社会发展面临的国际国内形势更加复杂多变。从国际上看，世界处于深度调整变革期，和平与发展仍然是时代主题，经济全球化、政治多极化、文化多样化趋势更加强烈，新一轮的科技革命和产业变革如火如荼展开。从国内看，中华民族正处于实现民族伟大复兴和全面建成小康社会的关键时期。在新的历史发展阶段，我国综合实力显著提升，跃居世界第二大经济体，人民群众生活水平和生活质量明显改善。同时，"四大危险""四大考验"依然十分尖锐地摆正全党面前，依然有许多新的"雪山""草地""娄山关""腊子口"要克服。总之，我们具备了前所未有的良好条件，也将面临许多可以预见和难以预见的困难。围绕实现社会主义现代化和中华民族伟大复兴的历史任务，中国共产党人领导全国人民开始了新的理论和实践创新。

（一）整体部署统筹推进中国式现代化

党的十八大贯穿始终的主线，是坚持和发展中国特色社会主义。大会强调建设中国特色社会主义，总依据是社会主义初级阶段，总布局是社会主义经济建设、政治建设、文化建设、社会建设、生态文明建设"五位一体"，总任务是实现社会主义现代化和中华民族伟大复兴。大会提出了"两个一百年"的奋斗目标，即在中国共产党成立一百年时全面建成小康社会、在新中国成立一百年时建成富强民主文明和谐的社会主义现代化国家。大会根据"五位一体"总体布局和全面建成小康社会的目标要求，对推进中国特色社会主义建设作出全面部署，强调加快经济体制改革、经济发展方式转变、政治体制改革、文化强国建设、社会建设、生态文明建设以及国防和军队现代化建设等，提出了一系列改革创新举措。在党的十八大精神指导和工作部署下，全党全国上下团结一致、奋力拼搏，促使我国改革开放和社会主义现代化建设取得历史性成就，中国特色社会主义事业全面发展、全面进步，为中国式现代化道路持续提供强大动力和坚实基础。

（二）分"两个阶段"有序推进中国式现代化

党的十九大明确作出了"中国特色社会主义进入新时代,这是我国发展新的历史方位"的重要论断,并对决胜全面建成小康社会、开启全面建设社会主义现代化国家新征程作出战略部署,进一步坚定了全党实现伟大复兴、实现现代化的决心和毅力。为了顺应形势变化和现实发展,大会首次提出我国社会主要矛盾已经转化为人民日益增长的美好生活需要和不平衡不充分的发展之间的矛盾。这是共产党人审时度势,通盘考虑作出的全新思考,对党和国家各项工作作出许多新调整新要求。在综合分析国际国内形势和我国发展现实条件的基础上,大会作出了从 2020 年到本世纪中叶分"两个阶段"基本实现和全面实现社会主义现代化的战略安排。第一个阶段,从 2020 年到 2035 年,在全面建成小康社会的基础上,再奋斗 15 年,基本实现社会主义现代化;第二阶段,从 2035 年到本世纪中叶,在基本实现现代化的基础上,再奋斗 15 年,把我国建成富强民主文明和谐美丽的社会主义现代化强国。

党的十九大作出的一系列战略部署,极大地提升了第二个百年奋斗目标的内涵,在目标要求上实际远远超过了党的十三大提出的"三步走"以及党的十五大提出的新"三步走"实现现代化的战略安排。一是战略目标完成时间提前。把原来确立的基本实现社会主义现代化的发展战略目标从 2050 年提前到 2035 年。这主要是因为改革开放四十多年来,我国社会经济发展速度超乎预期,中国特色社会主义道路迸发出巨大创造力,社会各项事业取得显著成就,确保中国有足够自信和能力提前到 2035 年基本实现现代化。二是战略目标要求提高。随着基本实现现代化战略目标的提前完成,第二个百年奋斗目标自然也要升级。党的十九大报告指出"建成富强民主文明和谐美丽的社会主义现代化强国",与之前的"富强民主文明和谐"奋斗目标相比,特意加上了"美丽"和"强国"的表述,这也意味着我们追求的社会主义现代化道路不是一般意义上的现代化,而是加上了生态发展指标的全面现代化。三是战略目标内容更加丰富。党的十九大按照"五位一体"总体布局,对经济建设、政治建设、文化建设、社会建设和生态文明建设作出全面部署并提出更高要求。由此可知,中国特色社会主义进入新时代,中国共产党人持续对现代化道路进行探索,并根据现实发展情况和国内外形势变化,对现代化发展战略及时进行调整和完善,确保社会主义现代化道路行稳致远。

(三) 中国式现代化创造了人类文明新形态

在庆祝中国共产党成立 100 周年大会上的讲话中,习近平总书记提出"中国式现代化新道路"的概念,指出:"我们坚持和发展中国特色社会主义,推动物质文明、政治文明、精神文明、社会文明、生态文明协调发展,创造了中国式现代化新道路,创造了人类文明新形态。"[①]"中国式现代化新道路"这一重要论断的提出,是对中国共产党开创、坚持和发展中国特色社会主义的新提炼新诠释,也是对中国特色社会主义的重大理论创新。党的十九届六中全会指出:"党领导人民成功走出中国式现代化道路,创造了人类文明新形态,拓展了发展中国家走向现代化的途径。"[②]强调中国式现代化道路是实现中华民族伟大复兴的必然选择,符合我国国情、具有中国特色,同时为解决人类问题提供了中国方案和中国智慧,为其他发展中国家走现代化道路提供全新选择和有效借鉴。

在实现全面建成小康社会、完成第一个百年奋斗目标的基础上,党领导全国人民正努力迈向全面建设社会主义现代化国家新征程。党的二十大明确指出新时期党的中心任务,深入系统地阐明了中国式现代化道路的鲜明特征和本质要求,指出中国式现代化是人口规模巨大、全体人民共同富裕、物质文明和精神文明协调发展、人与自然和谐共生及走和平发展道路的现代化。同时,

---

① 《习近平谈治国理政》第四卷,外文出版社 2022 年版,第 10 页。

② 《中共中央关于党的百年奋斗重大成就和历史经验的决议》,人民出版社 2021 年版,第 64 页。

对我国全面建设社会主义现代化国家的宏伟目标作出"两步走"的战略安排：从 2020 年到 2035 年基本实现社会主义现代化；从 2035 年到本世纪中叶把我国建成富强民主文明和谐美丽的社会主义现代化强国。强调未来五年是全面建设社会主义现代化国家开局起步的关键时期。大会围绕全面建设社会主义现代化国家的战略目标，在经济高质量发展、科教兴国、全过程人民民主、法治建设、文化建设、民生福祉、生态文明建设、国家安全、党的建设、国防和军队建设、国家统一、人类命运共同体等领域作出详细的工作部署和全面谋划，积极号召全体社会成员为实现社会主义现代化和中华民族伟大复兴而努力奋斗。

党的十八大以来，面对来自国际国内的各种风险挑战，以习近平同志为核心的党中央始终坚持和发展中国特色社会主义，团结领导全党全国人民齐心协力、拼搏奋斗，共同克服种种困难，扎实推进中国式现代化建设，取得了一系列重要成就，开辟了一条不同于西方资本主义国家实现现代化的新路径。"中国式现代化道路"以一种"人类文明新形态"拓展了人类社会发展进步的广阔空间，让全世界人民，尤其是广大发展中国家对"现代化道路"有了更加深刻的认识，具有重大的理论意义、实践意义及世界意义。

二、在新时代的拓展创新

现代化凝聚着几代中国人的梦想和追求，是中国社会未来发展的目标和方向。中国共产党自成立之日起，就将实现中华民族伟大复兴作为自己的历史使命。围绕这一历史使命，中国共产党人领导人民历经革命、建设和改革发展的百年奋斗历程，积极探索中国现代化道路、推进中国现代化事业，提出建设社会主义现代化国家的战略目标。随着中国特色社会主义进入新时代，中国式现代化的时间表、路线图更加详细，全面建设社会主义现代化国家迎来了"强起来"的伟大飞跃，充分展现了党领导中国式现代化新道路所创造的伟大成果。

　　（一）以人民对美好生活的向往作为奋斗目标完成全面建成小康社会的历史任务

　　无产阶级是最广大人民群众利益的忠实代表,从来就没有自己的特殊利益。中国共产党始终坚持以人民为中心,所从事的一切事业都是为了实现好、发展好和维护好最广大人民的根本利益。实现中国式现代化,就是为民族谋复兴、为人民谋幸福,是党领导现代化建设的出发点和落脚点。"江山就是人民,人民就是江山,打江山、守江山,守的是人民的心。"①人民群众是党执政兴国的根基,是实现中国式现代化的可靠力量。中国式现代化与西方现代化所追求的目标有着本质区别,中国式现代化是为了全体人民共同富裕和满足人民的美好生活愿望,不是少数统治阶级或少数人的现代化,绝不能出现"富者累巨万,而贫者食糟糠"的社会现象。党的十九大报告中将社会主要矛盾表述为"人民日益增长的美好生活需要和不平衡不充分的发展之间的矛盾"②,强调全党同志要"把人民对美好生活的向往作为奋斗目标"③。

　　进入新的历史时期,人民群众对美好生活的向往变得更加多层次、多样化,不仅对物质生活提出了更高要求,而且对民主、法治、公平、正义、安全、环境等方面的需求日益增长。因此,在推动社会主义现代化进程中,党把人民群众对美好生活的向往作出具体战略安排,"人民生活更为宽裕,中等收入群体比例明显提高,城乡区域发展差距和居民生活水平差距显著缩小,基本公共服务均等化基本实现。"④共产党人把人民对美好生活的向往作为奋斗目标,始终坚持为了人民、依靠人民、根植人民,带领人民在创造美好幸福生活的新征程上不断前行。正是在这一奋斗目标的指引下,党的十八大以来,以习近平同

---

①　《习近平谈治国理政》第四卷,外文出版社 2022 年版,第 63 页。

②　《习近平谈治国理政》第三卷,外文出版社 2020 年版,第 9 页。

③　《习近平谈治国理政》第三卷,外文出版社 2020 年版,第 17 页。

④　《习近平谈治国理政》第三卷,外文出版社 2020 年版,第 22 页。

志为核心的党中央领导全国各族人民万众一心、攻坚克难,向千百年来困扰中华民族发展的贫困问题宣战,强调精准扶贫、精准脱贫。经过不懈努力,最终取得了脱贫攻坚战的全面胜利,创造了彪炳千秋的人间奇迹,圆满完成第一个百年奋斗目标,实现了全面建成小康社会的历史性成就,为进一步推进中国式现代化道路扫清障碍。

（二）以"五位一体"总体布局、"四个全面"战略布局推进实现现代化强国目标

中国特色社会主义进入新时代,以习近平同志为核心的党中央胸怀实现社会主义现代化和实现中华民族伟大复兴的发展战略目标,面对百年未有之大变局,对关系到党和国家事业发展的一系列重大理论和实践问题进行了深邃思考和科学判断,系统回答了新时代"坚持和发展什么样的中国特色社会主义、怎样坚持和发展中国特色社会主义""建设什么样的社会主义现代化强国、怎样建设社会主义现代化强国"等重大时代课题,提出了一系列原创性的治国理政新理念新思想新战略。

坚持和发展中国特色社会主义,总的任务要求是在全面建成小康社会的基础上,分"两步走"到本世纪中叶把我国建设成富强民主文明和谐美丽的社会主义现代化强国。因此,党的十八大以来,党的中央领导集体提出中国特色社会主义现代化事业总体布局是经济建设、政治建设、文化建设、社会建设、生态文明建设"五位一体",指明了现代化事业的建设方向,引领着各项事业全面发展。习近平总书记在总结治国理政经验的基础上,从全面视野和战略高度提出了全面建成小康社会、全面深化改革、全面依法治国、全面从严治党的"四个全面"战略布局,深刻把握了新时代中国的发展大局和矛盾的主要方面,明确了新时代中国发展的战略目标和战略举措,为推动"五位一体"总体布局的实现提供了总抓手。"五位一体"总体布局侧重于"解决做什么的问题",而"四个全面"战略布局侧重于"解决怎么做的问题",分别指向社会主义

现代化建设各个领域的横向规划以及现代化建设任务的纵向展开。"五位一体"总体布局和"四个全面"战略布局两者密切联系，共同为实现中华民族伟大复兴宏伟目标，以及推动实现富强民主文明和谐美丽的社会主义现代化强国目标提供指引和支撑。

（三）以新发展理念、新发展格局构筑中国式现代化道路的宏伟蓝图

中国特色社会主义新时代，社会主要矛盾转化为人民日益增长的美好生活需要和不平衡不充分的发展之间的矛盾。社会主要矛盾的转化意味着对新时代推动中国特色社会主义现代化建设提出新的更高要求，即我们的现代化建设事业要着力解决发展不平衡不充分的问题，以高质量发展满足人民群众对美好生活的需要，继而推进中国式现代化道路发展。

如何才能更好地解决社会主要矛盾，推动社会主义现代化强国目标的实现，这就需要将贯彻新发展理念、构建新发展格局、推动高质量发展作为解决之道。习近平总书记指出："解决好人民日益增长的美好生活需要和不平衡不充分的发展之间的矛盾这个社会主要矛盾，坚决贯彻创新、协调、绿色、开放、共享的发展理念。"①新发展理念为破解社会主要矛盾、解决社会主义现代化过程中的诸多发展难题指明了方向。党的十八大以来，我们党结合我国社会主要矛盾的变化及经济快速发展的实际，全面贯彻新发展理念，构建新发展格局，提出实现社会主义现代化事业的"两步走"战略安排。这一战略设计，顺应了未来中国现代化建设的发展态势，使我国现代化建设目标的指向性更加明确，为中国式现代化道路构筑了宏伟蓝图。党的二十大强调要加快构建新发展格局，着力推动经济高质量发展，为全面建成社会主义现代化强国提供坚实的物质保障。总之，以习近平同志为核心的党中央站在全面建设社会主

---

① 《习近平谈治国理政》第三卷，外文出版社 2020 年版，第 186 页。

义现代化国家的全局高度,时刻关注影响现代化建设的主要矛盾和现实问题,强调必须立足新发展阶段、贯彻新发展理念、构建新发展格局,以高质量发展促进中国式现代化建设事业。这一系列举措,共同构筑成中国式现代化道路的宏伟蓝图。

(四) 以实现国家治理体系和治理能力现代化奠定中国式现代化道路的制度基础

一个国家的制度体系,是一个国家治理体系和治理能力的基础和前提。习近平总书记强调:"完善和发展中国特色社会主义制度、推进国家治理体系和治理能力现代化。"①中国特色社会主义进入新时代以来,在关于社会主义制度建设问题上,中国共产党人提出了全面深化改革的总目标,其实就是完善和发展中国特色社会主义制度,推进国家治理体系和治理能力现代化。

党的十八大以后,中国共产党人把制度现代化建设作为中国式现代化道路的重要内容,大力推进国家治理体系和治理能力现代化,为实现社会主义现代化强国提供制度保障。党的十九大报告明确指出:"必须坚持和完善中国特色社会主义制度,不断推进国家治理体系和治理能力现代化。"②党的十九届四中全会从党和国家事业发展的全局出发,对国家治理体系和治理能力现代化作出了全面部署,"到二○三五年,各方面制度更加完善,基本实现国家治理体系和治理能力现代化;到新中国成立一百年时,全面实现国家治理体系和治理能力现代化。"③这一重要工作部署,为中国式现代化道路的持续推进奠定重要制度基础。一方面,中国式现代化要以国家治理体系现代化为重要基础。"国家治理体系是在党领导下管理国家的制度体系,包括经济、政治、

---

① 《习近平谈治国理政》第一卷,外文出版社 2018 年版,第 105 页。
② 《习近平谈治国理政》第四卷,外文出版社 2022 年版,第 17 页。
③ 《十九大以来重要文献选编》(中),中央文献出版社 2021 年版,第 272 页。

文化、社会、生态文明和党的建设等各领域体制机制、法律法规安排"①。制度体系是为国家建设和社会发展服务的,随着国家现代化建设的发展,必然要求国家各项制度保持与时俱进,满足现代化建设要求,更好地服务现代化发展战略。另一方面,中国式现代化离不开治理能力现代化。"国家治理能力则是运用国家制度管理社会各方面事务的能力,包括改革发展稳定、内政外交国防、治党治国治军等各个方面。"②国家治理能力是综合性能力体现,随着中国式现代化进程的推进,必然会对国家各机构、各领域的治理能力提出更高要求,以适应现代化建设发展。因而,实现国家治理体系和治理能力现代化是中国式现代化发展道路的必然要求和趋势,将为现代化持续发展奠定制度基础。

三、在新时代的丰富深化

实现现代化是几代中国共产党人接续奋斗的建设理想。进入新时代,中国共产党人开辟了中国式现代化新道路,深化和丰富了对现代化的内涵认识,使现代化建设的宏伟目标更加清晰、更具指向性。党的十八大以来,党团结领导全国各族人民按照既定目标和方向,稳步推进社会主义现代化建设,取得一个又一个阶段性胜利,走出了一条与西方现代化完全不同的现代化道路。同时,中国式现代化道路取得的显著成就,极大地吸引着全世界的关注,尤其是给世界上那些既希望加快发展又希望保持自身独立性的国家和民族,提供了全新选择和道路借鉴,丰富了世界现代化理论新谱系。

(一) 中国式现代化道路的时代特征

习近平总书记在党的二十大报告中指出:"中国式现代化,是中国共产党

---

① 《习近平谈治国理政》第一卷,外文出版社 2018 年版,第 91 页。
② 《习近平谈治国理政》第一卷,外文出版社 2018 年版,第 91 页。

领导的社会主义现代化,既有各国现代化的共同特征,更有基于自己国情的中国特色。"①中国特色社会主义进入新时代,习近平总书记在不同场合提到"中国式现代化",阐述了中国式现代化道路的时代特征,让人们更加深刻地认识现代化道路。

随着探索中国式现代化道路步伐的稳步加快,中国式现代化道路的时代特征越发显著。第一,中国式现代化是在中国共产党领导下稳步推进的现代化。中国共产党的领导是中国特色社会主义最本质的特征,是中国特色社会主义制度的最大优势,是中国式现代化道路区别于其他国家现代化的最显著特征。历史和现实都证明,只有中国共产党的领导才能带领中国真正实现社会主义现代化。第二,中国式现代化是人口规模巨大的现代化。作为拥有 14 亿多人口的世界上最大发展中国家,人口规模巨大是我国的基本国情,这既是创造中国式现代化的巨大优势,也是现代化发展道路上的重大难题。中国式现代化道路始终致力于实现全体社会成员的现代化和人的自由全面发展,将会彻底改写现代化的世界版图。第三,中国式现代化是全体人民共同富裕的现代化。中国式现代化始终坚持以人民为中心的发展思想,始终将人民群众的利益放在首位,逐步推动全体社会成员实现共同富裕,不断满足人民对美好生活的向往。第四,中国式现代化是物质文明和精神文明相协调的现代化。中国式现代化是要实现人的全面发展和社会全面发展的现代化。中国式现代化既要促进经济发展、物质丰富,社会硬性条件完善,强调人的物质需要,又要强调人的精神需求满足、文明程度提升以及文化事业发展,促进社会精神生产和精神生活的高度发展。第五,中国式现代化是人与自然和谐共生的现代化。中国式现代化要求将生态文明建设融入社会经济发展各方面和全过程,扎实推进可持续发展、低碳发展,贯彻"绿水青山就是金山银山"的绿色发展理念,倡导绿色、健康、环保的生活方式,积极推动生态文明建设,为人类现代化提供良好的

---

① 习近平:《高举中国特色社会主义伟大旗帜 为全面建设社会主义现代化国家而团结奋斗——在中国共产党第二十次全国代表大会上的报告》,人民出版社 2022 年版,第 22 页。

生产生活环境。第六,中国式现代化是传承弘扬中华优秀传统文化的现代化。中华优秀传统文化是中国式现代化道路的文化沃土,为现代化道路持续发展提供强大的精神文化动力。中国式现代化传承弘扬着中华优秀传统文化的价值理念和理想追求,是中华优秀传统文化传承弘扬、创新性发展和创造性转化的重要载体和渠道。第七,中国式现代化是走和平发展之路的现代化。西方资本主义国家的现代化道路充满了血腥暴力、殖民掠夺,而中国式现代化道路始终坚持独立自主、自力更生、和平发展、互相包容、相互借鉴的基本原则,永不称霸、永不扩张、永不谋求势力范围,在努力谋求自身发展的同时,积极为维护世界和平、促进共同发展贡献力量。具有鲜明的开放性、包容性和强大的号召力、影响力。

(二) 中国式现代化道路的本质属性

现代化是人类社会发展的必然趋势,也是世界各国的必然选择,任何国家都有权利根据本国实际情况寻找、选择自己需要的现代化道路。"现代化本身不像任何其他事物,它既有采用资本主义路线的现代化,也有采用社会主义路线的现代化,它们各自具有不同的含义。"[1]中国式现代化道路与世界上其他国家的现代化道路的根本区别,在于本质属性不同。中国式现代化道路是社会主义性质的现代化道路,社会主义的本质属性决定了中国式现代化的性质、方向及道路选择。

具体而言,中国式现代化的社会主义本质属性,主要通过三个方面体现出来。

第一,中国式现代化是建立在社会主义制度基础上的。我国是社会主义国家,走的是中国特色社会主义道路,所进行的一切事业都是建立在社会主义制度基础上的。因此,决定了现代化建设事业必然要坚持社会主义制度。从政治制度层面来看,中国式现代化道路强调坚持党的领导、人民当家作主、依

---

① [美]塞缪尔·亨廷顿等:《现代化:理论与历史经验的再探讨》,罗荣渠主编,上海译文出版社 1993 年版,第 40 页。

法治国有机统一,遵循人民代表大会制度、多党合作和政治协商制度、民族区域自治制度以及基层群众自治制度等基本政治制度,积极推进国家治理体系和治理能力现代化。从经济制度层面来看,中国式现代化坚持公有制为主体、多种所有制经济共同发展,按劳分配为主体、多种分配方式并存,坚持社会主义市场经济等基本经济制度。

第二,中国式现代化坚持社会主义方向与道路。中国特色社会主义为中国式现代化建设指明了方向和道路,确保现代化建设不变向、不变味、不变形。一方面,中国式现代化始终坚持以人民为中心,现代化建设取得的每项阶段性成就都是为了人民的根本利益。现代化建设的最终目的是改善人民生活、缩小差距,实现全体人民共同富裕,体现出现代化建设的方向与社会主义发展方向的一致性。另一方面,中国式现代化是和平发展之路,始终坚持与世界合作共赢,通过全面对外开放、相互交流,共享人类文明成果,以共建"一带一路"、倡导人类命运共同体等方式促进世界各国共同发展。

第三,中国式现代化坚持中国共产党的领导。中国共产党的领导是中国式现代化建设的显著优势和根本保证。中国式现代化道路是中国共产党人经过长期探索而开辟、拓展出来的,没有党的领导就不可能有中国式现代化道路,也不能推动现代化道路的建设。只有坚持党的领导才能最大限度地发挥社会主义制度的优越性,才能协调各方共同应对重大风险,推进中国式现代化伟大事业。因而,中国共产党是中国式现代化建设的绝对领导力量,党对现代化建设事业的领导是中国式现代化的最大特色。

（三）中国式现代化道路的经验启示

新道路的开辟是一项极其艰难、复杂的事业。中国式现代化道路成功开辟了人类社会现代化发展的新道路,为发展中国家推进现代化建设提供了全新选择。世界是多样化的,每个国家的具体国情和现实困境都是不同的,应该按照实际情况寻找并选择符合自身需要的发展道路。习近平总书记指出:

"一个和平发展的世界应该承载不同形态的文明，必须兼容走向现代化的多样道路。"①中国作为世界上最大的发展中国家，在探索现代化道路的历程中与其他发展中国家具有某些共性，能够为其他发展中国家提供相应的经验借鉴和学习启示，促使他们在现代化道路上少走弯路、不入歧途。

第一，现代化道路要始终坚持以人民为中心的发展思想。习近平总书记指出："为什么人的问题，是检验一个政党、一个政权性质的试金石。"②中国共产党在探索现代化道路中的每一步，始终将人民群众的根本利益放在首位。现代化建设始终为了人民、服务于人民，为了人的自由全面发展，绝不是为了少数人或少数阶级的利益。现代化建设只有以人民为中心，努力满足人民的需求，才能最大限度地吸引人民群众积极参与现代化建设进程，得到人民群众的支持并发挥出全体人民的积极性、主动性与创造性。这是中国式现代化道路越走越宽、越来越成功的根本原因，也是对发展中国家建设现代化的重要启示。

第二，现代化道路要有能够领导和团结全体人民的坚强领导核心。鸦片战争以来的近代历史启示我们，要实现中华民族复兴和实现现代化必须要有先进的领导者。中国之所以能够找到正确的现代化道路，逐步推进中华民族伟大复兴，关键在于有中国共产党的正确领导。习近平总书记指出，中国共产党成立后"深刻改变了近代以后中华民族发展的方向和进程，深刻改变了中国人民和中华民族的前途和命运，深刻改变了世界发展的趋势和格局"③。依靠先进政党的领导力量，中国式现代化才有了科学正确的路线方针和理论指导。因此，发展中国家在现代化建设道路上，需要选择先进政党作为现代化事业的领导核心，以先进思想、理论、政策、方案指引现代化进程。

第三，现代化道路要从实际出发探索适合本国国情的道路。鞋子合不合脚，只有穿的人才知道。现代化道路并没有统一的范式，也不可能一成不变，

---

① 《习近平谈治国理政》第四卷，外文出版社2022年版，第469—470页。
② 《习近平谈治国理政》第三卷，外文出版社2020年版，第35页。
③ 《习近平谈治国理政》第四卷，外文出版社2022年版，第4页。

每个国家需要在结合本国国情和借鉴别国经验的基础上进行自主选择现代化道路。中国在探索现代化道路的历程中,也有曾经因模仿、照搬别国模式而导致失败的历史教训,随着对现代化道路探索的不断深入以及对现代化内涵认识的不断丰富,才逐渐摆脱了"现代化=西方化"的误解,成功打破了西方现代化模式一统天下的局面。因此,中国用现代化实践告诫发展中国家,现代化道路必须立足本国国情,从实际出发,寻找到适合自身发展的现代化道路才是唯一正确的选择,并通过一代代人的接续奋斗才能得以实现。

第四,现代化道路需要将顶层设计与问计于民相结合。推动现代化道路建设是一项复杂的系统工程,既需要领导者对现代化道路精心设计,探索出符合本国国情的发展模式,积极组织、协同各方力量推动现代化进程,又需要深入基层、了解民情、关注民众需求,鼓励地方和基层发挥积极性和创造性,凝聚人心和力量。新中国成立以来,中国共产党在推动现代化道路建设过程中,特别注重整个国家的发展规划,每五年都会制定一个发展规划,有计划、有步骤地推进现代化事业发展。同时,广泛发挥基层群众和地方组织的积极性,问计于民,认真开展实地调研,对初次实施的政策措施进行专项试点,对存在的问题及时进行总结纠正,直至找到更好的路径和方法。因而,发展中国家要实现现代化,必须有顶层设计,对现代化有宏观战略规划和远大设想,同时不能忽视民众的力量和智慧,要坚持问计于民,广泛发动民众参与现代化建设,充分调动民众的积极性和创造性。

见出以知入,观往以知来。中国式现代化道路是历史的选择,也是人民的选择,它承载着实现中华民族伟大复兴的梦想,是实现民族复兴的必由之路。鸦片战争以来,中华民族就开始了探索现代化道路的艰辛历程,经过有识之士的早期探索以及中国共产党人的百年艰辛探索,中国式现代化道路越来越成熟、越走越稳健,促使我们更有信心、更有能力实现中华民族伟大复兴。中国式现代化道路,使中华民族迎来了从"站起来""富起来"到"强起来"的伟大飞跃,中华民族伟大复兴进入不可逆转的历史进程。

第二章 理论逻辑：中国式现代化道路的理论证成

"没有革命的理论，就不会有革命的运动。"①中国式现代化道路的探索和生成离不开科学理论的指导，中国式现代化的历史进程彰显了深刻的现代化理论逻辑。马克思主义理论是中国式现代化的理论渊源，不仅为中国式现代化道路探索提供理论指导、方法指引，而且推动着马克思主义中国化时代化发展，实现马克思主义理论在中国的继往开来和开拓创新。同时，中国式现代化道路实现了对西方现代化的创造性超越，是在批判西方现代化资本逻辑统摄社会运行、导致人异化的理论基础上走出的新道路，体现了对西方现代化理论的借鉴与吸收。在中国式现代化道路的探索和发展历程中，中国共产党人始终坚持问题导向，不断结合中国实际状况，积极推动现代化理论创新发展，创造出诸多关于现代化道路的新理论，对社会主义现代化理论作出了原创性贡献，极大地丰富了世界现代化理论。要深刻认识和理解中国式现代化道路，离不开深入揭示和阐明其生成的独特理论逻辑。因此，从马克思主义理论、西方现代化理论和党的创新理论三重维度审视中国式现代化道路，是科学理解和深入把握中国式现代化道路不可或缺的理论向度。

---

① 《列宁选集》第 1 卷，人民出版社 2012 年版，第 153 页。

第一节　理论渊源：马克思主义经典作家现代化理论

理论是行动的先导，任何实践行动都离不开科学理论的指导。中国式现代化道路建设不是盲目、随意的历史发展，而是在科学理论的正确指导下进行的自觉行为，彰显了科学理论与时代发展的同频共振、同向同行。马克思主义经典作家的现代化理论是中国式现代化道路的理论来源，为中国式现代化道路的探索和生成提供了重要的理论指导和方法指南，指引着中国式现代化道路沿着正确的发展方向稳步推进。

一、马克思恩格斯的现代化理论

虽然马克思恩格斯的诸多著作中并没有直接或详细地对现代化进行论述，但作为马克思主义和科学社会主义的创立者，他们关于现代化的思想却广泛显现于其丰硕的理论成果中，并充分体现在其指导的工人阶级革命运动实践中。中国作为东方社会主义国家，其现代化道路始终浸润着马克思恩格斯现代化理论的智慧光芒，是在遵循马克思主义理论基础上的现代化新形态。马克思恩格斯现代化理论为中国式现代化道路的生成奠定了重要理论基石，具体体现在：马克思主义对资本主义现代化本质的深层批判、对社会发展道路多样性的深刻阐释、对未来人类社会形态的科学构想以及探索出实现未来社会的科学方法。

（一）马克思主义对资本主义现代化本质的深层批判

马克思恩格斯直接聚焦资本主义现代化本质这一话题的论述虽然较少，但他们的思想体系中却蕴含着对资本主义现代化本质的深层批判，从侧面阐述着无产阶级领导下的社会主义现代化道路的本质特征。马克思恩格斯通过历史唯物主义建构与政治经济学批判,深刻揭示了资本逻辑运行规律,辩证地看待资本主义现代化所带来的进步与破坏,并对资本主义现代化实际是以资本本位、物欲主义膨胀、全面对外扩张掠夺的现代化本质进行彻底批判,明确指出这种现代化模式并不是人类所期待的,必将是难以为继、逐渐走向消亡的。

一是马克思主义世界历史理论印证了现代化在全球展开的时代发展趋势。人类社会进入现代化发展阶段,是从西方资本主义国家开始的。在西方现代化的历史进程中,由于地理环境、经济条件、文化传统、历史背景及政治制度等差异,西方不同国家或地区的现代化呈现出多样化特征。一般认为,西方现代化模式主要有盎格鲁—撒克逊模式(以英、美为代表)、莱茵模式(以法、德为代表)、北欧模式(以芬兰、瑞典为代表)、东亚模式(以日、韩为代表)等。此外,还有南欧模式(如西班牙、意大利、希腊等)、印度模式和拉美模式。这些国家和地区都是在学习以上模式基础上的自我探索,体现出自身特色并在国际社会中具有一定影响。从世界范围的现代化历史进程中可以看出,走现代化道路已经成为世界各国的发展趋势和时代潮流。这一点在马克思主义中早已得到预示。马克思指出:"各民族的原始封闭状态由于日益完善的生产方式、交往以及因交往而自然形成的不同民族之间的分工消灭得越是彻底,历史也就越是成为世界历史。"[①]站在唯物史观之上,世界历史的形成和发展正在由于生产方式的变革带来了生产力、生产关系、人际交往等深刻变化,特别是生产以及世界交往的普遍发展,世界越发成为一个互相作用、紧密相连的有机整体,一荣俱荣、一损俱损。在此基础上,马克思特别强调人类社会必然由封闭的民族历史转向互相联系的世界历史,现代化由此必然呈现出在世界范围内广泛展开的趋势。中国作为世界的重要组成部分,要实现自身发展和进步,必然要摒弃过去闭关锁国、夜郎自大的狭隘封闭思想和做法,主动融入世

---

① 《马克思恩格斯选集》第 1 卷,人民出版社 2012 年版,第 168 页。

界历史的时代潮流,顺应世界现代化发展趋势,积极探索符合本国国情和实际需要的现代化发展道路。

二是马克思主义对资本主义生产方式的深刻批判,揭示了资本主义现代化的本质特性。从唯物史观的角度看来,西方现代化是资本主义现代生产方式逐步确立的发展过程,其本质在于资本对剩余价值的剥削和贪婪。而所谓的资本主义现代生产方式,就是资本的生产与再生产,反映的是以"劳资关系""雇佣关系"为表征的资本主义生产关系。马克思恩格斯认为,西方现代化是建立在资本主义生产方式的基础上的,资本主义现代化的历史进程就是一部充满着血与泪、残酷杀戮的掠夺史和剥削史。正如马克思指出:"资本来到世间,从头到脚,每个毛孔都滴着血和肮脏的东西。"①早在 15、16 世纪,一些西欧国家为了满足统治阶级的利益需求,通过"羊吃人"的圈地运动、奴隶贸易以及海外殖民掠夺扩张等血腥残暴手段进行资本的原始积累。随着西方国家工业革命相继完成,以机器大生产为代表的资本主义生产方式逐渐在世界范围内扩张,进一步加剧了资本主义国家对世界范围内原材料、劳动力以及销售市场的激烈掠夺,从而推动着资本的世界扩张。与此同时,这些西方国家的资本家从未放松对国内民众的剥削和压迫。他们通过资本主义生产方式残酷剥削、无偿占有雇佣工人在劳动中创造的剩余价值,从而实现资本的自我增殖,导致社会贫富差距加剧、物质至上主义膨胀、阶级矛盾尖锐、周期性经济危机爆发、生态破坏等社会问题重重。这些行径都标注了资本主义现代化道路的"肮脏原罪",揭露了西方现代化的本质特征。中国式现代化要跳出西方现代化的模式和途径,必然要将资本逐利的增殖逻辑转换为不断满足人民美好生活需要和社会全面进步的发展逻辑,"要全面超越以资本本位、逐利本性、对外掠夺扩张、丛林法则、唯我独霸、自发生成等为主要

---

① 《马克思恩格斯选集》第 2 卷,人民出版社 2012 年版,第 297 页。

内容的西方式现代化的特质"①,要走出一条独具中国特色的现代化发展之路。

三是马克思主义辩证地确认了资本主义现代化为世界发展带来了进步的同时,也造成了世界人民极为沉重的苦难。西方资本主义现代化是人类社会发展的一种形态,较以往社会形态而言具有一定的进步意义。马克思恩格斯始终客观辩证地看待资本主义现代化,毫不避讳地承认其对世界发展所带来的进步意义。《共产党宣言》指出:"资产阶级在它的不到一百年的阶级统治中所创造的生产力,比过去一切世代创造的全部生产力还要多,还要大。"②他们认为资本具有文明的表现,"同以前的奴隶制、农奴制等形式相比,都更有利于生产力的发展,有利于社会关系的发展,有利于更高级的新形态的各种要素的创造。"③与此同时,马克思恩格斯也指出,资本主义现代化发展过程中给人类社会带来了种种苦难。资本主义所创造的物质产品及自由时间只是归少部分资产阶级所享有,对于绝大部分民众而言仍然处于物质极度缺乏、时刻处于被剥削压迫境地。在此情况下,工人阶级的劳动被异化,而且通过劳动创造的剩余价值都被资产阶级所占有。不仅如此,资本主义还造成了人与人的对立、人与社会的对立以及人与自然的对立,使得整个社会变成"分裂为两极"的现状。在对资本主义辩证认识的基础上,马克思恩格斯提出了"两个必然"的著名论断,即"资产阶级的灭亡和无产阶级的胜利是同样不可避免的"④。这是基于对资本主义生产方式及其推动下产生的现代化模式进行深入剖析后得出的科学判断,为辩证理解和科学把握现代化事业提供了充分的理论支持。因此,中国走现代化道路要辩证地认识资本主义现代化,一方面,要科学合理

---

① 戴木才:《实现人民美好生活之道:中国式现代化道路》,人民出版社 2022 年版,第124 页。

② 《马克思恩格斯选集》第 1 卷,人民出版社 2012 年版,第 405 页。

③ 《马克思恩格斯文集》第 7 卷,人民出版社 2009 年版,第 927 页。

④ 《马克思恩格斯选集》第 1 卷,人民出版社 2012 年版,第 413 页。

地运用它所创造的生产力、先进技术及管理经验等,为中国式现代化建设提供借鉴和帮助;另一方面,要积极抵御资本主义现代化所产生的消极影响以及各种弊端。

马克思主义对资本主义现代化本质的深刻批判,为其他想走现代化道路的国家指出了西方现代化的固有弊病以及难逃失败命运的结果。同时,也指出无产阶级要走出一条不同于资本主义现代化、拥有美好前景的社会主义现代化道路。正是基于马克思主义对资本主义现代化的深刻批判,中国共产党人充分认识到资本主义现代化的实质及其难以克服的种种弊端,从而为中国式现代化道路本质特征的形成筑牢了根本理论基础。从某种意义上讲,中国式现代化所彰显的鲜明特征,其实就是对资本主义现代化弊病的合理、有效规避。

(二) 马克思主义对社会发展道路多样性的深刻阐释

在马克思主义经典作家看来,人类社会历史和现代文明的形成和发展,如同自然界一样,有其自身的内在规律,任何违背内在规律性的行为都将阻碍社会历史进程和人类文明发展。人类社会发展道路内在规律的一个重要体现,就是不同国家、民族、地区的社会发展道路,由于受到主客观条件的约束或影响而呈现出多样性和特殊性。同样,世界各国在探索现代化道路的过程中,也必然会结合各自国情和特色优势而作出不同的道路选择,并显示出丰富多彩的特征。

马克思始终坚信社会发展道路具有多样性特征,并在其诸多著作中深刻阐释了该观点。在《给〈祖国纪事〉杂志编辑部的信》中,马克思尖锐地批评了米海洛夫斯基把《资本论》关于资本主义起源分析和规律揭示诠释为适用于一切民族的历史哲学和普遍规律的观点,他指出:"他一定要把我关于西欧资本主义起源的历史概述彻底变成一般发展道路的历史哲学理论,一切民族,不管它们所处的历史环境如何,都注定要走这条道路,——以便最后都达到在保证社会劳动生产力极高度发展的同时又保证每个生产者个人最全面的发展的这样一种经济形态。但是我要请他原谅。(他这样做,会给我过多的荣誉,同时也会给我过多的侮辱。)"①也就是说,马克思并不认同人类社会具有普遍适用于一切国家、地区或民族的"一般发展道路","更没有说每个民族都按这个演进序列循序上升。"②在《〈政治经济学批判〉序言》中,马克思指出人类发展经历的几种社会形态,"亚细亚的、古希腊罗马的、封建的和现代资产阶级的生产方式可以看做是经济的社会形态演进的几个时代。"③当然,这是马克思基于资本主义高度发达的西欧而得出的结论,"这一运动的'历史必然性'明确地限制在西欧各国的范围内。"④但是,当马克思恩格斯晚年将研究视野转移到东方世界的俄国时,情况则发生了明显变化。马克思在回答俄国女革命家维·伊·查苏利奇对俄国农村公社发展前途的询问时,提出了跨越资本主义"卡夫丁峡谷"的重要理论。马克思指出,由于俄国农村公社的存在,俄国有可能不通过资本主义道路的"历史必然性",而是可以通过充分借助资本主义生产力占有的一切有益成果,直接跨越资本主义生产关系,走出一条超越资本主义现代化的道路。

马克思恩格斯关于俄国可以跨越资本主义"卡夫丁峡谷"的科学论断,提出了经济文化落后的东方国家有可能不经过资本主义的发展阶段而走上社会主义道路的重要设想,为东方国家摆脱落后被动局面提供了重要的理论依据,是对人类社会多样化发展道路的理论确证。长期以来,由于受到西方现代化道路的深度渲染以及先入为主观念的深刻影响,人们普遍认为各国现代化道路必须遵循西方现代化模式,而跨越"卡夫丁峡谷"的科学理论为打破"西方化=现代化"固化认知提供了有力理据。如何才能有效地跨越"卡夫丁峡

---

① 《马克思恩格斯选集》第3卷,人民出版社2012年版,第730页。
② 罗荣渠:《现代化新论——世界与中国的现代化进程(增订本)》,商务印书馆2004年版,第61页。
③ 《马克思恩格斯选集》第2卷,人民出版社2012年版,第3页。
④ 《马克思恩格斯选集》第3卷,人民出版社2012年版,第839页。

谷"，则需要各个国家、民族、地区根据实际情况来决定。基于马克思主义科学理论，列宁在领导本国无产阶级通向社会主义发展道路的过程中，采用暴力革命的方式建立了无产阶级政权，在经济文化落后的国家建立了世界上第一个社会主义国家，成功地实现了科学社会主义从理论到实践的重要跨越。正如列宁指出："一切民族都将走向社会主义，这是不可避免的，但是一切民族的走法却不会完全一样，在民主的这种或那种形式上，在无产阶级专政的这种或那种形态上，在社会生活各方面的社会主义改造的速度上，每个民族都会有自己的特点。"①这其实是对马克思主义科学理论的继承和发展，也深刻地揭示了人类社会发展道路的多样性和规律性，为其他落后国家或地区摆脱被剥削被压迫、探索符合本国国情的社会发展之路提供了重要借鉴。

马克思主义科学理论以及列宁领导俄国十月革命的成功实践，从理论和实践相结合的角度反映出人类社会发展道路的多样性特征，也进一步说明西方现代化并不等同于所有现代化，各个民族、国家或地区可以根据自身具体情况，在充分利用资本主义现代化社会最新成果的基础上，创造出跨越"卡夫丁峡谷"的现代化新模式，为发展中国家走向现代化指明了另一条道路，尤其是为中国式现代化道路的探索提供了重要的理论支撑。中国式现代化道路立足马克思主义理论，立足本国现实国情，吸收借鉴了西方现代化道路的有益经验，创造出中国特色社会主义现代化道路，也正是跨越"卡夫丁峡谷"的一种成功尝试。

（三）马克思主义对未来人类社会形态的科学构想

人类社会将何去何从？未来人类社会该是什么形态？这一系列关乎人类命运的关键问题，需要给予科学回答。马克思主义经典作家站在科学的立场上，深刻揭示人类社会发展的一般规律，提出并自觉运用预见未来社会的科学

---

① 《列宁选集》第 2 卷，人民出版社 2012 年版，第 777 页。

方法,指出了未来社会形态的基本特征并描绘出未来社会的美好蓝图。马克思主义经典作家认为,共产主义社会是人类最崇高、最美好的社会理想,是人类历史发展的必然趋势,同时也是一个漫长的历史过程。根据马克思主义经典作家的阐述,未来的共产主义社会具有以下鲜明特征。

第一,社会生产力高度发达、社会产品极度丰富。在共产主义社会里,束缚生产力发展的桎梏被彻底消除,同时作为资本主义社会的更高阶段和"代替物",共产主义社会继承了资本主义社会所创造的巨大生产力,从而使得社会生产力得到空前发展。共产主义社会废除了生产资料私有制,社会占有生产资料并有计划地组织生产,使得每个劳动者都能够平等地拥有生产资料。这样,极大地推动着共产主义社会生产力的发展,社会财富源源不断地涌现出来,社会产品极大丰富,为满足全体社会成员的"富足的生活"提供坚实的物质保障,从而保证个人消费品实现"各尽所能,按需分配",达到分配上的真正平等。

第二,全体社会成员具有高度的思想觉悟和道德品质。共产主义社会消灭了生产资料私有制,全体社会成员摆脱了小生产者的狭隘视野,摒弃了资产阶级权利的私有观念,抛弃了一切旧思想、旧观念,形成了高尚道德境界和思想认知。在共产主义社会,随着阶级彻底消灭、国家完全消亡,被剥削、被压迫的社会现象不再出现,也意味着工业与农业、乡村与城市、脑力劳动与体力劳动以及社会分工之间的对立和差别随之消失。正因如此,在共产主义社会里,人与人、人与社会、人与自然之间的关系变得高度和谐有序,使得人类的精神境界得到高度提升,人的精神世界得到极大满足。

第三,每个人能够实现自由而全面的发展。在共产主义社会里,每个人都摆脱了资本逻辑、异化劳动、阶级差别、社会分工等外在因素影响,在体力、智力等方面得到全面发展;社会生产力高度发展,带来劳动生产率极大提高,从而使人们有充裕的时间和精力从事科学、艺术、文化等各类创造性活动,个人才能、志趣和禀赋得到充分发挥和发展。"人终于成为自己的社会结合的主人,从而也就成为自然界的主人,成为自身的主人——自由的人。"①共产主义社会中,每个人的自由全面发展并不是构成其他一切人自由全面发展的障碍,而是一种全体社会成员共同的自由发展,能够满足所有人实现各自自由全面发展的需求,"在那里,每个人的自由发展是一切人的自由发展的条件。"②

人类社会发展是一个自然历史过程,具有不以人的意志为转移的客观规律性,呈现出由低级形态向高级形态不断发展的必然趋势,决定了未来人类社会发展的方向必然是共产主义社会,这是不可抗拒的历史潮流和时代必然。马克思恩格斯在遵循人类社会发展一般规律的基础上,提出未来人类社会形态的科学构想,并阐述未来共产主义社会的鲜明特征,为中国式现代化指明了发展方向。党的二十大报告指出中国式现代化的本质要求,这与未来共产主义社会的基本特征、目标价值等具有高度的内在耦合性。其中,"坚持中国共产党领导""坚持中国特色社会主义"是实现中国式现代化的必然要求,既有别于其他国家现代化的重要特征,更是确保中国式现代化具有社会主义性质并通向共产主义社会道路的根本保证;"实现高质量发展",聚焦于发展社会生产力,改革社会生产关系,推动经济繁荣发展,达到共产主义社会"生产力高度发达,物质产品极度丰富"的特征要求;"发展全过程人民民主""实现全体人民共同富裕""促进人与自然和谐共生"等要求,与共产主义社会指出的人们思想道德觉悟高度发展、精神生活极度丰富、实现人的自由全面发展以及人与人、人与社会、人与自然和谐发展等特征也是互相衔接、映照的。可以说,中国式现代化道路,其实在一定程度上而言,就是按照马克思主义经典作家对未来人类社会所预想的形态而稳步推进的,中国式现代化就是共产主义社会的题中之义。

---

① 《马克思恩格斯选集》第 3 卷,人民出版社 2012 年版,第 817 页。

② 《马克思恩格斯选集》第 1 卷,人民出版社 2012 年版,第 422 页。

（四）马克思主义提出实现共产主义社会的科学方法

科学方法的运用是正确探索和实现未来社会的基本前提。马克思恩格斯提出的科学辩证方法，为我们正确认识共产主义社会形态及其基本特征提供了重要的方法准备。同样，中国式现代化道路的形成和拓展，也离不开辩证唯物主义的科学运用。

第一，立足历史发展规律揭示未来社会的发展方向。生产力与生产关系的基本矛盾是推动人类社会由低级向高级不断发展的根本规律。这一基本规律也预示着资本主义社会只是人类社会发展进程中的一个特定历史阶段，它必将被更高级的社会形态所取代，人类社会必然走向共产主义社会。在马克思主义诞生以前，许多空想社会主义者都对未来人类社会做过详尽的描绘，其中不乏天才式的预测和光辉的设想，如莫尔、康帕内拉、欧文、傅立叶、圣西门等。但是，由于他们并没有探索出人类社会发展的客观规律，更缺乏预见未来的科学方法，所以其对未来社会的设想只是一种纯粹的空想。马克思恩格斯以唯物史观为指导，指出人类社会如同自然界一样，有其自身发展变化的内在规律，它不以人的意志为转移，生产力和生产关系的矛盾运动是推动人类社会历史不断发展的根本动力。基于此，马克思恩格斯对人类未来社会的走向作出了科学的判断和展望。在资本主义社会里，随着社会化大生产的日益发展，社会生产力得到极大提升，但落后的生产关系将成为束缚生产力发展的障碍，使得资本主义固有的基本矛盾不断激化，资本主义必然被更高级的社会形态所取代。任何事物的发展变化都有其自身内在规律，只有遵循规律才能推动事物顺利发展。同理，中国式现代化的探索和形成过程中，也必须遵循人类社会发展的一般规律，不断解放和发展生产力，推动全面深化改革，不断调整和完善生产关系，确保生产力与生产关系相互适应、相互促进，共同推动中国式现代化向前发展。

第二，在实践中不断探索未来社会的基本特征。未来社会是人类历史仍未达到的形态,对其认识需要在实践中不断探索、总结和积累,绝不可能一蹴而就、一劳永逸。马克思恩格斯运用唯物辩证法,以发展的观点来探索和分析未来社会,主张通过具体实践来丰富人们对未来社会的认识。他们指出:"所谓'社会主义社会'不是一种一成不变的东西,而应当和任何其他社会制度一样,把它看成是经常变化和改革的社会。"①他们极力反对将未来社会形态的设想固化成一种包罗万象、一成不变的方案,并强迫所有人都按照这个方案去做。马克思恩格斯多次强调,他们的理论不是教条,只是行动的指南,只是提供给人们开展实践的方法,要求人们在实践中不断探索未来社会的特征。"无论如何应当声明,我所在的党并没有任何一劳永逸的现成方案。"②马克思恩格斯对未来社会形态的设想始终保持严谨认真的科学态度,并在社会实践中不断调整、完善、修改和发展对未来社会的认知。例如,在《共产党宣言》等著作中,初步提出未来社会发展的总体方向;后来,在《资本论》及其手稿中,马克思通过对资本主义的深入剖析,提出了未来社会形态的一些较为具体的认知;再后来,在总结巴黎公社运动经验和批判各类社会思潮的基础上,马克思在《哥达纲领批判》中较为完整地阐述了未来共产主义社会发展阶段的学说。总之,马克思恩格斯不仅提出了未来人类社会发展形态的科学构想,而且在实践中不断探索未来社会,使得关于共产主义社会的科学理论更加完善、成熟。探索是永无止境的,实践探索是人类增强对事物认识的有效方法。中国式现代化是中国社会发展的崭新形态,是从未有过的经历,需要在实践探索中不断丰富和深化对其的认识,以便现代化道路顺利向前推进。

第三,对未来社会只进行粗线条式描绘。共产主义社会是人类对未来社会的美好憧憬,任何人都无法对其进行一笔一画的详尽勾勒。空想社会主义家总是希望对未来社会作出完美计划,对理想社会的蓝图进行细致描绘。而马克思恩格斯则认为,对未来社会描绘得越是具体、详细,就越容易陷入纯粹

① 《马克思恩格斯选集》第4卷,人民出版社2012年版,第601页。
② 《马克思恩格斯选集》第4卷,人民出版社2012年版,第582页。

主义的幻想中,从而失去现实意义和价值。因而,他们反对对未来社会进行详细描绘,"没有为未来的食堂开出调味单"①,只是作出粗线条、轮廓式的描述,揭示出人类历史发展的一般规律,提出人类社会通向更高形态的主要任务。"在将来某个特定的时刻应该做些什么,应该马上做些什么,这当然完全取决于人们将不得不在其中活动的那个既定的历史环境。"②未来社会将要采取哪些具体措施,应该由那个社会中的人自己来决定,这样才符合实事求是、一切从实际出发的基本原则。对中国式现代化的探索和拓展,其实也是经历了一个从粗线描绘到逐渐确定成形、从被动卷入到主动创新发展等艰辛历程,每一步、每一个阶段都是对现代化道路的深化认识,并在实践发展中逐步完善现代化道路的内容,并不是一开始就将现代化描绘得那么精细、准确,而是经历了从"工业化",到"四个现代化",到"中国式的现代化",再到"中国式现代化道路"的演变发展过程。

第四,未来社会发展体现了前进性与曲折性、普遍性与特殊性的统一。马克思在《〈政治经济学批判〉序言》中提出"两个决不会"的著名论断,即"无论哪一个社会形态,在它所能容纳的全部生产力发挥出来以前,是决不会灭亡的;而新的更高的生产关系,在它的物质存在条件在旧社会的胎胞里成熟以前,是决不会出现的"③。这其实反映了社会主义代替资本主义的长期性、艰巨性和复杂性。共产主义社会作为人类社会历史发展的必然趋势,它的实现并非一帆风顺之事,也不是一朝一夕之功,而是一个极其曲折和漫长的历史过程,以至于需要十几代人、几十代人坚持不懈地努力才能实现。辩证唯物主义和历史唯物主义提出,任何事物的发展变化都是前进性与曲折性的统一,都呈现出螺旋式向上的发展态势,同时事物具有普遍性与特殊性相统一的特征。基于这一理论认识,人类对共产主义社会的实践探索,需要做好充足的思想准

① 《马克思恩格斯选集》第 2 卷,人民出版社 2012 年版,第 91 页。
② 《马克思恩格斯选集》第 4 卷,人民出版社 2012 年版,第 541 页。
③ 《马克思恩格斯选集》第 2 卷,人民出版社 2012 年版,第 3 页。

备和物质条件保障,切实警惕、抵御各种风险和潜在危机,随时接受各类挫折和困难的挑战。马克思主义的科学认识和辩证方法提醒我们,建设中国式现代化道路需要经历一个长期曲折的过程,既需要把握好中国式现代化与一般现代化的普遍性,又要把握准中国式现代化自身具有的特殊性,需要在探索实践中把马克思主义基本原理与本国的具体实践相结合、与中华优秀传统文化相结合,探索适合本国发展的现代化建设道路。而探索现代化道路的过程不会是一帆风顺的,难免会出现不同程度的失误,甚至发生曲折和短暂停滞、倒退现象,但这些都是社会发展的常态,需要坚定必胜信心,不断总结经验教训,付出更多的努力。

二、列宁的现代化理论

作为马克思主义的坚定捍卫者和践行者,列宁在领导俄国人民进行革命斗争和国家建设中始终继承和发展着马克思恩格斯的现代化理论,并坚持将理论付诸实践。在现代化发展历程中,如果说马克思恩格斯对社会主义现代化及未来人类社会发展问题的探索主要是立足西方资本主义国家基本国情,从理论上揭示人类社会走向现代化的内在规律和必然趋势,为实现社会主义现代化奠定理论基础。那么,列宁领导的布尔什维克党则将马克思主义现代化理论与俄国国情和具体革命实践相结合,逐渐形成了独具特色的现代化理论,是对社会主义现代化理论的有益补充,为推动中国式现代化道路建设提供了重要的理论支撑。

(一) 社会发展道路观:经济文化落后的国家可以走上社会主义道路

经济文化相对落后的国家或处于被剥削压迫的民族,如何才能摆脱现状、改变命运,从而走上社会主义新道路。对于这一问题,马克思恩格斯并没有直接给出详细、明确的答案。列宁在继承马克思恩格斯东方社会发展理论的基础上,结合当时国际形势和俄国国情,提出了经济文化落后国家或东方民族的社会发展道路观,为俄国走上社会主义道路提供思想理论准备。列宁认为,虽然俄国是经济文化落后的资本主义国家,国内还大量残存着封建主义,却是"帝国主义链条上最薄弱的环节",再加上帝国主义国家之间矛盾重重,战争不断。因此,针对这些实际情况,列宁主张俄国首先通过领导人民开展民主革命,以暴力革命形式推翻沙俄的专制独裁统治,建立无产阶级政权和国家,再抓住时机向社会主义革命转变,以此走上社会主义道路,实现俄国现代化。基于对俄国社会发展道路的思考,列宁提出了俄国民主革命道路观、社会主义革命道路观以及社会主义道路建设观等,并将这些思想付诸实践,最终取得了俄国十月革命胜利,建立了世界上第一个社会主义国家。

第一,列宁的俄国民主革命道路观。一是民主革命在社会发展中的作用。列宁在总结俄国1905年资产阶级革命经验的基础上,认识到民主革命的价值和影响,并逐渐形成了自己的民主革命道路理论。他认为,这次资产阶级革命胜利"还丝毫不会把我国的资产阶级革命变为社会主义革命"[1],俄国进行社会主义革命的物质条件、思想准备和阶级力量等方面还不够成熟。列宁指出,在俄国这样经济文化落后的国家,首先需要通过开展民主革命,为社会主义革命创造物质条件,再由民主革命过渡到社会主义革命阶段;通过与资产阶级的阶级斗争,无产阶级群众受到思想洗礼,提高思想政治觉悟和社会力量动员,为进行社会主义革命奠定思想和组织基础。二是民主革命必须由无产阶级来领导。列宁认为,俄国资产阶级具有软弱性和不彻底性,不敢将民主革命进行到底,不具备作为领导者的条件和资格。而20世纪初的无产阶级已经登上了历史舞台,他们以马克思主义先进理论为指导,革命意识逐渐觉醒,显示出强大的阶级力量,并建立了自己的革命政党,有组织地开展革命运动。无产阶级革命政党的使命就是"带领农民进行最彻底、最坚决的资产阶级革命"[2]。只

---

① 《列宁选集》第1卷,人民出版社2012年版,第563页。
② 《列宁全集》第16卷,人民出版社2017年版,第256页。

有无产阶级革命政党才能领导广大民众,号召工人和农民共同参与、完成民主革命任务,鼓动、激励他们积极开展革命斗争,取得彻底的革命胜利,进而促进社会的发展。三是民主革命胜利后要建立工农民主革命专政。列宁认为,俄国民主革命胜利后,为了保护革命胜利成果,防止国外敌对势力和本国顽固势力、反革命势力的联合绞杀,需要建立属于"无产阶级和农民的革命民主专政"①,并要努力巩固这一新生专政。革命民主政权以无产阶级和农民为阶级基础,具有民主主义专政的革命性质,坚持将民主革命进行到底,并把工农兵代表苏维埃作为无产阶级和农民的革命民主专政的政治形式。四是民主革命必将要走向社会主义。列宁对俄国的资产阶级民主革命和社会主义革命作出了明显区分,认为它们在革命任务、对象、目标以及依靠力量等诸多方面有实质性差别。他指出,俄国的社会革命要分两步走,第一步是取得资产阶级民主革命胜利,彻底推翻封建专制统治,消灭农奴残余,为后期的无产阶级革命扫清障碍;第二步是进行社会主义革命,由无产阶级领导广大工人和农民,建立工农革命民主专政,推翻资产阶级统治,社会主义革命是资产阶级民主革命的必然发展趋势。对此,列宁指出,"现在这个革命的完全胜利就是民主革命的终结和为社会主义革命而坚决斗争的开始"②。

第二,列宁的俄国社会主义革命道路观。在俄国社会发展道路问题上,列宁结合本国革命实践及国际形势变化,作出了一次思想转变,提出了"社会主义一国或数国胜利论",进一步发展了社会主义革命理论。一是社会主义革命可能首先在一国获得胜利。20世纪初的俄国,国力衰弱、社会矛盾尖锐,民众极度贫困,为革命斗争提供了国内现实背景和条件。与此同时,帝国主义国家掀起瓜分世界的狂潮,战争不断,且帝国主义国家之间斗争不断,利益冲突严重,具备了无产阶级革命的外部条件和国际形势。列宁指出:"经济和政治发展的不平衡是资本主义的绝对规律。由此就应得出结论:社会主义可能首

---

① 《列宁全集》第10卷,人民出版社2017年版,第18页。
② 《列宁全集》第11卷,人民出版社2017年版,第113页。

先在少数甚至在单独一个资本主义国家内获得胜利。"[1]二是社会主义革命首先在俄国取得胜利的可能性和必然性。经济文化相对落后的俄国能否首先进行社会主义革命、是否具备相应条件，列宁对此进行了系统思考。他认为，俄国虽然生产力发展水平较低，但经过资产阶级革命后，国内经济水平有了一定规模的发展，同时，二月革命推翻了沙俄专制统治，建立工农苏维埃政权，民众思想觉悟和革命意识得到巨大提升，已经具备了进行社会主义革命的基本物质条件和阶级基础，而且俄国的无产阶级政党形成了坚强的领导核心，始终以马克思主义理论为指导，能够领导社会主义革命。三是俄国可以首先进行社会主义建设。革命取得胜利后，列宁领导的无产阶级政党积极思考俄国未来的出路。在全面分析俄国所面临的国内国际形势后，列宁提出了俄国有能力和有条件先于西方国家进行社会主义建设的思想。他认为，俄国经过民主革命后，建立了无产阶级新政权，有效地动员了国内群众力量，并沉重地打击了国内外反动势力，为社会主义建设创造了良好的社会条件和发展环境。同时，为了推动本国生产力的发展，俄国提出了"和平共处政策"，广泛吸收资本主义国家先进的科学技术及一切优秀成果用于本国的社会主义建设，并实施新经济政策，把大工业、银行、金融等归为国有，严格控制经济命脉，促使俄国有足够的经济条件过渡到社会主义，有力地推动着俄国社会主义建设。

（二）社会主义发展观：经济文化落后的国家能够建设好社会主义

建设社会主义是一道从未经历过的难题，毫无经验、无样本可借鉴。俄国十月革命取得胜利后，对于如何建设社会主义、建设怎样的社会主义等系列问题，列宁结合本国实际情况进行了深刻思考和积极探索，逐渐形成了社会主义发展观，提出了一系列发展思路和措施，从根本上回答了俄国社会主义在复杂

---

① 《列宁选集》第 2 卷，人民出版社 2012 年版，第 554 页。

严峻的国内国际形势下如何生存和发展的问题，为其他落后国家或民族的社会主义建设提供重要启示。在新的历史时期，列宁对社会主义建设的思考和认识更加成熟，社会主义观也发生转变。他主张大力发展本国生产力，对生产关系进行改革、调整，实施新经济政策；提出了社会发展阶段思想，将俄国发展道路由"直接过渡"转变为"间接过渡"；提出了社会发展矛盾思想，将社会矛盾区分为对抗性质和非对抗性质，要加以区别对待，强调矛盾统一性运用于社会主义建设实践；提出了社会发展动力思想，将改革开放作为推动社会主义建设的直接动力。

第一，俄国新经济政策的实施与列宁社会主义发展观的转变。一是实施新经济政策。建立社会主义国家后，面对国内经济落后、民众极度贫困的现状，列宁领导的苏维埃政府带领人民进行了一系列改革，努力解放和发展生产力，围绕经济发展，实施新经济政策。在农村进行粮食税改革，鼓励农民多种粮，允许农民自由贸易；工业企业实施多种经营，实行多种经济成分并存，激发生产积极性；大力发展商业，鼓励工农产品的自由流通，活跃市场经济；强化与资本主义国家的经济交流合作，大力吸收国外先进技术、管理经验等。新经济政策的实施使得俄国经济得到快速恢复和发展，民众生活得到改善、提升，为社会主义建设奠定物质基础。二是列宁社会主义发展观的转变。在新经济政策的逐步实施过程中，列宁关于社会发展的观念也随着发生转变。在继承马克思主义理论的基础上，列宁对马克思恩格斯提出的关于未来社会发展的"普适性"认识进行完善，他结合本国建设实践，将发展规律由"普遍适用"层次转变为"俄国特色"层次，将社会发展道路由"直接过渡"转变为"间接迂回"方式，将社会发展动力由革命、阶级斗争转变为经济发展、科技创新等。新经济政策实施后，列宁对社会发展观的转变和思考，丰富深化了马克思主义发展理论。同时，这也说明，各国的社会主义建设需要结合国情和具体实践，灵活地运用马克思主义基本原理，绝不能生搬硬套别国模式或照搬照抄理论教条。正如恩格斯所言："马克思的整个世界观不是教义，而是方法。它提供的不是现成的教条，而是进一步研究的出发点和供这种研究使用的方法。"①

第二，列宁的社会发展阶段思想。建设和发展社会主义并不是一蹴而就的，而是在不同时期表现出不同特征和要求，具有明显的发展阶段性。列宁在对俄国国情重新认识和总结社会主义建设经验、教训的基础上，提出了社会发展阶段思想。"怎样实际地从旧的、习惯了的、大家都熟悉的资本主义向新的、还没有产生的、没有牢固基础的社会主义过渡，却是一个最困难的任务。"②列宁在对本国经济政策、政治制度、民众文化水平、生产方式、国际差距等进行全面分析后，认为俄国作为一个经济文化仍然相对落后的国家，需要经历"漫长而复杂的过渡"，才能真正进入社会主义社会。这一阶段需要在经济建设、民主政治、社会生活等方面进行大力发展，要分阶段、有步骤地推动社会主义建设，以此来改变落后的现状。俄国经济落后、生产力低下的现实状况，决定了它还缺乏足够的条件"直接过渡"到社会主义，而必须通过一段过渡时期，"迂回过渡"到新社会。社会发展阶段思想的提出，表明列宁对社会发展规律以及俄国社会主义建设规律认识的进一步深化。

第三，列宁的社会发展矛盾思想。俄国十月革命胜利后，无产阶级的历史使命、革命任务及地位作用等发生了深刻变化。列宁在遵循矛盾对立统一规律的基础上，结合俄国社会发展实践，进一步丰富和深化了社会发展的矛盾思想。一是将社会发展矛盾区分为对抗性与非对抗性两类性质不同的矛盾。列宁认为，在社会主义建设阶段，对抗性的阶级矛盾即将消失，非对抗性的社会矛盾还大量存在，既不能过于夸大阶级矛盾，也不能忽视人民内部矛盾。而且认为，在社会主义建设条件下，存在着由非对抗性矛盾转化为对抗性矛盾的可能。面对这两种性质不同的矛盾，需要在深化对立统一规律认识的基础上，采取不同方式加以解决，为正确处理好社会主义建设条件下的矛盾提供指导。二是重视矛盾统一性对社会发展的积极作用。针对不同性质的社会矛盾，列

---

① 《马克思恩格斯选集》第4卷，人民出版社2012年版，第664页。
② 《列宁全集》第38卷，人民出版社2017年版，第120页。

宁提出了相对应的解决方式。他认为,解决对抗性社会矛盾应该用正确、积极、先进的一方去战胜错误、消极、腐朽的一方,通过革命斗争、阶级斗争等方式,促使事物发生新的变化,消灭旧的、落后事物,推动新事物的产生;对于非对抗性社会矛盾则应该采取改良改革、调整完善的方式,促使事物向好的方向发展。在社会主义建设阶段,统治阶级已经消灭,社会矛盾大都表现为非对抗性质,需要合理利用好矛盾的统一性,自觉地把矛盾双方和谐地结合起来,互相吸取对方的有益元素,相互促进、共同发展,进而推动社会主义建设事业顺利发展。

第四,列宁的社会发展动力思想。在进行俄国社会主义建设实践中,列宁积极思考社会发展的动力源于何处。结合新经济政策的实施状况,列宁认为俄国社会发展的动力在于改革开放,对内改革各类社会生产关系,以改良方式解决非对抗性矛盾;对外采取和平共处方式,实施对外开放,吸收国外有利于自身发展的积极因素。一是关于改革的社会发展动力思想。列宁认为,无产阶级夺取政权后,俄国国内的社会基本矛盾由阶级斗争转化为生产力与生产关系、经济基础与上层建筑的非对抗性矛盾,并应该采取改革、科技创新发展等方式予以解决。因而,他主张针对俄国的经济、政治、文化等发展战略进行改革、调整,以改革创新为动力,推动社会主义建设发展。在经济领域中,实施新经济政策,推动以解放和发展生产力为中心的经济体制改革,着力开展粮食税、劳动就业、报酬奖励、企业经营管理制度等改革,对生产资料所有制进行调整,刺激了社会成员的生产积极性,社会生产力得到大力提升,促使俄国经济快速发展。在政治和文化领域中,积极推动苏维埃政治体制改革,实现政治民主化、高效化以及工作能力、服务意识提升;开展文化革命,发展国民教育,提高文化素养,做好各类文化工作。二是关于开放的社会发展动力思想。列宁认为,在世界经济一体化趋势下,社会主义国家和资本主义国家可以采取和平共处、经济竞赛等方式来处理两者存在的矛盾。他主张俄国必须坚持对外开放,主动融入世界发展大潮,与资本主义国家广泛交流合作,吸收一切人类文明成果，以对外开放方式为俄国社会发展提供强大动力。

（三）社会发展目的观：革命和建设的目的是人的自由全面发展

人类社会发展的目的，是为了谁？是为了社会少数统治者，还是全体社会成员？在不同社会制度、政党、政权下，具有各自不同的答案。马克思主义指导下的无产阶级政党，代表了广大社会成员的利益和意志，具有自身特有的社会发展目的观。马克思主义的人学理论始终坚持以人为本的理念，将实现"人的自由而全面发展"的共产主义社会、实现人类的彻底解放作为社会发展的终极目的。列宁继承了马克思主义这一重要思想，在领导俄国革命和建设的过程中，始终把实现和维护好人民群众的根本利益作为最终目的，努力为实现人的自由全面发展积极创造条件和环境，在革命和建设实践中积极促进这个目的和任务的实现，使马克思主义人学理论与实践结合，在实践中体现理论价值，进而将马克思主义发展观推向新境界、新阶段。

第一，社会发展的根本目的是实现人民的根本利益。马克思指出："无产阶级的运动是绝大多数人的、为绝大多数人谋利益的独立的运动。"①马克思主义指导下的无产阶级始终坚持以人为本的理念，努力为人民谋利益，为人民创造更好的发展条件。列宁在领导俄国革命和建设过程中，始终站稳人民立场，把为了群众、服务群众、维护群众利益作为社会发展的根本目的。列宁主张要解决农民的土地问题、切实保障农民利益，强调制定政策时必须尊重人民群众的利益和意愿，积极倾听人民群众的意见，进行的各项改革必须保障人民群众的根本利益，始终把人民群众放在核心位置。"工农政权办事首先考虑广大人民群众的利益，实质上也就是整个社会的利益。"②"要随时随地仔细客观地检查：是否同群众保持着联系，联系是否密切。"③在列宁的诸多著作中以

①　《马克思恩格斯选集》第 1 卷，人民出版社 1995 年版，第 283 页。
②　《列宁全集》第 42 卷，人民出版社 2017 年版，第 223 页。
③　《列宁全集》第 24 卷，人民出版社 2017 年版，第 41 页。

及在其领导下出台的许多政策中,都可以反映出强烈的人民情怀和群众观点,时刻为人民群众着想,努力发展、维护和实现好人民群众的根本利益,并将此作为实现社会发展的根本目的。

第二,无产阶级政党奋斗的目的是人的自由全面发展。在俄国革命和建设过程中,列宁将马克思主义关于人的自由全面发展理论付诸实践,并把它们作为俄国无产阶级政党的奋斗目标,在无产阶级政党开展的一切工作中,始终将人民的根本利益和人的解放发展作为出发点和落脚点。一方面,充分肯定了人民群众在人类社会发展历史中的主体地位和主导作用。列宁认为,人民群众蕴藏着无穷的力量和智慧。他积极主张对人民群众进行革命思想教育和政治觉悟启发,引导民众学习、接受马克思主义理论,激发他们的革命意识和革命热情,发动广大群众积极投身革命和建设实践,高度赞扬"现在千百万人正在独立创造历史"[1]。另一方面,将促进人的全面发展列入无产阶级政党纲领和共产主义设想上。列宁坚持认为,党的纲领的制定必须将人民群众的根本利益和人的全面发展作为终极目标和行动指南,"有计划地组织社会生产过程来保证社会全体成员的福利和全面发展"[2],提出无产阶级政党要"培养共产主义社会的全面发展的成员"[3]。他把马克思主义关于实现人的自由全面发展的思想,付诸俄国社会发展的具体实践中,实现思想理论的俄国化具体化,不断满足人民群众的利益诉求,促进民众向自由全面发展的方向迈进。

第三,社会主义建设的目的是人的自由全面发展。俄国进入社会主义建设阶段,拥有了更多将人的自由全面发展理论付诸实践的条件和基础。因而,在俄国社会主义建设过程中,积极采取各种措施逐步实现人的全面发展和自由解放。一是建立社会主义国家,为实现人的自由全面发展创造根本社会条件。列宁认为,只有在社会主义制度的国家,才能真正实现人的自由全面发

---

① 《列宁全集》第34卷,人民出版社2017年版,第76页。
② 《列宁全集》第36卷,人民出版社2017年版,第402页。
③ 《列宁全集》第36卷,人民出版社2017年版,第412页。

展。社会主义革命胜利后，消灭了剥削阶级和私有制，建立了生产资料公有制和无产阶级政权，人与人之间的社会关系发生深刻变化，广大人民群众"可以稍微直一点腰，可以挺起胸来，可以感到自己是人了"[1]。这些巨大变化为人的自由全面发展创造有利条件，有力地激发着民众的创造性和积极性。二是积极发展生产力，为实现人的自由全面发展奠定经济基础。实现人的自由全面发展，需要高度发达的物质条件作为保障。列宁提出要大力解放和发展生产力，推动本国经济发展繁荣，为人的自由全面发展提供现实基础。他主张在现有条件下，要保障人民群众的基本需求和生活水平，降低劳动强度，给予充足休息时间；要大规模采用大机器生产，实现电气化，努力发展工业、农业和运输业；要提高民众的科技文化水平，积极发展国民素质教育和政治教育，以适应先进生产力发展的需要。三是将教育与生产劳动相结合，全面发展人的个性。要实现人的自由全面发展，就必须实现人的个性解放和发展。列宁继承和发展了马克思教育与生产劳动相结合的理论，强调将教育与生产劳动有机结合的方式，可以促进人的个性发展，使个人不再屈从于被迫的社会分工和枯燥乏味的简单劳动，而是能够根据自身兴趣、特长自由地选择工作，保持劳动的积极性和愉悦性，自由全面地发挥个性和才能。

列宁结合俄国革命和建设实践，在继承马克思恩格斯现代化理论的基础上，逐渐形成了符合本国国情和具体实践的社会发展理论及现代化思想，促使社会主义现代化由理论转变为现实，开启了民族化社会主义现代化建设的新征程。同时，对世界上其他经济文化落后的国家和民族实现现代化道路的特殊性、主要任务、方法策略、基本要求等方面，提供了卓有成效的有益探索和经验借鉴。尤其是，列宁提出的"民主革命和社会主义革命""社会主义过渡阶段""以人民为中心的发展思想""对抗性与非对抗性不同性质矛盾""坚持无产阶级领导"等思想认识，不仅对本国社会主义现代化建设实践具有重要指

---

[1]　《列宁全集》第33卷，人民出版社2017年版，第207页。

导意义,着力回答了经济文化落后国家如何实现社会主义现代化的历史课题,丰富和发展了马克思主义现代化理论,而且为中国推进社会主义现代化进程提供了科学的理论指导,为中国共产党探寻不同于西方现代化文明形态提供了有益参考借鉴。

第二节　理论核心:党的创新理论

现代化是人类社会发展演变中的一个重要主题,也是世界各国人民的共同期盼。作为世界历史发展的重要组成部分,中华民族自近代以来,面对鸦片战争失败、西方列强入侵以及腐朽封建统治带来的种种困难,无数仁人志士苦苦探寻民族解放复兴和走向现代化的出路。中国社会的农民阶级、封建地主阶级、资产阶级改良派和革命派纷纷开展各种形式的探索,但最终仍然是以失败告终,不可能从根本上改变中国贫困落后、半殖民地半封建社会的状况。历史事实证明:没有先进理论的指导,没有用先进理论武装起来的政党,中华民族就无法彻底改变被压迫受剥削的悲惨地位和苦难命运,就无法实现民族复兴和现代化。中国共产党一经成立,就把实现民族复兴、人民富裕作为奋斗目标,为中华民族和中国人民带来了新希望,为推动中国的现代化建设开辟了新局面。几代中国共产党人在中国革命、建设和发展历程中,坚持以马克思主义理论为指导,结合中国国情和具体实践,不断推动马克思主义中国化时代化,为党的理论创新注入活力和动力。

一、以"四个现代化"为目标的战略安排

中国的社会主义现代化进程,是在极其艰难的历史境遇中开启的。1921年中国共产党成立后,面对满目疮痍、积贫积弱的旧中国,以毛泽东同志为主要代表的中国共产党人,把马克思主义基本原理同中国具体实际相结合,团结带领中国人民对中国社会发展道路进行了艰辛的探索,逐渐形成了独具中国

特色的现代化理论,并将之切实运用到中国革命和建设实践中,为新民主主义革命的胜利和社会主义现代化各项建设事业的发展提供了直接思想指导。

(一) 社会主义现代化整体性思想

整体性是马克思主义的鲜明特征,在长期的革命和建设实践中,这一特征深刻地影响着毛泽东关于现代化整体性思想的形成。建设一个富强、民主、文明的社会主义现代化国家,是毛泽东终身追求的目标,他将马克思主义基本原理与中国具体实际相结合,积极探寻符合中国国情和本国人民需要的现代化道路,并提出了符合中国国情的集合经济现代化、政治现代化和文化现代化"三位一体"的现代化整体性思想,指导着全国人民积极投身建设社会主义现代化国家的历史进程中。

第一,经济现代化思想。现代化是以经济发展、生产力提升为核心和基础的,因而现代化建设首先必须体现在经济现代化建设方面。其一是转移工作重心的思想。毛泽东在领导中国现代化进程中,始终将经济建设放在首位,围绕经济建设而多次提出转移工作重心的经济战略思想。新中国成立之初,毛泽东提出"为争取国家财政经济状况的基本好转而斗争"[1]的经济发展目标,并结合现实状况指明了当前实现经济转化基本好转,努力恢复国民经济的三项具体举措,即"土地改革的完成""现有工商业的合理调整""国家机构所需经费的大量节减"[2]。1953 年开始实行发展国民经济的第一个五年计划,计划的主体就是国家工业化。毛泽东提出了过渡时期总路线和总任务,即用大约三个五年计划的时间,"逐步实现国家的社会主义工业化,并逐步实现国家对农业、对手工业和对资本主义工商业的社会主义改造。"[3]1956 年三大改造完成,标志着社会主义制度的基本确立。在此基础上,毛泽东提出党的工作重

---

① 《毛泽东文集》第六卷,人民出版社 1999 年版,第 67 页。
② 《毛泽东文集》第六卷,人民出版社 1999 年版,第 70 页。
③ 《毛泽东文集》第六卷,人民出版社 1999 年版,第 316 页。

心从以往的革命斗争转移到经济建设和技术革命上,在党的八大会议上提出"党和全国人民的当前的主要任务,就是要集中力量来解决这个矛盾,把我国尽快地从落后的农业国变为先进的工业国。"①但是,由于受到"左"倾错误思想的干扰,出现了反右倾扩大化、"大跃进"和人民公社化运动以及"文化大革命",导致党在八大上确立的正确路线并未能得到真正实现。其二是提出"四个现代化"的总目标和"两步走"战略步骤。实现"工业化",是中国共产党人作为实现现代化的基本目标。在党的七大上,毛泽东提出"为着中国的工业化和农业近代化而斗争"②,由此提出了"四个现代化"的最初构想。1954 年,毛泽东进一步指出,"要实现社会主义工业化,要实现农业的社会主义化、机械化。"③而后经过几次修改,1960 年初,毛泽东更加明确地提出:"建设社会主义,原来要求是工业现代化,农业现代化,科学文化现代化,现在要加上国防现代化。"④从而完整地提出了"四个现代化"的理论。毛泽东在确定"四个现代化"发展目标的同时,开始谋划实现现代化的战略步骤和大概时间,并在现代化建设过程中不断调整完善。1964 年 1 月,周恩来遵照毛泽东的指示,在三届全国人大的政府工作报告中提出"两步设想"。1975 年,周恩来在四届全国人大一次会议上再次重申了"两步走"发展战略。

第二,政治民主化思想。政治民主化是社会主义现代化的重要内容,也是毛泽东现代化思想的重要体现。中国共产党成立以来,尤其是新中国成立后,以毛泽东同志为主要代表的中国共产党人积极推动民主政治建设和改革,为社会主义现代化建设创造良好的政治环境。一是确立了现代化的社会主义价值取向。从世界各国的现代化实践来看,现代化在各国呈现出不同的制度属性。中国是社会主义国家,其现代化是社会主义性质的现代化,其发展方向是

---

① 《建国以来重要文献选编》第九册,中央文献出版社 1994 年版,第 341—342 页。
② 《毛泽东选集》第三卷,人民出版社 1991 年版,第 1081 页。
③ 《毛泽东文集》第六卷,人民出版社 1999 年版,第 329 页。
④ 《毛泽东文集》第八卷,人民出版社 1999 年版,第 116 页。

社会主义和共产主义社会,这是最根本的价值取向,任何形势下都不能改变。毛泽东在探索现代化进程时,始终坚持社会主义道路,走具有中国特色的现代化道路。正是基于确立了现代化的社会主义价值取向,才能确保现代化沿着社会主义方向顺利发展,使得中国的现代化走出一条不同于西方现代化模式的新道路。二是确立了现代化的社会主义民主政治制度。在推动社会主义现代化建设过程中,毛泽东积极推进社会主义民主政治建设,构建了中国特色社会主义政治制度体系,包括全国人民代表大会制度、多党合作和政治协商制度、民族区域自治制度等,这在中国政治发展史上乃至世界政治发展史上都具有划时代意义。这些政治制度在具体实践中具有开创性价值,对推进我国社会主义现代化进程产生巨大作用。

第三,文化现代化思想。文化是国家软实力的体现,是一个国家和民族的"根"和"魂",社会主义现代化建设离不开文化现代化。毛泽东历来重视文化建设并形成了独特的文化现代化思想。一是提出了新民主主义文化纲领。面对旧中国民众文化水平低、文化落后的现状,毛泽东提出了新民主主义文化纲领,指出新民主主义文化是"无产阶级领导的人民大众的反帝反封建的文化"①,"民族的科学的大众的文化"②,强调文化要源于人民、源于生活,并服务于人民、为了人民。同时,他也指出,搞好文化建设,要坚持"古为今用,洋为中用"的方针,努力吸收一切人类优秀文明成果,"凡属我们今天用得着的东西,都应该吸收"③,要取其精华,去其糟粕。正是在毛泽东正确的文化建设思想引导下,一大批优秀文艺工作者积极投身文化工作,为中国文化现代化建设打下坚实基础。二是提出建设社会主义新型文化。新中国成立后,中国共产党人积极推动新中国文化建设,及时清除封建旧文化,发展社会主义文化事业。毛泽东提出,要构建社会主义新型文化,提出文艺要为人民服务、为工农

---

① 《毛泽东选集》第三卷,人民出版社 1991 年版,第 855 页。
② 《毛泽东选集》第二卷,人民出版社 1991 年版,第 708 页。
③ 《毛泽东选集》第二卷,人民出版社 1991 年版,第 707 页。

兵服务的"二为"方针,还提出了"百花齐放,百家争鸣"的"双百"方针。他强调:"艺术和科学中的是非问题,应当通过艺术界科学界的自由讨论去解决,通过艺术和科学的实践去解决,而不应当采取简单的方法去解决。"①毛泽东关于文化建设的指导思想,激励着广大人民群众的文化创造热情,为繁荣我国文艺事业指明了方向。

(二) 社会主义现代化要分"两个阶段"发展

社会主义现代化建设是一个漫长而曲折的过程,尤其是在经济基础薄弱、工业化水平低、民众文化素养不高的新中国开展现代化建设,面对的困难和挫折是前所未有的。因此,毛泽东在继承马克思主义经典作家关于社会发展理论的基础上,对中国社会发展及现代化建设问题进行了系统的思考和探索。他曾多次强调,在社会主义制度确定以后,还需要很长一段时间继续巩固和完善社会主义,"我国的社会主义制度还刚刚建立,还没有完全建成,还不完全巩固。"②社会主义现代化建设需要按步骤、分阶段,有计划地稳步推进,不可能是一劳永逸之事。

1960 年初,毛泽东在读苏联《政治经济学教科书》时指出,我们可以将社会主义分为两个发展阶段:第一个发展阶段,我们称之为不发达或者较为落后的社会主义阶段;第二个发展阶段,我们称之为较为发达或者各方面建设较为先进的社会主义阶段。第一个发展阶段是第二个发展阶段的前提和基础,要进入较为发达的社会主义阶段,需要经过漫长的社会主义建设时期。只有当社会生产力水平比较发达,民众的文化素质和道德觉悟得到极大提升,社会物质产品极度丰富后,社会发展才能进入共产主义社会。他强调,当前我国经济、文化等方面还比较落后,与其他国家相比还存在较大的差距,因而要实现社会主义现代化,将是一个漫长且曲折的过程。从毛泽东对社会主义发展阶

---

① 《毛泽东文集》第七卷,人民出版社 1999 年版,第 229 页。
② 《毛泽东文集》第七卷,人民出版社 1999 年版,第 214 页。

段的划分可以看出,他对实现社会主义现代化目标具有比较清晰和客观的认识,指出需要按照社会发展阶段有步骤地推进。同时,毛泽东强调,随着社会主义社会的不断向前发展,人们对社会主义发展阶段的认识会逐步深化,旧制度、旧事物必然要被取代,唯有如此,才能推动现代化事业不断进步。"社会主义会有缺点的,将来还要发展到共产主义,共产主义也要分阶段。旧的制度不行了,新的制度就要起来代替。"①毛泽东对社会主义发展阶段的认识,丰富和发展了马克思主义社会发展阶段论,在很大程度上对中国社会主义现代化建设具有重要思想指导意义。

(三) 现代化要坚持党的领导和社会主义方向

对于中国而言,现代化是从未有过的经历,是一个全新的探索过程。毛泽东对中国现代化的领导主体和发展方向进行了深入思考。在《论人民民主专政》中,毛泽东提出,新民主主义革命的胜利"使中国有可能在工人阶级和共产党的领导之下稳步地由农业国进到工业国,由新民主主义社会进到社会主义社会和共产主义社会"②。1949 年新中国成立前夕召开的党的七届二中全会上,毛泽东进一步明确指出:"在革命胜利以后,迅速地恢复和发展生产,对付国外的帝国主义,使中国稳步地由农业国转变为工业国,把中国建设成一个伟大的社会主义国家。"③这些论述指明,中国要实现由农业国转变为工业国,要积极推动工业化发展,进而实现社会主义现代化。同时,必须坚持党的领导,坚持社会主义和共产主义的发展方向。党的领导是实现工业化、现代化的前提和基础,社会主义和共产主义是根本制度属性和发展前景目标。

第一,现代化必须坚持中国共产党的领导。近代以来,中华民族和中国人民为了救亡图存、实现民族振兴,进行了各种尝试,但最终都以失败告终。中

---

① 《毛泽东文集》第六卷,人民出版社 1999 年版,第 490 页。
② 《毛泽东选集》第四卷,人民出版社 1991 年版,第 1476 页。
③ 《毛泽东选集》第四卷,人民出版社 1991 年版,第 1437 页。

国共产党的成立,使中国革命焕然一新,以强大的凝聚力和号召力团结领导全国各族人民共同奋斗,深刻改变了中华民族和中国人民的命运。中国革命和建设实践都证明,中国共产党是革命和建设的领导核心,能够领导人民实现民族复兴,走向繁荣富强。同样,中国走现代化发展道路也离不开党的领导,没有党的领导,中国的工业化、现代化将不可能取得成功。正如毛泽东所说:"没有中国共产党的努力,没有中国共产党人做中国人民的中流砥柱,中国的独立和解放是不可能的,中国的工业化和农业近代化也是不可能的。"①正是因为有了中国共产党的坚强领导,中国人民推翻了旧中国,建立起新中国,消灭了封建剥削制度,发展了社会生产力,为实现农业国向工业国、发展工业生产,为推动现代化建设奠定了基础。

第二,现代化必须坚持社会主义和共产主义的发展方向。中国的现代化走出了一条与西方现代化完全不同的新道路,其中"不同"之处就在于,中国的现代化始终坚持社会主义和共产主义发展方向不动摇、不偏离。实现现代化是建设社会主义和共产主义的重要组成部分,毛泽东指出:"我们是革命转变论者,主张民主革命转变到社会主义方向去。"②提醒所有共产党人,中国发展必然朝社会主义方向,并在此基础上通过不断努力最终达到共产主义社会。新中国成立后,以毛泽东同志为主要代表的中国共产党人,团结带领中国人民开展了社会主义革命和改造,建立了社会主义基本制度,建立了独立的相对完整的工业体系和国民经济体系,推动国家工业化快速发展,完成了从农业国向工业国转变的历史任务。在几十年的社会主义建设历程中,毛泽东始终强调中国的现代化建设必须沿着社会主义和共产主义道路、方向前进。

（四）现代化要坚持独立自主走自己的路

在现代化道路选择上,以毛泽东同志为主要代表的中国共产党人,经历了

---

① 《毛泽东选集》第三卷,人民出版社1991年版,第1098页。
② 《毛泽东选集》第一卷,人民出版社1991年版,第276页。

由"以苏为师"向"以苏为鉴"的转变。在选择西方现代化道路还是苏联现代化道路时,我们选择了后者。但是,随着现代化建设实践的逐步深入,照搬照抄苏联现代化模式的弊端日益凸显,毛泽东发现苏联的现代化经验并不能完全适合于中国国情。于是,他敏锐地提出,要立足中国建设实践,探索符合我国国情的现代化道路。

1956 年,毛泽东在听取国务院 35 个部委关于工业生产和经济工作的汇报时,明确指出:"最重要的是要独立思考,把马列主义的基本原理同中国革命和建设的具体实际相结合。……现在是社会主义革命和建设时期,我们要进行第二次结合,找出在中国怎样建设社会主义的道路。"①毛泽东对社会主义建设逐渐形成了一系列具有指导意义的看法。鉴于苏联工业化发展之路的经验教训,毛泽东在《论十大关系》中提出了中国的现代化建设要独立自主走自己的路的思想。他指出:"最近苏联方面暴露了他们在建设社会主义过程中的一些缺点和错误,他们走过的弯路,你还想走? 过去我们就是鉴于他们的经验教训,少走了一些弯路,现在当然更要引以为戒。"②毛泽东强调必须立足自身实际,独立自主、自力更生,同时以开放姿态争取外援,学习资本主义国家先进的科学技术和管理方式,充分调动国内国外的一切积极因素,共同推动社会主义现代化建设。与此同时,在现代化建设过程中,毛泽东非常注重方式方法的合理运用。他指出:"搞社会主义建设,很重要的一个问题是综合平衡。"③所以,在"十大关系"中,毛泽东提到要处理好重工业和轻工业、农业的关系,沿海工业和内地工业的关系等等,强调要统筹兼顾、综合平衡好各领域的关系,充分调动和发挥各方面的积极性,促进现代化建设在各领域的共同发展。在毛泽东的一系列著作中,都阐述了中国现代化要坚持独立自主、走自己道路的思想,为坚持走中国特色社会主义现代化道路提供了重要的思想理论基础。

---

① 《毛泽东年谱(一九四九——一九七六)》第二卷,中央文献出版社 2013 年版,第 557 页。
② 《毛泽东文集》第七卷,人民出版社 1999 年版,第 23 页。
③ 《毛泽东文集》第八卷,人民出版社 1999 年版,第 73 页。

然而,由于受到当时历史条件的制约和"左"倾错误思想的影响,毛泽东的现代化战略思想未能完全付诸实践,在社会主义现代化建设过程中出现了一些错误的理论观点、政策举措及实践活动。例如,反右派扩大化、"大跃进"、人民公社化运动和"文化大革命"等,给党、国家和人民带来严重灾难。但是,这些并不能影响毛泽东现代化理论的历史地位,其蕴藏的丰富而有远见的理论见解,以及在现代化建设实践中积累的宝贵经验,为中国特色社会主义现代化建设提供了重要的思想启示。

二、以"建设小康社会"为目标的战略安排

进入改革开放和社会主义现代化建设新时期,邓小平提出了"走出一条中国式的现代化道路"的社会主义现代化建设主题,强调"我们的现代化建设,必须从中国的实际出发。……把马克思主义的普遍真理同我国的具体实际结合起来,走自己的道路,建设有中国特色的社会主义"。① 邓小平对社会主义现代化建设的思考,突破了传统制约,提出了政治、经济、文化和人"四位一体"的现代化,以建设小康社会为战略目标和以"三步走"为战略步骤,以改革开放为现代化建设的发展动力,指明了实现现代化的条件和基础,这些对新时期我国社会主义现代化建设具有强烈的指导意义。

(一) 经济、政治、文化、人"四位一体"的现代化

随着现代化建设的不断推进,中国共产党人对现代化的认识也变得更加深刻。1979 年,在会见英中文化协会执委会代表团时,邓小平提出了"中国式的四个现代化"这一概念。他指出,中国的现代化目标是在 20 世纪末实现四个现代化。在此后的多次讲话中,邓小平把"中国式的四个现代化"进一步概括为"中国式的现代化",强调中国式的现代化不仅包括农业、工业、国防和科

① 《邓小平文选》第三卷,人民出版社 1993 年版,第 2—3 页。

学技术现代化，而且必须在遵循基本国情的基础上量力而行，不再单纯追求现代化某方面或某几方面的高指标、快发展，而是更加侧重于切实提高人民群众的生活水平和质量，给人民增加更多的福祉。邓小平指出，现代化是一个综合性的社会发展概念，包括经济、政治、文化及人的现代化等方面。他强调："我们的国家已经进入社会主义现代化建设的新时期。我们要在大幅度提高社会生产力的同时，改革和完善社会主义的经济制度和政治制度，发展高度的社会主义民主和完备的社会主义法制。"[①]由此可见，进入新时期，邓小平对中国现代化的思考和认识更加深入、全面，对社会主义现代化建设目标更加明确、清晰。

第一，经济现代化是实现国家富强、人民富裕。经济现代化是实现社会主义现代化的前提，也是实现国家富强、人民富裕的基础，需要不断解放和发展生产力。邓小平指出："搞社会主义，一定要使生产力发达，贫穷不是社会主义。我们坚持社会主义，要建设对资本主义具有优越性的社会主义，首先必须摆脱贫穷。"[②]在社会主义现代化建设实践中，邓小平反复强调，要牢牢抓住以经济建设为中心不动摇，促进国民经济持续、健康、快速发展，要保障国民经济的良性运行和综合平衡，主张严厉打击各类经济犯罪行为和刑事犯罪活动。在实现经济现代化目标上，邓小平强调，市场是实现经济现代化的有效途径，要积极发展社会主义市场经济，完善社会主义市场经济制度；要建立现代企业制度，改善企业经营管理方式，激活企业生产活力和自主性；建立和完善宏观调控体系，转变政府职能，"看得见的手"和"看不见的手"协同发力；建立按劳分配为主、多种分配方式并存的分配制度，充分调动劳动者的积极性和创造性；等等。由此可见，不断推动社会主义经济建设，实现经济现代化，以实现国家富强和人民富裕，是邓小平现代化思想的核心内容和最终归宿。

---

① 《邓小平文选》第二卷，人民出版社 1994 年版，第 208 页。
② 《邓小平文选》第三卷，人民出版社 1993 年版，第 225 页。

第二，政治现代化是建设中国特色社会主义民主政治。政治现代化就是要不断发展和完善社会主义民主政治，建设中国特色社会主义民主政治体系。邓小平指出："没有民主就没有社会主义，就没有社会主义的现代化。"①这一重要论述进一步提升了我们对民主政治的认识，也是对现代化内涵的丰富和发展。邓小平在推动我国经济体制改革时，非常注重民主政治建设。他指出："不改革政治体制，就不能保障经济体制改革的成果，不能使经济体制改革继续前进，就会阻碍生产力的发展，阻碍四个现代化的实现。"②强调必须将民主政治建设提高到新阶段，重视民主政治建设以及其对经济建设和实现现代化的影响。同时，对于民主政治建设的目的和内容，邓小平指出："为了保障人民民主，必须加强法制。必须使民主制度化、法律化。"③"民主要坚持下去，法制要坚持下去。"④他强调，社会主义现代化建设必须抓好民主和法制建设，通过制定一系列的法律法规，确保民主制度化、法制化，防止民主弱化或流于形式。从这些论述中可以看出，现代化建设不能缺少政治现代化，积极推进民主政治建设是邓小平现代化理论的重要内容，反映了人民群众的根本利益和合理诉求。

第三，文化现代化是建设社会主义精神文明。文化现代化与经济现代化、政治现代化及其他方面一样，是社会主义现代化建设进程中不可或缺的组成部分。邓小平强调，要把我国建设成富强、民主、文明的社会主义现代化国家。这就包括社会主义精神文明建设的要求，即文化现代化。文化现代化是邓小平现代化理论的重要组成部分，他指出，我国社会主义精神文明建设的目标就是培育有理想、有道德、有文化、有纪律的社会主义新人，强调精神文明建设是社会主义现代化的重要特征。邓小平十分重视对社会成员的思想道德建设和

①　《邓小平文选》第二卷，人民出版社1994年版，第168页。
②　《邓小平文选》第三卷，人民出版社1993年版，第176页。
③　《邓小平文选》第二卷，人民出版社1994年版，第146页。
④　《邓小平文选》第二卷，人民出版社1994年版，第189页。

科技文化教育,并将它们作为推动文化现代化建设的重要内容。他认为,一个国家的现代化水平,不仅仅表现为物质建设方面,而且还体现在公民的思想道德修养方面。他指出,要树立社会主义和共产主义伟大理想,大力开展爱国主义教育、集体主义教育,要培养艰苦奋斗的精神,建设社会主义道德,营造良好的社会道德风气,不断提升公民的思想道德素养。同时,要加大对公民的科学文化教育。他指出:"我们国家要赶上世界先进水平,从何着手呢? 我想,要从科学和教育着手。"①并且,提出了"科学技术是第一生产力"的著名论断,强调科学技术发展将会直接影响到我国社会主义现代化建设。

第四,人的现代化就是不断满足人民群众的现实需求。邓小平关于"人的现代化"思想渗透于他的现代化建设思想的各个领域,始终强调"人"在现代化中的价值和地位。一是强调人的现代化是实现社会主义现代化的基本前提。邓小平始终认为,人民群众是历史的创造者,是社会实践的主体,尤其是在社会主义现代化建设过程中,要积极发挥人民群众的主动性和首创精神,最大限度地激发人民群众的潜力和能量。邓小平十分重视、爱惜、渴望人才,并指出:"现在我们国家面临的一个严重问题,不是四个现代化的路线、方针对不对,而是缺少一大批实现这个路线、方针的人才。"②在他看来,社会主义现代化建设能否顺利推进,经济建设能否发展,人民群众根本利益能否得到满足,"关键在人"。二是强调实现"人的现代化"是社会主义现代化建设的最终归宿。他关于"人的现代化"的思想,其实回答了社会主义现代化建设的目的和意义。社会主义本质论强调社会主义生产的目的就是消除两极分化、最终实现共同富裕,实现人的自由全面发展,这也反映了社会主义现代化建设的目的。邓小平多次强调,要将人民群众"满意不满意""高兴不高兴""答应不答应"作为衡量我们一切工作的标准,时刻为老百姓着想,一切为人民服务。人是现代化建设的核心和关键,邓小平关于"人的现代化"思想丰富了社会主义

---

① 《邓小平文选》第二卷,人民出版社 1994 年版,第 48 页。
② 《邓小平文选》第二卷,人民出版社 1994 年版,第 220—221 页。

现代化内涵,是对现代化思想理论的进一步发展。

(二) 以"小康社会"为战略目标、以"三步走"为战略步骤

改革开放和社会主义现代化建设新时期,邓小平在对我国新时期具体国情作出科学分析,并总结新中国成立以来社会主义建设正反经验教训的基础上,提出了实现"中国式的现代化"的宏伟愿景,逐步形成和确立了建立小康社会的战略目标;在重新审视我国与西方现代化国家的现实差距后,规划了社会主义现代化建设分"三步走"的实践路径,为我国分阶段、有步骤地实现现代化作出了总体部署。

第一,现代化以实现小康社会为战略目标。小康社会是我国传统文化中的独特概念,表达了人们对未来美好社会生活的期待和向往。1979 年底,在会见日本首相太平正芳时,邓小平首次用"小康之家"来形象描述中国现代化的蓝图规划。邓小平说道:"我们要实现的四个现代化,是中国式的四个现代化。我们的四个现代化的概念,不是像你们那样的现代化的概念,而是'小康之家'。"①随后,建设小康社会、实现小康之家,逐渐成为人们对社会主义现代化的通俗理解。1982 年召开的党的十二大,正式将建设小康社会确立为战略目标。1983 年初,邓小平在视察江苏、浙江、上海等地后,总结提炼出这些地方建设小康社会的有效经验,进一步完善了小康社会理论的内容和框架。1992 年春,邓小平在南方谈话中阐发了新的思想理念,推动了小康社会理论与实践的有机结合。此后,随着我国改革开放和社会主义现代化建设步伐的加快,小康社会理论在实践中不断丰富和发展,从最初的"解决温饱"到实现"小康之家""小康社会",再到"总体小康水平",最后到"全面建成小康社会",邓小平的小康社会理论在实践中不断得到实现。

第二,现代化以"三步走"为战略步骤。实现现代化是一个宏伟目标和长

---

① 《邓小平文选》第二卷,人民出版社 1994 年版,第 237 页。

期战略,需要有计划、按步骤有序推进。随着社会主义现代化事业的不断推进,邓小平遵循实事求是原则,重新审视党的现代化建设总体战略,提出了分"三步走"基本实现社会主义现代化的发展战略步骤。随后,为了能够更加清晰地表达"三步走"的战略目标,1987 年,邓小平借助科学数值对"三步走"进行了新的阐释,即"第一步在八十年代翻一番。以一九八〇年为基数,当时国民生产总值人均只有二百五十美元,翻一番,达到五百美元。第二步是到本世纪末,再翻一番,人均达到一千美元。实现这个目标意味着我们进入小康社会,把贫困的中国变成小康的中国。……我们制定的目标更重要的还是第三步,在下世纪用三十年到五十年再翻两番,大体上达到人均四千美元"①。邓小平对现代化"三步走"的战略构想,始终立足中国国情,结合社会主义现代化建设实践及时作出科学调整,符合中国现代化发展的实际,使每个阶段的任务目标都切实可行,有步骤、有计划地推进现代化建设。实践证明,邓小平提出的"三步走"发展战略,既为社会主义现代化建设指明了方向和具体任务目标,又能满足人民群众改善生活的需求,充分调动他们的积极性、主动性和创造性,为现代化建设提供强大的动力。

(三) 以改革开放为动力源泉

实现现代化不能墨守成规、因循守旧,也不能闭关锁国、闭门造车,而应该破除老旧生产关系的壁垒,加强对外交流合作,不断解放和发展生产力。改革开放是邓小平现代化理论的基本点,走改革开放之路是实现社会主义现代化的必由之路,是社会主义现代化建设的动力源泉。

第一,对内改革是推动社会主义现代化建设的直接动力。邓小平将对内改革视为中国的第二次革命,是发展社会生产力的必然要求。在长期的经济建设实践中,邓小平发现许多的旧生产关系、旧制度体系、组织机构等难以适

---

① 《邓小平文选》第三卷,人民出版社 1993 年版,第 226 页。

应新形势下生产力发展的要求,甚至产生了巨大的阻碍作用。因此,他指出要在坚持社会主义制度的前提下,改革一切与生产力发展不相适应的生产关系和上层建筑,以适应生产力发展和现代化建设的需要。"只有深化改革,而且是综合性的改革,才能够保证本世纪内达到小康水平。"[1]"革命是解放生产力,改革也是解放生产力。"[2]在这一思想指导下,中国社会开启了一场涉及经济、政治、文化、社会生活等各个领域、全方面的改革潮流,极大激活了生产力的发展,促使人们在思想认识、价值观念、利益诉求等方面发生深刻的自我革命,对推动社会主义现代化建设产生直接动力。

第二,对外开放是实现社会主义现代化的必要条件。任何国家的现代化道路都不是在完全孤立封闭的情况下实现的,必然与世界其他国家产生着各种联系。中国要实现社会主义现代化,需要加强对外交流。在全面推进改革的过程中,我国对外开放逐步展开,为现代化建设产生重要推动力。邓小平强调,中国的现代化建设必须实施对外开放。他指出:"三十几年的经验教训告诉我们,关起门来搞建设是不行的,发展不起来。"[3]社会主义现代化建设要积极推动对外开放,向西方发达国家学习先进技术、科学管理经验以及吸收外资、吸引人才,增进互信。同时,可以让中国积极走向国际舞台,参与国际竞争,发挥中国作为发展中大国的作用和影响力。随着对外开放的不断推进,我国设立了一批对外开放经济特区、沿海开放城市、沿海经济开放区等,形成了对外开放新格局,成为我国现代化进程的重要推动力。

(四) 现代化的实现需要具备相应的基本条件

实现社会主义现代化是一项复杂的系统性工程,需要充分调动一切积极因素共同推动。邓小平的现代化理论中,详细阐释了实现现代化必须具备的

---

① 《邓小平文选》第三卷,人民出版社1993年版,第268页。
② 《邓小平文选》第三卷,人民出版社1993年版,第370页。
③ 《邓小平文选》第三卷,人民出版社1993年版,第64页。

四个基本条件。一是要有坚定的政治路线作为保障。邓小平在回顾社会主义建设所经历的曲折道路时指出:"现在要横下心来,除了爆发大规模战争外,就要始终如一地、贯彻始终地搞这件事,一切围绕着这件事,不受任何干扰。"①搞经济建设或现代化建设必须有定力和魄力,坚持既定路线、方针、政策不动摇。他强调,要始终坚持"一个中心,两个基本点"的路线不改变,保持经济建设中心不动摇。只有政治路线稳定,才能持续推动现代化建设顺利开展。二是要营造安定团结的政治局面。稳定压倒一切。安定团结是实现现代化的前提,只有保持稳定,才能为社会主义现代化建设创造良好的社会环境。邓小平总结历史教训后强调:"中国要实现四个现代化,摆脱落后状态,必须有一个安定团结的政治局面,必须有领导有秩序地进行建设。"②没有安定团结的政治局面,一切建设事业都将无法顺利开展。三是要发扬艰苦奋斗、吃苦耐劳的精神。中国式的现代化是一条探索之路,是完全不同于西方现代化模式的道路,这就注定在现代化建设过程中必然遇到各种困难、挫折。因而,实现中国式的现代化,需要我们持续发扬奋斗拼搏的精神,时刻做好长期吃苦的准备。正如邓小平指出:"中国搞四个现代化,要老老实实地艰苦创业。我们穷,底子薄,教育、科学、文化都落后,这就决定了我们还要有一个艰苦奋斗的过程。"③四是要建设一支有信念、有能力、有知识、有担当的干部队伍。实现社会主义现代化,说到底还是要由人去建设、去实现。邓小平十分注重干部队伍在现代化建设进程中的作用和影响。在谈到"专"与"红"的关系时,邓小平指出:"专并不等于红,但是红一定要专。不管你搞哪一行,你不专,你不懂,你去瞎指挥,损害了人民的利益,耽误了生产建设的发展,就谈不上是红。不解决这个问题,不可能实现四个现代化。"④他强调,只有一支又红又专的干部

---

① 《邓小平文选》第二卷,人民出版社 1994 年版,第 249 页。
② 《邓小平文选》第三卷,人民出版社 1993 年版,第 208 页。
③ 《邓小平文选》第二卷,人民出版社 1994 年版,第 257 页。
④ 《邓小平文选》第二卷,人民出版社 1994 年版,第 262 页。

队伍,才能有效地推动现代化建设。

邓小平关于现代化的理论,既是对毛泽东现代化理论的继承和发展,又是在社会主义现代化建设实践中的不断创新,进一步丰富了中国共产党人的现代化理论。在邓小平现代化理论的引领下,新时期的中国在各项社会事业中均取得显著发展,推动了社会生产力的巨大发展和社会的全面进步,彰显出强大的理论影响力和鲜明的理论特色。

三、以"全面建设小康社会"为目标的战略安排

党的十三届四中全会后,以江泽民同志为主要代表的中国共产党人,继续团结带领中国人民推进社会主义现代化建设。在社会主义现代化建设实践中,江泽民在继承和坚持邓小平的社会主义现代化建设思想的基础上,立足当下中国国情,对社会主义现代化建设全局的一系列重大理论和实际问题进行了深入思考和探索,形成了新时期的现代化理论。江泽民的现代化理论涉及中国现代化的经济、政治、文化、社会、党建等各领域,具体体现在:以发展社会主义市场经济推进中国经济现代化、以先进文化建设推进中国文化现代化、以"三个代表"重要思想推进党的自我建设。

(一) 以发展社会主义市场经济推进经济现代化

在社会主义现代化建设新时期,江泽民继承和发展了邓小平关于发展市场经济的重要思想,提出了发展社会主义市场经济的思想,对推动中国经济现代化建设具有重要思想指导意义。1992 年 3 月,江泽民在主持中央政治局会议时明确指出:"计划和市场,都是经济手段。要善于运用这些手段,加快发展社会主义商品经济。"①随后,党的十四大正式确定我国经济体制改革的目标是社会主义市场经济体制。大会强调,我国要建立的社会主义市场经济体

---

① 《十三大以来重要文献选编》(下),人民出版社 1993 年版,第 1971 页。

制是同社会主义基本制度结合在一起的,是既有计划又有市场的经济体制,目的是要使市场在社会主义国家宏观调控下对资源配置起基础性作用。对社会主义市场经济体制的论述,进一步明确了市场与计划之间的关系。党的十四届三中全会通过了《中共中央关于建立社会主义市场经济体制若干问题的决定》,把十四大提出的市场经济体制改革目标和基本原则等加以具体化,制定了发展社会主义市场经济体制的总体规划。例如,建立现代企业制度;全国统一开放的市场体系;完善宏观调控体系;合理的收入分配和多层次的社会保障制度;等等。在发展社会主义市场经济体制的思想指导下,我国加快推进财政、税收、金融、外贸、投资、流通等领域的体制改革步伐,极大地促进了社会主义市场经济发展壮大。党的十五大上,江泽民再次强调了发展社会主义市场经济,并将其作为建设中国特色社会主义基本经济纲领的重要内容。

(二) 以精神文明建设推进文化现代化

具有中国特色的社会主义文化,是中国现代化的独有特征。在改革开放和社会主义现代化建设实践中,江泽民高度重视并深刻阐释了文化建设在经济社会发展和社会主义现代化建设中的重要作用。20 世纪 90 年代,党中央坚持"两手抓,两手都要硬"的方针,强调精神文明重在建设,大力发展中国特色社会主义文化。江泽民指出:"社会主义现代化建设事业是物质文明和精神文明协调发展、相辅相成的事业,缺少任何一个方面,都不成其为有中国特色的社会主义。"[1]党的十四届六中全会上,江泽民强调:要"以科学的理论武装人,以正确的舆论引导人,以高尚的精神塑造人,以优秀的作品鼓舞人,培育有理想、有道德、有文化、有纪律的社会主义公民"[2]。大会对新形势下社会主义精神文明建设工作作出部署。随后,各类群众性精神文明创建活动在全面蓬勃开展。在党的十五大报告中,江泽民对建设有中国特色社会主义文化作

---

① 《江泽民文选》第一卷,人民出版社 2006 年版,第 571 页。
② 《十四大以来重要文献选编》(下),人民出版社 1999 年版,第 2050 页。

出进一步阐释。他强调,中国特色社会主义文化与精神文明是一致的,是凝聚和激励全国各族人民的重要力量,要大力推动社会主义文化建设。同时,江泽民指出,要切实加强全体社会成员的思想道德建设,并将其作为社会主义精神文明建设的重要组成部分,进而提出了"以德治国"的重要思想。他强调:"对一个国家的治理来说,法治和德治,从来都是相辅相成、相互促进的。"①2001年9月,国家颁布了《公民道德建设实施纲要》,将德治与法治相结合,形成和发展了社会主义道德规范体系。

(三) 以"三个代表"重要思想推进党的自我建设

在新的历史时期,以江泽民同志为主要代表的中国共产党人,科学分析国内外形势,时刻牢记党在新时期肩负的使命责任,对新问题新情况进行了深入思考,系统、科学地回答了我们要"建设什么样的党""怎样建设党"等重大现实问题,逐步提出了"三个代表"重要思想,为党加强自我建设指明了方向。江泽民指出:"全面建设小康社会,加快推进社会主义现代化,必须毫不放松地加强和改善党的领导,全面推进党的建设新的伟大工程。"②2000年2月,在广东考察工作时,江泽民明确提出"三个代表"要求,指出我们的党"总是代表着中国先进生产力的发展要求,代表着中国先进文化的前进方向,代表着中国最广大人民的根本利益"③。在新时期加强和改进党的建设,必须全面贯彻"三个代表"重要思想,切实落实到具体实践行动中。2001年7月,在庆祝中国共产党成立80周年大会上,江泽民系统阐述了"三个代表"重要思想。他指出,始终代表中国先进生产力的发展要求,不断解放和发展生产力,以此提升人民群众的生活水平;始终代表先进文化的前进方向,就必须将党的理论、政策、纲领等落实到各项工作中,努力发展民族的科学的大众的社会主义文

① 《江泽民文选》第三卷,人民出版社2006年版,第200页。
② 《江泽民文选》第三卷,人民出版社2006年版,第568页。
③ 《江泽民文选》第三卷,人民出版社2006年版,第2页。

化;始终代表中国最广大人民的根本利益,将人民群众的利益作为党和国家开展一切工作的出发点和落脚点,使人民群众在社会各个领域都能获得幸福感和满意度。党的十五大后,江泽民的现代化理论开始走向成熟,执政党建设理论日趋完善,"三个代表"重要思想也成为现代化理论中的重要内容。

四、以"构建和谐社会"为目标的战略安排

跨入21世纪,中国进入全面建设小康社会、加快推进社会主义现代化建设的新阶段。胡锦涛根据新时期国内国际形势变化,提出以"构建和谐社会"为目标的现代化理论,成功将中国特色社会主义现代化建设推向新的高潮。其内容主要包括:以构建和谐社会为现代化战略目标、以"以人为本"为现代化价值取向、以改革创新为现代化动力源泉。

(一) 构建和谐社会是现代化的战略目标

实现社会和谐、创造美好生活,是中国共产党人不懈奋斗的目标,也是实现现代化的战略目标。进入21世纪,面对经济体制变革、社会结构变动、利益格局调整以及思想观念变化,党中央客观分析影响社会和谐的突出矛盾和问题,提出了构建社会主义和谐社会的重大战略目标。党的十六届六中全会通过《中共中央关于构建社会主义和谐社会若干重大问题的决定》,提出按照民主法治、公平正义、诚信友爱、充满活力、安定有序、人与自然和谐相处的总体要求,构建社会主义和谐社会,并将中国特色社会主义事业总体布局由原来的"三位一体"扩展到经济建设、政治建设、文化建设、社会建设"四位一体"。在构建社会主义和谐社会战略目标的指引下,我国加快推进以改善民生为重点的社会建设,保障每个社会成员都能享受到改革开放和社会建设带来的发展成果,努力使全体社会成员学有所教、劳有所得、病有所医、老有所养、住有所

居，"不断实现全体人民共同建设、共同享有的和谐社会的目标"①，及时缓解和化解各类社会矛盾、社会问题，保持社会稳定，为中国特色社会主义现代化建设创造良好的社会环境。

构建社会主义和谐社会，实现经济建设、政治建设、文化建设、社会建设协同发展的思想，既是对改革开放和社会主义现代化建设经验的总结，体现了对社会主义建设规律以及人类社会发展规律认识的不断深化，也是在新形势下对党提高执政能力，更好地推进我国现代化建设而提出的新要求。因此，需要我们在现代化建设实践中，按照构建社会主义和谐社会的战略目标要求，积极促进社会和谐发展，为推进中国特色社会主义现代化提供良好社会条件。

（二）以人为本是现代化的价值取向

"人"是现代化的核心，实现现代化既是为了"人"，也需要"人"。中国的现代化建设一直秉持着满足人民的需求、实现人民的愿望为价值取向，现代化建设的每项事业都始终围绕着人民的根本利益和诉求。这一时期的现代化理论继承和发展着前人关于人的现代化的理念，在新时期的现代化建设实践中坚持以人为本的现代化价值取向。第一，人民群众是现代化建设的主体。中国的现代化是党带领人民群众共建共享的现代化，是积极发挥人民群众主动性和创新性的现代化，缺少人民群众的参与，实现现代化将无从谈起。胡锦涛指出："坚持人民创造历史这一马克思主义科学原理，真诚代表中国最广大人民根本利益，紧紧依靠人民，最广泛地调动人民群众积极性、主动性、创造性，从人民中汲取智慧。"②在社会主义现代化建设实践中，要积极发挥人民群众的主体性作用，增强主人翁意识和责任意识，不断推动现代化建设向前发展。第二，现代化建设的所有成果都归全体人民共享。社会主义现代化建设的最终目的是让人民群众享有更多更好的发展成果，不断满足全体人民的需求。

---

① 《胡锦涛文选》第二卷，人民出版社 2016 年版，第 523 页。
② 《胡锦涛文选》第三卷，人民出版社 2016 年版，第 159 页。

胡锦涛指出："贯彻落实核心是以人为本的要求，必须始终实现好、维护好、发展好最广大人民根本利益，尊重人民主体地位，发挥人民首创精神，保障人民各项权益，走共同富裕道路，促进人的全面发展。"①只有人民群众的需求得到满足，才能进一步激发他们参与现代化建设的热情和主动性。第三，解决好现代化进程中的难题，不断增加人民群众的福祉。现代化建设不可能一帆风顺，其中遇到的每个难题都涉及人民群众的切身利益，需要认真对待、努力解决好，以提升人民群众的幸福指数。胡锦涛号召广大党员、干部要牢记使命责任、主动担当作为，发挥模范带头作用，并指出"要牢记全心全意为人民服务的根本宗旨，坚持实事求是、求真务实，带头发扬艰苦奋斗精神，以人民利益为重，以人民期盼为念，千方百计为群众排忧解难"②。

现代化的重要指标就是人的现代化，实现人的现代化是中国社会主义现代化建设不可或缺的因素。此时的现代化理论倡导以人为本的现代化价值取向，强调人既是实践主体，又是价值主体，其实质就是要尊重人民群众的主体地位，发挥人民群众的首创精神，保障人民群众平等享有更多发展成果的权利，切实改善和解决民生问题。只有坚持以人为本的价值取向，我们党才能赢得人民群众的拥护和爱戴，党和国家才能实现稳定发展，中国的现代化建设才能健康有序发展。

（三）改革创新是现代化的动力源泉

只有坚持与时俱进，根据新形势新变化不断进行改革创新，才能为社会发展进步提供源源不断的动力。中国的现代化建设不是一成不变、一蹴而就的，而是涉及社会各领域、全方位的现代化发展，时刻都会遇到各种新的复杂情况，需要始终保持改革创新，不断破解现代化建设的种种难题。胡锦涛指出，推动中国现代化建设的动力就是改革创新。

---

① 《胡锦涛文选》第三卷，人民出版社 2016 年版，第 4 页。
② 《胡锦涛文选》第三卷，人民出版社 2016 年版，第 134 页。

第一,加强党的建设,提升党的现代化建设领导能力。中国共产党是现代化建设的领导核心,自身建设情况关系到其对现代化建设的领导能力。加强党的建设就是要求在中国特色社会主义现代化建设进程中,党始终能够保持先进性和纯洁性,肩负起现代化建设领导核心的作用。围绕"加强党的建设"这一主题,党中央开展了一系列教育实践活动和政策措施。党的十六大提出"加强党的执政能力建设",对其目标及内涵作了详细阐述。随后,全党开展以实践"三个代表"重要思想为主要内容的保持共产党员先进性教育活动,着力解决党员和党组织在思想、组织、作风等方面的问题。2008年9月开始,全党开展了深入学习实践科学发展观活动以及"争先创优"实践活动。同时,扎实推进惩治和预防腐败体系建设,坚决遏制腐败蔓延势头,纯洁党员干部队伍,强化党的领导。

第二,深化改革开放,不断解放和发展生产力。胡锦涛指出:"改革开放是党在新的时代条件下带领人民进行的新的伟大革命,目的就是要解放和发展社会生产力,实现国家现代化。"①现代化建设进入新阶段,需要通过改革开放继续为其输送动力。党的十七大报告提出加快经济发展方式的战略任务,并对经济发展的理念、目的、途径等作出新的更高要求。因此,党和国家开始推动经济发展方式、经济体制以及所有制、农村农业发展等重要领域改革。同时,不断扩大对外开放,提升开放型经济水平,继续实行平等互利、合作共赢的对外开放政策。

第三,提升自主创新能力和水平,为现代化建设提供新的动力引擎。民族发展进步、实现现代化目标都离不开创新。胡锦涛高度重视我国创新能力和水平的提升,他强调:"要在全社会培育创新意识,倡导创新精神,完善创新机制,充分营造鼓励科技人员积极创新、支持科技人员实现创新的社会氛围。"②

---

① 《胡锦涛文选》第二卷,人民出版社2016年版,第617页。
② 《胡锦涛文选》第二卷,人民出版社2016年版,第195页。

"这是事关社会主义现代化建设全局的重大战略决策。"①当前,我国在创新能力和水平上与西方发达国家仍然存在较大差距,需要我们在学习、借鉴国外先进技术、管理方式、科学制度以及实践经验的基础上,加大创新力度。因此,要不断深化科技体制改革,促进科技资源有效配置,激发科技人员的创造性,努力培养一大批科技创新人才,在制度、体制、理论等方面积极创新,提升国家整体创新水平和能力,推动创新型国家建设步伐,为社会主义现代化建设提供更强劲的动力。

五、以"全面建设社会主义现代化国家"为目标的战略安排

中国特色社会主义进入新时代,以习近平同志为核心的党中央立足新时代我国现代化建设实践,统筹中华民族伟大复兴战略全局和世界百年未有之大变局,带领全体中国人民继续推进中国特色社会主义现代化建设,并对中国现代化问题进行了系统深入思考,提出了一系列新理念新思想新观点。在中国特色社会主义发展新阶段,习近平总书记吸收和继承了几代中国共产党人关于现代化的理论,回答了新时代"什么是中国式现代化""怎样建设中国式现代化"等重大理论和实践问题,逐渐形成了自身独特的现代化理论,不仅对新时代中国开启全面建设社会主义现代化国家新征程,而且对世界上其他发展中国家迈向现代化都具有强烈的指导意义。

(一)"五位一体"是中国式现代化的总体布局

中国式现代化是一个包含政治、经济、文化、社会、生态等多重要素综合发展的动态集合体。进入新时代,以习近平同志为核心的党中央总揽中国特色社会主义建设全局,坚持统筹推进社会主义经济建设、政治建设、文化建设、社会建设、生态文明建设"五位一体"总体布局,努力推动中国特色社会主义现

---

①　《胡锦涛文选》第二卷,人民出版社 2016 年版,第 402 页。

代化建设和中华民族伟大复兴。"五位一体"总体布局是一个有机整体,每一个部分都会影响到现代化建设进程,它为中国式现代化指明发展方向,表明中国式现代化是一种全面现代化,充分展现了中国式现代化内容的协调性和平衡性,体现出中国共产党对现代化建设规律的正确认识和把握。

在"五位一体"总体布局的工作部署下,我国在经济、政治、文化、社会和生态文明建设等方面均取得显著成效,有力地推动着中国特色社会主义现代化建设事业发展。第一,经济建设方面。我国经济发展进入新常态,习近平总书记提出新的发展理念,强调"我国经济发展进入新常态,是我国经济发展阶段性特征的必然反映"①。在具体举措上,党中央提出要推动供给侧结构性改革,要深化经济体制改革,发挥市场在资源配置中的决定性作用。同时,协调推进新型工业化、信息化、城镇化、农业现代化等,加快实施乡村振兴战略、区域协调发展战略,完善市场经济体制等,为中国式现代化奠定坚实的物质基础。第二,民主政治建设方面。习近平总书记强调,要坚持中国特色社会主义政治发展道路,加强党的领导,完善人民代表大会制度、多党合作和政治协商制度、民族区域自治制度等,全面推进全过程人民民主,让人民群众享有更多政治民主权利,积极发挥民主政治在现代化建设中的保障作用。第三,思想文化建设方面。习近平总书记指出:"文化自信是更基本、更深沉、更持久的力量。"②他提出道路自信、理论自信、制度自信、文化自信"四个自信"的重要论述,强调要高度重视意识形态工作,加强和改进宣传思想工作,确保马克思主义在社会主义意识形态中的指导地位。同时,要积极培育和践行社会主义核心价值观,积极推动中华优秀传统文化创造性转化和创新性发展,要大力繁荣文化事业和文化产业,不断丰富人民群众的精神文化生活。第四,社会建设方面。党和国家始终高度关注民生问题,积极推动社会治理现代化,不断增加人民福祉。加大对就业、教育、医疗、社保、住房等领域的改革力度,真切解决关系老

---

① 《习近平谈治国理政》第二卷,外文出版社 2017 年版,第 233 页。
② 《习近平谈治国理政》第二卷,外文出版社 2017 年版,第 339 页。

百姓切身利益的"急难愁盼"问题，增强人民群众的幸福感、安全感和获得感，增强他们对建设社会主义现代化的信心和动力。第五，生态文明建设方面。习近平总书记提出"绿水青山就是金山银山"①的重要思想，倡导可持续发展、绿色发展，推动我国生态环境保护发生转折性、全局性变化。加大对生态环境的监督力度，对生态环境保护建章立制，实施最严格的法律法规；树立生态环境保护意识，"像保护眼睛一样保护生态环境，像对待生命一样对待生态环境"②；倡导简约舒适、绿色低碳的生活方式和绿色发展方式；积极构建山水林田湖草沙生命共同体，积极参与全球环境与气候治理。努力推动美丽乡村、美丽中国建设，实现人与自然和谐共同的生态现代化美好格局。

（二）"四个全面"是中国式现代化的战略布局

"四个全面"战略布局是我们党在新时代把握我国发展新特征而确定的治国理政方略，也是实现中国式现代化的具体举措。2013年12月，习近平总书记在江苏调研时，首次提出协调推进全面建成小康社会、全面深化改革、全面依法治国、全面从严治党。2015年2月，习近平总书记在省部级主要领导干部开班仪式的讲话中，明确将"四个全面"定位为"战略布局"，强调每一个"全面"都具有重要战略意义，阐释了"四个全面"之间的内在逻辑关系。随后，在党的一系列重要会议上分别集中研究了"四个全面"的具体内容，并对"四个全面"作出了具体工作部署。"四个全面"战略布局，抓住了党和国家事业发展中的全局性和紧迫性的重大问题，使我国在新时代的现代化建设有了更加明确的目标方向和更有力的抓手。

在"四个全面"战略布局的指导下，每个"全面"的建设都在稳步有序地开展，为中国式现代化发展积极创造有利条件。第一，全面建成小康社会。中国

---

① 《习近平谈治国理政》第三卷，外文出版社2020年版，第361页。
② 《习近平谈治国理政》第二卷，外文出版社2017年版，第209页。

特色社会主义进入新时代，我们具备了更加成熟有利的条件，更有自信实现小康社会的宏伟目标。为了摆脱贫困、实现小康社会，习近平总书记创造性地提出"精准扶贫"的重要理念，推动我国扶贫方式的重大转变。在"精准扶贫"思想的指导下，各地因地制宜，发展特色扶贫产业，选派扶贫干部，完善基础设施建设，充分发挥政府和社会两方面力量作用，充分调动贫困地区民众的积极性和主动性，经过全党全国各族人民的共同努力，脱贫攻坚取得历史性成就，最终实现全面建成小康社会的奋斗目标。第二，全面深化改革。改革是社会发展的动力源泉。只有坚持深化改革，才能不断解放和发展生产力，为中国式现代化提供不竭的发展动力。全面深化改革是一项复杂的系统工程，涉及社会发展的各个领域和多方利益，需要建立更高层次的领导机制。在全面深化改革实践中，以经济体制改革为重点，发挥市场在资源配置中的决定性作用，正确处理好市场与政府之间的关系，在国有企业、财税金融、科技创新、对外开放、文化教育等领域开展改革，极大地激活了全社会的创造力和发展活力。第三，全面推进依法治国。依法治国是我国治国理政的基本方略，是解决现代化进程中一系列重大问题，促进社会公平正义、维护社会和谐稳定、确保国家长治久安的根本要求。在全面依法治国的实践中，不断健全法律规范体系，适应新时代发展需要，制定出台《国家安全法》《反间谍法》《反恐怖主义法》《网络安全法》等一系列法律法规，切实保障人民群众的合法权益，保障国家安全和核心利益。同时，积极推进法治政府建设，构建法治国家、法治社会。加大普法力度，让法治观念深入人心，自觉约束个人行为，守住法律底线。第四，全面从严治党。习近平总书记指出，新的历史条件下进行具有许多新的历史特点的伟大斗争，就必须切实把党建设好、管理好，发挥党在社会主义现代化建设中的核心领导地位。全面从严治党永远在路上。在新时代背景下，党面临的风险和挑战前所未有，需要保持思想的冷静清醒、增强行动上的勇毅执着，不断推动全面从严治党向纵深发展。全面从严治党，健全完善相关制度机制,"把权力关进制度的笼子里"①,严抓党员干部思想建设和作风建设,坚决反对"四风",强化纪律建设,持续开展反腐败斗争,坚定不移"打虎""拍蝇""猎狐"等,纯洁党员干部队伍,提升党员干部队伍的战斗力、执行力和凝聚力。

(三)"人民至上"是中国式现代化的价值理念

习近平总书记指出:"我将无我,不负人民。"②中国式现代化是中国共产党领导人民进行的伟大事业,最终的目标是为中国人民谋幸福、为中华民族谋复兴,这就决定了现代化建设的最终目的和落脚点必须是人民群众。中国式现代化既不是依靠少数人自上而下的运行,也不是单纯依靠人民群众自下而上的行为,而是需要在中国共产党领导下全国各族人民齐心协力、上下结合才能实现的伟大事业。人民至上的价值理念,反映了现代化建设在为了人民、服务人民的同时,需要紧紧依靠人民,发挥人民群众的首创精神才能实现。

一方面,人民至上理念体现在实现中国式现代化要依靠人民群众的力量和智慧。习近平总书记指出:"人民群众是我们力量的源泉。"③人民群众是历史的创造者,是推动人类社会变革的主体力量。中国式现代化事业,既是党和国家的事业,更是人民群众自己的事业。实践证明,要推动现代化建设持续发展,必须积极发挥人民群众的力量和智慧,广泛动员人民群众的积极参与和支持。只有坚持人民至上,尊重人民群众的主体地位,才能真正实现中国式现代化。因此,在新时代的现代化建设进程中,要始终相信人民、尊重人民、联系人民、依靠人民,集中民众智慧和力量,团结一心,共同克服现代化建设过程中存在的各种困难和挑战。

另一方面,人民至上理念体现在中国式现代化要不断满足人民对美好生活的需要。中国特色社会主义进入新时代,我国社会主要矛盾转变为人民日

---

① 《习近平谈治国理政》第一卷,外文出版社 2018 年版,第 392 页。
② 《习近平谈治国理政》第三卷,外文出版社 2020 年版,第 144 页。
③ 《习近平谈治国理政》第一卷,外文出版社 2018 年版,第 5 页。

益增长的美好生活需要和不平衡不充分的发展之间的矛盾。习近平总书记强调:"人民对美好生活的向往,就是我们的奋斗目标。"①中国式现代化是人民的现代化,是为了促进人的自由全面发展的现代化,最终目的就是满足人民群众对美好生活的需要,保障每个社会成员都能够共享共有现代化建设带来的成果,增进人民的福祉。因此,新时代的现代化建设,坚持人民至上理念,就是要解决好关系人民群众切实利益的民生问题,不断满足人民群众的物质和精神需求,不断提升人民群众的幸福指数。

(四)"高质量发展"是中国式现代化的内在要求

现代化是人类历史发展的潮流和趋势,各个国家或地区应该结合自身特色和实际情况来选择现代化道路,并按照科学理论来指导现代化建设,解决现代化进程中的难题。西方现代化是一个自然发展过程,虽然在一定程度上推动了市场化、民主化、工业化的快速发展,但也出现了一些严重的社会问题,例如贫富分化、环境破坏、资源消耗、经济危机、拜金主义、极端个人主义以及暴力犯罪、种族仇视、阶层冲突等,这些问题长期存在且缺乏有效解决办法。而中国式现代化以新发展观为理论指导,坚持运用马克思主义的联系、发展、全面的观点来对待现在和将来,用科学方法和辩证思维,着力解决现代化道路中的各类社会矛盾和问题,切实维护人民群众的根本利益和现实需求,以实现中国式现代化的高质量发展。

现代化是一个持续发展的过程,随着对现代化认识的不断深入,需要用科学的态度、整体性思维把握好各个阶段目标和任务之间的关系,既要着眼眼前、现实目标,又要考虑长远、未来方向。党的十九届五中全会明确了2035年基本实现社会主义现代化的远景目标,作出了加快构建以国内大循环为主体、国内国际双循环互相促进的新发展格局的战略抉择。2021年1月,在省部级

①　《习近平谈治国理政》第一卷,外文出版社2018年版,第3页。

主要领导干部学习会上,习近平总书记深刻回答了我国"处在什么发展阶段、实现什么样的发展、怎样发展"的重大问题,对新时代加强对社会主义现代化建设的全面领导进行了深刻阐释。习近平总书记关于新发展阶段、新发展理念、新发展格局的重要论述,其实也是对中国式现代化建设指明方向和要求。第一,现代化建设要立足新发展阶段。现代化建设在不同的历史阶段,其所面对的现状及发展任务各不相同。当前,全面建成小康社会已经如期实现,中国进入全面建设社会主义现代化国家的新发展阶段,这是新的历史阶段,需要我们准确把握这一阶段的特点及要求。因此,中国式现代化建设要明确新发展阶段的形势、任务、目标以及难点,及时做好相应准备,有力有序地推进现代化建设进程。第二,现代化建设要全面贯彻新发展理念。推进中国式现代化建设必须完整、准确、全面地贯彻创新、协调、绿色、开放、共享的新发展理念,妥善处理好人与人、人与社会、人与自然和谐发展关系,以实现高质量发展。必须将新发展理念作为指挥棒、红绿灯,贯彻到现代化建设全过程,积极回应、解决发展中的短板弱项问题,在发展中保障和改善民生,扎实推进全体人民共同富裕。第三,现代化建设要推动构建新发展格局。发展格局关乎现代化建设全局,要积极推动社会主义经济体制改革,构建国内大循环为主体和国内国际双循环互相促进的新发展格局,充分调动和运用好一切积极因素,助力中国式现代化建设。要积极构建现代化经济体系和产业体系,全面推动乡村振兴、区域协调发展,不断解决现代化建设中存在的不平衡不充分问题。总之,实现高质量发展是中国式现代化的内在要求。这表明,在推进中国式现代化进程中,现代化建设必须立足新发展阶段、贯彻新发展理念、构建新发展格局,要注重全面性与永续性、阶段性与全局性的内在逻辑关系处理,积极为其他国家现代化建设提供中国经验和中国智慧。

(五)"两个阶段"是中国式现代化的战略安排

现代化既是一条人类社会发展之路,也是未来探索之路,没有统一格式的母版。根据我国社会主义现代化建设的发展规律可知,国家的现代化必定是按照现实发展情况有步骤、分阶段一步一步有序地实现的。现代化建设进入中国特色社会主义新时代阶段,习近平总书记在吸收前人的现代化建设经验,并结合世界各国现代化建设教训的基础上,对新时代中国式现代化建设作出重要的战略安排,制定出切实可实现的目标任务,有计划有步骤地稳步推进现代化建设。在党的十九大上,提出了"两个十五年"的阶段安排,即"第一个阶段,从二〇二〇年到二〇三五年,在全面建成小康社会的基础上,再奋斗十五年,基本实现社会主义现代化"①。"第二个阶段,从二〇三五年到本世纪中叶,在基本实现现代化的基础上,再奋斗十五年,把我国建成富强民主文明和谐美丽的社会主义现代化强国"②。实现中国式现代化的"两个阶段"战略步骤安排,对全面建成社会主义现代化强国具有强烈的战略指引和有力支撑。

关于新时代社会主义现代化建设"两个阶段"的发展思想,准确地把握了社会主义现代化建设节点推移的规律,是现代化建设历程的整体性与具体时间的阶段性的有机统一。第一个"十五年",在全面建成小康社会的基础上,继续统筹推进社会各方面建设,基本实现社会主义现代化。在经济建设上,构建现代化经济体系,贯彻新发展理念,转变经济发展方式,推进供给侧结构性改革,实现经济高质量发展;在政治建设上,坚持党的领导、人民当家作主和依法治国有机统一,完善民主政治制度,推动社会主义法治进程,基本实现国家治理体系和治理能力现代化;在文化建设上,不断满足人民群众的精神文化需求,丰富文化产业和文化产品,增强文化软实力;在社会建设上,着力改善和保障民生,满足人民群众对美好生活的需要,增加幸福感、获得感和安全感;在生态建设上,实现人与自然和谐共生,建设美丽中国。第二个"十五年",要全面建成富强民主文明和谐美丽的社会主义现代化强国,努力在政治、经济、文化、社会、生态等建设领域中实现全面提升、提质。"两个阶段"的发展思想,反映

---

① 《习近平谈治国理政》第三卷,外文出版社 2020 年版,第 22 页。
② 《习近平谈治国理政》第三卷,外文出版社 2020 年版,第 23 页。

出中国式现代化建设和发展进程是一个整体向前推进的过程，需要在整体建设中把握时间节点、划分不同阶段，有序、有效实现各阶段任务，最终必将实现全面建成社会主义现代化强国的目标。

中国式现代化是一个持续发展的动态过程，几代中国共产党人带领中国人民进行了艰辛的现代化道路探索，创造了中国式现代化建设的显著成就，并在不同阶段不断丰富和发展中国的现代化理论，在不同历史时期形成了具有强烈指导价值和鲜明特点的现代化，对持续推进中国式现代化建设具有重要意义。几代领导人的现代化理论，既是对马克思主义现代化理论的继承和发展，又是对西方现代化理论的批判和合理吸收，凸显了中国共产党人对现代化的创新性认识和深邃思考。在中国共产党人现代化理论的指导下，我们走出了一条别具特色、优势明显、效果显著、可学习借鉴的中国式现代化发展之路，开创了中国社会发展的崭新图景，为世界上那些既希望加快发展又希望保持自身独立的国家和民族走现代化道路提供了全新选择。

第三章　实践逻辑:中国式现代化道路的实践探索

　　实现现代化既是人类社会发展的方向目标,也是艰辛的探索历程。中国式现代化道路是一条既汲取力量又内生动力的实践之路,是历史经验的总结。中国共产党对现代化道路的探索历程布满了艰辛和曲折,经历了实践动能、实践目标和实践效能层面的三次重大转变,逐渐走出了一条从外源到内生、从解决温饱到实现共同富裕、从单一模式到高质量发展的独特发展道路,彰显出具有中国特色的现代化实践逻辑。中国式现代化道路的成功探索和有序推进,是在结合本国国情和顺应世界发展大趋势的基础上取得的巨大实践成果。这对推动世界其他国家的现代化建设进程具有重要的参考借鉴价值,为其他国家和民族提供了一种全新的现代化道路选择。因而,从实践逻辑的角度,深入探索中国式现代化道路的实践历程,有助于我们进一步认识中国式现代化的深刻内涵和鲜明特色,进而更好地坚持和推动中国式现代化建设向前发展。

第一节　实践动能的转换:从外源式走向内生性的独立之路

　　现代化是一种持续发展的动态过程,其发展的实践动能受到国内外多重因素的影响。中国式现代化道路的实践探索经历了一次重大的动能转换，从"走西方人的路"到"走俄国人的路"，再到"走自己的路"，经过几代中国人的不懈努力，由最初的外源式走向内生性，从被动卷入现代化到主动融入现代化潮流，不断发挥自身主动性，走出了一条中国式现代化的独立之路，形成了一套符合中国国情并彰显中国特色的现代化发展举措。正是因为有了中国共产党的坚强领导，有了全国各族人民的积极参与，中国式现代化从外源式走向内生性，现代化自主意识逐渐觉醒，结合基本国情和现代化理论，稳步有序地推动社会主义现代化建设，充分体现了中国式现代化道路的自信和成熟。这既是党对"中国之治"优越性和独特性的对外宣示，也探索出中国式现代化独立之路的成功密码。

一、中国式现代化独立之路的发展历程

人类的现代化进程是一场伟大的探索实践之路，也是一个不断修正、完善的艰辛历程。中国作为世界现代化进程的重要组成部分，深受世界现代化潮流的影响。在中国共产党的带领下逐步打破了"以西方为师""以俄为师"的实践盲从，找到了建设中国现代化独立之路的内生方案，从最初的实践被动、趋从逐渐转为实践主动、自觉，进而走上了具有中国特色的社会主义现代化建设道路。

（一）"走西方人的路"：开始思索中国式现代化独立之路

任何事物都是普遍性和特殊性的辩证统一。现代化作为人类社会发展的特殊形态，各国的现代化道路必然是既有现代化的一般性特征，又具有自身独特性。但是，往往在具体探索实践中，许多国家将现代化的一般性与独特性割裂开来，忽视了本国现代化道路的独特性。现代化对于所有国家而言，都是一种对未来道路的探索尝试，没有统一固定的样式、模板。人类社会进入现代化发展阶段，是从西方资本主义国家开始的。正因如此，早期

走上现代化道路的西方国家,它们的现代化模式或道路很容易被其他想走现代化发展道路的国家效仿,再加上资本主义国家在全世界范围内对西方现代化道路的大肆吹捧、过度渲染,进而导致许多后起国家完全将"西方现代化=现代化",并把西方现代化模式生搬硬套到本国的现代化建设中。

作为世界的重要组成部分,中国在探索现代化道路的历程中,也未能避免对现代化模式的思想认识误区,曾一度认为中国的现代化道路要"走西方人的路",导致现代化探索之路经历了诸多曲折和艰辛。进入近代以来,由于受到西方列强殖民侵略和工业革命影响,中国被动地卷入世界现代化洪流中,无数仁人志士不断求索民族复兴道路,他们通过各种努力尝试,从洋务运动、戊戌变法到辛亥革命,试图寻找到中国现代化的方案。但是,这种"走西方人的路"始终是一种外源式的现代化方案,是一个彻彻底底的被动现代化。事实证明,"走西方人的路",这类外源式的现代化道路在中国是行不通的。习近平总书记指出:"世界上既不存在定于一尊的现代化模式,也不存在放之四海而皆准的现代化标准。"①世界上任何一个国家,如果罔顾本国国情照搬照抄别国现代化模式,往往最终都将会得不偿失、事与愿违。世界现代化发展进程的经验和教训表明,任何国家必须充分考虑自身国情和现实条件,盲目照搬照抄别国模式,最终都将以失败告终。先进的中国人从一次次失败中逐渐认识到,中国走西方现代化道路不可行,必须探索出符合中国国情的现代化独立之路。

(二)"走俄国人的路":开启探索中国式现代化独立之路

1917年,俄国爆发了十月社会主义革命并取得胜利,使得科学社会主义从理论变成现实,打破了资本主义一统天下的世界格局,是具有划时代意义的

---

① 《习近平谈治国理政》第四卷,外文出版社2022年版,第123页。

世界性事件。俄国十月革命一声炮响为中国送来了马克思列宁主义，让在学习西方屡遭失败、深陷彷徨苦闷的中国先进分子看到了民族解放、民族复兴的新希望，也为苦苦探寻救亡图存出路的中国人民提供了全新选择。毛泽东指出："十月革命帮助了全世界的也帮助了中国的先进分子，用无产阶级的宇宙观作为观察国家命运的工具，重新考虑自己的问题。走俄国人的路——这就是结论。"①"我看俄国式的革命，是无可如何的山穷水尽诸路皆走不通了的一个变计。"②自此，中华民族和中国人民开始把目光从西方转向东方，从资产阶级民主主义转向社会主义，开始"走俄国人的路"，并通过"走俄国人的路"来开启探索中国的现代化之路。

在中国共产党的正确领导下，中国人民踏上了争取民族独立、自身解放的光明道路，开启了实现国家富强、人民富裕的历史新征程。新民主主义革命时期，尤其是大革命失败以后，中国共产党人深刻认识到中国革命要想取得成功，必须效仿俄国十月革命，用暴力革命的方式才能获得最终胜利，必须用武装的革命来反抗武装的反革命，要坚持武装斗争，掌握革命武装的领导权。正如毛泽东在八七会议上强调的："以后要非常注意军事。须知政权是由枪杆子中取得的。"③在中国共产党的领导下，中国人民经过28年艰苦卓绝的革命斗争，取得了土地革命、抗日战争、解放战争的最终胜利，推翻了三座大山，建立了社会主义新中国，为中国现代化道路发展奠定了根本前提。

新中国成立后，面对的是国内一穷二白、积贫积弱的经济社会现状和国际敌对势力在政治上孤立、经济上封锁以及军事上包围，这对于刚刚执掌全国政权的中国共产党来说，是新的严峻考验。同时，作为新兴社会主义国家，中国缺乏建设社会主义的经验和能力。因而，新中国成立初期，我们一度学习效仿

---

① 《毛泽东选集》第四卷，人民出版社1991年版，第1471页。
② 《毛泽东书信选集》，中央文献出版社2003年版，第4页。
③ 《毛泽东文集》第一卷，人民出版社1993年版，第47页。

苏联的社会主义建设模式,甚至在某些方面或领域直接照搬照抄苏联模式,未能充分考虑到本国国情和发展程度,虽然在短时期内取得过一定成效,但从长远看,苏联模式并不适合中国的现代化建设。这说明,此时我们对现代化道路的认识仍然属于外源式,仍然受制于"苏联标准模式",尚未形成自主独立的现代化发展意识。经过"一五"计划的实践,中国共产党人已经积累了进行社会主义建设的初步经验。1956年的苏共二十大,进一步暴露了苏联在社会主义建设中存在的缺陷和错误。这种情况下,中国共产党人决心以苏为鉴,探索一条适合中国国情的社会主义建设道路。毛泽东指出:"最重要的是要独立思考,把马列主义的基本原理同中国革命和建设的具体实际相结合。……现在是社会主义革命和建设时期,我们要进行第二次结合,找出在中国怎样建设社会主义的道路。"①20世纪50年代后期,随着中苏关系破裂、恶化,我们逐渐认识到结合中国实际进行自主独立发展的重要性,并在之后的建设实践中不断调整、完善。社会主义革命和建设时期,虽然在建设社会主义道路中经历了曲折、困难,甚至经历了"大跃进"和人民公社化运动、"文化大革命"等错误,但我国仍然提出了分"两步走"实现"四个现代化"的战略目标和战略步骤,为中国实现社会主义现代化描绘了美好发展蓝图,建立了相对独立完整的工业化体系和国民经济体系,抵住了西方帝国主义的封锁和进攻,维护了国家主权和领土完整,为中国现代化道路发展奠定了坚实的物质基础和制度保障。

（三）"走自己的路":坚定走好中国式现代化独立之路

改革开放和社会主义现代化建设新时期,以邓小平同志为主要代表的中国共产党人,团结带领全国各族人民成功开创了中国特色社会主义,中国人民对"走自己的路"更加明确、更加坚定。随着改革开放不断深入以及社会主义

---

① 《毛泽东年谱(一九四九——一九七六)》第二卷,中央文献出版社2013年版,第557页。

现代化建设各项事业不断拓展,中国内生性现代化的理论趋于成熟,"走自己的路"建设有中国特色的社会主义成为一种高度自觉。而这种理论的成熟,有力地指导着中国现代化独立之路的建设。

进入改革开放和社会主义现代化建设新时期,中国共产党人开始明确提出中国的现代化是"中国式的现代化",强调中国的现代化道路与西方现代化以及其他现代化模式有着根本区别。中国式的现代化是社会主义的现代化,并把现代化的标准和要求放低一点,更加贴近中国国情和现实需求。随着改革开放的不断深入,邓小平对中国经济社会发展战略的思考不断趋于成熟,在综合考察世界主要国家现代化进程的基础上,进一步明确社会主义现代化建设道路和目标。1979年底,在会见日本首相大平正芳时,邓小平首次采用中国传统文化的一个重要概念——"小康之家"来形象描绘我国所追求的现代化社会。党的十三大提出了"分三步走"基本实现社会主义现代化的发展战略,提出要"把我国建设成为富强、民主、文明的社会主义现代化国家"的宏伟目标。这既体现了党和人民建设社会主义现代化、坚定"走自己的路"的雄心壮志,也反映了从实际出发、遵循客观规律的科学精神,稳步推进中国式现代化道路建设。1992年,邓小平南方谈话的深刻见解,驱散了长期笼罩在人们思想上的迷雾,使得人们对各类客观事物有了崭新认识,进一步解放思想,极大地推动着改革开放步伐向前发展,推动着中国与世界接轨,深度融入世界发展潮流,进入与世界同频共振的时代,中国的富强之路由此开启。党的十五大第一次提出"两个一百年"奋斗目标,使得中国式现代化道路更加明确。进入21世纪,中国提前实现了"三步走"发展战略目标的第一步和第二步目标,实现了从温饱到小康的历史性跨越,进入全面建设小康社会、加快推进社会主义现代化的新发展阶段。

中国特色社会主义进入新时代,中国共产党人提出统筹推进"五位一体"总体布局和协调推进"四个全面"战略布局,稳步推进中国特色社会主义现代化国家的伟大征程。通过全党全国人民的不懈努力,我国打赢了脱贫攻坚战,解决了困扰中华民族几千年的贫困问题,为实现中华民族伟大复兴迈出了一大步。同时,将巩固拓展脱贫攻坚成果同乡村振兴战略有效衔接,进一步保障人民的生活,不断满足人民群众对美好生活的需要。站在新时代的历史新方位,党的十九大作出了分"两个阶段"基本实现和全面实现社会主义现代化的战略安排,是对走中国式现代化道路的进一步细化和升华。在基本实现社会主义现代化的基础上,再奋斗 15 年,把我国建设成社会主义现代化强国,推动国家治理体系和治理能力现代化,全体人民共同富裕基本实现,人民群众享有更多的幸福感、安全感和满足感。总之,中国探索现代化道路过程中,步骤或模式的积极调整、及时转变,不是偶然、随意的选择,而是在实践过程中不断总结反思、结合现实发展需要的主动求变,是一种内生性动力的充分反映。

二、中国式现代化独立之路的实践经验

习近平总书记指出:"走自己的路,是党的全部理论和实践立足点,更是党百年奋斗得出的历史结论。"①随着对现代化道路探索的不断深入,中国式现代化道路逐渐从最初的外源式走向内生性。在中国共产党的领导下,积极发挥全党全国人民建设社会主义现代化道路的主动性、自觉性,走出了一条符合本国国情且独具中国特色的现代化独立之路。中国式现代化道路既是中国的,体现中国特色,也具备可供世界参考借鉴的世界性。中国式现代化之所以能够走上独立自主发展之路,而且现代化道路越走越稳,前景充满希望,关键的成功秘诀就在于始终坚持中国共产党的领导、坚持立足本国国情、坚持中国特色社会主义方向、坚持与时俱进不断创新、坚持人民至上的思想理念。

---

① 《习近平谈治国理政》第四卷,外文出版社 2022 年版,第 10 页。

（一）　实践保障:坚持中国共产党的领导

习近平总书记在党的二十大报告中指出,"中国式现代化,是中国共产党领导的社会主义现代化"①。中国共产党是现代化建设事业的领导核心,中国现代化道路正是因为有了党的领导才能够发生历史性的根本转变。纵观近代以来中华民族和中国人民对现代化道路的探索历程可以发现,现代化道路"由谁来领导""怎么领导"等问题,是顺利推进现代化进程、实现现代化所要解决的根本问题。鸦片战争以后,中国社会经历了地主阶级洋务派及资产阶级维新派、立宪派、民主派以至革命派等领导的现代化实践活动,但这些现代化探索都是对西方现代化道路的模仿或照搬,只是一种外源式的现代化,最终无不以失败而告终。中国共产党成立后,在现代化探索实践中将马克思主义理论与中国基本国情和具体实际相结合,带领全国各族人民一同追求国家独立、民族解放。

纵观世界各国,没有任何一个政党能像中国共产党这样始终致力于现代化道路探索,对现代化如此执着、这样扭住不放。经过 28 年的浴血奋斗,中国共产党带领人民最终实现新民主主义革命胜利,真正建立起一个享有独立自主、人民当家作主的社会主义国家,为中国式现代化道路发展奠定了稳定的社会环境和根本的条件保障;带领中国人民进行社会主义革命和建设,提出了分"两步走"战略目标,使得现代化建设方向更加明确,开启了党领导社会主义现代化建设的初步探索;带领中国人民实行改革开放,稳步推进社会主义现代化建设,提出了全面建设社会主义现代化国家的奋斗目标,成功探索出了一条具有中国特色和彰显社会主义制度优势的现代化道路;带领中国人民走上中国特色社会主义新时代,明确提出为把我国建设成为富强民主文明和谐美丽的社会主义现代化强国而奋斗,指明了中国式现代化的五大显著特征,提出了

---

① 习近平:《高举中国特色社会主义伟大旗帜　为全面建设社会主义现代化国家而团结奋斗——在中国共产党第二十次全国代表大会上的报告》,人民出版社 2022 年版,第 22 页。

分"两个阶段"基本实现和全面实现社会主义现代化的战略安排。在中国共产党的正确领导下,结合科学理论指导和具体国情,中国式现代化道路越走越宽、越走越稳。透过中国共产党的百年奋斗历程可以看出:中国共产党始终是中国式现代化的开拓者和引领者。如果脱离了中国共产党的坚强领导,中国式现代化就可能落入西方现代化的陷阱,甚至走向歧途或半途而废。中国式现代化道路的探索实践充分证明:"没有中国共产党也就不会有现代化的社会主义中国。"①因此,新时代要坚持走好中国式现代化道路,就必须始终坚持中国共产党的领导,丝毫不动摇,坚定不偏向。

(二) 实践基础:坚持立足本国国情

一切从实际出发,从基本国情出发,是我们做好所有工作的根本基础。中国的现代化道路从最初的外源式走向内生性,从照搬、效仿别国现代化模式到走上独立自主,其中的重要原因之一就是坚持立足本国国情,依据现实发展不断进行调整、完善。习近平总书记指出,中国式现代化道路"既有各国现代化的共同特征,更有基于自己国情的中国特色"②。只有立足本国国情上的现代化道路,才有可能获得最终成功;任何割裂现实国情和具体实际而照搬照抄别国模式的现代化实践,都将面临水土不服、夭折中断的危险。

中国式现代化道路的开创和发展,既体现了世界现代化发展进程的普遍性规律,又彰显了社会主义国家探索现代化过程的特殊性规律。从现代化的本质属性而言,中国式现代化道路是社会主义性质的现代化,在其探索实践过程中,没有任何经验、范式可以用于借鉴参考,也没有任何的先例模板可供复制遵循。同时,中国式现代化并没有局限于西方现代化道路的固有模板,而是跳出了其诸多的缺陷和不足,开创了独具中国特色的现代化道路。中国式现

① 《改革开放三十年重要文献选编》(上),中央文献出版社 2008 年版,第 212 页。
② 习近平:《高举中国特色社会主义伟大旗帜 为全面建设社会主义现代化国家而团结奋斗——在中国共产党第二十次全国代表大会上的报告》,人民出版社 2022 年版,第 22 页。

代化之所以能够走上独立之路,一方面,立足中国国情是深刻认识和把握一切重大问题、推动一切重要事业的关键。中国共产党人带领全国各族人民之所以能够开创中国式现代化道路,正是因为对中国国情的准确深刻把握,明确国家发展的历史方位和历史使命,了解人民群众的真实需求,科学判断国内形势变化,从而能够快速有效地调整策略方案,及时规避西方现代化发展过程中存在的一系列矛盾和问题,走出一条更具前景、充满希望的现代化道路。另一方面,在中国共产党的领导下,中国式现代化道路是以"全面建成社会主义现代化强国"为目标方向,是一种"并联式"的发展模式,不同于西方现代化"串联式"发展模式。正如马克思所认为,走向现代化并不是只有走资本主义一条路。在探索社会主义市场经济发展过程中,我们正确处理好了市场与政府、市场与计划之间的关系,既强调市场在资源配置中的决定性作用,又强调要发挥政府"看得见的手"的宏观调控,发挥政策、法规、财政、税收等手段有计划、有步骤地推动社会主义市场经济发展;在处理人与自然和谐关系时,我们既要充分利用各类自然资源为人类服务,推动经济向前发展,又要强调保护自然环境,维护生态平衡,走可持续发展道路。"鞋子合不合脚,只有穿的人才知道。"[①]人类现代化的历史和现实都充分证明,现代化道路并没有统一的标准模式,只有立足本国国情的现代化道路,才是最适合自己的,坚持走自己的路才能有希望。立足本国国情,走自己的路,是中国式现代化道路取得成功的重要秘诀。

(三)　实践方向:坚持中国特色社会主义

习近平总书记指出,"要全面建成小康社会、加快推进社会主义现代化、实现中华民族伟大复兴,必须始终高举中国特色社会主义伟大旗帜"[②]。旗帜决定道路,道路决定方向,方向引领未来。中国特色社会主义是由中国共产党

---

① 《习近平谈治国理政》第三卷,外文出版社 2020 年版,第 124 页。
② 《习近平谈治国理政》第一卷,外文出版社 2018 年版,第 8 页。

领导人民开辟出来的,它与西方资本主义和其他社会主义国家有着根本区别,是在遵循我国基本国情的基础上探索出的社会主义新道路。邓小平强调:"走自己的道路,建设有中国特色的社会主义,这就是我们总结长期历史经验得出的基本结论。"①中国式现代化道路的方向在哪里?到底该怎么走?这关系到中国的前途和命运,需要对现代化道路的实践方向把舵定向。

中国式现代化道路是具有中国特色的社会主义现代化,只有坚持中国特色社会主义,走中国特色的社会主义现代化之路,才能保证现代化道路不偏向、不变质、不变色。中国式现代化建设必须坚持中国特色社会主义,这是从改革开放四十多年、新中国成立七十多年、中国共产党成立一百多年来的实践探索中得来的。中国特色社会主义政治、经济、文化、法治、民主等,为中国式现代化道路发展明确了具体建设方向。只有坚持中国特色社会主义,初心不改,久久为功,才能确保国家发展的正确航向,进而以中国式现代化全面推进中华民族伟大复兴。在中国特色社会主义的引领下,我们坚持实行改革开放,始终以经济建设为中心不动摇,不断提升国家综合实力和人民群众生活水平,为中国式现代化发展提供坚实物质保障和深厚群众基础。在中国特色社会主义新时代,走好中国式现代化道路,始终坚持"一个中心,两个基本点",不断加快改革开放步伐,始终秉持独立自主原则,坚持自力更生,统筹推进"五位一体"总体布局和协调推进"四个全面"战略布局,推动国家治理体系和治理能力现代化建设,不断满足人民群众对美好生活的需要,真正把我国建设成独具中国特色、可学习可借鉴的社会主义现代化强国。

(四) 实践原则:坚持人民至上思想理念

毛泽东指出:"人民,只有人民,才是创造世界历史的动力。"②人民群众是历史的创造者,是物质财富和精神财富的创造主体,在人类社会发展的各个时

---

① 《邓小平文选》第三卷,人民出版社 1993 年版,第 3 页。
② 《毛泽东选集》第三卷,人民出版社 1991 年版,第 1031 页。

期都扮演着重要角色。中国共产党自成立以来,就坚决贯彻全心全意为人民服务的工作宗旨,坚持人民至上的发展理念,紧紧依靠人民、为了人民,将人民群众根本利益作为开展一切工作的出发点和落脚点。中国式现代化是党和国家的伟大事业,最终目的是满足人民群众的各种需求,实现人的自由全面发展,完全超越了西方现代化资本本位、逐利本性的发展逻辑。

党领导下的中国式现代化道路坚持以人民为中心,时刻维护和实现人民群众的根本利益,尊重人民群众的主体地位,发挥人民群众的创造力,努力让人民群众在实现现代化道路上获得更多的实惠,体现了党的宗旨与中国式现代化道路的本质。一方面,中国共产党作为人民群众利益的代表,时刻牢记自身初心和使命,在推进中国式现代化道路的建设过程中,始终遵循依靠人民、为了人民的基本原则,与人民群众紧紧联系在一起,荣辱与共、生死相依,保持党与人民群众的血肉联系;在制定解决中国式现代化道路问题的路线方针政策时,始终将人民群众利益放在首位,坚持以满足和维护人民群众的根本利益为目标追求;在处理现代化道路上的各类矛盾和冲突时,始终坚持以满足人民的价值诉求为评判标准,不断满足人民群众对美好生活的需要。正是因为始终坚持人民至上的发展理念,中国式现代化道路建设才能得到广大人民群众的拥护和支持,从而源源不断地从人民群众中汲取智慧和力量。另一方面,中国式现代化将人民从被资本增殖剥削的对象转变为社会本体地位,将实现人民对美好生活的向往和追求人的自由全面发展作为现代化发展的根本目的,将人民的劳动创造、共建共享作为中国式现代化形成和发展的内在规律。可以说,人的现代化是中国式现代化的重要组成部分,也是区别于西方现代化的根本所在。人是实现中国式现代化的目的和手段,人的生存和发展方式都与现代化的程度有着紧密联系,也影响着现代化的进程。从中国式现代化道路的发展历程中可以看出,现代化建设需要积极发挥人民群众的首创精神和主动性,激励人民群众积极参与到现代化建设伟大事业中,激发现代化建设的内生动力。现代化建设是党和国家的伟大事业,也是人民群众的伟大事业,需要促使每个社会成员都能够自由地发挥和发展他们的全部力量和才能。正因如此,才能促使中国式现代化道路不断向前推进并取得一个又一个伟大成就。

(五) 实践动力:坚持与时俱进不断创新

人类社会不是一成不变的,而是时刻处于运动、变化、发展之中。恩格斯指出:"所谓'社会主义社会'不是一种一成不变的东西,而应当和任何其他社会制度一样,把它看成是经常变化和改革的社会。"①世界各国对现代化道路的探索要根据实际情况和现实需求,用发展的眼光看待本国现代化建设,时刻保持与时俱进,创造出符合本国国情的现代化道路。中国式现代化道路之所以能够持续坚定前行,并不断取得新胜利,其中不仅是因为有中国共产党的坚强领导、始终坚持中国特色社会主义,而且也是因为中国式现代化道路有着强劲的实践动力,始终坚持与时俱进、不断创新。

中国式现代化的发展道路经历了一段漫长而曲折的摸索历程,从早期的"走西方人的路"到"走俄国人的路",最终到"走自己的路"。其中,不仅体现了中国人民在中国共产党领导下逐渐深化对现代化道路的认识,而且体现了党和人民在遵循基本国情基础上对现代化道路的开拓创新,不断与时俱进,坚持走独立自主的发展道路。从新中国成立之初提出的分"两步走"实现"四个现代化"的战略步骤,到提出建设"小康社会","分三步走"基本实现社会主义现代化的发展战略,再到分"两个阶段"基本实现和全面实现社会主义现代化的战略安排,关于中国式现代化道路的每一次战略调整、每一项成就取得,都体现了中国共产党人的开阔视野和发展眼光,始终坚持与时俱进,不断创新发展。中国式现代化发展道路表明,现代化道路不是一成不变的标准模式,也不是不可超越的固定模式。中国式现代化不是西方现代化的翻版,也不是简单延续历史的母版,更不是其他社会主义国家现代化的再版,而是中国共产党领

---

① 《马克思恩格斯选集》第 4 卷,人民出版社 2012 年版,第 601 页。

导人民广泛参与、不断拓展和创新的现代化新样板,开创了人类社会文明发展的新形态。正是因为中国式现代化建设始终坚持与时俱进、不断创新,我们才能够充分运用科学发展的思维和眼光妥善处理现代化发展道路上的各种新问题新挑战,坚持守正创新,不断提出解决问题的新方法新思路,进而逐渐走出一条不同于其他国家且独具中国特色的社会主义现代化独立发展之路。

第二节 实践目标的引领:从解决人民温饱 走向共同富裕的发展之路

现代化道路是一个循序渐进、逐步深化的过程,人们在探索现代化发展的进程中不断明确现代化的实践目标。中国共产党有序推动中国式现代化道路的发展中,在不同发展阶段实现了对现代化实践目标的伟大飞跃,从最初解决人民群众温饱问题到总体小康、到全面建设小康社会、到全面建成小康社会,再到全体人民共同富裕,中国式现代化道路建设取得实质性发展,人民群众在现代化建设中真真切切地得到实惠和满足。在中国式现代化实践目标的引领下,中国共产党带领全国人民结合现实情况不断调整具体目标和战略步骤,稳扎稳打,逐步探索出了一条独特的现代化发展之路。

一、中国式现代化实践目标的伟大飞跃

有了明确的目标,就有了奋斗的方向和动力。现代化是一个动态过程,现代化最终目标的实现不可能一蹴而就,而是要分阶段、有步骤地实现。中国共产党在不同历史阶段对现代化建设提出了具体的实践目标,每个阶段目标的实现都将直接影响到整个现代化建设进程。在中国共产党的领导下,中国式现代化实践目标经历了多次伟大飞跃,每一次伟大飞跃、每一项目标实现,都将现代化建设推向新的高潮,极大地推动着国家发展进步和人民幸福生活。

(一) 初始目标:解决人民温饱问题

现代化的核心目标是实现人的现代化。中国式现代化道路始终围绕"人"这一主体而开展各项建设工作,致力于在发展中确立人的主体性和独立性。社会存在决定社会意识,经济基础决定上层建筑。实现现代化,首先要解决的问题就是满足人民群众最基本的物质需求。要大力发展社会生产力以创造更多的物质产品和生产资料,努力解决人民的基本温饱问题,才可能进一步推动现代化建设进程。保障和改善人民群众的基本物质生活,是任何国家进行现代化建设都需要着力解决的首要问题,尤其是经济基础薄弱、物质条件落后的国家,仍然需花费更多的时间和精力加以解决好。

解决人民群众的温饱问题,是实现现代化的根本前提,也是中国式现代化道路上的巨大难题。像中国这样一个地域辽阔、人口规模巨大、基础设施建设不足的发展中国家,要解决全国人民的温饱问题,在旧中国、旧社会是不可能的。中国共产党成立后,将实现国家独立、民族解放和人民富裕作为自身的奋斗目标,矢志不渝、砥砺前行,努力为人民群众创造更好的物质生活条件和生存环境,改变旧中国山河破碎、国弊民穷的悲惨状况,逐步实现中华民族伟大复兴。经过 28 年的浴血奋斗,中华民族站立起来,迎来了崭新的历史时刻,中国人民翻身成为国家主人。新中国的成立,为实现中国式现代化、解决人民群众的温饱问题创造了稳定的社会环境和社会条件。在中国共产党的领导下,全国各族人民干劲十足,积极投身社会主义现代化建设,努力创造美好生活。经过社会主义三大改造完成、第一个五年计划任务目标实现、提出"四个现代化"战略目标,国民经济建设稳步发展,建立了相对独立的比较完整的工业体系和国民经济体系等,全面建设社会主义取得重要成就。"全国总人口从 1949 年的 5.4167 亿增长到 1976 年的 9.3717 亿。同期粮食的人均占有量从 418 市斤增加到 615 市斤。就是说,增产的粮食不仅多养活了近 4 亿人,而且使 9 亿多人的人均占有粮食量比 5 亿多人时增加了近 200 斤。""全国居民的人均消费水平,农村居民从 1952 年的 65 元增加到 1976 年的 131 元,城镇居民同期从 154 元增加到 365 元。"①这一系列目标任务的实现和成就取得,初步满足了占世界 1/4 人口的基本生活需求,在当时被世界公认是一个奇迹。

邓小平在 1979 年时明确说过:"我们尽管犯过一些错误,但我们还是在三十年间取得了旧中国几百年、几千年所没有取得过的进步。我们的经济建设曾经有过较快的发展速度。"②党的十一届三中全会以前,虽然农业、工业、科技等方面取得重要进步,但由于我国人口多、底子薄、起步晚以及计划经济体制制约、"左"倾思想影响等,人民群众生活总体上还处于比较低的水平,并且全国仍然有近 2 亿人口还没有解决温饱问题。党的十三大提出"分三步走"基本实现社会主义现代化的发展战略:第一步解决人民的温饱问题;第二步人民生活达到小康水平;第三步人民生活比较富裕,基本实现现代化。到 1990年底"七五"计划完成时,"全国绝大多数地区解决了温饱问题,开始向小康社会迈进。"③这些进步为解决人民基本温饱问题、提高生活水平和推动中国式现代化建设,提供了坚实的物质条件。

(二) 阶段目标:全面建成小康社会

中国式现代化道路在解决人民温饱问题后,持续向着实现人民生活总体小康水平以及全面建成小康社会的宏伟目标迈进。在改革和建设取得重要发展成就的基础上,中国共产党人继续带领全国各族人民,紧紧围绕经济建设这一中心任务,不断提高和改善人民群众生活水平。党的十四大和十五大进一步提出了"力争经过二十年的努力,使广东及其他有条件的地方成为我国基本实现现代化的地区"④,"东部地区要充分利用有利条件,在推进改革开放中

———————

①　《中国共产党的九十年——社会主义革命和建设时期》,中共党史出版社 2016 年版,第638 页。

②　《邓小平文选》第二卷,人民出版社 1994 年版,第 167 页。

③　《中国共产党简史》,人民出版社 2021 年版,第 277 页。

④　《十四大以来重要文献选编》(上),人民出版社 1996 年版,第 22 页。

实现更高水平的发展,有条件的地方要率先基本实现现代化。"①由此可知,把有条件的地方率先基本实现现代化,实现更高水平的发展,作为我国基本实现现代化的重要补充,努力推动人民生活达到小康水平,实现小康社会。党的十五大还第一次提出了"两个一百年"的奋斗目标,提出新的"三步走"发展战略。随后,我国全面推进农村改革和国有企业改组改造,改善基础设施建设,采取多方面措施增加人民群众收入;对内深化改革和对外扩大开放,为推动国民经济发展提供持续动力;实施科教兴国战略、可持续发展战略、西部大开发战略、精神文明和先进文化建设等,不断加快我国现代化建设步伐。到 2000年,"九五"计划的主要任务完成或超额完成,人均国民生产总值比 1980 年翻两番的目标在 1997 年提前 3 年完成,城乡居民收入大幅度增加,生活质量显著提升。"九五"计划的胜利完成,标志着我国实现了社会主义现代化建设的第二步战略目标,人民生活总体上达到"小康水平",为迈向第三步战略目标奠定了良好的物质基础,实现了从解决温饱到总体小康水平的历史性跨越。这是我国社会主义现代化建设事业取得的伟大成就,是中国式现代化道路和中华民族发展史上一个新的里程碑,具有重大历史意义和现实价值。

进入 21 世纪,我国在现有成就的基础上继续推进现代化建设,不断提高人民群众的生活水平和生活质量。党的十六大指出:"我国正处于并将长期处于社会主义初级阶段,现在达到的小康还是低水平的、不全面的、发展很不平衡的小康。"②因此,大会提出了全面建设小康社会的奋斗目标,强调要在本世纪头 20 年,集中力量,全面建设惠及十几亿人口的更加高水平的小康社会。党的十七大对中国的发展战略目标提出了新的更高要求,不仅进一步明确了实现全面建设小康社会奋斗目标的新要求,而且将"和谐"纳入社会主义现代化建设的宏伟蓝图,这是对现代化内涵发展和战略目标的再次拓展和延伸。

---

① 《十五大以来重要文献选编》(上),人民出版社 2000 年版,第 26—27 页。
② 《十六大以来重要文献选编》(上),中央文献出版社 2005 年版,第 14 页。

在"三个代表"重要思想和科学发展观的引领下，我国不断完善社会主义市场经济体制，有序推动经济又快又好发展，积极构建中国特色社会主义事业"四位一体"总体布局，促进区域、城乡协调发展，加快经济发展方式转变，持续深化改革和扩大对外开放等，人民群众生活水平和质量进一步提升，教育、医疗、就业、住房等民生问题不断得到妥善解决，全面建设小康社会的各项事业取得重大进步。

中国特色社会主义进入新时代，党的十八大根据我国经济社会发展实际，提出第一个百年要全面建成小康社会的庄重承诺，提出了"五位一体"总体布局和全面建成小康社会目标要求，将中国特色社会主义现代化内涵进一步丰富。在以习近平同志为核心的党中央坚强领导下，我国稳步推进供给侧结构性改革，贯彻新发展理念，不断加大扶贫投入，努力打赢脱贫攻坚战，不断改善人民生活，提出了一系列更加公平更加惠民的政策措施，满足人民对美好生活的向往。党的十九大报告指出，我国社会主要矛盾已经转化为人民日益增长的美好生活需要和不平衡不充分的发展之间的矛盾，大会结合"两个一百年"奋斗目标，对决胜全面建成小康社会、开启建设社会主义现代化国家新征程作出战略部署和安排，同时作出了分"两个阶段"基本实现和全面实现社会主义现代化的战略安排。习近平总书记指出："全面建成小康社会、实现第一个百年奋斗目标，农村贫困人口全部脱贫是一个标志性指标。"①经过全党全国各族人民的持续奋斗，全国 832 个县全部脱贫，12.8 万个贫困村全部出列，近 1 亿贫困人口实现脱贫，脱贫攻坚战取得决定性胜利，创造了"当惊世界殊"的发展成就，困扰中华民族几千年的贫困问题得到历史性解决，这是全面建成小康社会的标志性成果。2021 年 2 月，习近平总书记在全国脱贫攻坚总结表彰大会上庄严宣告：我国脱贫攻坚战取得了全面胜利。2021 年 7 月 1 日，在庆祝中国共产党成立 100 周年大会上，习近平总书记庄严宣告，我国已经全面建

①　《习近平关于全面建成小康社会论述摘编》，中央文献出版社 2016 年版，第 154 页。

成小康社会,圆满完成第一个百年奋斗目标。

(三) 终极目标:全体人民共同富裕

人民群众是推进现代化最坚实的根基、最深厚的力量。现代化的终极目标是实现全体人民共同富裕。共同富裕是社会主义的本质要求,彰显了中国式现代化与其他现代化模式的根本区别。在中国式现代化道路的探索和建设历程中,中国共产党人将推翻阶级统治,消除贫困,实现人人平等、全体人民共同富裕,作为自身使命和责任。邓小平曾经指出:"如果按资本主义的分配方法,绝大多数人还摆脱不了贫穷落后状态,按社会主义的分配原则,就可以使全国人民普遍过上小康生活。这就是我们为什么要坚持社会主义的道理。"[1]可见,中国式的现代化在设计之初就已经将"全国人民普遍过上小康生活",即全体人民共同富裕,作为预定发展目标。在改革开放不断深入的背景下,根据当时我国社会经济发展条件,中国共产党提出实现共同富裕的战略方式,"先富"带动"后富"再实现"共同富裕"的步骤安排,"允许和鼓励一部分地区、一部分人通过诚实劳动和合法经营先富起来,带动和帮助其他地区和其他群众,最终达到全国各地区普遍繁荣和全体人民共同富裕。"[2]

党的十八大以来,党中央高度重视民生问题,千方百计采取有力措施保障和改善民生,努力增加城乡居民收入,缩小城乡差距,推动城乡、区域之间协调发展。根据社会主要矛盾变化,党中央审时度势,进行顶层设计,党的十九大报告中增加了"人民生活更加美好""人的全面发展"等重要内容,融入共产主义最高价值追求,始终把"实现共同富裕"作为发展目标并将其摆在中国式现代化道路中的重要位置有序推进。经过全党全国人民的不懈奋斗,我国彻底消灭了绝对贫困的历史性难题,实现了将近1亿农村贫困人口全部脱贫。在脱贫攻坚取得全面胜利和全面建成小康社会后,中国共产党人进一步推进乡

---

[1] 《邓小平文选》第三卷,人民出版社1993年版,第64页。
[2] 《改革开放三十年重要文献选编》(下),中央文献出版社2008年版,第1005页。

村振兴发展和巩固脱贫攻坚成效，带领人民继续创造美好生活，向实现共同富裕的道路迈出了坚实步伐。中国共产党人突出强调了"扎实推动共同富裕"，进一步提出要实现"全体人民共同富裕取得更为明显的实质性进展"的目标要求，始终把满足人民对美好生活的新期待作为现代化建设发展的出发点和立足点，在社会主义现代化建设进程中逐步解决好共同富裕问题。强调要自觉主动地解决地区差距、城乡差距、收入差距等老百姓切实关心的问题；坚持在发展中保障和改善民生，统筹做好就业、医疗、养老、教育、住房、社保、收入分配、扶幼等各方面工作；要更加注重对农村地区、偏远山区、经济欠发达地区、贫困群众等政策、资金等倾斜，促进社会公平正义；要让人民群众享有更多的发展成果，努力推进全体人民共同富裕。

二、共同富裕是中国式现代化的目标追求

中国式现代化要求我们必须走共同富裕道路，到 2035 年基本实现社会主义现代化，共同富裕取得明显的实质性进展，到 2049 年全面实现社会主义现代化，全体人民共同富裕基本实现。习近平总书记指出："既要不断解放和发展社会生产力，不断创造和积累社会财富，又要防止两极分化，切实推动人的全面发展、全体人民共同富裕取得更为明显的实质性进展。"[①]可以说，实现共同富裕，不仅要将"蛋糕"做大做好，而且要将"蛋糕"切好分匀，以便让每个社会成员都能够享受到"蛋糕"的美味。在一个拥有 14 亿多人口的发展中国家要实现全体人民共同富裕，这是人类历史上的伟大事业，需要遵循社会发展规律、根据科学理论指导、依靠制度体系保障以及实施可行的具体路径，才能最终完成好这一伟大事业。

（一）实现共同富裕要遵循社会发展规律

中国式现代化是社会主义现代化，这就决定我国的现代化道路绝不是像

---

① 《习近平谈治国理政》第四卷，外文出版社 2022 年版，第 209 页。

西方国家那样走两极分化的道路,也不能走平均主义的道路,而必须坚持走共同富裕的道路。邓小平强调:"社会主义发展生产力,成果是属于人民的。就是说,在我们的发展过程中不会产生资产阶级,因为我们的分配原则是按劳分配。当然分配中还会有差别,但我们的目的是共同富裕。"①在新的历史时期,实现共同富裕,需要在现代化道路上统筹考虑,遵循社会发展规律有序推进现代化进程。

一是要在不断满足人民群众对美好生活的新需求中推动共同富裕。随着人民生活水平的不断提高,人民群众需要的内涵和领域也不断扩大,从基本的物质文化需要逐渐向多元化需要扩散。既有更高更好的物质文化需求,又有民主、法治、公平、正义、安全、环境等需求;既体现了需求层次的提升,又表现为新的需求出现,这不仅是需要内容的扩增,也是需要质量的提高。习近平总书记多次强调,过去我们在努力解决"有没有"的问题,现在要着力解决"好不好"的问题。"好不好"的问题,其实就是人民群众需要"有更好的教育、更稳定的工作、更满意的收入、更可靠的社会保障、更高水平的医疗卫生服务、更舒适的居住条件、更优美的环境、更丰富的精神文化生活"②。因此,需要努力解决好关系到人民群众切实利益的民生问题。只有妥善解决好这类问题,才能稳步推进中国式现代化,实现共同富裕的宏伟目标。

二是要在妥善发挥社会主义生产关系和分配方式作用中推动共同富裕。只有不断解放和发展生产力,妥善调节好社会生产关系和完善分配方式,才能够有效地推进共同富裕。要始终坚持以经济建设为中心,为实现共同富裕提供坚实的物质基础和条件;要毫不动摇巩固和发展公有制经济,毫不动摇鼓励、支持、引导非公有制经济发展,通过"两个毫不动摇"来推动共同富裕的实现;要坚持多劳多得,提高劳动报酬在初次分配中的比重,健全劳动、资本、知识等生产要素按贡献决定报酬的机制;要健全以税收、社会保障、转移支付等

① 《邓小平文选》第三卷,人民出版社1993年版,第255页。
② 《习近平谈治国理政》第二卷,外文出版社2017年版,第61页。

主要手段的再分配调节机制;要重视发挥第三次分配作用,积极发展慈善公益事业;要将初次分配、再分配调节、第三次分配等有机结合,为实现共同富裕奠定分配制度的基础,让处于不同地域、阶层、城乡的民众都能够享受到社会发展进步所带来的实惠和福利。

三是要在不断明确共建共治共享理念中推动共同富裕。幸福是奋斗出来的,人民群众的幸福生活最终要依靠自己去创造。中国式现代化是全体人民的现代化,是以实现共同富裕为目标追求的。人民群众既是共同富裕成果的享有者,也是实现共同富裕的实践者。共同富裕是全体人民共建共治共享的富裕,超越了西方现代化的逐利本性和资本逻辑。实现共同富裕需要激活人民群众劳动创造的内驱力,劳动不再像西方资本本位主导下的异化现象,而是中国人民为创造属于自己的美好生活而进行的积极的、有意识的劳动。人民不仅成为劳动创造的主体,为中国式现代化发展奠定坚实基础,而且成为劳动成果的拥有者、支配者和享受者。同时,共建共治共享的结果是共同富裕,每个社会成员都参与到现代化建设进程中,平等地享有发展成果,不是两极分化、贫困差距拉大,而是"要使所有的人都得益,没有太富的人,也没有太穷的人,所以日子普遍好过"①。

(二) 实现共同富裕要根据科学理论指导

伟大事业、伟大实践离不开科学理论指导。尤其是中国这样一个人口规模巨大、地域辽阔、发展不平衡的发展中国家,走出的每一步都具有关键性意义,更加需要用科学理论来指导实践。中国共产党始终在不断丰富和发展关于共同富裕理论,强调社会主义的本质就是实现共同富裕。

几代中国共产党人始终将实现共同富裕作为奋斗目标。在社会主义革命和建设时期,毛泽东指出:"现在我们实行这么一种制度,这么一种计划,是可

---

① 《邓小平文选》第三卷,人民出版社 1993 年版,第 161—162 页。

以一年一年走向更富更强的,一年一年可以看到更富更强些。而这个富,是共同的富,这个强,是共同的强,大家都有份。"①强调我们实行的社会主义,是一种全体社会成员"共同的富""共同的强"。在改革开放和社会主义现代化建设新时期,邓小平将实现共同富裕视为社会主义本质和最终目标,强调我们实行改革开放、进行社会主义现代化建设都是为了发展经济,推动共同富裕目标的实现,并指出:"社会主义的本质,是解放生产力,发展生产力,消灭剥削,消除两极分化,最终达到共同富裕。"②江泽民指出:"实现共同富裕是社会主义的根本原则和本质特征,绝不能动摇。"③强调社会主义与资本主义的本质区别,就体现在能否实现共同富裕上。胡锦涛进一步强调:"使全体人民共享改革发展成果,使全体人民朝着共同富裕的方向稳步前进。"④中国特色社会主义进入新时代,我们将共同富裕作为中国式现代化的重要特征看待。习近平总书记强调:"共同富裕是社会主义的本质要求,是中国式现代化的重要特征。"⑤进一步丰富和拓展了中国式现代化的内涵。几代领导人关于实现共同富裕的重要论述和观点,为我们稳步推进现代化建设、实现共同富裕提供了重要思想指导。

在长期的社会主义现代化建设实践中,中国共产党人从制度本质特征和本质要求的角度阐释了共同富裕的极端重要性。一是共同富裕的科学内涵。共同富裕是全体人民的富裕,不是少数人的富裕,也不是一部分人的富裕。共同富裕不仅仅涉及社会成员的物质生活层面,而且关系到人们的精神生活层面,是一种全面的共同富裕。二是实现共同富裕的步骤安排。共同富裕不是整齐划一的同步富裕、同等富裕,也不是搞绝对平均主义的富裕,而是渐进式的富裕。为了实现共同富裕,必须有步骤和阶段安排,要鼓励一部分人通过诚

---

① 《毛泽东文集》第六卷,人民出版社1999年版,第495页。
② 《邓小平文选》第三卷,人民出版社1993年版,第373页。
③ 《江泽民文选》第一卷,人民出版社2006年版,第466页。
④ 《胡锦涛文选》第二卷,人民出版社2016年版,第291页。
⑤ 《习近平谈治国理政》第四卷,外文出版社2022年版,第142页。

实劳动、合法经营先富裕起来，再由先富者带动后富者，才能最终实现共同富裕。三是实现共同富裕的重要方式。实现共同富裕要鼓励人民群众勤劳致富，努力奋斗，鼓励依法合规开展经营活动。共同富裕是全体人民共建共治共享的富裕，每个人都要积极参与到共同富裕的实践活动中。正是有了关于实现共同富裕的科学理论指导，才能有力地推动着我们在实现共同富裕的道路上越走越稳。

（三）实现共同富裕要建构制度体系保障

实现共同富裕是一项复杂而伟大的事业，必然遇到各种问题，不是靠哪个人的主观意识或者哪个部分的权威就能够解决的，而是要通过建立健全的制度体系作为保障。在推进共同富裕实现的过程中，中国共产党始终强调制度体系建设的重要性。

中国共产党立足本国国情和经济发展现状，不断丰富和发展社会主义基本经济制度，并把实现共同富裕建立在基本经济制度上。一是在经济所有制方面。坚持以公有制为主体、多种所有制经济共同发展。社会主义所有制经济体制为实现共同富裕奠定了基础和条件，允许一部分人先富起来，重点鼓励辛勤劳动、合法经营、敢于创造的致富带头人。同时，始终强调先富带动后富、帮助后富，用制度化的帮扶政策或措施来使后富者不断缩小与先富者之间的差距，加强对口帮扶，协调区域发展，最终达到共同富裕。二是在分配制度方面。我们党始终坚持以按劳分配为主体、多种分配方式并存，以便能够让更多社会成员享受到劳动成果。坚持多劳多得，着重保护劳动所得，极大地激励劳动者的积极性和创造性；健全以税收、社会保障、转移支付等为主要手段的再分配调节机制，合理调节区域、城乡、群体间的分配关系；积极发挥第三次分配作用，发展志愿、爱心慈善等社会公益事业；保持合法收入、增加低收入者收入，扩大中等收入群体规模；调节过高收入，清理规范隐性收入，取缔非法收入，努力缩小贫富差距。三是在公共政策方面。建立科学完善的公共政策体系,是保障和改善民生、实现共同富裕的必要制度。共同富裕不仅体现在收入待遇上,而且还涉及民生领域的方方面面,要坚持人民至上的发展理念,不断加强基础性、普惠性、兜底性民生保障建设;要建立覆盖全民的社会保障体系、基本养老保险制度、基本医疗保险制度、保障性住房制度等,不断健全幼有所育、老有所养、学有所教、劳有所得、病有所医等方面的公共服务制度体系,为实现共同富裕打下坚实的基础。

(四) 实现共同富裕要谋划具体可行路径

改革开放四十多年来,我国经济发展和综合国力有了巨大飞跃,人民生活水平和生活质量发生根本性变化,距离实现共同富裕的目标更近了。但是,在现实社会发展过程中,我们也必须正视存在的问题,例如发展不平衡、收入差距、城乡差距等,这些严重影响着共同富裕目标的实现。要防止两极分化现象,以及由此引发的社会和谐稳定问题。要防止和警惕一些国家尤其是西方资本主义国家因贫富分化而出现中产阶层塌陷、"中等收入陷阱"等问题。因此,我们要采取具体可行的路径、措施,稳步推进共同富裕,不断满足人民群众的现实需求,缩小贫富差距,缓和、解决各类社会问题。

一是扩大中等收入群体规模,加大实现共同富裕的主体力量。中等收入群体是社会发展的主体力量,也是社会安定有序的稳定器。随着我国经济社会发展,中等收入群体会越来越广泛,将从当前的 4 亿以上增加到 2035 年的8 亿以上。到那时,共同富裕的主体基础将得到极大夯实,这一群体所起的作用也会越来越重要。要采取多种方式,鼓励、引导低收入人群逐步迈向中等收入群体。例如,高校毕业生通过提高专业技能,做到学有所用、学有所果,参加工作后通过努力步入中等收入群体行列;技术工人群体,要加大技能培育力度,提高工资待遇,使他们在自身的创造中致富;教师队伍,要继续推动全社会尊师重道的风尚,抓好师德师风建设,提高教师队伍收入待遇;中小企业主和个体工商户,要帮助他们稳定经营、辛勤劳动、持续增收,鼓励创业致富;等等。

二是畅通向上流动通道,防止社会阶层固化。实现共同富裕,不是同步富裕、同等富裕、自动富裕,而是需要激励全体社会成员共同努力、共同创造。共同富裕实质上是给更多人创造致富、改变现状的机会,形成人人参与、共享机遇的发展环境,避免"内卷""躺平""佛系",打消"等、靠、要"的惰性思想,从而激发人们向上向前的动力,促使每个人都有走向更好生活、迈上更高阶层的机会。社会各阶层之间广泛地流动起来,整个社会才会有生机活力,才能不断向前发展。而要保障社会阶层的流动,则需要打通阶层之间的阻碍,为社会成员提供向上流动的机会。要在社会发展过程中打破一些制度性障碍和突破利益固化壁垒,畅通社会阶层流动渠道,切实防止阶层固化以及贫困的代际传递。

三是发展政治文明和精神文明,健全全过程人民民主。实现共同富裕不仅体现在丰富的物质资料条件,而且体现在政治文明和精神文明领域。要不断发展全过程人民民主,积极发挥人民群众的主体作用,为物质财富的创造提供深厚的政治基础和保障。促进共同富裕的实现,需要精神力量的推动,尤其是在推动共同富裕进程中面对困难和挫折时,精神的力量不能忽视。正如习近平总书记指出的:"同困难作斗争,是物质的角力,也是精神的对垒。"①一方面,要不断满足人民群众多样化、多层次的精神文化需求,提高人们的精神状态和精神风貌,培养敢于创造、不畏艰难的精神去谋事创业;另一方面,要用良好社会道德和精神品质,引导人民群众的实践,自觉规范言行举止,提升思想道德境界,并帮助人们澄清各类错误思想和模糊认识,为促进共同富裕提供良好的社会环境。

实现共同富裕是全体社会成员的共同期待,是中国共产党人的毕生追求,也是中国式现代化的本质要求和重要特征。实现这个远景目标,需要全国各族人民在中国共产党的领导下,脚踏实地、团结一心、奋力拼搏,不断克服各种

---

① 《习近平谈治国理政》第四卷,外文出版社 2022 年版,第 101 页。

困难和挫折,积极贡献自己的力量和智慧。实践已经并将继续证明:全体人民共同富裕才是社会主义的本真,只有继续走中国式现代化道路才能赢得共同富裕的未来。

第三节　实践效能的驱动:从单一模式走向 高质量发展的复兴之路

在中国式现代化道路的发展历程中,实现了实践效能的驱动转变,从过去的单一模式转向现在的高质量发展道路,跳出了"现代化＝工业化"的固定历史思维,使得中国式现代化的科学内涵更加丰富、深刻。在很长一段时期内,由于受到历史条件和认知程度的制约,中国共产党人对现代化的认知局限于工业化,这在一定程度上就是一种单一的现代化模式。随着对现代化道路的不断探索和认知更加全面,中国共产党人对现代化内涵的把握更加精准、深入,中国式现代化道路在实践模式上体现出与西方现代化的明显区别。中国式现代化是后发式、赶超式、并联式的高质量发展之路,是实现中华民族伟大复兴的必由之路。尤其是中国特色社会主义进入新时代,我国更加注重现代化的高质量发展,强调要跳出西方现代化的单一模式。高质量发展成为中国式现代化的显著特征,也为世界现代化发展提供了中国样本。

一、高质量发展是中国式现代化的显著特征

自人类社会开启了从传统农业社会向现代工业社会转型的现代化大潮后,世界各国或主动或被动地卷入现代化的发展进程中。由于各国现代化启动时间、现实条件、历史背景等因素截然不同,整个世界先后呈现出不同的现代化发展道路。而西方国家作为世界现代化道路的先驱者,它们的现代化道路模式自然地成为各国现代化的效仿对象,甚至被一度误认为"现代化＝工业化",认为现代化就必须走西方现代化道路,这种现代化道路的单一模式对

各国现代化进程产生深刻影响。在长期的现代化道路探索实践中，中国共产党人不断总结国内外经验教训，结合自身发展的现实状况，带领全国各族人民逐渐走出了一条具有中国特色的高质量发展道路。这条高质量发展的"并联式"现代化道路，在发展理念、发展速度、发展动力、发展任务、时间维度等方面，都与西方"单一式"的现代化道路有着鲜明差别，具有显著的中国特色。

（一）中国式现代化发展道路彰显了赶超式的发展理念

中国作为后发型现代化国家，与大多数发展中国家一样，现代化道路开启时间比西方国家稍晚，为了能够追赶上世界现代化发展的潮流和趋势，在现代化发展理念上，都曾选择赶超式的发展理念。西方国家的现代化道路主要基于自身经济、政治、文化及社会等内在要素的嬗变，没有来自其他已经完成现代化国家的外部压力，是在其内部矛盾要素的推动下，按照自身规律有序发展，现代化进程中不同阶段的特征十分明显。然而，中国只有在赶超式的发展理念指导下充分利用后发优势，广泛吸收、借鉴其他国家的有益经验和做法，才能缩短与西方发达国家的现代化发展差距，实现弯道超车，达到自身的现代化目标。

在赶超式发展理念的支配下，中国式现代化选择了"并联式"发展道路，积极推动现代化各个领域统筹协调发展，并且使得现代化不同阶段的发展时间压缩、发展任务合并成为必然。新中国成立后，中国共产党人提出了从实现"工业化"到实现"四个现代化"的发展目标和宏伟设想。1952 年，毛泽东提出了过渡时期的总路线。在修改《关于党的过渡时期总路线的学习和宣传提纲》时，毛泽东又增加了一些内容，把现代化建设的战略目标，由实现"工业化"进一步发展到实现工业现代化及整个国民经济和社会发展的现代化。1964 年，周恩来在《政府工作报告》中提出建设"四个现代化"的社会主义强国的宏伟战略目标。1979 年，邓小平用"小康社会"形象地描绘了"中国式的现代化"，强调中国的改革发展要立足社会主义初级阶段的基本国情，现代化内涵涉及政治、经济、文化等领域,随后,提出了"分三步走"基本实现社会主义现代化的发展战略。党的十八大以来,以习近平同志为核心的党中央提出了一系列推进中国特色社会主义现代化发展的创新理论,包括"五位一体"总体布局、"四个全面"战略布局、以人民为中心的发展思想、实现国家治理体系和治理能力的现代化以及分"两个阶段"基本实现和全面实现社会主义现代化的战略安排等,将中国式现代化不断推向高质量发展的轨道上,以高质量的现代化追赶世界现代化发展趋势。

(二) 中国式现代化发展道路凸显压缩式的时间跨度

我国"并联式"现代化发展道路呈现出时间跨度的急剧压缩性,正如习近平总书记指出的:"我们用几十年时间走完了发达国家几百年走过的工业化历程。"①中国现代化道路正式开启的时间较晚、基础薄弱且受到内外干扰因素较多,要追赶世界现代化发展进程,那就必须在时间跨度上进行压缩,探索出符合中国国情的高质量发展道路。西方国家"串联式"现代化发展道路大多数都经历了 150—300 年的时间跨度,较长的发展时间能够为其现代化发展提供充裕的时间准备和物质积累。例如,英国现代化道路始于 17 世纪中叶的资产阶级革命,完成于 20 世纪初期,历经约 250 年;法国现代化道路从 1789 年大革命开始到 20 世纪中叶完成,历经近 170 年;美国的现代化道路从其 1776 年国家独立开始到 20 世纪 30 年代完成,历经约 150 年;其他西方国家的现代化道路也经历了一两百年时间。相比较而言,中国作为"并联式"发展道路的典型代表,提出到本世纪中叶全面实现社会主义现代化的战略安排,用 100 年时间来实现社会主义现代化,并且要保障现代化发展质量,把我国建设成富强民主文明和谐美丽的社会主义现代化强国。

单纯从时间维度上看,中国实现现代化道路所用的时间仅仅是英国的

---

① 《十九大以来重要文献选编》(上),中央文献出版社 2019 年版,第 728 页。

1/3、法国的 7/10、美国的 3/5,比西方国家的现代化道路发展时间缩短了许多。这也要求中国式现代化发展道路要更加讲究效率和质量,更加需要统筹兼顾各个领域,充分调动一切积极因素,共同推动社会主义现代化建设。急剧压缩的现代化时间,使中国能够利用后发优势,广泛吸收和借鉴其他国家现代化发展经验,避免各类现代化发展道路上的陷阱或缺陷,明确自身现代化道路和目标,更快地接近西方发达国家的现代化水平,赶上世界现代化发展进程。中国在探索现代化发展道路上,不断根据现实发展状况作出战略安排和时间调整,从 1954 年提出分"两步走"实现"四个现代化"的战略步骤,到党的十一届三中全会以后提出"分三步走"基本实现社会主义现代化的发展战略,到党的十五大提出"两个一百年"奋斗目标,再到党的十九大作出分"两个阶段"基本实现和全面实现社会主义现代化的战略安排等,这些都体现了中国共产党人对中国式现代化道路认识的不断深化,以及对实现现代化目标任务的时间安排和战略调整,以高质量的现代化推动国家发展和民族复兴。

(三) 中国式现代化发展道路体现了创新性的快速变革

中国式现代化要迎头赶上世界现代化发展潮流,那就必须加快自身现代化发展速度,实现现代化高质量发展的创新性巨变或传导性巨变。西方国家现代化是单一的"串联式"发展道路,其发展进程为渐进性变革的微变或慢变,是一个自发的、自上而下、渐进式的变革过程,并没有发生急骤式的快速变革。中国式现代化是"并联式"高质量发展道路,选择赶超型发展战略,是在中国共产党和政府主导下有计划、有步骤进行的自上而下、急剧性的变革过程,其中涉及的领域包括经济快速发展、社会结构转型、传统文化变革、政治制度调整、政府职能转变等,改革或创新成为现代化发展动力的主要构成,以此来追赶世界现代化发展速度。

在探索和推动中国式现代化发展道路的历程中,中国共产党领导中国人民勇于尝试、不断创新,结合不同阶段的实际情况和发展任务提出相应战略安排。为了尽快开启现代化建设步伐,提出社会主义初级阶段总路线、"一化三改"、建设"四个现代化"目标任务等;党的十一届三中全会以后,将工作重心转移到经济建设上来,实行改革开放,"分三步走"基本实现社会主义现代化的发展战略,极大地推动着社会主义现代化建设发展;党的十八大以后,提出分"两个阶段"基本实现和全面实现社会主义现代化的战略安排、国家治理体系和治理能力现代化等,使中国式现代化道路越走越稳健。这些战略安排和目标任务都是中国共产党领导人民进行社会主义现代化建设的伟大创举,对推动我国现代化发展具有重大意义。虽然在早期探索现代化建设道路时,由于缺乏足够经验,受到急功近利思想影响以及苏联现代化模式影响,出现了"大跃进"和人民公社化运动以及"文化大革命"等,给社会主义现代化建设带来巨大损失。但是,中国现代化建设道路并未因受到挫折而终止,在深刻认识到错误和失败教训后,中国共产党人能够及时扭转失利现状,提出创新性举措,持续推动着现代化建设向前发展。中国的现代化建设进程被急剧压缩在特定时间段内,不同发展任务相互叠加、互相影响,也就意味着现代化必然走一条不同寻常的特色发展道路。

(四) 中国式现代化发展道路提出了叠加性的发展任务

中国的现代化建设开启时间稍晚,在现代化发展任务的次序性上,中国"并联式"现代化发展道路呈现出不同时期发展任务的叠加性。也就是说,在某一时间段内,中国的现代化建设多重任务叠加、同时进行,需要统筹各领域并且必须保障现代化建设要求和质量,反映出现代化建设的曲折性和艰巨性。西方"串联式"现代化发展道路的国家,基本上在每个发展阶段都有充足的时间,可以按照自身内因推动自主向前发展,每个阶段的发展任务界限十分清晰明了,不同时期发展任务单一性突出,可以集中该阶段的所有力量和资源促使目标任务的实现,一个阶段的发展任务完成后再进入新阶段的发展任务。

中国的"并联式"现代化发展道路是后发式、赶超式的现代化，由于发展时间压缩，工业化、信息化、城镇化、农业现代化等发展任务高度集中于同一时间段，具有共时性并存特点。各个领域的现代化任务，彼此间互相叠加，相互影响，进而使得我国现代化发展道路任务繁重，建设压力倍增，在一定程度上势必造成各类社会矛盾和发展难题激增。当前，我国社会矛盾呈现出矛盾积累性、关联性和叠加性的特征，其实就是"并联式"发展道路带来的"副产品"或代价。因此，要求我们在推进中国式现代化道路建设过程中，一方面，要按照事先作出的战略部署，稳步地实现每个发展任务目标；另一方面，要实事求是地解决好现代化发展过程中存在的各类矛盾和问题。例如，要树立生态文明思想，正确处理好经济发展与环境保护的关系；要树立人民至上理念，解决好地域、城乡、行业、部门之间等发展不平衡不充分问题，不断满足人民群众的现实需求；要坚持共同富裕价值理念，巩固脱贫攻坚成果，推动物质文明和精神文明协调发展等。

（五）中国式现代化发展道路展现了内生性的发展动力

内因是事物发展的根本原因，外因是事物发展的必要条件，事物的变化发展是内外因共同作用的结果。西方国家"串联式"现代化发展道路是由社会自身力量产生的内部创新，经历漫长过程的社会变革道路，外部环境因素变化对其产生的影响较弱。从现代化发展动力维度上看，中国式现代化道路经历了从外源式向内生性转变的过程，从早期被动卷入世界现代化进程，效仿西方现代化模式，到逐渐探索出符合本国国情，自主自觉地推动现代化发展，内在主动性和积极性日益增强。中国式现代化内生动力从"冲击—反应"转换为对现代性自觉觉醒和接纳后，由外部压迫性变迁转变为内生性改革，发展动力源于并集中于内部，为现代化道路发展提供了源源不断的动力。这种来自内部的发展动力，既体现了现代化发展道路的现实需求和目标任务，也能够极大地激发出人民群众的积极性和首创精神，反映出人们对实现中国式现代化道路的强烈愿望和殷切期盼。

中国共产党成立之后,始终坚持群众路线,坚持人民至上,坚定地认为中华民族要实现解放、独立,要实现现代化,就必须依靠广大人民群众推翻三座大山,推翻一切统治阶级。新中国成立后,在具体的建设实践中,中国共产党人逐渐找到了一条符合中国国情的内生性现代化道路。20世纪50年代后期,逐渐摆脱了苏联以"优先发展重工业""高度集中的计划经济体制"等战略为主导的发展模式,提出建设"四个现代化"的战略安排;党的十一届三中全会后,我国开始实行改革开放,走上了中国特色社会主义道路,坚持独立自主发展原则;党的十八大以来,提出了一系列推动中国式现代化道路发展的战略安排,为中华民族复兴和实现现代化奠定了坚实基础。全面建成小康社会,打赢了脱贫攻坚战,提出乡村振兴战略,巩固脱贫攻坚成果,提出"分两个阶段"基本实现和全面实现社会主义现代化的战略安排,积极推动国家治理体系和治理能力现代化,努力实现全体人民共同富裕,让人民群众享有更多更好的发展成果等,这些都体现出中国式现代化发展道路强大的内生性发展动力。

二、高质量发展是中国式现代化的内在要求

中国式现代化道路从单一模式走向高质量发展之路,是一次巨大的飞跃,也是实现中华民族伟大复兴的必然要求,体现了中国共产党人对现代化发展道路在认识层面的进一步深化。党的二十大报告指出:"高质量发展是全面建设社会主义现代化国家的首要任务。"[①]当前,我国已经开启了全面建设社会主义现代化国家的新征程,将致力于现代化的高质量发展。这就需要牢牢把握新发展阶段、新发展理念、新发展格局的核心要义,以彰显中国式现代化的独特魅力和显著优势。同时,要牢牢抓住和解决主要问题,突显工作重点,以高质量发展推动中国式现代化建设。

---

① 习近平:《高举中国特色社会主义伟大旗帜 为全面建设社会主义现代化国家而团结奋斗——在中国共产党第二十次全国代表大会上的报告》,人民出版社2022年版,第28页。

（一）立足新发展阶段

要以高质量发展实现中国式现代化，必须立足本国国情，明确当前我国社会发展所处的历史阶段。新发展阶段，就是我国在全面建成小康社会、实现第一个百年奋斗目标后，进入全面建设社会主义现代化国家新征程、向第二个百年奋斗目标迈进的新发展阶段。新发展阶段是社会主义初级阶段中的一个重要阶段，也是我们党团结带领人民群众迎来从"站起来""富起来"到"强起来"历史性跨越的新阶段。新发展阶段为我国现代化提供了明确的历史方位，是实现社会主义现代化的重要阶段。在推动中国式现代化高质量发展过程中，必须立足新发展阶段，了解新发展阶段，充分利用好新发展阶段具有的良好条件和机遇，同时努力克服、解决好存在的不足和困难。

新发展阶段是机遇与挑战并存的历史时期，在这个特殊的历史时期，中国式现代化要实现高质量发展，必须善于在危机中育先机、于变局中开新局。当前，在持续推进中国式现代化建设的道路上，仍然存在诸多不确定不稳定因素，可能会对中国式现代化产生影响。例如，逆全球化、单边主义、强权政治、霸权主义、极端主义等，都对世界和平与发展构成威胁，对整个世界经济环境带来负面作用，也对我国经济社会发展产生深刻影响。新发展阶段的大挑战、新挑战，也孕育着大机遇、新机遇。党的十九届五中全会通过的《中共中央关于制定国民经济和社会发展第十四个五年规划和二〇三五年远景目标的建议》，是开启全面建设社会主义现代化国家新征程、向第二个百年奋斗目标进军的纲领性文件，指明了此后五年乃至更长时期我国经济社会发展的目标方向。我国经济社会长期发展中形成了显著的制度优势、丰富的人力资源、雄厚的物质基础、广阔的市场空间、良好的治理效能、强劲的发展动力以及稳定团结的社会大环境，这些都为中国式现代化高质量发展奠定了坚实基础。

（二）贯彻好新发展理念

理念是行动的先导，一切社会实践活动都必须由一定的发展理念来引领。新发展理念是一个系统性的理论体系，深刻地回答了新发展阶段我国关于发展的目的、动力、方式及路径等一系列理论和实践问题。新发展理念也是中国式现代化的指导原则，明确回答了中国式现代化"实现什么样发展、怎么样发展以及为谁发展"等问题，是新时代党和国家关于发展理论与实践的伟大创新，体现了我们党对新时期如何推动现代化高质量发展的认识达到新的高度，是必须长期坚持的重要遵循和指导方针。

进入新发展阶段，中国式现代化要实现高质量发展，就必须贯彻好新发展理念，主动将新发展理念融入现代化建设的各个领域。新发展理念的五个方面，各有侧重但又相互支撑，主旨相通、目标指向一致，共同构成了一个完整系统。一是要深刻认识"五大发展理念"彼此间的区别和内在联系。新发展理念包括创新、协调、绿色、开放、共享等五大方面，每个方面都有具体的内容要求、区别明显。"创新"注重解决发展动力问题，强调创新是引领发展的第一动力。要积极鼓励创新创造，倡导发扬首创精神，走创新型发展道路；"协调"注重解决发展不平衡问题，强调自觉主动解决地区差距、城乡差距、收入差距等问题，逐步实现共同富裕；"绿色"注重解决人与自然和谐共生问题，关系到人民群众的生活质量，要积极改善人民群众的生存和发展环境，实施可持续发展战略、生态文明建设，倡导绿色、健康的生活方式和生活理念，这是人类永续发展的必要条件；"开放"注重解决发展内外联动问题，对外开放能够给我国经济发展带来强大动力，要保持对外交往、对外开放的思想，不断扩大对外开放门户，这是国家繁荣发展的必由之路；"共享"注重解决社会公平正义问题，让更多人平等享有社会发展成果，不断提升人民群众的幸福感、满足感和安全感，这是中国特色社会主义的本质要求。二是要将"五大发展理念"当作一个整体来认识。"五大发展理念"虽然侧重解决不同方面的问题，但从国家发展角度看是一个相互联系、相互贯通的系统，既不能顾此失彼，也不能相互替代。在推动中国式现代化建设过程中，要贯彻落实新发展理念，树立全面系统观和整体思维观，突出发展的系统性、整体性、协同性，要充分考虑到不同地区、行业、群体、部门等对发展的个性化、层次化、差异化诉求，按照新发展理念进行系统性设计，通盘考虑，切不可搞一刀切、一票制，要与"五位一体"总体布局和"四个全面"战略布局相辅相成。

（三）构建好新发展格局

习近平总书记指出，要"构建以国内大循环为主体、国内国际双循环相互促进的新发展格局"①。构建新发展格局是适应我国经济发展阶段变化的主动选择，是我国经济现代化的路径选择，也是实现现代化高质量发展的重大战略。加快构建新发展格局，深刻揭示了在全球经济处于低迷时期中国实现经济持续健康发展的有效应对之策，以及未来较长时期中国经济高质量发展的战略选择。在推进中国式现代化进程中，要深刻认识新发展格局，积极构建好新发展格局，利用好新发展格局带来的有利条件，以实现现代化建设高质量发展。

构建新发展格局是开放的国内国际双循环，要通过发挥自身内在潜力，使国内市场与国际市场有效接轨联通，以国内大循环吸引全球资源要素，更好地利用国内国际两个大市场、两种资源，为我国经济社会发展和现代化建设创造更加有利的条件和环境。中国式现代化高质量发展体现了国内循环与国际循环的辩证统一，要把国内国际两个循环统筹协调，实现彼此互补支持、融合发展的新发展局面。一是要充分发挥国内大循环的优势，保持发展的自强自立。构建新发展格局是以全国统一大市场基础上的国内大循环为主体，加快构建以内需体系、市场体系、产业体系为主体框架的国内循环体系，这是构建双循环新发展格局的基础和关键；新发展格局要着眼长远发展和国家整体，实现高

①　《习近平谈治国理政》第四卷，外文出版社2022年版，第114页。

水平自强自立,将创新主动权、发展主动权牢牢掌握在自己手中,加快供给侧结构性改革,着力解决各类发展中的瓶颈问题和"卡脖子"难关。二是要积极应对国际经济格局的变化和挑战。我国要实现经济社会发展和现代化建设,离不开国际经济格局影响,要主动融入世界经济体系和经济格局中,在危机中寻找发展机遇。要始终秉承开放、合作、共赢的价值理念,平等地与世界各国正常交流交往,倡导以对话弥合分歧、以合作化解争端,主动参与国际事务;加快构建以新型国际产业体系、新型国际贸易体系、新型国际货币体系、新型国际治理体系为主要支柱的国际循环体系建设,积极发挥自身在国际社会中的地位和作用;主动参与国际交流与合作,共同应对人类面临的危机和难题,积极提供中国智慧和中国方案,同时,积极吸取世界一切优秀文明成果,为我国现代化高质量发展提供有益借鉴。

把握新发展阶段、贯彻新发展理念、构建新发展格局,是由我国经济社会发展在新历史时期所决定的,也是新时代中国共产党人在对现代化建设进行深入思考和准确把握的基础上提出的,三者之间紧密相连。把握新发展阶段明确了我国现代化建设的历史方位,贯彻新发展理念明确了我国现代化建设的指导原则,构建新发展格局明确了我国经济现代化的路径选择。新征程上,只有深刻认识和把握"三新"核心要义,在实践中将三者有机统一,全力推动高质量发展,才能确保中国式现代化高质量发展行稳致远,进而在强国建设和民族复兴的大道上阔步前进,最终实现全面建成社会主义现代化强国的宏伟目标。

第四章　文化逻辑:中国式现代化 道路的文化意涵

中国式现代化是世界现代化的一种新形态,不仅有着贯通人类现代化的普遍性,而且具有基于自己国情和实际的特殊性。中国式现代化之所以能突破西方模式走出一条与众不同的独特道路,是因为其内含鲜明的文化逻辑。中华五千年文明历史所蕴含的优秀传统文化,是中国式现代化道路的文化基因和底蕴;由党的奋斗历史构筑的中国共产党人精神谱系,为中国式现代化道路的发展提供了强大精神动力;中国共产党承载着的文化理想追求,推动了中国式现代化道路的高质量发展,引领着人类文明进步的总体性历史进程。总之,"文运同国运相牵,文脉同国脉相连。"①一个国家、一个民族的复兴,总是以文化的兴盛为支撑、以文化的发展繁荣为条件。我们必须深刻认识中国式现代化道路的文化逻辑,为全面建设社会主义现代化国家提供更为强劲的文化条件、精神动力和思想保证。

---

① 《习近平新时代中国特色社会主义思想学习纲要(2023 年版)》,学习出版社、人民出版社 2023 年版,第 42 页。

第一节 文化基因：根植中华优秀传统
文化的历史土壤

中华优秀传统文化，是中华民族丰富而宝贵的精神矿藏，是中华民族的"根"和"魂"，也是中国式现代化道路的文化沃土和思想根基。中华优秀传统文化的独特基因决定了中国式现代化是一条有别于西方现代化的发展道路，在其发展和形成过程中，不仅以马克思主义科学理论为指导，更汲取了"小康""大同""民本""德治""和合""革新"等中华文明智慧结晶和思想精华的内核，奠定了中国式现代化的深厚文化底蕴。中国式现代化是中华优秀传统文化基体的有机组成部分和时代延续，中国式现代化道路的成功也基于现代化与中华优秀传统文化的深度融合。这些与社会主义思想精髓相契合的中国智慧和中国理念，是我们成功开辟和推进中国式现代化道路的深层文化渊源，赋予中国式现代化不同于西方现代化的新图景。

一、"天下为公"的大同理想

中国式现代化道路的世界视野和人文关怀是根植中华民族"天下为公"的文化基因，"天下为公"的大同理想为实现中华民族伟大复兴提供了重要的历史积淀。

（一）"天下为公"的传统文化意蕴

"天下为公"出自西汉·戴圣《礼记·礼运》，原文为"大道之行也，天下为公"①。"大道"是人类所追求的社会规律和真理，"天下为公"即对大同世界终极理想和崇高目标的向往与追求。"选贤与能，讲信修睦"，"人不独亲其

---

① 《礼记·礼运》。

亲,不独子其子,使老有所终,壮有所用,幼有所长,矜寡孤独废疾者皆有所养,男有分,女有归","谋闭而不兴,盗窃乱贼而不作,故外户而不闭"①,这样的大同社会是中国传统儒家所追求的最高理想社会。"天下为公"是中华优秀传统文化一以贯之的价值取向,充分反映了中国人民与中华民族对于大同社会的理想追求。除了儒家推崇的"大同",类似于《诗经》中的"小康""乐土"、《墨经》中的"尚贤""尚同"、道家的"无为政治""至德之世"和佛家追求的"净土""极乐世界"等,这些实则都是中国先哲对美好社会的憧憬和渴求。这些思想观念形成了中国古代重要的价值观,成为我国历代治国理政思想的重要元素之一。

从"天下大同"到"民族复兴",从"小康社会"到"共同富裕",中华民族对实现天下大同理想与民族复兴梦想进行了艰苦探索。自古以来,就有无数仁人志士追求"天下兴亡,匹夫有责""先天下之忧而忧,后天下之乐而乐"的政治抱负,"为天地立心,为生民立命,为往圣继绝学,为万世开太平"的宏伟志向,"苟利国家生死以,岂因祸福避趋之""位卑未敢忘忧国"的崇高品质,"鞠躬尽瘁,死而后已""人生自古谁无死,留取丹心照汗青"的献身精神。近代以来,无数政治精英和知识精英为挽救民族危机和实现强国目标,更是对天下大同理想进行了艰苦探索。康有为在《大同书》中设想理想的大同世界:"人人相亲,人人平等,天下为公,是谓大同"②;孙中山一生最憧憬的理想社会就是儒家的大同社会,他的政治目标也是要建设一个大同世界,"人民对于国家不只是共产,一切事权都是要共的。这才是真正的民生主义,就是孔子所希望之大同世界"③;中国共产主义运动先驱李大钊宣扬为天下苍生自由而奋斗,追求"平民主义"的理想社会,号召联合世界的无产庶民,"拿他们最大、最强的

---

① 《礼记·大道之行也》。
② 康有为:《大同书》,上海世纪出版集团 2009 年版,第 60 页。
③ 《孙文选集》上卷,广东人民出版社 2006 年版,第 634—635 页。

抵抗力，创造一自由乡土。"①古往今来，中国的思想家、政治家和革命家对"天下为公"的大同理想竭力推崇并不懈追求。历史和人民在中华民族存亡之际选择了中国共产党和马克思主义，是因为科学社会主义所追求的"共产主义社会"与中国的"天下为公"思想相互耦合。因此，"天下为公"的大同理想深刻影响着中国的历史进程和发展构建。

（二）"天下为公"的现代表达和时代价值

中华优秀传统文化与现代文明是相延续的，中华文明之道与世界文明之道是相融通的，中国式现代化道路追求的光明前景即大同世界的现代表达，是共产主义理想社会的中国回应。中国共产党作为中华优秀传统文化的忠实传承者和弘扬者，始终坚持为中国人民谋幸福、为中华民族谋复兴的初心使命。百余年来，中国共产党没有任何自己的特殊利益，始终代表最广大人民根本利益，将"天下为公"念兹在兹的历史宏愿转化为矢志不渝的现实目标。中国共产党团结带领中国人民所进行的一切探索和斗争，就是想方设法抑制"私天下"在政治上所派生出的各种制度的负面作用。欧美资本主义国家的一些制度，从根本而言是立足"天下为私"，立足每个人都是谋求利益最大化的"经济人""自利人"，将私有制视为现代社会一切文明之源泉，这和中国所提倡的"天下为公"的大同理想有着明显差异。中国式现代化道路延续并发扬"天下为公"的优秀传统，践行"大道不孤、天下一家"的价值理念，集聚家国情怀和世界观照，彰显了中国共产党人的宏阔视野和世界胸怀。

立天下之正位，行天下之大道。党的十八大以来，以习近平同志为核心的党中央坚持胸怀天下，在办好自己的事、走好自己的路的同时，弘扬"天下为公"的博大胸襟和政治情怀，以立己达人、兼济天下的情怀为世界谋大同，提出构建"人类命运共同体"的重大倡议。人类命运共同体理念是马克思主义

---

① 《李大钊全集》第三卷，河北教育出版社 1999 年版，第 107 页。

与中华优秀传统文化中的大同理想有机融合的结果，两者的深度契合为破解世界发展困境提供了新方案。在当今的世界格局中，人类命运共同体理念源于中国历史智慧，经由中国努力实践，正惠及当代世界与全体人类。道之所在，天下归之。正如学者牟钟鉴在《新仁学构想——爱的追寻》中提及的，以道为归、以通为路是儒家思想的精华，对于今天的治国理政和全球治理都具有重要意义，"'以通为路'，是指国家民族之间、社会阶层行业之间、思想文化之间，建立起畅顺无阻的沟通、交流、合作的渠道，使人类摆脱彼此冷漠、隔阂、歧视、防范、仇恨的困境，迈向天下一家的坦途，使仁爱之心成为生活现实。"①

中国式现代化道路是"天下为公"的大同理想的现代范式，是中国共产党坚持古为今用、推陈出新所形成的重大成果。《易传》有言："天下同归而殊途，一致而百虑。"②天下太平、共享大同是中华民族绵延数千年的理想，中国共产党人在探索现代化的道路中坚持胸怀天下、坚持以共产主义为远大理想，充分反映了中国人民在长期生产生活中形成的宇宙观、天下观和社会观。

二、"民为邦本"的民本思想

中国式现代化自觉坚持人民主体地位，是以人民为中心的现代化，也是以人民为主体向前推进的现代化，人民性是中国式现代化道路所呈现的鲜明特征。以人民为中心、坚持人民立场等理念并不是凭空而来的，除了立足马克思主义的政治立场外，更是源于中国传统民本思想的文化本原。

（一）"民为邦本"的传统文化意蕴

民本思想始于夏商周时期，发展于春秋战国时期，在汉代形成系统体系，其形式在历朝历代虽有所演变，但思想主旨却始终未变，深刻影响着中国三千多年的政治实践。《尚书·五子之歌》中有"皇祖有训，民可近不可下，民惟邦

---

① 牟钟鉴：《新仁学构想——爱的追寻》，人民出版社2013年版，第68页。
② 《周易·系辞下》。

本,本固邦宁"①之语,这是中国民本思想之经典表达和最早源头,其意为民众是国家的根本,民心安定、民众稳定,国家就能安定。在中华优秀传统文化中,民本思想是一个非常重要的政治哲学思想。先秦时期,诸子百家关于"民""君"的观点辩驳构筑出了宝贵的"民本"思想财富;儒家创始人孔子告诫统治者要敬民、重民、爱民,"节用而爱人,使民以时"②,反对奢侈腐化,要爱惜民力;孟子指出,"民为贵,社稷次之,君为轻"③,在人民、政权和国君三者之间,认为人民最为重要;荀子则用"水"和"舟"分别来比喻"民"和"君",提出"君者,舟也;庶人者,水也。水则载舟,水则覆舟"④的观点;道家老子以"圣人无常心,以百姓心为心"⑤教导统治者要以人民为重;墨家学派推崇"非攻""兼爱""尚贤""节用"的观点,体现了一种原始朴素的民本情怀。此外,阴阳家的"五德终始"说、兵家强调的"和为贵"等其他流派的哲学体系和思想理念也蕴含着丰富的民本思想。民本思想经"百家争鸣"基本形成,经历朝后世对民本论述的渐次丰富,不断完善和发展了中国传统民本思想,其深厚的政治哲理对中国历史的发展有着深远的影响,也为我们当今治国理政提供文化积淀和历史经验。

　　"民为邦本"是中国传统民本思想的集中体现,是古代历史上将民众视为治国安邦根本的重要政治学说,其思想可以概括为以下几个方面。一是重民顺民。中国传统民本思想强调统治者要重视人民、顺应民心,国家才能长久稳固。孟子著名的"民贵君轻"论最能体现,荀子认为"莫若平政爱民",只有爱民,国家才能安定。二是爱民利民。"老吾老,以及人之老;幼吾幼,以及人之幼;天下可运乎掌"⑥。孟子其述的核心即在于统治者要推己及人地"爱民如

---

① 《尚书·五子之歌》。
② 《论语·学而》。
③ 《孟子·尽心下》。
④ 《荀子·王制》。
⑤ 《道德经》。
⑥ 《孟子·梁惠王上》。

子"。"爱民"是立场，更是要求，要做到情为民所系，权为民所谋，所谓"德莫高于爱民，行莫贱于害民"①。明末清初经学家万斯大曾言："利民之事，丝发必兴；厉民之事，毫末必去"②。三是富民安民。《管子·治国》有言："凡治国之道，必先富民。民富则易治也，民贫则难治也……故治国常富，而乱国常贫。"③民富才能国强，这是中国传统民本思想总结出的一条重要经验。明朝政治家、改革家张居正提出，治理之道，莫要于安民；安民之道，在于察其疾苦，意指国家安定，在于百姓安居乐业，百姓安居乐业，统治者须体察百姓之疾苦。循史而察，中国传统民本思想揭示了深刻的执政规律，促进了中国封建社会发展，在中国古代历史上形成了永宣盛世、开元盛世、开皇盛世、汉武盛世、昭宣盛世等繁荣时期，使得广大人民在一定程度上能够安居乐业。总之，中华优秀传统文化中的民本思想，不仅对中国古代封建社会的政治发展产生了有益的影响，而且对近代以来民主思想的发展和推进同样具有深刻的借鉴价值与实践意义。

（二）"民为邦本"的现代表达和时代价值

中国传统民本思想中的民主思维和民主智慧体现着深刻的人民性和进步性，对推进当代国家治理和社会治理发挥了至关重要的作用。但受当时历史条件的制约，民本思想的根本目的就是维护统治者的阶级利益和政权稳固，具有明显的历史局限性。在中国传统的民本思想中，"普天之下，莫非王土，率土之滨，莫非王臣"④，人民始终是君主的人民，是被统治的对象，君主并未尊重人民的个体价值、赋予人民的政治权利。近代以来，中国传统民本思想逐渐转化为近代民主思想，并在批判、继承中逐步重塑和建构了新的内涵。在推进

---

① 《晏子春秋·内篇问下》。
② 《周官辨非》。
③ 《管子·治国》。
④ 《诗经·小雅·北山》。

马克思主义中国化进程中,中国共产党赋予中国传统民本思想以新的意蕴,通过对传统民本思想的独特改造和全新诠释,使其得到创造性转化和创新性发展。中国共产党所秉承的人民观是对中国古代传统民本思想的超越性继承,中国共产党人坚持的人民至上是真正把人民放在第一位,注重维护绝大多数人的集体利益。纵观古今中外,真正能够把"重民本"付诸政治实践,并真正做到人民至上的只有中国共产党,从毛泽东提出的"为人民服务"到习近平总书记强调的"全过程人民民主",这些思想理念是真真切切用实际行动去落实贯彻的,为人民带来实质性的福祉。

民本思想延续至今,与马克思主义唯物史观相互结合,在时代发展进程中不断彰显自身的文化意蕴。习近平总书记指出:"人民是历史的创造者,是决定党和国家前途命运的根本力量。"①"我们党来自人民、植根人民、服务人民,一旦脱离群众,就会失去生命力。"②自古以来,得江山易,守江山难。对此,习近平总书记提出了破解这个历史难题的答案:"我们必须紧紧依靠人民创造历史,坚持全心全意为人民服务的根本宗旨,站稳人民立场,贯彻党的群众路线,尊重人民首创精神,践行以人民为中心的发展思想。"③以人民为中心的发展思想,是中华优秀传统文化"民本思想"的现实转接,成为我们党千秋伟业的宝贵历史经验和成功密码,为有效应对中华民族伟大复兴进程中面临的问题与挑战、推进中国式现代化提供根本动力。

从根本上看,任何社会、任何国家只有认识到人民群众的重要性,才能赢得最后的胜利。新时代的中国共产党人领导的中国式现代化道路,是继承中华优秀传统文化血脉的新道路。正是在对传统民本思想精华的继承发扬中、在领导推进中国式现代化道路中,更加坚定了发展为了人民、发展依靠人民、

---

① 习近平:《决胜全面建成小康社会 夺取新时代中国特色社会主义伟大胜利——在中国共产党第十九次全国代表大会上的报告》,人民出版社2017年版,第27页。
② 习近平:《决胜全面建成小康社会 夺取新时代中国特色社会主义伟大胜利——在中国共产党第十九次全国代表大会上的报告》,人民出版社2017年版,第72页。
③ 《习近平谈治国理政》第四卷,外文出版社2022年版,第9页。

发展成果由人民共享的理想追求,谱写了人民美好生活新篇章。

三、"崇尚和合"的和谐理念

中华文明具有突出的包容性及和平性,"和合"思想作为中华优秀传统文化的主体精髓,富有极其深刻的哲学思辨与中国智慧,体现了中华民族的价值追求与民族性格,是新时代推进中国式现代化的重要思想基础与价值支撑。

(一)"崇尚和合"的传统文化意蕴

早在甲骨文中,就有"和""合"二字的身影。"和"本义是吹奏乐器,发出美妙协调的声音,后来演化为和谐、和平、和睦等。"合"字表示上下嘴唇合拢,后来引申为结合、合作、凝聚等。当时,"和"与"合"为单一概念,还没有联用。"和合"最早成词连用,见于《国语·郑语》:"商契能和合五教,以保于百姓者也。"①"和合"思想强调,以"合"与"和"作为确立和处理所有关系的基本原则和根本宗旨。在纷繁复杂的世界中,人类要面临各类关系,正如古人认为,世界上存在阴阳、进退、取舍、分合等众多矛盾,但它们相辅相成,相互转化而达到一个和谐状态。《易经》有言:"乾道变化,各正性命。保合大和,乃'利贞'"②,即尊重万物殊异的差异性和多样性,将不同东西或者不同事物之间的差异和多样加以调和使事物达到一种平衡、协和状态,强调差异中的一致、矛盾中的统一。儒家推崇的"中庸之道",其核心就是"和";道家推崇"无为"的自然之道,其实质就是追求这种"和合"的理想境界。在博大精深的中华优秀传统文化中,"崇尚和合"是这一体系的精神内核,是极富圆融通达的东方智慧的哲学思想。

在中国国际友好大会暨中国人民对外友好协会成立60周年纪念活动上,习近平总书记指出:"中华文化崇尚和谐,中国'和'文化源远流长,蕴涵着天

---

① 《国语·郑语》。
② 《周易·易经·乾卦》。

人合一的宇宙观、协和万邦的国际观、和而不同的社会观、人心和善的道德观。"①这一论断深刻阐释了中华优秀传统"和合"文化中,蕴含着的天人合一的宇宙观、协和万邦的国际观、和而不同的社会观以及人心和善的道德观。一是"天人合一"强调人与自然的"和",集中体现着中华民族对整个宇宙以及人与天地自然关系的根本看法。"皇天无亲,惟德是辅"②,人们朴素地将"天"喻为有意志的"神";老子的"人法地,地法天,天法道,道法自然"③构建了道家的宇宙观;宋代哲学家张载在《正蒙·乾称》中说"儒者则因明致诚,因诚致明,故天人合一",认为天地万物一体、彼此是同胞兄弟;王阳明是"天人合一"思想的集大成者,他提出了"一体之仁"的观念,认为当心与天地联通,生命即发生质变。"天人合一"的思想内容极其丰富,形成的这些根本看法和观点构建了中华民族的宇宙观。二是"协和万邦"强调国家与国家之间的"和",主张和衷共济,四海一家,弘扬"大德"。《尚书·尧典》中的"克明俊德,以亲九族。九族既睦,平章百姓。百姓昭明,协和万邦"④,就强调了这种万邦之"和"。三是"和而不同"强调人与社会的"和",力图在"和而不同"中求"和",在芸芸众生的千差万别中致"和"。孔子云:"君子和而不同,小人同而不和"⑤;《中庸》曰:"执其两端,用其中于民"⑥,意思是在"同"和"异"的事物矛盾、社会矛盾中寻求统一、和合共生,这是中国人的和谐社会和人伦法则。四是"人心和善"强调人与人的"和",和善友爱是处理人我关系的重要原则。中国人历来坚持忠恕之道,恪守"己所不欲,勿施于人"⑦的原则,遵循"仁者爱人"的思想。"人心和善"是中国人道德领域的特质禀赋,彰显着中国人道德观的风格

---

① 习近平:《在中国国际友好大会暨中国人民对外友好协会成立 60 周年纪念活动上的讲话》,《人民日报》2012 年 7 月 11 日。
② 《尚书·蔡仲之命》。
③ 《道德经》。
④ 《尚书·尧典》。
⑤ 《论语·子路》。
⑥ 《礼记·中庸》。
⑦ 《论语·颜渊篇》。

和气派。

(二)"崇尚和合"的现代表达和时代价值

几千年来,"和合"文化的内涵和外延不断丰富。随着国家"大一统"局面逐渐形成,中华民族在实体和精神上不断壮大,"和合"思想在中华民族的精神建构中渐次展开,在价值体系中逐步攀升,成为中华民族化解自然与社会、不同族群、不同国家、不同文明之间歧异的重要理论资源,成为中华优秀传统文化中调节人与自然、人与社会、人与人之间关系的根本准则。在庆祝中国共产党成立 100 周年大会上,习近平总书记强调,"和平、和睦、和谐是中华民族5000 多年来一直追求和传承的理念"①。如今,"和合"思想早已浸润和沉积在现代化建设的各个方面:从人与自然关系来看,现代社会更加尊重自然、顺应自然、保护自然,从古人尊崇的天、地、人相统一中反思得出"绿水青山就是金山银山"的理念;从国家与国家关系来看,致力于构建持久和平的世界,"人类命运共同体"的提出就是守望相助、和衷共济的体现;从人与社会关系来看,积极践行和弘扬"和合"思想,为推动构建和谐社会提供了丰富的思想资源;从人与人关系来看,继承发扬传统美德,友善亲和、相互尊重、团结互助、以诚待人等成为我们人际关系中的重要原则;从人与自身关系来看,现代人更加注重自身调节,个体自觉地强化"修身"和"养性",追求身心的"和合"境界。"崇尚和合"的中华民族尊崇并致力于推进人与人、人与社会、人与自然、国家与国家、民族与民族在包容中互生促长、在开放中交流互鉴,通过各美其美、美人之美实现美美与共、天下大同。

"和合"文化为当今中国发展提供重要资源,面对国内国际两个大局,中国处在挑战层出不穷、风险日益增多的时期,要以和合之力凝聚社会共识、以和合之道汇聚全球智慧。中华优秀传统文化中的"和合"智慧,能够为解决现

---

① 《习近平谈治国理政》第四卷,外文出版社 2022 年版,第 11 页。

如今世界现代性困境与中国式现代化面临的一系列矛盾和问题提供一种新思路。正如英国哲学家罗素在《中国问题》一书中写道："中国至高无上的伦理品质中的一些东西，现代世界极为需要。这些品质中我认为'和气'是第一位的。"①中国始终秉持"和合"理念，始终坚持在和平发展道路上推进中国式现代化，突破了西方现代化扩张、掠夺的藩篱，顺应了人类和平发展的历史潮流，创造了人类文明新形态。英国著名历史学家汤因比也曾预言，中国人完整守护了一个超级文明，世界的希望在中国，中华文明才是人类的归宿，中华文明将引领世界。中华文明的这种包容性及和平性，从根本上决定了现在之中国是一个兼收并蓄、求同存异的开放国度，中国式现代化是一条弘义融利、平等互惠的发展道路。

总之，"和合"是中华民族一以贯之的文化追求，"和合"理念代代相传，深深植根中国人的血脉中，是中华优秀传统文化的重要组成部分。"和合"思想不仅体现了传统中国智慧对于主客体关系的深刻思考，也内在地影响着中国人的价值追求及和谐情怀，为推动中国式现代化道路中实现物质文明和精神文明相协调、人与自然和谐共生、和平发展提供了基础理念和人文精神。

四、"革故鼎新"的创新意识

"革故鼎新"是中华文明永葆生机活力、延绵不断的重要原因，是中华优秀传统文化发展的内在动力。新故相推，日生不滞。中华文明突出的创新性，从根本上决定了中华民族这种改革创新、无惧无畏、追求进取的精神气质，并不断助力中国式现代化的发展。

（一）"革故鼎新"的传统文化意蕴

"革故鼎新"源自《周易》的《革卦》与《鼎卦》。"革"与"鼎"分别是六十

---

① ［英］罗素：《中国问题》，秦悦译，学林出版社2012年版，第167页。

四卦中相邻的两个卦,二者卦形结构相反,彼此互为综卦。《周易·杂卦传》用极为精简的文字,对这两个卦义作了解说:"革,去故也;鼎,取新也。"①今话"革"是去旧,"鼎"是更新,后世将其合二为一作为成语,表达破旧立新、推陈出新的意思,与因循守旧相对。中华民族自古就具有强烈的革新意识,几千年前中华民族就用这种"革故鼎新"的精神开启了伟大的中华文明,其中,"周虽旧邦,其命维新"②"苟日新,日日新,又日新"③"天行健,君子以自强不息"④,都在强调要自强不息、创新不已。《周易》说道:"穷则变,变则通,通则久,是以自天祐之,吉无不利"⑤,以及"苟利于民,不必法古;苟周于事,不必循旧"⑥和"尊新必威,守旧必亡"等,无不都在强调"革故鼎新"的重要性。

中华文明之所以能成为人类历史上唯一一个绵延五千多年至今却未曾中断的灿烂文明,其中最重要的一个原因就在于中华民族具有不断革新的精神,应时与势、革故鼎新、不断超越。在政治层面上,"御政之首,鼎新革故",古人都把"革故鼎新"看作治国强国的重要举措。自古以来,中国大地上发生了无数变法改革和图强运动,如管仲改革、李悝变法、商鞅变法、王安石变法、张居正改革等,以及封建统治下的制度变革,包括中央行政制度从"三公九卿制""三省六部制"到内阁制,地方行政制度从分封制、郡县制到行省制,选拔官吏制度从世官制、察举制到科举制等。这些变法和改革反对因循守旧、故步自封,以打破旧制、开创新局的改革精神致力于探寻国家变革与社会进步之路,无论当时成败如何,最终都得到历史公正的评价。在思想层面上,"不革其旧,安能从新?"几千年来,中华优秀传统文化一直未有间断,得益于自净更新、吐故纳新的品质和能力,这种更新和纳新更多体现为中华文明的开放性和

---

① 《周易·杂卦传》。
② 《诗经·大雅·文王》。
③ 《礼记·大学》。
④ 《周易·乾卦·象传》。
⑤ 《周易·系辞下》。
⑥ 《淮南子·氾论训》。

包容性。历史表明,中华文明强盛时,对外来文明不是拒绝,而是尊重、吸纳、包容。如赵武灵王胡服骑射,西汉的"丝绸之路",北魏孝文帝汉化改革,盛唐在宗教、音乐、舞蹈、绘画上积极吸收不同文化等,都充分展现了中华优秀传统文化的兼收纳新、互鉴融通。翻开历史的画卷,中华优秀传统文化生生不息、历久弥新,"革故鼎新"是其解答的密码。近代的中国,变法图强成为时代的主旋律,自强不息的中国人民在救亡图存的道路上一次次抗争、一次次求索,李鸿章、左宗棠等人推动洋务运动,康有为、梁启超等人掀起戊戌变法,孙中山发起辛亥革命,结束了几千年的君主专制制度。由于时代环境及变革者本人综合条件的局限,变革效果有强有弱,有成有败。然而,改革创新中所产生的历史意义对后世产生了深远影响,变革者所呈现的求新求变、居安思危、奋斗创造等精神品质,也都成为中华民族强大生命力的动力之源。

(二)"革故鼎新"的现代表达和时代价值

"革故鼎新"作为一种精神意识,是亘古不易的。"天地之化日新",世易时移,不能一成不变地对待事物,正如《周易》所说,"终日乾乾,与时偕行"①。要顺应天道和人道,与时偕行、相机而动,事物才能波浪渐进、得以永恒。习近平总书记指出:"生活从不眷顾因循守旧、满足现状者,从不等待不思进取、坐享其成者,而是将更多机遇留给善于和勇于创新的人们。"②中国共产党在百年征程中,为人民、为国家、为世界作出了彪炳史册的伟大贡献,其中的执政之道就是"勇于自我革命、善于不断创新",这也是"革故鼎新"的时代表达和生动实践。新民主主义革命时期,中国共产党人以"为有牺牲多壮志,敢教日月换新天"的大无畏气概,推翻了三座大山,领导全国人民扭转了中国内忧外患、任人宰割的局面,实现了民族独立、人民解放;社会主义革命和建设时

---

① 《周易·乾卦·文言》。
② 《习近平谈治国理政》第一卷,外文出版社 2018 年版,第 51 页。

期，以永攀高峰、自力更生的勇气和决心，发扬艰苦创业的优良品质，改变了新中国一穷二白的局面；改革开放和社会主义现代化建设新时期，发扬敢闯敢试、"摸着石头过河"的开拓创新精神，带领人民群众闯新路、奔小康；党的十八大以来，我们党坚持改革创新、与时俱进，勇于自我革命，为国家现代化建设注入急流勇进的鲜活动力。

惟创新者进，惟创新者强，惟创新者胜。习近平总书记指出："创新是民族进步的灵魂，是一个国家兴旺发达的不竭源泉，也是中华民族最深沉的民族禀赋。"①在人类文明史上，中华民族凭着伟大的创新精神，曾引领世界发展几千年，走在人类文明发展的前列。如今，我们党领导人民团结奋斗，迎来了中华民族从"站起来""富起来"到"强起来"的历史性飞跃，创造并发展了一条全新道路。这条道路"不是简单延续我国历史文化的母版，不是简单套用马克思主义经典作家设想的模板，不是其他国家社会主义实践的再版，也不是国外现代化发展的翻版"②，而是一代又一代中国共产党人依靠自身力量实践出来的，是发展中国家实现现代化道路的创新版本。可以说，"革故鼎新"源远流长且经久不衰，其中蕴含的改革意识和创新精神，涵养着我们立足当下、开辟未来的历史眼光和思维，为行稳中国式现代化道路提供动力源泉。

总之，中华优秀传统文化是当代中国发展取之不尽、用之不竭的精神富矿，是我们在世界文化激荡中站稳脚跟的根基。党中央治国理政的新思想之所以如此富有魅力、新理念之所以如此富有深意、新战略之所以如此富有穿透力，与中华民族精神内蕴和中华优秀传统文化底蕴是分不开的。中国式现代化道路在形成和发展中一直从中华优秀传统文化中汲取滋养，这也是中国式现代化具有"中国特色"的重要原因。

---

① 《习近平谈治国理政》第一卷，外文出版社 2018 年版，第 51 页。
② 习近平：《在纪念马克思诞辰 200 周年大会上的讲话》，人民出版社 2018 年版，第 26 页。

第二节 文化动力:赓续中国共产党人精神谱系的思想精魂

精神力量是指在人的思想意识、思维活动、心理状态中产生的自信、自强的激情和活力,以及相对应的自我控制力和自我约束力,其内涵还可扩展为理想信念、价值追求、思维方式、道德规范以及气质品格等。这种精神力量,无论对于一个民族、一个国家,还是对一个政党、一个人来说,都至关重要。正如习近平总书记所指出的,"我们党之所以历经百年而风华正茂、饱经磨难而生生不息,就是凭着那么一股革命加拼命的强大精神"①。这种强大精神薪火相传、历久弥新,是我们党至为宝贵的精神财富。在全面建设社会主义现代化国家的新征程上,以伟大建党精神为源头的中国共产党人精神谱系所蕴含的理论理想、初心使命、价值品质、实践力量,为推进中国式现代化提供了强大的精神动力和充足的文化养分。

一、中国共产党人精神谱系与中国式现代化道路的有机统一

赓续中国共产党人精神谱系是大力推进中国式现代化的必然要求,而推进中国式现代化则赋予中国共产党人精神谱系与日俱新的时代价值。习近平总书记在庆祝中国共产党成立 100 周年大会上的讲话中指出,"一百年前,中国共产党的先驱们创建了中国共产党,形成了坚持真理、坚守理想,践行初心、担当使命,不怕牺牲、英勇斗争,对党忠诚、不负人民的伟大建党精神,这是中国共产党的精神之源"②。伟大建党精神作为中国共产党的精神之源,始终贯穿于党的百年奋斗全过程,与各个时期的伟大奋斗熔铸起中国共产党人精神谱系。在伟大精神的鼓舞和引领下,我们党历经百年艰苦奋斗,取得了许多伟

---

① 《习近平谈治国理政》第四卷,外文出版社 2022 年版,第 584 页。
② 《习近平谈治国理政》第四卷,外文出版社 2022 年版,第 7 页。

大成就,开辟出了一条造福中国又惠及世界的文明发展新道路,为人类文明发展开辟出更加广阔的前景。

(一) 伟大建党精神蕴含中国式现代化道路形成的精神底蕴

"坚持真理、坚守理想,践行初心、担当使命,不怕牺牲、英勇斗争,对党忠诚、不负人民",是伟大建党精神的科学内涵,浓缩了中国共产党宏伟的百年奋斗历史,成为不同于其他任何政党的精神标识。伟大建党精神是中国共产党生生不息的精神之源,是立党兴党强党的思想基点和精神原点,亦是创造中国式现代化道路的精神底蕴和精神展现。

"坚持真理、坚守理想"为中国式现代化道路筑牢信仰之基。坚持真理、坚守理想,就是坚持马克思主义科学真理、坚定共产主义远大理想和中国特色社会主义共同理想。马克思主义是认识世界、改造世界的科学真理,自中国共产党诞生之日起,就把马克思主义作为思想指引和行动指南,并从实际出发,顺应历史大势,把握历史主动,不断推进马克思主义中国化时代化,用发展的理论指导发展的实践,牢牢占据了真理和道义的制高点。习近平总书记强调:"对马克思主义的信仰,对社会主义和共产主义的信念,是共产党人的政治灵魂,是共产党人经受住任何考验的精神支柱。"[1]理想信念之火一旦点燃就能产生巨大的精神力量,通过无数中国共产党人坚持真理、坚守理想,矢志不渝、前赴后继的努力奋斗,逐渐成功地走出一条中国式现代化道路。真理指引航向,理想照耀征途,推进中国式现代化,必须有科学真理指引和理想信念激励,始终坚定道路自信和理论自信。

"践行初心、担当使命"为中国式现代化道路夯实力量之源。践行初心、担当使命,就是牢记并践行为中国人民谋幸福、为中华民族谋复兴的初心使命,昭示了我们党的根本政治立场和使命担当意识,阐明了中国共产党从何处

---

① 《十九大以来重要文献选编》(中),中央文献出版社2021年版,第649页。

来、向何处去,以及为什么而奋斗等一系列重大问题。中国式现代化是中国共产党领导的社会主义现代化,党的初心使命决定了中国式现代化道路的出发点和落脚点都是为了广大人民,蕴含着社会主义的本质要求。同时,党的初心使命又汇聚起了"紧紧依靠人民"的强大力量,在推进中国式现代化的进程中,党团结带领人民共同推进中国特色社会主义事业在各种风险和挑战中不断发展壮大,使中国这艘"复兴号"巨轮劈波斩浪、扬帆远航。践行初心、担当使命是党一切工作的出发点和落脚点,是党赢得人民群众信任支持的根本原因,在一代又一代中国共产党人践行初心使命中锻造了中国式现代化道路的实践品格,夯实了力量之源。

"不怕牺牲、英勇斗争"为中国式现代化道路凝聚奋进之力。不怕牺牲、英勇斗争,就是不畏强敌、不惧艰险、敢于斗争、勇于革命。中国式现代化是一项伟大而艰巨的事业,现如今我们所取得的中国式现代化的一切成就,不是凭空出现、唾手可得的,是党和人民通过牺牲流血、顽强拼搏拼出来干出来的,是通过积极主动投身中国式现代化这场伟大斗争中取得的。不怕牺牲、英勇斗争是中国共产党人在推进中国式现代化进程中必须具备的优良作风和品质要求,在各个奋斗时期助力推进中国式现代化的伟大实践。习近平总书记指出,推进中国式现代化,是一项前无古人的开创性事业,必然遇到各种可以预料和难以预料的风险挑战、艰难险阻甚至惊涛骇浪。在中国共产党的领导下,无论是"风高浪急"还是"惊涛骇浪",不怕牺牲、英勇斗争的优良作风将始终贯穿其中并转化为强大的精神力量,引导全党全国各族人民团结奋斗,续写中国式现代化的复兴叙事。

"对党忠诚、不负人民"为中国式现代化道路激发情怀之要。对党忠诚、不负人民,就是忠于党、忠于人民,爱党、爱人民。党的领导是中国式现代化道路的根本保证,没有共产党,哪有社会主义中国?哪有中国特色社会主义?哪有中华民族伟大复兴?没有共产党就没有新中国,也不可能有中国式现代化道路的探索与成功,因而,我们无论在思想还是行动上都要做到对党忠诚。人民立场是我们党一切工作的出发点和落脚点，是中国式现代化建设一以贯之的价值指引，也是其不同于西方现代化的一个鲜明特色。中国式现代化道路聚焦人民幸福、依靠人民智慧、站稳人民立场，是一条为了人民而发展、依靠人民而发展的新道路。对党忠诚、不负人民印证着中国式现代化道路不断从胜利走向胜利的真谛，进一步彰显出其所蕴含的人民性特质。中国式现代化道路有中国共产党的坚强领导，党的背后有人民，这正是前进的道路上不可战胜的强大力量，是推进和拓展中国式现代化的最大底气。

伟大建党精神蕴含了中国式现代化道路的精神底蕴，在开拓和推进中国式现代化的进程中，实现了由内在精神向外在实践的价值转化，进一步筑牢了建设中国式现代化道路、实现中华民族伟大复兴的精神基座。

（二）以伟大建党精神为源头的精神谱系引领中国式现代化道路的辉煌历程

伟大建党精神犹如百年前黑暗中的一颗星火，点燃一个个熠熠生辉的精神火炬，迸发出不可战胜的强大力量。在百年光辉历程中，一代又一代中国共产党人因循着先驱的足迹，团结带领中国人民探索中国式现代化道路的过程中，顽强拼搏、不懈探索，形成了一系列伟大精神，构建起了中国共产党人精神谱系，为党在不同时期完成现代化目标任务产生了极为重要的作用。

新民主主义革命时期，"浴血奋战、百折不挠"作为精神标识，以革命斗争为主题的伟大精神，为推进中国式现代化道路提供了坚定的理想信念和强大的精神本原。这一时期的革命精神，包括建党精神、井冈山精神、苏区精神、长征精神、遵义会议精神、延安精神、抗战精神、红岩精神、西柏坡精神、照金精神、东北抗联精神、南泥湾精神、太行精神（吕梁精神）、大别山精神、沂蒙精神、老区精神、张思德精神等，最鲜明的品质特征就是自强不息、不怕牺牲、坚持斗争。正是有着这样的精神，党和人民28年来浴血奋战、百折不挠，最终建立了人民当家作主的新中国，为中国式现代化道路扫清障碍，奠定了根本的、必要的社会条件,铸就了中国开天辟地的"救国之路"。

社会主义革命和建设时期,"自力更生、发愤图强"作为精神标识,以艰苦创业为主题的伟大精神,为推进中国式现代化道路注入强劲信心,培育了中国式现代化道路主体力量的意志品质。这一时期的革命精神,包括抗美援朝精神、"两弹一星"精神、雷锋精神、焦裕禄精神、大庆精神(铁人精神)、红旗渠精神、北大荒精神、塞罕坝精神、"两路"精神、老西藏精神(孔繁森精神)、西迁精神、王杰精神等,最鲜明的精神旋律就是攻坚克难、无私奉献、力求上进。正是有着这样的精神,我们党团结带领人民,在一穷二白的形势下进行社会主义革命和建设,完成了兴国大业,实现了中华民族从一穷二白的东方落后大国到大步迈向社会主义社会的伟大飞跃,为中国式现代化道路奠定了根本政治前提和制度基础,铸就了中国改天换地的"兴国之路"。

改革开放和社会主义现代化建设新时期,"解放思想、锐意进取"作为精神标识,以改革创新为主题的伟大精神,为中国式现代化道路注入新的活力和动能。这一时期的革命精神,包括改革开放精神、特区精神、抗洪精神、抗击"非典"精神、抗震救灾精神、载人航天精神、劳模精神(劳动精神、工匠精神)、青藏铁路精神、女排精神等,最鲜明的精神特征就是实事求是、开拓创新、奋发进取。正是有着这样的精神,党的十一届三中全会以后,我们党和国家转移工作重心,实行改革开放,开辟了中国特色社会主义道路,打开了社会主义现代化建设崭新局面,为中国式现代化道路提供快速发展的物质条件和新的活力的体制保证,铸就了中国翻天覆地的"富国之路"。

中国特色社会主义新时代,"自信自强、守正创新"作为精神标识,以新时代为主题的伟大精神,为中国式现代化道路提供更为主动的精神力量。这一时期的革命精神,包括脱贫攻坚精神、抗疫精神、"三牛"精神、科学家精神、企业家精神、探月精神、新时代北斗精神、丝路精神等,最鲜明的精神特征就是开放包容、自信主动、踔厉奋发。正是有着这样的精神,党的十八大以来,我们党团结带领人民从容应对一系列世所罕见、史所罕见的重大挑战,如期打赢脱贫攻坚战,如期实现了第一个百年奋斗目标,为全面建设社会主义现代化国家开创良好开端,增强了中国人民推进中国式现代化道路的志气、骨气、底气、勇气,铸就了中国惊天动地的"强国之路"。

历史地看,我们所推进的现代化是伟大奋斗史和伟大精神史的有机统一,党的伟大奋斗史是伟大精神史发展的实质载体,而党的伟大精神史是伟大奋斗史在精神层面的升华。中国式现代化不断探索的过程,便伴随着党的精神谱系不断形成、党的历史不断发展的过程。随着不同时期的主题和不同阶段的目标的变化,形成了中国共产党人精神谱系,为实现从"救国之路"到"兴国之路"、"富国之路"再到"强国之路"的逐级变轨提供精神保证,对滋养和助推中国式现代化具有重要作用。

二、中国共产党人精神谱系是中国式现代化道路的精神动力

中国共产党人精神谱系有着鲜明的理论逻辑和实践品格,凝结着我们在特定历史时期和特殊环境中形成的顽强意志、精神追求等。习近平总书记指出,"一百年来,中国共产党弘扬伟大建党精神,在长期奋斗中构建起中国共产党人的精神谱系,锤炼出鲜明的政治品格"[1]。这一重要论述深刻阐述了中国共产党人精神谱系是党百年奋斗历程的精神标识,既反映着精神谱系的一般规律,也凸显着中国共产党人的理想信念、崇高信仰、责任担当、道德品质等伟大品格,是党与生俱来的红色基因。中国共产党人精神谱系跨越时空、历久弥新,对中国式现代化道路发展具有重要的推动作用,为其提供强大的精神滋养与内在支撑。

(一) 人民层面:中国共产党人精神谱系是推动人的现代化的有力支撑

人是现代化的主体,是现代化活动的主要参与者和实际承担者。要实现

---

① 《习近平谈治国理政》第四卷,外文出版社 2022 年版,第 7 页。

现代化,必须有高素质的人来完成,而实现现代化的重点就是为了推动人的现代化,最终实现每个人的自由全面发展。马克思主义认为,人类未来社会是"以每个人的全面而自由的发展为基本原则的社会形式"①,人的全面发展是共产主义的奋斗目标,最终的共产主义社会将会是"自由人"的"联合体"。马克思在《共产党宣言》中明确指出,"代替那存在着阶级和阶级对立的资产阶级旧社会的,将是这样一个联合体,在那里,每个人的自由发展是一切人的自由发展的条件"②。习近平总书记明确指出,"现代化的本质是人的现代化"③。这一重要论述既是对马克思主义经典理论的继承与发展,也彰显出中国式现代化以人民为中心的逻辑起点和价值归宿。中国式现代化的轴心是人的现代化,鲜明的人民福祉导向和人民利益旨归有效规避了西方"资本至上"的现代化,构成了为绝大多数人民谋福利、以实现人民的美好生活为目标的"中国特色"的现代化。

中国共产党把人的自由而全面发展作为目的,始终坚持以人民为中心、为人民谋利益,积极探索出一条以人的现代化为提前和归宿的现代化新路。人民至上的价值追求和爱民为民的深厚情怀,贯穿于中国共产党的奋斗历程中、折射在每一个共产党人的身上。人民性是中国共产党人精神谱系的鲜明底色,中国共产党人精神谱系之源即镌刻着"践行初心、担当使命",高擎着"不负人民"的旗帜。苏区时期,中国共产党代表着工农劳苦大众的根本利益,践行"一心为民"的执政理念;长征时期,中国共产党人发扬伟大长征精神,紧紧依靠人民群众,同人民群众生死相依,最终赢得长征胜利的人间奇迹;延安时期,党始终牢记"全心全意为人民服务的根本宗旨";抗美援朝战争,锻造了"为完成祖国和人民赋予的使命、慷慨奉献自己一切的革命忠诚精神,为了人类和平与正义事业而奋斗的国际主义精神";在抗震救灾、面对疫情重险时,

---

① 《马克思恩格斯全集》第 23 卷,人民出版社 1972 年版,第 649 页。
② 《马克思恩格斯选集》第 1 卷,人民出版社 2012 年版,第 422 页。
③ 《十八大以来重要文献选编》(上),中央文献出版社 2014 年版,第 594 页。

中国共产党人第一想到的就是人民的生命安全和根本利益，始终坚持"以人为本""生命至上"。这一个个伟大精神处处彰显着中国共产党牢记初心使命、为人民服务的性质宗旨。此外，"全心全意为人民服务"的张思德、"服务人民、助人为乐"的雷锋、"亲民爱民"的焦裕禄、一心为民忠诚奉献的孔繁森，等等，这一个个人物精神丰碑，亦凸显了中国共产党人不负人民的深厚情怀。可以看出，在中国共产党人精神谱系的内容构成之中，为人民谋幸福占据首要地位，充分彰显了中国共产党矢志不渝追求人民的美好生活和人的自由而全面发展的奋斗目标。

从人民层面看，中国共产党人精神谱系高度凝练了党的精神追求和价值取向，成为领导党的事业发展壮大的精神支柱。中国共产党事业的出发点和落脚点都在"人民"，这是不变的精神境界，同时也为我们党的事业提供了有力支撑和根本优势。因此，人民是中国式现代化进程中的根本实践力量。如何团结和凝聚全体人民的智慧和力量进行社会创造，是推进中国式现代化道路的关键所在。总之，中国共产党人的精神谱系以其蕴含的精神动力激活主体力量，丰富了人民的精神世界，为走好中国式现代化道路提供强大精神动力，汇聚起了实现中华民族伟大复兴的磅礴伟力。

（二）民族层面：中国共产党人精神谱系是统筹中华民族伟大复兴战略全局的动力源泉

"一百年来，中国共产党团结带领中国人民进行的一切奋斗、一切牺牲、一切创造，归结起来就是一个主题：实现中华民族伟大复兴"①。这一重要论述，科学概括了党百年奋斗的主题。这个主题不是凭空产生的，更不是外国"教师爷"赐予的，而是从中华民族的历史发展逻辑中产生的。鸦片战争后，中华民族陷入了国家蒙辱、人民蒙难、文明蒙尘的劫难，中国人民在精神上无

①　《习近平谈治国理政》第四卷，外文出版社2022年版，第4页。

所归依、无所适从。历经劫难的中华民族苦苦探索民族复兴的现代化之路,各种救国方案轮番出台,但都以失败告终。马克思主义的传播和中国共产党的诞生,给处在水深火热中的中国人民带来了希望,掀起了实现民族复兴的新浪潮。百年实践证明,无论是中国式现代化还是实现中华民族伟大复兴,其基本路径和前进方向都是一致的,中国式现代化切合中国实际、适应时代发展要求,是强国建设、民族复兴的唯一正确道路。沿着这条路走下去,才能把中国发展进步的命运牢牢掌握在自己手中。

百余年来,中国共产党把实现中华民族伟大复兴的战略全局作为自己的历史使命。在此过程中,形成构建的中国共产党人精神谱系,是中国共产党人敢于斗争、敢于胜利的真实写照,为实现中华民族伟大复兴奠定坚实的文化根基和精神底蕴。正如习近平总书记指出的:"精神是一个民族赖以长久生存的灵魂,唯有精神上达到一定的高度,这个民族才能在历史的洪流中屹立不倒、奋勇向前。"①正因为有建党精神、井冈山精神、长征精神、抗美援朝精神、"两弹一星"精神等伟大革命精神,我们取得了新民主主义革命的胜利,结束了帝国主义势力奴役中国各族人民的历史、确立了社会主义制度,建立了社会主义国家,为中国持续走向繁荣富强奠定厚实基础。改革开放和社会主义现代化建设新时期,改革开放精神、载人航天精神、探月精神、劳模精神、脱贫攻坚精神、抗疫精神等伟大时代精神,激励着新时代改革开放再出发,是我们坚持和发展中国特色社会主义道路的强大精神动力。中国人民在从"站起来""富起来"到"强起来"的各个时期,都离不开中国共产党人精神谱系的支撑和指引,这是我们自强不息、英勇奋斗的精神支撑。今天,我们前所未有地接近中华民族伟大复兴的宏伟目标,也经历着前所未有的严峻挑战。这就要求我们传承好中国共产党人精神谱系,为实现中华民族伟大复兴凝聚精神力量。

从民族层面看,中国共产党精神动力伴随着中华民族伟大复兴的历史进

---

① 习近平:《在纪念红军长征胜利 80 周年大会上的讲话》,人民出版社 2016 年版,第 9 页。

程,在某一时期将精神谱系中内含的精神基因转化为各领域的精神动力,成为推进伟大复兴的重要力量,引领着民族复兴的历史走向。中国共产党人精神谱系在不同历史时期体现出不同的时代内涵,又汇聚成一个内在统一的精神体系,始终围绕着党的使命任务焕发出不断延展的精神气象,是党立志于中华民族千秋伟业的精神基因。中国式现代化道路在党的精神指引和鼓舞下呈现出光明前景,使中华民族处于近现代以来最好的发展时期。

（三）世界层面:中国共产党人精神谱系是推进世界现代化的价值指引

冷战结束后,随着全球化进程的深入发展,全球治理兴起,国家与非国家行为体可以通过构建全球规则体系来解决全球性问题,以促进世界和平稳定。经过三十多年的发展,当前国际格局演变波谲云诡,国际局势发展复杂动荡,全球治理体系正发生自冷战结束以来最为深刻的变化,在百年未有之大变局加速演进的背景下,国际社会正面临着前所未有的挑战。放眼世界,如何推动全球治理体系现代化、塑造更加公正合理的国际新秩序,是当前摆在各国面前的重大课题。党的二十大报告指出,"中国积极参与全球治理体系改革和建设,践行共商共建共享的全球治理观,坚持真正的多边主义,推进国际关系民主化,推动全球治理朝着更加公正合理的方向发展"①。中国人民有史以来就具有深厚的天下情怀,在追寻和实现自身现代化的同时,始终坚定和平发展的道路和多边共赢的理念,为当今全球治理提供重要借鉴和启迪。

大道不孤,天下一家。中国共产党始终站在人类历史和时代发展的高度,秉承"天下一家"的价值理念观照人类社会的共同福祉。共建"一带一路"就是中国为推动世界繁荣发展的一例生动体现,深刻诠释了"和平合作、开放包容,互学互鉴、互利共赢"的精神意涵;在脱贫攻坚战和在抗击疫情的伟大斗

---

① 习近平:《高举中国特色社会主义伟大旗帜　为全面建设社会主义现代化国家而团结奋斗——在中国共产党第二十次全国代表大会上的报告》,人民出版社 2022 年版,第 68 页。

争中所形成的成功经验和伟大精神品质,也为世界贡献了中国方案和中国智慧。尤其是新时代以来,以习近平同志为核心的党中央以中国精神和中国智慧引领全球治理理念创新,站在人类前途命运高度为推动全球治理体系变革、实现全球治理体系和治理能力现代化提供了思维方法和实践路径。

从全球层面看,中国共产党人精神谱系是民族性与世界性的统一,既是中华民族宝贵的精神财富,也是人类精神文明成果的有机组成部分。胸怀天下是中华民族悠久的传统,也是中国共产党人精神谱系的特征之一,塑造着中国式现代化道路包容互鉴、和平发展而不是封闭排他、国强必霸的特质,成为引领时代潮流和人类前进方向的鲜明旗帜。从历史、现实与未来得出结论,以和平、发展、合作为核心的和平发展理念,是中国共产党人始终坚守的政治追求,展现了共商、共建、共享、共赢的现代化新图景,为国际秩序的良性发展提供了强大的精神内核。

三、坚守中国共产党人的精神谱系以行稳中国式现代化道路

人无精神则不立,国无精神则不强。习近平总书记指出:"我们要建设的社会主义现代化强国,不仅要在物质上强,更要在精神上强。精神上强,才是更持久、更深沉、更有力量的。"①推进中国式现代化,需要坚实的物质力量,也需要强大的精神力量。中国共产党人精神谱系在政治信仰、情感认知、行为实践等方面,对中国式现代化道路的生成和行稳致远都具有重要影响作用。

(一) 政治信仰:中国共产党人精神谱系为行稳中国式现代化道路固魂培元

马克思在他的博士论文扉页上这样写到,理想主义不是幻想,而是一种真理。政治信仰和理想信念作为一种深层次的精神力量,以"知、情、意、行"相

---

① 习近平:《在纪念五四运动 100 周年大会上的讲话》,人民出版社 2019 年版,第 15 页。

统一的完整心理链条,对人们的思想和行为产生深远持久的影响,成为指导人们开展实践活动的重要价值准则,为以中国式现代化全面推进中华民族伟大复兴指明正确方向、提供精神支撑。"无论过去、现在,还是将来,对马克思主义的信仰,对中国特色社会主义的信念,对实现中华民族伟大复兴中国梦的信心,都是指引和支持中国人民站起来、富起来、强起来的强大精神力量"①。要实现伟大梦想就离不开对崇高革命理想和坚定信念的不懈追求,只有理想信念坚定之人才能在最艰苦的环境中经得起风吹浪打,在最严峻的考验下一往无前实现既定目标。方志敏在牺牲时振聋发聩的誓言:"敌人只能砍下我们的头颅,决不能动摇我们的信仰"②,映照着共产党人的坚定信念。邓小平也曾指出:"为什么我们过去能在非常困难的情况下奋斗出来,战胜千难万险使革命胜利呢? 就是因为我们有理想,有马克思主义信念,有共产主义信念。"③基础不牢,地动山摇。只有坚定的政治信仰,每个共产党人才能在思想上正本清源、固本培元,才能坚决站稳党性立场和人民立场,中国式现代化道路才能不偏道、不迷道。

坚定的理想信念是中国共产党人精神谱系的核心要素,更是走好中国式现代化道路的政治前提。百余年来,一代代中国共产党人不怕困难挑战、不畏流血牺牲,能够战胜一切强敌、夺取一切胜利,靠的就是一种理想,为的就是一种信念。正如李大钊所说:"历史的道路,不全是坦平的,有时走到艰难险阻的境界,这是全靠雄健的精神才能够冲过去的。"④在中国共产党人精神谱系中,"理想""信念"的频率最高,在建党精神、井冈山精神、苏区精神、长征精神、延安精神等精神中,都有相同或相近的表述,因而属于党的精神谱系中的核心要义,贯穿百年历史的全过程,统一于实现中华民族伟大复兴中国梦的鲜

---

① 《十九大以来重要文献选编》(上),中央文献出版社 2019 年版,第 755 页。
② 《方志敏全集》,人民出版社 2012 年版,第 179 页。
③ 《邓小平文选》第三卷,人民出版社 1993 年版,第 130 页。
④ 《李大钊选集》,人民出版社 1959 年版,第 535 页。

明主题之中。

历史和现实都告诉我们,理想信念是共产党人的政治灵魂。只有坚定理想信念,才能在顺境时不自满、在逆境中不消沉,经受住各种风险和挑战,守护好中国共产党人的政治灵魂。心有所信,方能行远。中国共产党人精神谱系能够用其伟大品格熏陶全党、教育全党、锤炼全党,为推进和拓展中国式现代化筑牢可靠的思想保障,为赓续中华文脉注入固本培元、立根铸魂的思想力量。

（二）情感认知:中国共产党人精神谱系为行稳中国式现代化道路凝聚共识

恩格斯曾指出,"外部世界对人的影响表现在人的头脑中,反映在人的头脑中,成为感觉、思想、动机、意志,总之,成为'理想的意图',并且以这种形态变成'理想的力量'"①。情感意识是人类精神生活中的一种特殊体现,深厚的情感意识对人的认识具有激发和调控因素,是认识运动的支撑力量和推动力量。一个国家要发展要稳定、一条发展道路要被认可,就需要凝聚全社会的情感认同和价值认同,将情感力量转换为现实推动力量。然而,任何一个社会不可能只有一种价值观念和价值取向,要凝聚起思想共识,把全体人民的情感意志和力量都凝聚激发出来,就必须依赖共同的思想道德基础。中国式现代化道路要行稳致远,必须有强大凝聚力、向心力、引领力和感召力,将亿万中国人民紧紧团结在一起,使中华民族成为一个具有强烈共识的共同体,形成磅礴的精神力量和实践力量。

团结爱国是中国共产党人精神谱系中所有伟大精神的共同特质,维系着华夏大地上各个民族的团结统一,铭刻着百余年来党和人民复兴中华的精神追求。爱国奉献、团结奋斗精神是党和人民的事业不断发展壮大的重要法宝,

---

① 《马克思恩格斯选集》第 4 卷,人民出版社 2012 年版,第 238 页。

是中国式现代化道路越走越宽广的积极因素。爱国主义是中华民族精神的核心，其本质就是坚持爱国和爱党、爱社会主义的高度统一。百余年来，中国共产党是爱国主义的弘扬者和实践者，在奋斗实践中续写了中华民族爱国主义新篇章。中国共产党人精神谱系就是中国共产党团结各族人民弘扬爱国主义的精神结晶，在战火中铸就形成的长征精神、伟大抗战精神、沂蒙精神、东北抗联精神、抗美援朝精神、大庆精神、抗疫精神等，充分体现了中国共产党和中国人民爱国奋斗、团结一心的传统。中华民族历经磨难，但从来没有被压垮过，而是愈挫愈勇，就在于中华民族具有共同的情感认知和强大的凝聚力量。只有共同理想和强大共识，推进中国式现代化的奋斗征程才不会迷茫和停滞，党的凝聚力、号召力和战斗力才不会消散，中国人民就能始终保持富有朝气活力的前进姿态。

中国共产党人精神谱系，内在地蕴含了全党全国各族人民对推进中国式现代化的情感认同和实现中华民族伟大复兴的认知共识，为行稳中国式现代化道路奠定民意基础和形成强大合力，团结和激励着千千万万的中华儿女积极投身民族复兴的伟大事业，为中国革命、建设和改革开放事业不懈奋斗，汇聚起实现祖国统一和民族复兴的磅礴力量。

（三）行为实践：中国共产党人精神谱系为行稳中国式现代化道路引领实践

马克思主义认为，改变世界既需要物质力量，也需要精神力量，但精神力量再强大也不能代替物质力量，改变世界的终极力量一定是物质力量。但是，在一定的条件下，精神力量可以转化为强大的物质力量。正如马克思在《〈黑格尔法哲学批判〉导言》中所指出的，"批判的武器当然不能代替武器的批判；但是理论一经掌握群众，也会变成物质力量"[1]。中国共产党人精神谱系既是

---

① 《马克思恩格斯选集》第 1 卷，人民出版社 2012 年版，第 9 页。

伟大实践的历史产物,也推动着历史实践不断前进,具有能够解决实际问题的实践属性。中国共产党人把精神的力量转化为实践的力量,将中国共产党人精神谱系中蕴含的优良品质和光荣传统发扬光大,以实践的方式呈现出伟大精神新的革命力量,使之成为推进中国式现代化的强大力量。

中国共产党人精神谱系镌刻着中国共产党人崇高的品质和优良的作风,这是我们党百余年来的胜利法宝,也是中国式现代化道路行稳致远的"密码"。习近平总书记在谈到党的伟大精神时指出:"这些宝贵精神财富跨越时空、历久弥新,集中体现了党的坚定信念、根本宗旨、优良作风,凝聚着中国共产党人艰苦奋斗、牺牲奉献、开拓进取的伟大品格,深深融入我们党、国家、民族、人民的血脉之中,为我们立党兴党强党提供了丰富的滋养。"①这些伟大精神虽然历经不同时期、呈现形态各异,但集中体现了党的精神品格和优良作风,如"为人民服务的价值理念",张思德精神、雷锋精神、焦裕禄精神、抗震救灾精神、脱贫攻坚精神等,都蕴含着深厚的人民情怀;"艰苦奋斗的优良传统",井冈山精神、延安精神、西柏坡精神,还有南泥湾精神、"两弹一星"精神等,都体现了中国共产党人艰苦奋斗、自强不息的政治本色;"实事求是的思想精髓",苏区精神、老区精神、改革开放精神等,都展现了中国共产党人坚持一切从实际出发的态度。此外,党的其他崇高品质和优良作风都熔铸于中国共产党的伟大精神之中,"党的伟大精神和光荣传统是我们的宝贵精神财富,是激励我们奋勇前进的强大精神动力"②,指导我们在新时代新征程中进一步把这些精神品格升华还原到中国式现代化的实践之中。

人无精神则不立,国无精神则不强。"物质变精神、精神变物质是辩证法的观点"③,中国式现代化道路的发展既需要强大的物质力量作为前提保证,更需要强大的精神力量作为指引。以伟大建党精神为源头的中国共产党人精

---

① 《习近平谈治国理政》第四卷,外文出版社2022年版,第514—515页。

② 习近平:《党的伟大精神永远是党和国家的宝贵精神财富》,《求是》2021年第17期。

③ 《习近平关于"三农"工作论述摘编》,中央文献出版社2019年版,第132页。

神谱系,是我们党过去取得成功的重要精神动力,也是未来我们继续取得成功的关键答案。中国共产党人精神谱系的赓续和弘扬,全面增强了全体人民对于中国道路、中国理论、中国制度和中国文化的政治认同、思想认同、价值认同和情感认同,为推进和拓展中国式现代化提供了坚强的思想保证和强大的精神动力。

第三节　文化使命:承载文化创造性转化和创新性发展的精神追求

　　中国共产党人的文化使命推动着中国式现代化道路的生成。民族要复兴,文化必复兴,中华民族伟大复兴需要以中华文化发展繁荣为条件,实现中华民族伟大复兴、全面建设社会主义现代化国家,必然召唤着以中国式现代化推进文化现代化的使命。中国式现代化道路在肩负复兴中华优秀传统文化的使命中应运而生,只有适应时代进行文化传承和文化创造,才能以中国智慧来选择发展道路和发展方式,牢牢把握历史发展的主动权。文化创造性转化和创新性发展的核心,就是要把中华优秀传统文化中能为社会主义现代化建设服务的精华部分加以继承和发扬,坚持守正创新,发扬主动精神,增强文化自信自强,增强各族群众对中华文化的认同,努力建设中华民族现代文明,让世界正确看待今日之中国、未来之中国,使中国以文明大国形象、东方大国形象、负责任大国形象、社会主义大国形象屹立于世界民族之林。

一、坚持"两个结合"的文化定力和文化主动

　　中国式现代化道路,是一条根据中国具体实际、依靠独立自主、坚持对外开放的正确道路,既有着现代化的普遍性又有着现代化的特殊性,既遵循基本规律又发扬主动精神,是坚持"马克思主义基本原理同中国具体实际相结合、同中华优秀传统文化相结合"的实践产物。"两个结合"指明了中国式现代化

道路的前进方向,彰显了中国式现代化道路的"文化定力"和"文化主动"。

(一) 中国式现代化道路坚持马克思主义指导地位不动摇

意识形态是一个国家文化的核心和灵魂,决定着现代化道路的性质立场与发展方向。马克思主义是我们立党立国的根本指导思想,是党和人民事业不断发展的参天大树之根本,如果背离或放弃马克思主义,我们党就会失去灵魂、迷失方向。党的十八大以来,以习近平同志为核心的党中央将意识形态工作定位为"党的一项极端重要的工作",强调要牢牢掌握意识形态工作领导权,坚持马克思主义在意识形态领域的指导地位不动摇,确保中国式现代化道路不偏航、不脱轨、不易帜。

坚持马克思主义在意识形态领域的指导地位,是中国共产党在文化建设中积累的宝贵经验。十月革命将马克思主义引入中国,中国共产党应运而生。从成立之日起,中国共产党就把马克思主义作为引领实现民族独立、人民解放的思想旗帜。中国共产党并没有全盘照搬马克思主义,而是在磨合中创造性地将马克思主义基本原理与中国的实际情况相结合,实现了两种文化内容与文化精神的契合和融通。在长期的探索历程中,正是因为始终以马克思主义为指导思想,不断发展马克思主义、推进马克思主义中国化时代化,不断将马克思主义基本原理同中国具体实际相结合,才使马克思主义找到最直接、最真实、最新鲜的实践源泉,才使我们成功找到了正确的新民主主义革命道路、社会主义革命和建设道路、中国特色社会主义道路与中国式现代化道路。建立一个国家政权不容易,找到一条适合本国的正确道路不容易,我们党在将马克思主义与中国具体实际相结合的过程中明确了国家发展前途、锚定了未来前进道路,但要长期巩固好这个政权、坚持住这条道路更不容易。历史经验表明,一个国家和政权的土崩瓦解往往始于思想领域的混乱和指导思想的动摇。因而,只有始终保持政治定力、思想定力、文化定力,始终坚持马克思主义的指导地位,才能在推进和拓展中国式现代化中增强政治自觉、思想自觉、行动自党,保证道路不偏向、江山不变色。

　　坚持以马克思主义为指导,是中国式现代化道路的内在规定和必然选择。百余年来,在中国共产党的带领下,马克思主义帮助中国找到了现代化建设的方向和途径。中国式现代化道路是我们党在坚定捍卫马克思主义中形成和发展的,在不断推进马克思主义中国化时代化的进程中丰富和拓展的,其中贯穿着马克思主义关于人类未来发展的科学观点,蕴含着辩证唯物主义和历史唯物主义的世界观和方法论,贯通着马克思主义的思想精髓。马克思主义尽管诞生在一个半多世纪之前,但历史和实践都证明它"依然占据着真理和道义的制高点",为人类指明了从"必然王国"向"自由王国"飞跃的途径。习近平总书记指出,"实践告诉我们,中国共产党为什么能,中国特色社会主义为什么好,归根到底是马克思主义行"①。中国式现代化道路之所以能走得对、行得通,走得好、行得稳,归根结底在于我们不断推进马克思主义中国化时代化并用以指导现代化的具体实践。新时代新征程上,我们必须坚持马克思主义在意识形态领域的指导地位,高擎思想之旗以保持中国式现代化道路前进的强大定力,助力中国现代化事业不断开创新局面、铸就新辉煌。

(二) 主动把握"两个结合"筑牢中国式现代化道路根基

　　习近平总书记在庆祝中国共产党成立 100 周年大会上提出"坚持把马克思主义基本原理同中国具体实际相结合、同中华优秀传统文化相结合"②,即"两个结合"。第一个结合即"把马克思主义基本原理同中国具体实际相结合",是基本的、普遍性的经验,使抽象的、理论的马克思主义大众化、中国化,为中国革命、建设和改革提供了科学理论武装,展现出马克思主义更加强大的真理力量和实践伟力。第二个结合即"马克思主义基本原理同中华优秀传统

---

　　① 习近平:《高举中国特色社会主义伟大旗帜　为全面建设社会主义现代化国家而团结奋斗——在中国共产党第二十次全国代表大会上的报告》,人民出版社 2022 年版,第 68 页。
　　② 《习近平谈治国理政》第四卷,外文出版社 2022 年版,第 10 页。

文化相结合"，是对百年党史经验、贡献、成就的崭新概括和创新认识，表明新时代我们党对马克思主义与中华优秀传统文化的内在融通性的规律性认识达到了新的高度。这是又一次的思想解放，让中国式现代化道路有了更辽远的历史纵深。如果说"一个结合"强调的是国家独立和民族解放等问题，那么"两个结合"则体现了中国共产党人的文明意识与文化自觉。"两个结合"是我们党在探索现代化过程中得出的规律性认识，也是我们成功的最大法宝，其结果也塑造了中国式现代化道路的文化根基和文明内涵，从而为推进中国式现代化提供持久强大的精神动力。

中国共产党一贯重视文化建设，尤其是在文化传承与文化创新方面。在长期实践中，中国共产党人立足中国国情和时代特点，注重推进马克思主义中国化，强调要创造性地将我国的具体特点与科学真理相结合，究其根本还是强调中国人不能忘本、不能断根。毛泽东在《新民主主义论》中设想了新民主主义的文化："民族的科学的大众的文化，就是人民大众反帝反封建的文化，就是新民主主义的文化，就是中华民族的新文化"①，呼唤中国文化是为中国老百姓所喜闻乐见的文化。特别是随着新中国的成立，毛泽东进一步指出中国要以一个具有高度文化的民族出现于世界的时候，这种自觉性就显得更加突出。改革开放以来，中国共产党人科学分析世情、国情、党情，对马克思主义基本原理的领悟愈来愈深，对中华优秀传统文化的把握越来越准。尤其是党的十八大以来，习近平总书记高度重视文化的传承和发展，围绕文艺工作、党的新闻舆论工作、网络安全和信息化工作、哲学社会科学工作、高校思想政治工作、文化传承发展等提出了一系列新观点和新要求，在实践基础上深化了对文化建设的规律性认识，逐渐发展和形成了习近平文化思想。习近平文化思想坚守马克思主义这个魂脉和中华优秀传统文化这个根脉，发挥了传统智慧和科学真理的合力，是"两个结合"的重大成果，标志着我们党对马克思主义与

---

① 《毛泽东选集》第二卷，人民出版社 1991 年版，第 708—709 页。

中华优秀传统文化关系的理解达到新境界,对中国特色社会主义文化建设规律的认识达到新高度。总之,马克思主义基本原理同中华优秀传统文化是内在契合的有机整体,是一种实践基础上的观念会通。两者自初步结合、深度结合到有机结合,体现了当代中国共产党人的使命担当和历史主动,使马克思主义中国化时代化实现了新的飞跃,中华文明也因此实现了新的转化与蜕变。"中国式现代化赋予中华文明以现代力量,中华文明赋予中国式现代化以深厚底蕴。"①在新的历史起点上坚持走自己的路,必然要实现文化上的繁荣兴盛、精神上的独立自主,使党和人民的事业有最深厚的底气、最坚实的保障和最强大的力量。

中国式现代化是中国共产党领导的社会主义现代化,是马克思主义与中华优秀传统文化双向耦合的产物。中国式现代化道路在当代呈现出一个"新",属于当代的"新"道路,不是再版与翻版,而是崭新样板,不同于"国强必霸"的西式现代化道路,而是内蕴和平基因的现代化新路。中国式现代化道路其"新"在于"马魂、中体、西用"的有机统一,是马克思主义、中华优秀传统文化、西方现代化文明三者有机结合。中国式现代化作为现代化的崭新样板,是建立在中国共产党对马克思主义、中华优秀传统文化与西方现代化文明的主动把握与创新阐释基础之上的。没有对马克思主义进行中国化时代化的推进、没有对中华优秀传统文化进行创造性转化和创新性发展、没有对西方现代化文明的辩证吸纳,开辟中国式现代化道路的可能便无从产生。因此,处理好中华文化与世界文化、传统文化与现代文明的关系,主动把握"两个结合",是推进中国式现代化的重要支点。只有不断推动中华优秀传统文化创造性转化、创新性发展,充分发挥其在建设中华民族现代文明、推进中华民族伟大复兴中的重要作用,不断增强和提升文化自信,才能铸就中国式现代化的文化新形态。

---

① 《习近平在文化传承发展座谈会上强调:担负起新的文化使命　努力建设中华民族现代文明》,《人民日报》2023 年 6 月 3 日。

二、实现文化理想目标的文化自信和文化自强

文化是一个国家、一个民族的灵魂。文化也是现代化的灵魂，文化不强，现代化国家就无从谈起。复兴中华优秀传统文化、实现文化现代化、实现文化强国的理想目标，是由党的天然文化使命决定的。全面建设社会主义现代化国家，文化既要自信，更要自强，使之成为中华民族崛起的重要支撑。新时代新征程，我们要充分认识文化在中国式现代化建设中不可替代的重要地位和作用，以习近平文化思想为引领，大力推动社会主义文化强国建设实践，增强在推进中国式现代化进程中实现文化理想目标的必胜信心。

（一）坚定文化自信增强社会主义现代化国家文化软实力

"自信才能自强。有文化自信的民族，才能立得住、站得稳、行得远。"①在庆祝中国共产党成立 95 周年大会上的讲话中，习近平总书记明确提出"四个自信"，要求"全党要坚定道路自信、理论自信、制度自信、文化自信"②。任何一个有文化自觉意识的民族都会精心守护自己文化的成果，高度认同自己文化的价值，对自己文化的未来发展有着放眼世界的追求和信心，这种对自己民族文化价值和文化生命力确信的心理特征就是文化自信。文化自信绝非对自己文化的盲目遵从而忽视其历史局限性，绝非一味赞美而罔顾其中显见的缺陷，文化自信首先需要增强文化自觉和主动，清楚地了解自己的文化并自觉承担起文化责任。

文化自信是更基本、更深沉、更持久的力量。要建成社会主义现代化强国，没有文化的繁荣兴盛和高度的文化自信是难以进行的，没有深厚的文化底蕴和兴盛的文化加持，中国式现代化势必像空中楼阁。近代以来，中华民族从

---

① 《习近平关于中国式现代化论述摘编》，中央文献出版社 2023 年版，第 113 页。

② 习近平：《在庆祝中国共产党成立 95 周年大会上的讲话》，人民出版社 2016 年版，第 12 页。

民族危亡走向民族复兴的历程，正是中华优秀传统文化重焕生机、走向复兴的历程。百余年来，我们党始终以高度的文化自觉自信，把建设民族的科学的大众的中华民族文化作为自己的使命，在持续奋斗中传承和弘扬了中华优秀传统文化，创造了革命文化和社会主义先进文化，在不断探索中找到了对待传统文化和外来文化的智慧与方法。中华民族从此走出文化迷茫，重振文化自信，开启了中国式现代化道路新篇章。

"软实力"这一概念，由美国哈佛大学教授约瑟夫·奈首创。这一概念自提出以来，就受到越来越多国家和地区的重视。文化软实力的提升能够为国家发展提供精神动力和智力支持，对内凝聚强大合力，对外向世界展示国家形象。任何一个国家的现代化发展进程，既是经济总量、科技力量、军事力量等国家硬实力提高的进程，也是思想文化、价值观念等国家软实力提高的进程。中国国家文化软实力的日益提升，对不断拓宽中国式现代化道路具有重要作用，其中集中体现为中华文化的繁荣兴盛，增强了中国式现代化现实场域建构的文化力量，为实现中华民族伟大复兴凝聚起强大的精神力量。中国特色社会主义文化源自中华优秀传统文化、熔铸于革命文化和社会主义先进文化，汲取了世界文明有益成果。而从中国式现代化道路的生发逻辑来看，中国特色社会主义文化的繁荣发展，是其开创、推进和拓展的重要保障。习近平文化思想作为中国特色社会主义文化的最新理论表达，不仅对新时代中国特色社会主义实践经验在文化层面作出系统总结，更是在本质上关涉对中国式现代化道路的理论认识问题，让我们有了更加深厚的理论底气和更加坚定的历史自信来思考"如何走好自己的路"，进一步夯实了坚持中国式现代化道路的文化自信之基。

（二）推进文化自强、增强民族复兴的精神力量

党的十八大以来，我们党提出"五位一体"总体布局，强调文化建设是灵魂。党的十九届五中全会明确提出，到 2035 年建成文化强国，使文化建设居

于基础和前提的地位。党的二十大报告又指出,"全面建设社会主义现代化国家,必须坚持中国特色社会主义文化发展道路"①。这再一次强调了文化在中国式现代化道路中、在建设社会主义现代化国家中的重要地位。同时党的二十大首次提出"文化自信自强"这一重大论断。党的发展战略与奋斗目标的变化,折射出我国文化建设取得了历史性成就和发生了历史性变革,充分彰显出我们的文化自信自强,进而指引中国式现代化道路发展的正确方向。中国式现代化是全面发展、全面进步的事业,而在世界百年未有之大变局下,文化赋能社会主义现代化强国的内生活力作用愈加凸显。因此,推进文化自信自强是中国特色社会主义现代化国家建设事业的重要一维,也是凝聚中华民族伟大复兴精神力量的本质性要求。

中国式现代化是近代以来中国人民孜孜以求的目标,也是中华民族伟大复兴中国梦进入新阶段的时代体现。中国式现代化的一个突出特色就是物质文明和精神文明相协调,既要物质财富极大丰富,也要精神财富充裕富足,实现"两个文明"协调的"高度的文明"新图景。早在革命战争时期,毛泽东就指出:"我们共产党人,多年以来,不但为中国的政治革命和经济革命而奋斗,而且为中国的文化革命而奋斗;一切这些的目的,在于建设一个中华民族的新社会和新国家。在这个新社会和新国家中,不但有新政治、新经济,而且有新文化。""建立中华民族的新文化,这就是我们在文化领域中的目的。"②可以看出,中国共产党是一个具有强烈历史担当和高度文化自觉的马克思主义执政党,始终将文化作用和精神力量放在国家发展的重要位置,致力于建设一个文化繁荣、文明兴盛的社会主义现代化国家。当前,我们所面临的机遇和挑战也在发生着变化,反映在文化领域,依然面临着国内文化发展不平衡不充分、国际话语权与综合国力不匹配的问题。因此,推进文化自强,就是要在习近平文

---

① 习近平:《高举中国特色社会主义伟大旗帜　为全面建设社会主义现代化国家而团结奋斗——在中国共产党第二十次全国代表大会上的报告》,人民出版社 2022 年版,第 42 页。

② 《毛泽东选集》第二卷,人民出版社 1991 年版,第 339 页。

化思想引领下，遵循中国特色社会主义文化建设规律，筑牢国家富强、民族振兴、人民幸福的精神基础，厚植推进中国式现代化、建设社会主义文化强国的文化底气。

建设社会主义文化强国，既是中国共产党文化建设理论和实践探索的历史必然，也是实现中华民族伟大复兴的时代要求。事实证明，只有一个国家的文化具有吸引力、影响力和感召力，才能让其他国家真实立体全面地认识和理解它。对于中国日益走向世界舞台中央，我们要有自信心和使命感，尤其是在经济强起来的基础上，文化上也要呈现自信自强的姿态。真正以文化的方式让世界理解中国式现代化道路，是一条具有普遍世界意义的和平发展新路。可以说，中国式现代化道路不仅打上了中华文化自信自强的烙印，创造了引领中国发展实践的文明新形态，也为人类文明发展提供了一种新的路径选择。

总之，从"文化自信"到"文化自信自强"，反映了中国共产党对实现文化理想追求的高度自觉和主动。坚定文化自信自强，事关国运兴衰，事关民族复兴，只有将文化自信自强融入中国特色社会主义现代化国家建设事业的各个方面，才能充分发挥文化建设的独特功能，展现出中国式现代化道路的文化气度，铺就中华民族伟大复兴的浑厚底色。

三、解脱西方文明困顿的文化解答和文明重塑

当前，先行型现代化国家陷入现代性困境且无力解决，由西方开启的现代化道路受到了来自实践和价值等诸多方面的挑战，在世界整体内在发展张力面前最终跌下神坛。同时，依赖西方现代化模式的后发型国家在建设现代化时，因其现代化模式没有契合本国具体国情，最终陷入发展困境或以失败告终。实现现代化是世界各国的共同愿望，后发型国家如何摆脱西方现代化困境？如何走向现代化？这不仅是一个实践课题，也是一个时代课题，更是一个世界课题。中国式现代化道路，就是在此困境与迷茫中探索出的一条适合中国国情的现代化新路。这条新路不仅让我们成功找到了中国推进强国建设、

实现民族复兴的正确途径,而且也为全球提供了一种全新的现代化道路选择。

(一) 中华文明对西方文明的超越

在人类文明视野下,西方文化影响下的现代化道路并非科学之途。西方文化的本质是以资本为中心、以个体人的利益为中心,其现代化隐藏着"西方中心主义"和"殖民主义"两大痼瘴。早在 16 — 18 世纪,葡萄牙、西班牙、荷兰、英国等欧洲国家,特别是被称为"日不落帝国"的英国,在美洲、非洲和亚洲等地进行血腥的领土扩张和殖民掠夺,为西方资本主义发展提供了重要原始积累。正如马克思在《资本论》中所说:"资本来到世间,从头到脚,每个毛孔都滴着血和肮脏的东西。"[①]西方现代化的对外扩张逻辑,是欧洲历史传统、宗教文化和资本固有本性叠加而造成的,西方资本主义国家通过对外殖民、掠夺的方式实现自身现代化,完全与世界各国的利益相悖,违背了时代潮流。

中华文明具有强大持久的生命力,博大精深又源远流长,绵延五千年而生生不息,同时它又是开放包容的,既能传承优秀传统文化坚守立场,又能秉持开放态度吸纳万物,其中包含着丰富的历史智慧和治国理政思想。基于中华文明的中国式现代化道路,充分运用了中华民族五千多年来积累的伟大智慧,集合了人与人、人与自然、人与社会以及国家和国家之间各方利益的最大公约数,为人类谋进步、为世界谋大同,实现了对西方现代化"单向度"发展模式的反思和超越。中国式现代化道路摒弃了西方现代化所遵循的生产力发展单纯受资本宰制的陈旧逻辑,打破了"西方化＝现代化"的发展迷思,有效规避了西方现代化道路的内在困境,开创了坚持以人民为中心、全体人民共同富裕、物质文明和精神文明相协调、人与自然和谐共生、和平发展的现代化,为其他走向现代化的国家提供理论借鉴和文化启迪。英国著名学者马丁·雅克就认为,中国为世界提供了一种"新的可能",这就是摒弃丛林法则、不搞强权独

---

① 《马克思恩格斯文集》第 5 卷,人民出版社 2009 年版,第 871 页。

霸、超越零和博弈,开辟一条合作共赢的文明发展新道路。

总之,中国开辟了一条避免西方现代性各种弊端的新型道路,坚决不走通过殖民、掠夺、战争给广大发展中国家人民带来深重苦难的现代化老路。这条现代化新路不仅对中华民族伟大复兴至关重要,还对人类文明发展产生重大影响,不仅开出了文明之花,还结出了文明之果,创造出了人类文明新形态,为人类走向现代化树立了文明典范、提供了全新选择。中国式现代化创造的人类文明新形态,蕴含着丰富的中国哲学、中国智慧和中国力量,既是中华文明在新时代的生长点,也重构了世界文明史的现实格局。

(二) 中国话语对文明形态的重塑

国家话语是一个国家价值观念、文化传统、核心理论等的语言表达。党的十八大以来,以习近平同志为核心的党中央一直强调,要加快构建中国式现代化对外话语体系,提升国际传播话语能力。中国话语中对中国道路、中国理论、中国制度、中国文化的阐释和表述,在历史的淬炼和拷问下形成了一整套具有中国气派的话语体系,为中国的发展提供更具解释力和支撑力、国际感召力和影响力的阐释话语。经过一百多年的发展,我国实现了从"站起来""富起来"到"强起来"的伟大飞跃,在建成社会主义现代化强国进程中,中国式现代化道路越来越成为引领世界发展的新潮流,越来越多的中国方案、中国主张成为国际共识。但从目前我国与西方的交流交锋过程来看,在话语体系及其话语权方面,总体态势依然是"西强我弱",国际上依旧对中国的发展及中国式现代化存在一些质疑和偏见。这是西方长期掌握"文化霸权"的结果,对中国式现代化的阐释和中华文明的传播极具不良影响。

提升国际话语权、提高中国话语的说服力,是全面建设社会主义现代化国家必须解决好的一个重大问题。在推进中国式现代化的进程中,只有不断提升国际话语权,勇于打破西方话语霸权的压制,争得国际话语权,才能有效塑造鲜明、立体、全面的中国国际形象,使中国真正成为世界舞台的"压舱石"。

因此,构建更加科学有力的话语体系以解读中国实践,讲好中国式现代化道路的故事,对内必须注重用自己的语言将马克思主义的基本原理、基本观点通俗化和具体化,使之更好地被人民大众所理解、所接受。只有这样,马克思主义理论才能更好地融入中国、融入时代,并指导中国式现代化的具体实践。对外必须讲好中国故事、展现中国形象,让世界进一步读懂中国,读懂中国的和平发展和国际主张,传递出友好文明的中国信号,增强中华文化感召力、中国形象亲和力、国际舆论引导力,形成同我国现代化发展程度和国际地位相匹配的国际话语权。在未来国际舞台,谁的话语体系更具道义感召力和思想穿透力,谁的话语就能传播开来,就能吸引人。因此,只有中国话语体系强起来了,中国道路、中国方案、中国理念才能被更多国家理解和接受,中国式现代化道路才能越走越宽、越走越坦。

在全球化时代,构建全球视野下的中国话语体系,既要充分认识"中国理论"对于中华民族伟大复兴的引领意义,又要科学阐明"中国道路"所具有的世界意义。中国只有将自己的发展优势转化为话语优势,才能向世界贡献出中国智慧、中国方案,携手创造一个和平、发展、公平、正义、民主、自由的美好世界。如今,越来越多国家对中国的认识发生了改变,认识到中国式现代化道路对世界发展有巨大贡献意义:中国式现代化道路不仅为人类贡献新的发展方式,而且把自己创造的文化成果奉献给世界,推动文明交流互鉴,极大拓展了人类文明发展路径,为人类文明的继续前行持续注入信心和动力。

总之,中国式现代化道路的生成浸润着深厚的文化因素,它根植中华优秀传统文化、依托革命文化、立足中国特色社会主义先进文化,积极主动吸收借鉴国外优秀文明成果的精髓。只有深刻理解蕴藏于中国式现代化中的文化基因,才能把握其生成底蕴和发展逻辑,也只有从文明意蕴、文明叙事的逻辑层面上把握中国式现代化,才更有助于增强人类文明新形态的感染力、传播力和引领力。

第五章　学理阐释:中国式现代化道路的内涵特质

习近平总书记在党的十九届六中全会上明确提出"中国式现代化道路"这一重要论断,并在党的二十大上首次以"中国式现代化"为命题,系统阐述了中国式现代化的中国特色与本质要求。习近平总书记指出,中国式现代化是人口规模巨大的现代化,是全体人民共同富裕的现代化,是物质文明和精神文明相协调的现代化,是人与自然和谐共生的现代化,是走和平发展道路的现代化。同时强调,在前进道路上,我们要深刻把握中国式现代化的本质要求,坚持中国共产党领导,坚持中国特色社会主义,实现高质量发展,发展全过程人民民主,丰富人民精神世界,实现全体人民共同富裕,促进人与自然和谐共生,推动构建人类命运共同体,创造人类文明新形态。这一系列重大论断打破了西方对现代化话语体系的垄断,进一步深化了对中国式现代化的内涵和本质的认识。

第一节　中国式现代化道路的中国特色

中国悠久的文化基因、特殊的历史进程、独特的基本国情,决定了中国的现代化是具有中国特色的现代化道路。中国共产党在不断探索执政规律、总结执政经验的基础上,深化拓展了对"中国式现代化"内涵的认识,明确了我国的现代化是人口规模巨大、全体人民共同富裕、物质文明和精神文明相协调、人与自然和谐共生以及走和平发展道路的现代化。

一、人口规模巨大的现代化

人口规模巨大是中国式现代化的首要特色,也是中国式现代化与其他国家现代化之间的一个显著区别。人口因素作为国家构成的基本要素之一,其规模、结构、质量不仅对于一国经济社会发展有着重要的影响和作用,而且是一国实现现代化的重要衡量标准。区别于西方现代化仅仅是人口占少数的资产阶级现代化,中国式现代化更加突出人口规模巨大这一基本特征,既体现了中国共产党对于现代化发展规律认识的创新超越,也体现了中国共产党矢志不渝的奋斗初心。

(一)人口规模巨大为中国现代化发展提供机遇

人口作为一种资源优势,其中蕴含了巨大的力量:人口规模巨大意味着我们在建设现代化过程中拥有庞大的人口资源红利和广阔的消费市场。根据2021年5月11日国务院新闻办发布的2020年第七次全国人口普查数据显示:全国人口为1443497378人,其中普查登记的大陆31个省、自治区、直辖市和现役军人的人口共1411778724人;香港特别行政区人口为7474200人;澳门特别行政区人口为683218人;台湾地区人口为23561236人。①

从经济角度来看,庞大规模的人口既能在推动生产力发展的过程中创造巨大的物质财富,也能扩大消费需求从而进一步促进市场发展。改革开放以来,人口规模巨大带来的充足劳动力,推动了我国全产业体系建设的完善发展,使中国成为世界唯一拥有全种类工业体系的国家,并且通过14亿多人口

① 参见国家统计局:《第七次全国人口普查公报(第二号)》,2021年5月11日,http://www.stats.gov.cn/xxgk/sjfb/zxfb2020/202105/t20210511_1817197.html。

红利释放市场规模效应,带来了生产、流通、交换、消费环节全方位贯通,为我国构建双循环新发展格局提供了有力支撑。同时,庞大的人口资源也带来了充足的思想资源和创新资源,并通过合理运用进一步促进了我们的生产创新。一方面,推动我国高新科技通过"集智"实现技术突破,打破科技壁垒;另一方面,通过对中华优秀传统文化的"革新",进一步"激活"了中华优秀传统文化内生创造力和创新力,实现了文化产业和文化事业的繁荣发展。

从社会发展角度来看,不断提高的整体教育水平和预期寿命,能够有效推动我国逐渐将人口数量的绝对优势转化为人口质量的提升。新中国成立初期,我国人均预期寿命仅有 35 岁,80% 的人口都是文盲。[①] 七十多年来,尤其是改革开放四十多年以来,中国经济实力和社会发展实现了跨越式腾飞。特别是党的十八大以来,以习近平同志为核心的党中央带领全国人民攻克了绝对贫困的历史性问题,实现了第一个百年奋斗目标,公共卫生体系、医疗服务体系越发完善,社会保障体系覆盖越发全面,人均预期寿命增加至 78.2 岁,15 岁及以上人口文盲率下降至 2.67%。[②] 人口文化素质结构不断改善,不仅人们寿命变长,而且人口质量也在不断提升,人口质量的提升意味着能够带来更多更高质量的劳动力,从而促进我国产业发展由中低端劳动密集型产业向高科技原创性产业转型升级,由此形成劳动力质量提升—生产力发展加快—收入水平提高—消费能力增强—促进市场发展—消费需求升级—劳动力提质的良性循环。

（二）人口规模巨大对中国现代化发展带来挑战

人口规模巨大意味着我们在建设现代化的征程上拥有庞大的人口资源红

---

① 参见国家统计局:《人口总量平稳增长 人口素质显著提升——新中国成立 70 周年经济社会发展成就系列报告之二十》,2019 年 8 月 22 日,http://www.stats.gov.cn/sj/zxfb/202302/t20230203_1900430.html。

② 参见国家统计局:《第七次全国人口普查公报(第六号)》,2021 年 5 月 11 日,http://www.stats.gov.cn/sj/zxfb/202302/t20230203_1901086.html。

利和广阔的消费市场,但与此同时也面临着巨大的经济社会发展的挑战。首先,城乡区域发展差距。第七次全国人口普查数据显示,我国目前乡村的人口为 50979 万人,占总人口比重 36.11%①,农村人口占比依旧很大,但全国农民的人均可支配收入远远低于城市人均水平,这意味着城乡之间的发展差距问题依旧严峻,收入差距、区域发展差距问题依然突出。其次,资源环境承载压力。从第七次人口普查数据来看,我国人口规模在短期内不会发生根本性变化,但随着人们对美好生活需要的要求不断提高,人们对于资源的索取会持续增长,粮食、能源、环境承载等都将面临巨大的压力,对于我们在现代化过程中处理好经济发展和环境保护之间的关系提出了巨大挑战。最后,人口结构变化。随着生育率的不断降低,我国逐渐步入人口老龄化快速发展阶段,少子化和老龄化将会增加社会发展风险和负担。第七次全国人口普查数据显示,我国 2020 年总和生育率仅为 1.3%,60 岁及以上人口占 18.7%,65 岁及以上人口占 13.5%②,这对财政收支、就业发展、社保医疗等方面将会造成巨大影响。因此,要真正实现人口规模巨大的现代化,我们必须面对这些现实挑战采取有效应对措施。然而,如此规模巨大的人口实现现代化没有参考先例,没有现成模板,这也就注定了中国式现代化道路的独树一帜。

(三)人口规模巨大的中国式现代化实现对世界具有深远意义

根据历史发展规律,每个国家从传统迈向现代化的过程都需要一个很长的历史时期。我国作为一个后发现代化国家,底子薄弱、起步晚、生产力水平低,决定了我们要实现现代化需要付出比其他国家更大的努力。首先,中国用四十多年的时间从一个经济不发达、科技落后的贫穷国家发展成了如今世界

①　参见国家统计局:《第七次全国人口普查公报(第七号)》,2021 年 5 月 11 日,http://www.stats.gov.cn/sj/tjgb/rkpcgb/qgrkpcgb/202302/t20230206_1902007.html。

②　参见国家统计局:《第七次全国人口普查公报(第五号)》,2021 年 5 月 11 日,http://www.stats.gov.cn/sj/tjgb/rkpcgb/qgrkpcgb/202302/t20230206_1902005.html。

上最大的工业和农业生产国,实现了从贫穷到温饱再到全面小康的跨越式发展,使得占有全球人口比重 17.5% 的国家创造了人类发展历史上的一个奇迹。当今,全世界实现现代化的国家不超过 30 个、人口不超过 10 亿,中国致力于推进实现 14 亿多人口整体迈入现代化,作为人类发展历史上前无古人的壮举,将会彻底改写世界现代化版图,推动世界现代化重心由西向东转移。其次,推动如此巨大规模人口的国家在迈向现代化过程中取得了一个又一个开创性成就,我们用结果打破质疑,证明了中国式现代化道路的正确性,展示了中国特色社会主义制度的优越性,使科学社会主义在中国焕发出强大的生机活力。最后,中国作为世界上最大的发展中国家,实现人口规模巨大的现代化更具有世界范围内的示范意义。我们通过不走西方现代化的"老路",不走依附于西方实现现代化的"弯路",通过独立自主的艰苦探索,走出了一条区别于西方现代化发展的"新路",充分证明了只有符合本国实际的道路才是最适合自身现代化发展的道路,为世界广大发展中国家的现代化发展之路提供了全新选择。

总之,如此巨大人口规模的现代化,不仅是对西方现代化的超越发展,更是人类社会现代化发展史上独一无二的现代化。中国式现代化道路是在 14 亿多人口的巨大规模基础上实现中华民族的伟大复兴的必由之路,只有牢牢把握人口规模巨大这一特征,才能有效发挥人口红利,应对人口风险挑战,化挑战为机遇,实现中国式现代化的跨越式发展。

二、全体人民共同富裕的现代化

党的二十大报告指出:"中国式现代化是全体人民共同富裕的现代化。共同富裕是中国特色社会主义的本质要求,也是一个长期的历史过程。"[①]这一重要论述为我们指明了走中国式现代化道路的根本目标,凸

---

① 习近平:《高举中国特色社会主义伟大旗帜　为全面建设社会主义现代化国家而团结奋斗——在中国共产党第二十次全国代表大会上的报告》,人民出版社 2022 年版,第 22 页。

显了这条道路的社会主义性质,明确了这条道路是以全体人民共同富裕为鲜明底色。

(一) 全体人民共同富裕是社会主义本质要求的重要体现

百余年来,中国共产党始终把追求共同富裕的目标镌刻于中国式现代化道路的形成与发展之中。党的二十大报告明确指出了实现全体人民共同富裕在中国式现代化道路中的重要性和长期性。因此,要体现全体人民共同富裕,首先就要在覆盖范围上让全体人民都能过上美好的生活;其次要在涵盖领域上包括物质富裕、精神富足、生态美丽、社会和谐;再次要在实现路径上体现全民参与、全民共享;最后要在过程上体现为长远性目标与阶段性目的相结合。在马克思主义经典作家的论述中,共同富裕的提出就是对资本主义世界产生的两极分化现象所作的思考回应。马克思提出,在未来社会"生产将以所有的人富裕为目的"[①]。习近平总书记提出,新时代是"逐步实现全体人民共同富裕的时代"[②]。我国如期打赢了脱贫攻坚战、消除了绝对贫困、全面建成小康社会,以新的姿态昂首迈向全面建设社会主义现代化国家的新征程。面对新的历史起点,以习近平同志为核心的党中央更加重视共同富裕的有效落实,提出了把逐步实现全体人民共同富裕摆在更加突出的位置,作出了"十四五"规划末期全体人民共同富裕迈出坚实步伐,到2035年全体人民共同富裕取得更为明显的实质性进展,到本世纪中叶全体人民共同富裕基本实现的战略部署,充分体现了中国共产党在带领全国各族人民实现现代化的道路上,努力缩小城乡发展差距、区域发展差距、居民收入差距,把实现全体人民共同富裕作为体现社会主义本质要求的价值旨归。

---

① 《马克思恩格斯全集》第31卷,人民出版社1998年版,第104页。
② 《中共中央关于党的百年奋斗重大成就和历史经验的决议》,人民出版社2021年版,第23页。

（二）　在"共同"奋斗中逐步实现全体人民共同富裕

区别于西方现代化以剥削多数劳动者的个人利益来满足少数资本家对于剩余价值的疯狂攫取,中国式现代化道路把全体人民共同富裕作为其发展特色之一,意味着中国共产党绝不走西方"两极分化"的现代化老路和绝对平均主义的道路。习近平总书记多次强调,我们追求的富裕是全体人民的富裕,这是我们与西方资本主义国家追求少数人富裕最根本的不同。我们始终立足人民、扎根人民,高度重视人民主体地位、充分发挥人民首创精神,因此,要实现的共同富裕是14亿多中国人民的共同富裕,必须通过全体人民共同奋斗实现。全体人民共同努力一起实现共同富裕的目标,一方面,要不断解放和发展生产力,释放中国特色社会主义市场经济的内生活力;另一方面,要把经济"蛋糕"做得更大,通过与时俱进的政策措施、切实有效的制度安排,使"蛋糕"在做大的过程中也能惠及更多群体,让改革发展成果真实地共享给每一个参与人。同时,要不断扎实推进高质量发展,以高质量发展缩小地区发展差距、城乡发展差距、居民收入分配差距等;要切实有效保障和改善民生,着力解决好医疗、就业、住房等人民群众急难愁盼问题;要完善分配制度,规范各类平台企业健康发展,正确认识和把握资本的特性和行为规律,防止垄断和资本的无序扩张,以此推动全体人民共同富裕取得更为明显的实质性进展。

（三）　在"富裕"增长中逐步实现全体人民共同富裕

随着改革开放四十多年的发展,通过不懈的努力,我们在共同富裕的道路上取得了辉煌成绩,经济上实现了快速繁荣发展,成为当今世界第二大经济体,生产力不断解放发展,人民生活水平得到显著提高。党的十八大以来,在习近平总书记的领航掌舵下,中国共产党团结带领人民共同奋斗,在实现全体人民共同富裕的中国式现代化道路上取得了伟大胜利,如期全面建成小康社会,历史性地解决了绝对贫困问题。在党的二十大报告中,习近平总书记指出："我们坚持精准扶贫、尽锐出战，打赢了人类历史上规模最大的脱贫攻坚战，全国八百三十二个贫困县全部摘帽，近一亿农村贫困人口实现脱贫，九百六十多万贫困人口实现易地搬迁，历史性地解决了绝对贫困问题，为全球减贫事业作出了重大贡献。"①全面脱贫的如期实现，意味着我们朝着共同富裕迈出了关键性一步，也意味着我们整体更加富裕，人民群众生活水平得到极大提升，老百姓对于需要的领域和内涵也在不断扩大，既对物质文化需要有更高层次的追求，也对民主、法治、公平、正义、安全、环境等方面有了更加多样化的需要。旧需要的迭代提升，新需要的逐步出现，使得我们必须在既有"富裕"的增长下，在满足人民群众对各方面更高质量需要的要求中，逐步实现全体人民共同富裕。首先，要不断完善社会主义基本经济制度，发挥社会主义生产力和生产关系的优越性以及凸显分配方式在财富分配中的重要作用，毫不动摇地巩固和发展公有制经济，毫不动摇地鼓励、支持、引导非公有制经济发展，以此推动全体人民共同富裕的美好愿景逐步实现。其次，在做大"蛋糕"、做高质量"蛋糕"的过程中，发挥好分配制度的作用，坚持多劳多得，提高劳动报酬在初次分配中的比例，同时健全多要素分配机制，发挥再分配与第三次分配的调节作用，为逐步实现全体人民共同富裕打下坚实的基础。最后，引导人人都参与到共建共享发展的过程中来，坚持全民共享、全面共享、共建共享，发挥广大人民群众的主动性、积极性和创造性，鼓励共同奋斗、勤劳致富、创新致富，通过先富带后富、先富帮后富，最终实现全体人民共同富裕。

三、物质文明和精神文明相协调的现代化

习近平总书记指出，"中国式现代化是物质文明和精神文明相协调的现

---

① 习近平：《高举中国特色社会主义伟大旗帜　为全面建设社会主义现代化国家而团结奋斗——在中国共产党第二十次全国代表大会上的报告》，人民出版社2022年版，第7—8页。

代化"①。中国式现代化道路强调物质和精神两者的协调发展,着力突出人民群众物质生活水平和精神生活水平的同步提升,始终强调物质力量和精神力量同步增强,避免了走向西方现代化重物质发展而轻视精神文明所导致的精神空虚、信仰动摇、价值观迷失的邪路。

（一）物质文明发展为中国式现代化道路打下坚实物质基础

国家蒙难、民族蒙羞、文明蒙尘的中国近代屈辱史,留给我们深刻的血泪经验:没有坚实、先进的物质文明,就要挨打受欺负。一个国家和民族如果没有强大的物质文明基础就会缺乏屹立于世界的根基,就会缺乏抵御、防范各类风险挑战的物力底气。中国共产党以史为鉴,在新中国成立后大力发展经济,不断积累物质基础,以增强我国经济实力。特别是改革开放以来,我们在"以经济建设为中心"的基本路线指导下,创造了经济快速发展和社会长期稳定两大奇迹,用极短的时间走完了西方百年工业化历程,经济总量快速增加,成为世界第二大经济体,经济实力、军事实力、科技实力、综合国力等得到显著提升,为坚持和发展中国特色社会主义、实现中华民族伟大复兴奠定雄厚物质基础。到2019年新冠疫情前,我国人均国民总收入（GNI）突破10000美元大关,居民恩格尔系数为28.2%,连续八年下降,已达到联合国20%—30%的富足标准。特别是2020年我们在以习近平同志为核心的党中央带领下,如期全面建成小康社会,历史性地解决了绝对贫困问题,人民生活水平得到巨大提升,物质条件得到显著改善。同时,我国深入实施创新驱动发展战略,坚定不移走中国特色自主创新道路,大力建设创新型国家和科技强国,科技事业发生了历史性、整体性变化,成功进入创新型国家行列。随着中国科技实力的不断增强,中国进入"互联网+"和移动媒体发展新时代,信息化生活日趋普及,人

---

① 习近平:《高举中国特色社会主义伟大旗帜 为全面建设社会主义现代化国家而团结奋斗——在中国共产党第二十次全国代表大会上的报告》,人民出版社2022年版,第22页。

们不仅在物质上的需求得到个性化、多样化满足,自我的精神需求也获得极大满足。新征程上,我们必须牢牢抓住经济建设这个中心,继续把改革推向深入,完整、准确、全面贯彻新发展理念,着力推动高质量发展,为中国式现代化道路积累更加坚实的物质基础。

(二) 精神文明发展为中国式现代化道路提供精神力量

全面建设社会主义现代化国家,是物质文明和精神文明均衡发展、相互促进的结果,是物质文明和精神文明比翼齐飞的发展过程。在重视物质文明提升推动经济社会高质量发展的同时,全面推进精神文明,推动社会主义文化大发展大繁荣,也是以习近平同志为核心的党中央关注的重要方面。习近平总书记指出:“一个没有精神力量的民族难以自立自强,一项没有文化支撑的事业难以持续长久。”①当前,世界百年未有之大变局加速演进,我国发展面临着国内外环境的深刻复杂变化,我们比以往任何时候都更加需要思想的引领、文化的滋养、精神的支撑。建设社会主义精神文明,既是中国特色社会主义的重要特征,更是新时代推进和发展中国式现代化的重要内容。改革开放以来,中国共产党根据“两手抓、两手都要硬”的战略方针,创造性地提出了建设社会主义精神文明的战略任务,把精神文明建设纳入现代化建设总体布局。进入新时代,中国共产党以高度的责任感和使命感推进精神文明建设,始终坚持积极发展社会主义先进文化,弘扬革命文化,传承中华优秀传统文化,重视社会主义精神文明建设,坚持以“两个结合”推动中华优秀传统文化创造性转化、创新性发展,创作出了一大批弘扬正气、鼓舞斗志、振奋人心、涵养灵魂的优秀作品。文化事业和文化产业繁荣发展,人民与日俱增的精神文化需求不断得到实际满足,精神世界更加充实,为中国式现代化道路的发展注入了强大的精神力量。

---

① 《习近平谈治国理政》第一卷,外文出版社 2018 年版,第 52 页。

(三) 物质富足、精神富有是社会主义现代化的根本要求

马克思指出:"物质生活的生产方式制约着整个社会生活、政治生活和精神生活的过程。"①物质和精神作为中国式现代化的一体两面,彼此是相互促进的共生存在。物质文明是精神文明的基础,为精神文明发展提供必要的物质前提和条件;精神文明对物质文明有重要的反作用,为物质文明提供重要支撑。中国共产党在领导中国式现代化的进程中,深刻认识到"物质贫困不是社会主义,精神贫乏也不是社会主义"②。改革开放以来,我们党创造性地提出了物质文明和精神文明"两手抓、两手都要硬"的战略方针,强调必须坚持一手抓物质文明建设,一手抓精神文明建设。邓小平指出:"我们要建设的社会主义国家,不但要有高度的物质文明,而且要有高度的精神文明。"③新时代,我国的主要矛盾发生了重要变化,人民对于物质与精神的需要有了更高层次的要求,在追求更好的物质生活的同时,对精神上的需要有了更多的重视。以习近平同志为核心的党中央在推进中国式现代化发展的进程中,致力于实现物质文明和精神文明协调发展,把精神文明建设贯穿于中国特色社会主义现代化建设全过程、渗透在社会生活的方方面面,既重视物的全面丰富,又强调人的全面发展,既追求物质财富的富足,也重视精神世界的丰裕,充分体现了物质富足、精神富有是社会主义现代化的根本要求。

四、人与自然和谐共生的现代化

"尊重自然、顺应自然、保护自然,是全面建设社会主义现代化国家的内

---

① 《马克思恩格斯文集》第 2 卷,人民出版社 2009 年版,第 591 页。
② 习近平:《高举中国特色社会主义伟大旗帜 为全面建设社会主义现代化国家而团结奋斗——在中国共产党第二十次全国代表大会上的报告》,人民出版社 2022 年版,第 22 页。
③ 《邓小平文选》第二卷,人民出版社 1994 年版,第 367 页。

在要求。"①人与自然和谐共生的现代化,是中国共产党在长期执政过程中得出的经验总结,也是共产党人不走西方先污染后治理的现代化发展模式的生态自觉。进入新时代以来,以习近平同志为核心的党中央特别突出了生态文明建设在中国式现代化建设中的重要性,作出了一系列重大战略部署,我国生态环境保护发生翻天覆地的变化。一条人与自然和谐共生的现代化发展道路,对于筑牢中国式现代化的绿色根基,实现中华民族千年永续发展具有重大意义。

(一) 主动超越:后发型现代化的经验总结

在西方资本主义国家迈向现代化的历史进程中,由于资本天然的逐利性,资本主义国家通过向自然掠夺占有、过度索取来获取利益。特别是资本主义社会进入工业时代,现代机器的创造为人类发展带来巨大便利,人类对大自然的征服欲越加强烈。西方资本主义国家对于自然界无节制的过度开发,虽然在一定程度上加快了西方实现工业化、城镇化的进程,但最终导致了居住环境污染、生态环境破坏和居民健康危机等重大问题。据统计,自 1700 年以来,全球约 1/3 的农田已经退化,约 87% 的内陆湿地已经消失,1/3 的商业渔业资源被过度捕捞;人类每年平均失去的生态系统服务价值超过全球经济总产值的 10%;生态系统退化已经影响了约 32 亿人的福祉,占世界人口的 40%;空气污染每年造成约 700 万人早逝,占所有死亡人数的 1/9。② 地球孕育了人类,人类在大自然中生存。人与自然是生命共同体,无止境地向自然索取甚至破坏自然,必然遭到大自然的报复。改革开放后,为了加快经济发展,在一段时期内我们也曾忽视对环境问题的重视,不同程度地面临着环境恶化问题,但随着

---

① 习近平:《高举中国特色社会主义伟大旗帜　为全面建设社会主义现代化国家而团结奋斗——在中国共产党第二十次全国代表大会上的报告》,人民出版社 2022 年版,第 49—50 页。

② 数据源于联合国环境规划署网站:2022 世界环境日"只有一个地球"事实和数据, https://www.worldenvironmentday.global/?x=11。

我国发展的进步,对于生态环境建设的认知不断深入,和谐共生理念也逐渐发展成熟。我们基于人口规模巨大、资源相对不足且分布极其不均匀、环境承载力较弱、部分资源对外进口依赖程度高的基本国情,摒弃了西方国家"高消耗高污染、先污染后治理"的现代化老路,实现了后发现代化国家的主动超越,走上了人与自然和谐共生的现代化新路。

(二) 生态自觉:建设美丽中国的主动选择

习近平总书记指出:"我们要建设的现代化是人与自然和谐共生的现代化,既要创造更多物质财富和精神财富以满足人民日益增长的美好生活需要,也要提供更多优质生态产品以满足人民日益增长的优美生态环境需要。"①党的十八大以来,我国将生态文明建设视作实现民族永续发展的千年大计,把"美丽中国"纳入社会主义现代化强国目标,坚持目标导向和问题导向,团结带领全国各族人民在生态文明建设领域稳扎稳打,把生态文明建设纳入"五位一体"总体布局,把坚持人与自然和谐共生纳入新时代坚持和发展中国特色社会主义的基本方略,构建"绿水青山就是金山银山"的生态价值理念。这一系列对生态建设的顶层设计,深刻回答了为什么建设生态文明、建设什么样的生态文明、怎样建设生态文明等一系列重大理论和实践问题,充分体现了以习近平同志为核心的党中央高度的生态自觉。中国式现代化是走"保护环境、节约资源"的可持续发展道路,也是既要金山银山又要绿水青山的现代化道路。习近平总书记指出:"生态环境保护和经济发展是辩证统一、相辅相成的,建设生态文明、推动绿色低碳循环发展,不仅可以满足人民日益增长的优美生态环境需要,而且可以推动实现更高质量、更有效率、更加公平、更可持续、更为安全的发展,走出一条生产发展、生活富裕、生态良好的文明发展道路。"②这一重要论述明确了经济发展和生态环境保护之间的关系,为中国式

---

① 《习近平谈治国理政》第三卷,外文出版社 2020 年版,第 39 页。
② 《习近平谈治国理政》第四卷,外文出版社 2022 年版,第 361 页。

现代化道路注入更加深刻的内涵,为实现人与自然和谐共生的现代化,指明了发展方向、提供了价值遵循。

（三）大国担当:全球环境治理的中国贡献

唯物辩证法认为,联系具有普遍性,万事万物都处在普遍联系之中。人与自然之间,就是相互联系、相互影响的有机体。数万年来人类在大自然中生存,向大自然索取,自然界为人类提供各种资源,两者紧密联系在一起。人类在认识世界和改造世界的发展过程中,创造出自然生产难以企及的物质财富,但由于无休止地掠夺自然资源用于人类发展,也相应地造成了对自然界的破坏。从全球范围看,极端气候频率越来越高、生物多样性逐年减少、温室效应导致海平面逐年上升、土地荒漠化加剧等问题越发严峻。中国人民在现代化建设中,尊重自然、顺应自然、保护自然,坚定不移走人与自然和谐共生的现代化道路,用自己的行动向世界展示这条全新的现代化道路的正确性。党的十八大以来,我国加快推进生态文明顶层设计,着眼制度与政策的保障落实,相继出台了《关于加快推进生态文明建设的意见》等四十多项涉及生态文明建设的改革发展方案,全面系统地对生态文明建设进行了部署落实。通过制定严格的法律规章制度和政策,对山水林田湖草沙进行一体化保护和系统治理,健全现代环境治理体系,建立生态产品价值实现机制,完善生态保护补偿制度,为生态文明建设提供了制度保障。走人与自然和谐共生的现代化道路,不仅是实现中国自身现代化发展的需要,同时也是中国肩负着的大国责任担当。2012—2022 年,我国成为全球"增绿"的主力军,其中,植树造林占全球人工造林的 1/4 左右,单位 GDP 二氧化碳排放量累计下降了大约 34%,森林碳汇增长 7.3%,风电、光伏发电等绿色电力的装机容量和新能源汽车产销量都居世界第一,我国可再生能源装机规模已突破 11 亿千瓦,稳居世界第一。在习近平生态文明思想的指引下,我国生态环境质量明显改善,绿色家底越来越厚,我们的天更蓝、山更绿、水更清。地球只有一个,建设绿色家园是人类的共同梦想,中国积极参与应对气候变化的全球治理,并且主动承担大国责任,率先提出中国力争 2030 年前实现碳达峰、2060 年前实现碳中和。这是中国在现代化道路上对世界所作出的发展承诺,也是为世界生态环境发展所展现的中国担当。当前,国际社会正积极落实 2030 年可持续发展议程,但与此同时,世界各国仍面临许多严峻挑战。我们向世界倡导人与自然和谐共生的生态发展理念,是具有中国特色的社会主义绿色理念,不仅丰富了现代化的绿色内涵,更在自身经济发展的同时,为世界各国面对全球环境危机等现实问题,提供了如何有效实现生态环境保护与经济协调发展的中国方案。

五、走和平发展道路的现代化

习近平主席在德国科尔伯基金会的演讲中指出:"中国走和平发展道路,不是权宜之计,更不是外交辞令,而是从历史、现实、未来的客观判断中得出的结论,是思想自信和实践自觉的有机统一。"①中华民族是珍视和平、爱好和平的民族,五千多年的历史文明积淀让和平、和睦、和谐的烙印,深深地镌刻进中华民族的精神基因中。中国式现代化是走和平发展道路的现代化,和平发展的宣言既是中国进入新发展阶段对世界的承诺,也是当前世界进入动荡变革期,对人类社会何去何从的中国回应。

(一) 中国人民珍视和平真实情感的直观表达

悠久的中华历史文化孕育出了传承千年的中华民族,中国自古就有"国虽大,好战必亡"②的箴言。特别是在中国悠久的农耕文明下,小农经济带来的稳定成熟的家国体系和儒家文化的浸润,为中国古代社会带来了长期稳定的发展,同时铸就了中华民族淳朴至善、勤劳勇敢、爱好和平的内在基因,和平发展成为世代传承的真实情感。1840 年鸦片战争爆发,西方资本主义国家用

---

① 《习近平谈治国理政》第一卷,外文出版社 2018 年版,第 267 页。
② 《司马法·仁本》。

坚船利炮"撞开"中国近代化的大门,中国持续千年的稳定社会结构被打破,之后无数列强对中国烧杀抢掠、恣意侵占,国家蒙辱、人民蒙难、文明蒙尘,百年屈辱让中华民族和中国人民陷入深深的痛苦深渊。渴望和平、渴望安宁、渴望国家独立、渴望人民幸福成为广大中华儿女的心愿,无数仁人志士走上了探索民族独立、人民解放的救国之路,但由于自身阶级的局限性,皆未能改变中国的前途命运。中国共产党在历史的浪潮下应运而生,肩负起了实现民族独立、人民解放的历史重担,带领人民经过 28 年艰苦斗争,在 1949 年 10 月成立中华人民共和国,中国人民从此站了起来。新中国成立初期,以美国为首的西方资本主义国家为了将新中国政权扼杀在摇篮里,不惜使用各种手段,甚至以武力侵犯我国边界。为了捍卫国家领土尊严,我们拿起自卫武器,跨过鸭绿江,进行抗美援朝。中国在抗美援朝中付出了巨大牺牲和代价,最终赢得了胜利,切实维护了国家和民族的根本利益,使新中国的国际威望和地位得到空前提高,为新中国赢得了一个长期和平的建设和改革环境,为中国实现现代化腾飞营造了良好的国际环境。习近平总书记曾形象地指出,"战争是一面镜子,能够让人更好认识和平的珍贵"①。中国被侵略、被奴役、被残害的屈辱历史,清晰地记录在中华民族的发展史上,清晰地镌刻在人民英雄纪念碑的汉白玉上,在每一个中华儿女的记忆中难以磨灭,时时刻刻提醒着我们今天的和平来之不易,今天取得的成就来之不易。这也决定了当今的中国在迈向现代化的道路上,绝对不会走上西方发达国家扩张掠夺的老路,只会走和平发展的现代化道路。

(二) 中华传统"和合"理念的继承与发展

中华民族在千年文化传承积淀的沃土中孕育了崇尚和谐、热爱和平、推崇和合、追求大同的传统和平思想,并且这些理念世代相传延续至今,成为当今

---

① 《习近平谈治国理政》第二卷,外文出版社 2017 年版,第 446 页。

中国和平发展理念的思想渊源之一。正如习近平总书记所指出的："中国历史上曾经长期是世界上最强大的国家之一，但没有留下殖民和侵略他国的记录。我们坚持走和平发展道路，是对几千年来中华民族热爱和平的文化传统的继承和发扬。"①中华民族在"和合"理念的长期熏陶下，对世界和平、邻里和睦、社会和谐有着天然的向往和推崇。不论处于什么时代，中国始终没有走向对外殖民扩张的道路，不论其他国家、民族大小强弱，我们始终积极同他们开展对外经济文化交流。丝绸之路千年的延续，是我们同中亚地区在政治、经济、文化上交流的最好证明；郑和七下西洋，有效促进了中国同亚非地区相互了解、相互联系。中国共产党主动汲取中华优秀传统文化中的和平思想精华，并根据时代条件发展变化在继承过程中与时俱进，成功开创了中国式现代化和平发展道路。新中国成立后，我们在国际外交中创造性地提出和平共处五项原则，并得到世界大多数国家的认同，成为中国对外交往过程中始终践行的原则。党的十八大以来，中国特色社会主义进入新时代，以习近平同志为核心的党中央积极倡导构建合作共赢的新型国际关系，通过共建"一带一路"、参与全球生态治理、提供人道主义援助等，将现代化的发展成果更好地造福于世界人民，为人类和平发展贡献中国智慧。"和合"理念已经深入中华民族的血脉之中，成为一代又一代中国人的精神烙印。不管是人与人之间的交往，还是人与自然、国家与国家之间的交往，中国始终秉持"和合"理念，在处理对待分歧时始终坚持"和而不同"，在处理人与自然之间的关系时强调"和谐共生"，在处理国家关系时坚持"协和万邦"，崇尚和平的愿望深深烙印在中华民族的灵魂与血液中。

（三）　西方现代化发展进程的反思超越

习近平总书记指出："我国不走一些国家通过战争、殖民、掠夺等方式实

---

①　《习近平谈治国理政》第一卷，外文出版社 2018 年版，第 265 页。

现现代化的老路,那种损人利己、充满血腥罪恶的老路给广大发展中国家人民带来深重苦难。"①纵观整个西方现代化发展史,西方国家在现代化进程中利用殖民扩张的手段来实现自身现代化发展的原始积累,始终展现出霸权欺压、强取豪夺的特质。马克思曾痛斥西方资产阶级对殖民地的野蛮侵略,深刻指出:"当我们把目光从资产阶级文明的故乡转向殖民地的时候,资产阶级文明的极端伪善和它的野蛮本性就赤裸裸地呈现在我们面前,它在故乡还装出一副体面的样子,而在殖民地它就丝毫不加掩饰了。"②西方现代化从某种角度来讲,很大程度上是在对殖民地的掠夺和控制的基础上实现的,它不断向世界输出所谓的"现代化范式"来巩固其地位,使许多新兴独立国家为了实现现代化而落入西方现代化的陷阱之中,走上了依附于西方资本主义的现代化道路,导致这些国家不但没有成功迈向现代化,反而在现代化进程中陷入发展瓶颈。习近平总书记指出:"人类历史上没有一个民族、一个国家可以通过依赖外部力量、照搬外国模式、跟在他人后面亦步亦趋实现强大和振兴。"③中国共产党通过对西方现代化发展进程的借鉴与反思,带领中国人民成功走出的中国式现代化道路是独立自主之路、和平发展之路、合作共赢之路。这条和平发展的道路摒弃了以侵略扩张、剥削压迫、殖民掠夺为特征的西方现代化道路,摒弃了依附西方、依靠西方的现代化发展道路,实现了对西方现代化发展模式的超越,为人类实现现代化提供了全新的道路选择与发展方式。

总之,中国式现代化道路是在中国共产党领导下、在中国特色社会主义伟大实践的过程中不断探索形成的,这条道路吸取各国现代化发展的积极优势,又始终坚持立足自身实际,以人口规模巨大的现代化、全体人民共同富裕的现代化、物质文明和精神文明相协调的现代化、人与自然和谐共生的现代化、走

---

① 习近平:《高举中国特色社会主义伟大旗帜 为全面建设社会主义现代化国家而团结奋斗——在中国共产党第二十次全国代表大会上的报告》,人民出版社2022年版,第29页。

② 《马克思恩格斯选集》第2卷,人民出版社1995年版,第772页。

③ 《中共中央关于党的百年奋斗重大成就和历史经验的决议》,人民出版社2021年版,第67页。

和平发展道路的现代化为五大特征,构建出了一条具有中国特色、中国风格、中国气派、世界情怀的现代化道路,为世界现代化发展开拓了全新视野。

第二节 中国式现代化道路的本质要求

党的二十大报告指出:"中国式现代化的本质要求是:坚持中国共产党领导,坚持中国特色社会主义,实现高质量发展,发展全过程人民民主,丰富人民精神世界,实现全体人民共同富裕,促进人与自然和谐共生,推动构建人类命运共同体,创造人类文明新形态。"①这九个本质要求明确将中国式现代化道路的特色融会贯通为一个整体,既强调了具有一般现代化发展的基本特征,又着重突出中国式现代化的自我特色,从制度维度、实践维度、文明维度、世界维度四个层面深刻揭示出中国式现代化道路的本质意蕴。

一、制度维度:中国共产党领导下的社会主义现代化道路

习近平总书记在党的二十大报告中指出:"中国式现代化,是中国共产党领导的社会主义现代化,既有各国现代化的共同特征,更有基于自己国情的中国特色。"②这一论述清晰指出了中国式现代化的社会主义属性,凸显了中国所走的现代化道路是在中国共产党领导下开辟实现的,强调了我们所要实现的现代化是社会主义的现代化。

(一) 中国共产党的领导是中国式现代化的根本特征

中国七十多年的发展取得了举世瞩目的成就,从一穷二白到如今世界第

---

① 习近平:《高举中国特色社会主义伟大旗帜 为全面建设社会主义现代化国家而团结奋斗——在中国共产党第二十次全国代表大会上的报告》,人民出版社 2022 年版,第 22 页。
② 习近平:《高举中国特色社会主义伟大旗帜 为全面建设社会主义现代化国家而团结奋斗——在中国共产党第二十次全国代表大会上的报告》,人民出版社 2022 年版,第 22 页。

二大经济体，从贫穷落后到如今国家繁荣昌盛、人民安居乐业，这一切的辉煌都是在中国共产党的坚强领导下实现的。因此，坚持中国共产党的领导，是历史进程的必然选择，是中国式现代化道路探索过程中的宝贵经验。习近平总书记明确指出，"中国特色社会主义最本质的特征是中国共产党领导，中国特色社会主义制度的最大优势是中国共产党领导"①。中国共产党作为中国式现代化道路的探索领航者，对这条现代化道路的中国特色、本质要求、重大原则、目标方向等起着决定性领导作用。党的领导其根源来自党自身在百年伟大实践过程中形成的特点、性质和宗旨，强化于践行初心使命的过程中人民的肯定和历史的检验。从历史行动上看，中国共产党将中国式现代化发展置于践行初心使命的历史进程之中，体现出中国式现代化道路是以实现人民幸福和民族复兴作为根本价值遵循。中国共产党在践行初心使命的伟大斗争过程中，带领人民战胜无数困难挑战，才取得了如今的历史性成就和根本性变革。从性质和宗旨上看，中国共产党是中国工人阶级先锋队，是中国人民和中华民族的先锋队，全心全意为人民服务是党的根本宗旨。党的性质和宗旨深刻影响着中国式现代化的发展方向、利益归属、实现途径，也决定了中国式现代化是促进人自由全面发展的现代化。从现实发展上看，中国式现代化是中国共产党带领人民在长期独立自主的实践探索中开创出来的，党领导人民取得新民主主义革命胜利为中国式现代化道路创造了根本社会条件。在社会主义革命和建设时期，建立起了比较完整的工业体系和国民经济体系，确立社会主义基本制度，奠定了中国式现代化道路的根本政治前提和制度基础；在改革开放和社会主义现代化建设新时期，开辟探索出了中国特色社会主义道路，为中国式现代化提供了方向指引和实践主题；在新时代，党在实践发展中成功推进中国式现代化，开创了人类文明新形态。历史和实践充分证明，只有始终坚持党的全面领导这一首要的本质要求，才能有效保证中国式现代化道路的正确方

① 习近平：《高举中国特色社会主义伟大旗帜　为全面建设社会主义现代化国家而团结奋斗——在中国共产党第二十次全国代表大会上的报告》，人民出版社2022年版，第6页。

向,才能始终致力于实现好、维护好、发展好广大人民的根本利益,才能真正实现民族复兴,实现社会主义现代化强国梦想。

(二) 坚持中国特色社会主义是中国式现代化的根本性质

方向决定道路,道路决定命运。找到适合自己的发展道路,是我们成功迈向现代化的重要一步。中国特色社会主义是改革开放以来党的全部理论和实践主题,这个主题明确展示了改革开放以来中国共产党领导全国各族人民一起探索社会主义现代化国家建设的方向和路径,明确了"中国特色"是我们建设社会主义现代化的立足点。无论是"三步走"奔小康,还是"两个一百年"奋斗目标的擘画,中国共产党始终立足中国的国情来制定实施发展方略。历史充分证明,中国特色社会主义是适合中国国情、符合中国特点、顺应时代发展要求的理论和实践。走中国式现代化道路,必须始终沿着中国特色社会主义指引的方向前进,这是中国式现代化道路的最本质底色,也是中国式现代化同西方现代化的根本区别。

中国特色社会主义是中国式现代化道路保持独立性的重要条件。党的二十大报告指出:"坚持中国特色社会主义道路。坚持以经济建设为中心,坚持四项基本原则,坚持改革开放,坚持独立自主、自力更生,坚持道不变、志不改,既不走封闭僵化的老路,也不走改旗易帜的邪路,坚持把国家和民族发展放在自己力量的基点上,坚持把中国发展进步的命运牢牢掌握在自己手中。"[①]中国之所以能取得如此辉煌成就,一个很重要的原因就在于我们始终坚持走自己的路,走中国特色社会主义现代化道路,保证了我们国家的独立性、民族的独立性、发展道路的独立性、理论创新的独立性和制度选择的独立性。同时,中国作为一个具有悠久文化的文明大国,博大精深的中华优秀传统文化也为当今中国文化的发展提供了深厚沃土。实践证明,在中国共产党的领导下,在

---

① 习近平:《高举中国特色社会主义伟大旗帜 为全面建设社会主义现代化国家而团结奋斗——在中国共产党第二十次全国代表大会上的报告》,人民出版社 2022 年版,第 27 页。

中国特色社会主义伟大实践中,我们创造了属于自己的道路自信、理论自信、制度自信、文化自信,使中国特色社会主义现代化事业在自信自强中取得一个又一个辉煌胜利。

中国特色社会主义"四个自信"为中国式现代化道路提供强大精神力量。推动中国式现代化的历史进程并不是一帆风顺的,而是要历经各种风险挑战、应对各种艰难险阻。中国式现代化道路是实现社会主义现代化、实现中华民族伟大复兴的必由之路,这是一条党带领全国各族人民在改革开放的伟大实践中走出的符合中国实际、顺应时代发展的独立自主的现代化道路。这条道路将政治、经济、文化、社会、生态"五位一体"建设全面覆盖,不断满足人民日益增长的美好生活需要,逐步实现共同富裕。因此,我们必须坚定不移走中国特色社会主义道路,不断引领中国进步、增进人民福祉、实现民族复兴。坚定理论自信,坚信中国特色社会主义理论体系,是指导我们推进中国式现代化道路、指引我们建设社会主义现代化强国的正确理论。特别是党的十八大以来,以习近平同志为核心的党中央坚持"两个结合",从新的实际出发,创立习近平新时代中国特色社会主义思想,深刻回答了建设什么样的社会主义现代化国家、怎样建设社会主义现代化国家的重大时代课题,提出了现代化的中国特色和本质要求,制定了战略安排,明确了世界方位,形成了中国式现代化完整的理论体系,实现了重大理论突破,开辟了马克思主义中国化时代化的新境界。因此,我们在实现复兴征程上有了清晰明确、规划长远、战略连续的理论指引。坚定制度自信,坚信中国特色社会主义制度,是中国式现代化道路行稳致远的重要保障。中国特色社会主义制度是新中国成立以来特别是改革开放以来,中国共产党始终不断探索建立的一套坚持以马克思主义为指导、结合我国实际情况、厚植中华优秀传统文化、深得人民拥护、不断与时俱进的先进制度体系。党的十八大以来,党在领导现代化建设的进程中,坚持和完善支撑中国特色社会主义制度的根本制度、基本制度、重要制度,形成了层次分明、系统完备、职能明确、彼此衔接的制度格局,体现了守正与创新的统一、民主与集中的统一、活力与效率的统一。因此，这套中国特色社会主义制度体系，能有效确保党和国家各项事业始终锚定现代化目标、沿着正确方向，蹄疾步稳有序推进。坚定文化自信，坚信中国特色社会主义文化，是我们走中国式现代化道路的强大精神力量。一个国家、一个民族的现代化进程离不开特定的文化传统和历史土壤，没有文化自信，就不可能实现真正意义上的现代化。中国特色社会主义文化，是五千年中华优秀传统文化、党领导人民进行革命斗争的革命文化和社会主义先进文化的集合。因此，我们必须在中国式现代化进程中坚定文化自信，以更加自信昂扬的历史主动精神，不断推进中国式现代化向前发展。

二、实践维度：适应新时代新要求协调推进五大建设

习近平总书记在党的二十大报告中，把实现高质量发展、发展全过程人民民主、丰富人民精神世界、实现全体人民共同富裕、促进人与自然和谐共生作为中国式现代化的本质要求。这五个方面的内容分别对应"五位一体"总体布局中经济建设、政治建设、精神文明建设、社会建设和生态文明建设，彼此之间既各自独立又相互联系，相辅相成、相互促进。中国共产党人始终把现代化看作全面发展的现代化，逐步形成了"五个文明"协调发展的思想，并以此指导现代化建设事业，赋予中国式现代化道路突出的系统性、全面性和协调性，明确了中国式现代化道路的实践要求。

（一）实现高质量发展是全面建设社会主义现代化国家的首要任务

凝心聚力大力发展，特别是实现高质量发展，是解决中国所有问题的基础和关键。实践证明，只有发展才能不断夯实实现现代化的物质技术基础，从而为中国式现代化提供坚实的物质保障。改革开放以来，党团结带领人民始终坚持以经济建设为中心，有效应对各种风险挑战，创造出了经济快速发展、社会保持长期繁荣稳定的两大奇迹。同时，我们必须清醒地认识到，我国仍处于

社会主义初级阶段,发展不平衡不充分的问题依然突出。当前,发展过程中表现出的深层次矛盾以及在改革与发展过程中存在的各种问题,主要还是集中体现在发展质量这个关键点上。党的二十大报告指出,高质量发展是全面建设社会主义现代化国家的首要任务。这是以习近平同志为核心的党中央,根据我国社会主要矛盾转变、改革发展进入深水区以及内外环境变化所作出的战略调整转换,是基于对当前我国经济发展内在规律的科学认识所作出的战略决策。我们努力实现对过去粗放型的高耗能、高成本和低效率模式的积极转变,着力构建创新驱动的低耗能、低成本、高效率的集约型增长模式;全面贯彻创新、协调、绿色、开放、共享的新发展理念,推动发展朝着更高质量、更有活力,更加科学、更加健康、更体现效率和公平的方向迈进,为我国发展培育新动能、拓展新空间、开辟新领域、塑造新优势;坚持质量第一、效益优先,加快调整经济结构,切实转变发展方式,推动经济发展质量变革、效率变革、动力变革,实现中国制造向中国创造转变、中国速度向中国质量转变,不断增强我国经济创新力和国际竞争力。总之,只有高质量发展才能为新时代国家建设提供更为坚实的物质基础,不断实现人民对美好生活的向往,从而推动中国式现代化道路行稳致远。

(二) 发展全过程人民民主是社会主义民主政治的本质属性

民主是现代国家形态存续和发展的要素之一。作为一种全新的民主形态,全过程人民民主是中国共产党百余年来对自身民主实践的理论升华和经验总结,开创了人类民主文明的新形态。发展全过程人民民主,不仅充分体现了广大人民群众的意志,还有效保障了广大人民群众的应有权益,凸显人民当家作主的主体地位,激发人民群众的内在参与动力,为全面建设社会主义现代化国家凝聚人民力量。全过程人民民主作为全体人民享有的全链条、全方位、全覆盖民主,强调参与人员的全员性、参与时间的连续性、参与方面的广泛性、参与结果的共享性。发展全过程人民民主,就是要始终坚持党的领导、人民当家作主、依法治国有机统一,在三者的有机统一下保证民主选举、民主协商、民主管理、民主监督有效落到实处,切实保障人民的意愿得到有效表达,人民参与国家各项事务运作的权利得到有效保障,人民在民主决策中建言献策的声音得到有效采纳,人民的民主监督权益能得到有效覆盖,以此消除西方形式上的民主平等、而事实上的金钱政治弊端,有效防止选举时为了选票承诺一切民众要求,选举后不再回应当时承诺的现象在中国发生。党的二十大报告把发展全过程人民民主这一中国本土原创性民主实践,纳入全面建设社会主义现代化国家的战略安排,明确提出在未来五年的努力下使全过程人民民主的制度化、规范化、程序化水平进一步提高。同时,在二〇三五年全面建设社会主义现代化国家总体目标中,提出全过程人民民主制度更加健全的远景目标。全过程人民民主超越了西方现代化民主模式,可靠地保证了中国人民当家作主的愿望,让广大人民群众真实地享有了广泛的权利和自由,使社会主义民主成为人类民主政治的全新榜样,为人类提供了政治文明新形态。

(三) 丰富人民精神世界、实现全体人民共同富裕是"两个文明"协调发展的现实要求

不论是哪个民族或国家的现代化发展方向,都从某种意义上体现着其内在的价值取向。丰富人民精神世界、实现全体人民共同富裕作为中国式现代化的本质要求,充分体现了我们的现代化是物质文明和精神文明相协调的现代化这一中国特色。"精神世界物质贫困不是社会主义,精神贫乏也不是社会主义。"①中国共产党人很早就意识到,实现发展不光要重视物质发展,还必须重视精神建设的问题。从西方现代化发展经验看,如果只重视物质上的快速现代化,忽视人民在精神层面的追求,这样的现代化是片面的。马克思主义

---

① 习近平:《高举中国特色社会主义伟大旗帜　为全面建设社会主义现代化国家而团结奋斗——在中国共产党第二十次全国代表大会上的报告》,人民出版社 2022 年版,第 22—23 页。

认为，物质决定意识，意识对物质具有反作用。如果精神建设落后到一定程度，必然对物质建设产生消极影响，并最终影响现代化进程。因此，中国共产党在推进现代化的过程中要特别注重"两个文明"的协调发展，坚持"两手抓、两手都要硬"战略方针。一方面，坚持继续推进改革向纵深发展，着力增强改革系统性、整体性、协同性，不断完善和发展中国特色社会主义制度，推进国家治理体系和治理能力现代化，在制度的保障下大力解放和发展生产力，激发人民创新创造活力，将发展的"蛋糕"做大做优做好，为更高层次的富裕创造条件。另一方面，在不断夯实人民幸福生活的物质条件的同时，坚持中国特色社会主义文化发展道路，发展具有中国气派、时代内涵、民族特点的科学大众文化；坚持和发展马克思主义，巩固马克思主义在意识形态领域的指导地位，切实筑牢全党全国各族人民团结奋斗的共同思想基础；坚持以社会主义核心价值观为引领，发展社会主义先进文化，弘扬革命文化，传承中华优秀传统文化，激发中华文明内在创造力，构筑中国人民自信自强的精神新高地。中国式现代化道路通过坚持物质文明与精神文明的协调发展，促进了人民精神日渐丰富和人民物质生活水平持续提高，进一步彰显了我国社会主义制度优越性。

（四）促进人与自然和谐共生是构建生命共同体的生动体现

推进现代化建设，当然离不开对自然的利用，但这种利用必须是在自然可承受的范围内，无休止地向自然攫取资源，为资本私利大肆污染环境，最终会受到大自然的反噬。自第一次工业革命始，人类进入工业文明发展阶段，在创造巨大物质财富的同时，也加速了对自然资源的疯狂攫取。人类在享受工业化带来的生活改变，认为可以征服自然而忘乎所以的时候，自然开始报复人类：极端天气频发、生物多样性减少、全球气温变暖、海平面上升……正如恩格斯在《自然辩证法》中所指出："每一次胜利，起初确实取得了我们预期的结果，但是往后和再往后却发生完全不同的、出乎预料的影响，常常把最初的结果又消除了。"①自然界的报复给人类敲响了警钟。在大自然面前人类依旧是渺小的存在，人类必须处理好人与自然的关系，在实现现代化与合理利用自然之间找到共生平衡。党的十八大以来，以习近平同志为核心的党中央站在人类文明发展的高度，在马克思主义指导下，传承创新中华优秀传统文化中"天人合一""道法自然"等思想资源，借鉴吸收西方现代生态文明理论合理成分，结合中国发展实际，创造性地提出了具有中国特色的"生命共同体"概念。习近平总书记反复强调，要"以自然为根，尊重自然、顺应自然、保护自然"②。中国式现代化在总结西方现代化发展弊端的基础上坚持可持续发展，走生产发展、生活富裕、生态良好的文明发展道路，在人的发展、经济发展和自然环境的保护之间实现了动态平衡。中国在实现现代化的过程中着力推动构建人与自然和谐共生的"生命共同体"，是人类在漫长发展历史过程中从原始文明的未知自然，到农耕文明的依靠自然，再到工业文明初期征服自然以及如今尊重自然、顺应自然、保护自然的动态演变下所得出的重要经验，为世界日趋严峻的生态环境问题的解决贡献了中国智慧。

从"以经济建设为中心"，到"两手抓、两手都要硬"，再到建设"有中国特色的经济、政治和文化"的"三位一体"和"富强民主文明和谐"的"四位一体"，再到新时代"五位一体"协同共进的发展方式，中国式现代化逐渐在党团结带领人民进行现代化建设的过程中，成为一个各领域系统性、整体性、综合性全面协同进步的发展过程。这个过程包含了经济、政治、文化、社会、生态文明等诸多领域的变革发展，其实质是推动"五个文明"协调发展、全面提升。"五个文明"协调发展，不仅标志着中国式现代化在新时代不断有了新的发展，进一步推进和深化了社会主义现代化建设的内涵，而且体现了新时

---

① 《马克思恩格斯选集》第4卷，人民出版社1995年版，第383页。

② 习近平：《共同构建人与自然生命共同体——在"领导人气候峰会"上的讲话》，《人民日报》2021年4月23日。

代中国共产党人对共产党执政规律、社会主义建设规律、人类社会发展规律认识的不断深化。

三、文明维度：立足中国特色开辟创造的人类文明新形态

习近平总书记指出，创造人类文明新形态是中国式现代化的本质要求之一。人类文明新形态不是天生就存在于中国共产党人头脑中，而是在百年艰苦卓绝奋斗中形成的文明成果，贯穿于整个中国式现代化道路的探索、建设和发展过程，是中国共产党对人类文明发展史的重大贡献，具有鲜明的时代特征和非凡的世界影响。

（一）超越资本主义现代化的文明新形态

资本主义文明在人类文明发展的过程中留下了浓墨重彩的一笔，创造了"比过去一切世代创造的全部生产力还要多，还要大"①的生产力。在资本主义社会，资本成为西方现代化发展的主要力量，资本家通过无偿占有工人的剩余劳动实现对工人阶级的剥削，不断掠夺工人所创造的剩余价值，产生了"工人阶级作为物质文明的创造者却不是享有者"的文明悖论。马克思对资本主义文明的消极方面进行揭露，并指出资本主义现代化因其剥削的本质，并不代表人类文明的前进方向，而真正的人类文明将呈现出向社会主义和共产主义文明发展的趋势。西方现代化占据了人类社会现代化发展的先机，为了巩固发展成果，西方通过话语霸权建立"西方中心论"，打造出"现代化＝西方化"等思想陷阱，形成如果发展中国家要进入现代化就必须照搬西方现代化模式的惯性思维，构建出一系列学术包装下的政治词汇，以此打压、排斥、消解任何对其产生威胁的新文明。最为典型的就是"文明冲突论"，它通过强行将不同文明对比，机械化地将不同地区、种族的文化对立起来，彻底否定了世界历史

---

① 《马克思恩格斯选集》第 1 卷，人民出版社 2012 年版，第 405 页。

发展道路的多样性、人类现代文明形态的多样性，陷入了难以克服的内在矛盾之中。可见，西方资本主义现代化文明发展之路，并不是实现人类文明现代化的唯一道路选择；西方现代化文明因资本主义扩张掠夺的剥削本质，也注定难以推动世界文明多样化发展。中国共产党所开创的人类文明新形态，超越了资本主义现代文明，也超越了资本主义主导的"文明野蛮"二元对立模式，对打破文明冲突、推动世界文明多样性具有重要的示范引领作用。中国共产党开创的人类文明新形态，尊重不同文明成果、倡导多元文明交流互鉴，主张各国应在平等互利基础上兼顾他国文明发展的合理关切，为推动世界现代化进程、促进人类文明进步提供了中国方案。

（二）追求以人的现代化为核心的文明新形态

西方资本主义现代文明虽然创造了大量财富，但由于其追求剩余价值剥削的本质使财富集中在少数人的手中，因此，资本主义往往是为了维护少数人利益而服务的，广大人民群众被排除在外。与资本主义不同的是，"无产阶级的运动是绝大多数人的，为绝大多数人谋利益的独立的运动"[1]，共产党人"没有任何同整个无产阶级的利益不同的利益"[2]。中国共产党将人置于现代化的中心位置，以"现实的人"为立足点，坚持现代化建设依靠人、始终满足人的需求，复归了人在现代化实践中的主体地位。中国共产党在团结带领人民进行革命建设改革发展的过程中，始终依靠人民，尊重人民主体地位，发挥人民首创精神，广泛凝聚人民的智慧和力量，取得了新民主主义革命和社会主义革命的历史胜利，创造了改革开放和社会主义现代化建设的历史伟业，取得了新时代中国特色社会主义的伟大成就。中国式现代化道路开创的人类文明新形态，同样是依靠人民的力量、实践和智慧创造出来的，是真正坚持人民至上、致

---

① 《马克思恩格斯选集》第 1 卷，人民出版社 2012 年版，第 411 页。
② 《马克思恩格斯选集》第 1 卷，人民出版社 2012 年版，第 413 页。

力于满足人民需求的文明形态,深刻彰显了人类文明新形态的根本价值追求。从新中国成立之初毛泽东提出"要巩固工农联盟,我们就得领导农民走社会主义道路,使农民群众共同富裕起来"①,到改革开放之后制定"三步走"战略,解决人民温饱问题,进而达到总体小康,再到开展脱贫攻坚,全面建成小康社会和实施乡村振兴,中国共产党坚持人民至上的立场在现代化文明实践中得以充分彰显。习近平总书记指出:"中国共产党始终代表最广大人民根本利益,与人民休戚与共、生死相依。"②人类文明新形态始终坚持人民利益至上,使发展红利充分地共享给广大人民群众,以人民日益增长的美好生活需要为根本,不断推动人的全面发展和全体人民共同富裕,与资本主义现代化文明在价值指向上有着本质的不同。历史和实践充分证明,中国式现代化道路创造的人类文明新形态,只有把人民置于现代化发展的首要地位,成为现代化建设的主导者、享有者和评价者,才能向着实现中国式现代化的共同目标同向前进。

(三) 构建"五个文明"整体协调发展的文明新形态

中国式现代化道路的发展是一个逐渐演变的过程,改革开放以来我们在探索中不断向前发展。由党的十二大提出物质文明与精神文明"两手抓、两手都要硬"的"两个文明",到党的十八大报告指出,建设中国特色社会主义,总布局是经济建设、政治建设、文化建设、社会建设、生态文明建设"五位一体",经历了一个循序渐进、不断完善、逐渐成熟的发展过程。党的二十大报告再次强调,要明确统筹推进"五位一体"总体布局和协调推进"四个全面"战略布局的重要地位,丰富和发展了人类文明新形态的内涵。可以看到,"五位一体"总体布局,充分体现了新时代中国共产党人对中国特色社会主义建设规律的认识达到了新高度。这种对于规律的正确把握与实践认识的加深,打

---

① 《建国以来重要文献选编》第七册,中央文献出版社1993年版,第308页。
② 《习近平谈治国理政》第四卷,外文出版社2022年版,第9页。

破了西方发展思维桎梏，开创了"五个文明"相统一的人类文明新形态。物质文明方面，我们党坚持和完善社会主义基本经济制度，始终从发展的角度着力破解当前存在的问题，不断夯实经济物质基础；政治文明方面，我们党坚持中国特色社会主义政治发展道路，以我国国情为基础，不断健全和完善保障人民当家作主的制度体系，推进全过程人民民主建设；精神文明方面，我们党传承中华优秀传统文化、弘扬革命文化、发展社会主义先进文化，推动中华优秀传统文化创造性转化、创新性发展，大力弘扬时代新风尚，着力培育和践行社会主义核心价值观；社会文明方面，我们党加强和创新社会治理，充分发挥基层群众自治的积极作用，打造共建共治共享的社会治理格局；生态文明方面，我们党推动构建"人与自然生命共同体"，不断探索人与自然和谐共处的有效方式，打造绿色发展与经济发展"双发展"方式，实现开发和保护的统筹兼顾。中国式现代化道路开创了"五个文明"和谐有机一体的人类文明新形态，以其对社会发展的系统全面性、统筹前瞻性、守正创新性建设，实现了对资本主义现代化发展道路一味逐利导致片面发展的超越。

四、世界维度：以全人类共同价值推动构建人类命运共同体

党的二十大报告指出："中国始终坚持维护世界和平、促进共同发展的外交政策宗旨，致力于推动构建人类命运共同体。"[①]人类文明多样性背后的根源在于不同文明之间对待事物存在价值观念的差异性，但人类各文明依然有着共通的价值取向。党的二十大报告指出，世界各国应当弘扬和平、发展、公平、正义、民主、自由的全人类共同价值，共同应对各种全球性挑战，共同开创人类更加美好的未来。这一全人类共同价值的提倡，既表达了世界范围内对于追求人类文明的普遍共识与共同目标，也构成了我们一直

① 习近平：《高举中国特色社会主义伟大旗帜　为全面建设社会主义现代化国家而团结奋斗——在中国共产党第二十次全国代表大会上的报告》，人民出版社 2022 年版，第 60 页。

倡导的人类命运共同体的基本价值取向,同时彰显了中国式现代化道路的价值追求。

(一)在合作共赢中坚持和平与发展的时代潮流

和平与发展是人类在战争所带来的惨痛教训下最渴望的朴素心愿,它既是当今的时代主题也是全人类共同价值的首要内容,更是人类在发展历史过程中达成的最重要的价值共识,体现了人类对于和平稳定、繁荣发展的渴望。人类需要有和平的内外社会环境作为条件,才能有效实现稳定发展。中国式现代化道路的开创与发展,是中国共产党谋求民族独立、实现人民解放、争取和平发展的历程,也是中国在世界舞台上致力于推动人类和平发展事业的过程。一方面,中国共产党始终作为最为核心的领导力量,带领广大中国人民不断与企图打破中国和平发展的势力作坚决斗争,以寻求实现最大程度的和平稳定发展环境。另一方面,中国式现代化道路也体现在中国谋求自身和平发展,与世界各国分享中国发展红利的同时,促进全球和平发展,维护世界和平稳定,加强中国与世界各国的合作共赢。随着全球化的发展,世界越来越成为你中有我、我中有你的命运共同体,但当前的世界局势风云变幻,各类风险和挑战层出不穷,新问题同旧问题相互交织,人类社会面对这些问题需要合作解决。在经济全球化高度发展的今天,中国的发展离不开世界,世界的发展也需要中国。面对当前"百年未有之大变局",中国积极参与全球治理体系改革,践行共商共建共享的全球治理观,致力于打造全球治理新样态,推动全球治理体系朝着更加公正合理的方向发展;扎实推进高质量共建"一带一路",助力世界各国谋求发展新动力、拓展发展新空间;尊重世界不同国家、民族之间的文化差异,以加强相互交流化解隔阂,以加强相互借鉴促进和谐发展化解冲突,以相互包容的广阔胸怀平等对待所有文明;倡导通过和平方式解决国际和地区争端问题,坚定奉行独立自主的和平外交政策,维护国际关系基本准则与国际公平正义。总之,中国式现代化道路将始终坚定不移走和平发展道路,奉行互利共赢开放战略,继续为世界和平与发展贡献中国力量。

（二）在合作交往中坚持公平正义的基本原则

公平正义是全人类共同价值的表达之一,是人类在和平发展的基础上实现世界多元繁荣大发展的必然要求,也是所有国家在处理国际事务上理应遵循的基本原则。对世界各国特别是发展中国家而言,期望被公平正义地对待,是许多国家在国际上最朴素的愿望。资本主义在现代化进程中,由于其扩张掠夺的特征给许多国家带来了长久的恶劣影响,在享受现代化带来的优势的同时依然利用其发展优势压榨着许多"小国",导致霸权主义、强权政治、地区冲突、贫富差距等问题长期存在,并困扰世界各国发展与进步。中国式现代化道路从开创之初到如今创新发展的过程中,始终注重对公平正义价值原则的运用。从实践来看,中国今天的稳步发展离不开公平正义的国际环境和世界秩序,公平正义的国际环境同样需要中国的主动担当和积极作为。在全球化进程遭遇逆流、国际局势变化更加复杂的时代背景下,特别是"经历了疫情洗礼,各国人民更加清晰地认识到,要摒弃冷战思维和零和博弈,反对任何形式的'新冷战'和意识形态对抗"①。中国力求在推动建设公平正义的国际环境与构建人类命运共同体的良性互动过程中,既促使构建人类命运共同体在公平正义的国际轨道上逐步实现,又促使公平正义的国际环境在构建人类命运共同体的过程中不断生成。中国将一如既往地高举公平正义的旗帜,积极主动与各国开展多层次、宽领域友好合作,推动构建相互合作、公平正义、合作共赢的新型国际关系,不断夯实人类命运共同体的理论基石,为维护世界公平正义发展作出中国表率。

---

① 习近平:《同舟共济克时艰,命运与共创未来——在博鳌亚洲论坛 2021 年年会开幕式上的视频主旨演讲》,《人民日报》2021 年 4 月 21 日。

（三）在相互尊重中坚持民主自由的独立追求

民主自由是全人类共同价值的发展追求,体现着人类对于自身权利合理运用的内在觉醒和人类个体实现自由全面发展的终极目标。从人类文明发展角度来看,民主和自由最初产生于西方,但人类真正所追求的民主与自由绝不是西方资本主义发展下那种仅仅服务于资产阶级有钱人的民主和自由,而是具有普遍性意义的全人类共同价值。中国式现代化道路所强调的民主是全过程人民民主,是全链条、全方位、全覆盖的民主,是在中国特色社会主义伟大实践检验中历史选择、人民认同的最广泛、最真实、最管用的民主。这套民主体制是真正彻底的以人民为中心而构建的,既充分体现人民的民主权利广泛而有效,又能保障人民当家作主的真实发展,形成了一整套以人民为中心的民主创新理论成果和制度经验。同时,中国式现代化道路强调物质文明和精神文明相协调,不以单纯的物质追求为根本,也不一味强调精神上的富足,从而能有效避免掉进资本主义现代化导致人的异化的陷阱里,为其他国家寻求民主自由发展提供了有益借鉴和新的路径选择。在国际上,中国不断推进国际关系民主化、平等化,为广大发展中国家提供力所能及的支持和帮助,旗帜鲜明地反对西方打着所谓"自由人权民主"的幌子,粗暴干涉他国内政,对他国民主发展妄加指责,积极推动构建全人类公认的民主自由价值,坚持在不干涉他国内政的原则下,积极同其他国家交流互鉴,在相互尊重中支持各国对于民主自由的独立追求。

以中国式现代化全面推进中华民族伟大复兴,是党的二十大向全党全国人民发出的新时代新征程"冲锋号角"。关于中国式现代化本质要求九个方面的论述,体现了中国共产党对中国和世界现代化国家建设历史经验的深刻把握,体现了新时代中国共产党对中国式现代化道路在认识上的日渐成熟、实践上的不断深入,指明了中国式现代化道路的领导主体和发展要求,展现了中国式现代化道路强大的生命力和先进性。

第三节　中国式现代化道路的内在规律

中国式现代化道路是一条蕴含深刻哲学意蕴的道路,这条道路不是一蹴而就形成的,它是在一代代共产党人接续奋斗中不断探索开创出来的,是各国现代化普遍性和中国自身实际特殊性相统一的道路,是遵循社会基本矛盾和中国自身奋斗相统一的道路,是具有光明未来又需要不断斗争的道路。在开启实现第二个百年奋斗目标,为全面建设社会主义现代化国家努力奋斗的关键节点,从学理上深入系统地探寻中国式现代化道路的内在规律,对于我们更好地认识规律、把握规律,发挥主观能动性认识世界、改造世界,具有重要而深远的意义。

一、坚持普遍性与特殊性相统一

现代化是人类社会发展的必然方向,也是近代以来中国人民孜孜以求的奋斗目标。中国式现代化道路是一个包含辩证关系的重大命题,具有传统现代化发展的普遍特征,也蕴含着基于国情的特殊需要,充分体现了中国式现代化道路发展规律普遍性与特殊性的辩证统一。

(一) 中国式现代化道路是遵循现代化一般规律的道路

中国作为后发型现代化国家,借鉴世界现代化国家发展的普遍规律,有利于我们更好地走自己的道路。长期以来,"现代化"一词被西方现代化国家所定义。但是,"现代化"不仅是个简单的形容词,更是一个社会由低级发展到高级的动态过程,是一个结合了历史性、发展性、连续性、动态性的社会全方位发展的综合概念。从宏观上讲,现代化理论指的是经济文化相对落后的发展中国家,以已经成为现代化国家为目标,在追赶其发展的过程中所形成的理论体系。恩格斯指出,"一切社会变迁和政治变革的终极原因……应当到生产方式和交换方式的变更中去寻找"①。因此,所有国家的社会形态发展,都要由生产力和生产方式的变迁所决定。从西方现代化的发展过程来看,经历了"工业化和城市化"发展的西方现代化国家,在发展过程中物质基础的积累、科学技术的进步、市场活力的旺盛、工业实力的跃升、信息技术的发展、法治体系的完善、国际化程度的提高等,已经成为全球对于现代化的普遍认识。因此,所有的现代化国家发展历程都要先从工业现代化开始发展。优先工业化发展可以给国家带来大量的发展优势,比如提升经济、增加就业、加快城市化、促进科技发展等。中国共产党在百年探索中,通过参考西方现代化发展模式,汲取其发展优势经验,借鉴其发展先进理念,以后发优势开启现代化建设。新中国成立初期,坚持在革命与建设相统一中推进中国迈向现代化,以工业现代化为出发点,同时推动其他产业同步"并联"发展,坚持在全面发展和重点推进中建设"四个现代化";改革开放后,坚持在探索中国特色社会主义道路中有计划、有阶段、分层次地推进中国现代化发展。通过积累发展,我们从农业文明向工业文明成功转型,朝着政治民主化、经济工业化、社会城市化、发展国际化、教育普及化等世界公认的现代化特征努力发展。如今,中国已经成为世界第二大经济体,许多发展方面已经走在世界发展前列。我们要实现更高目标的现代化,就必须在继续遵循人类社会发展普遍规律的基础上,不断解放发展生产力,推动生产方式的变革,顺应历史发展潮流,吸取世界各国现代化发展的普遍经验,结合中国自身的实际情况,助力中国式现代化更好发展。

(二) 中国式现代化道路是立足中国国情实际的道路

实现现代化是世界上每一个发展中国家始终坚持不懈的努力和追求。当前,现代化的标准更多是在西方现代化国家发展的成果下制定的,发展中国家

---

① 《马克思恩格斯选集》第 3 卷,人民出版社 2012 年版,第 654—655 页。

以此作为标准积极追赶，但不同国家选择采用何种方式实现国家发展的现代化，并没有所谓的"唯一模式"。从宏观上看，中国式现代化道路既遵循了现代化发展的一般规律，又注重基于自身的发展情况，是一条符合中国实际、呈现中国特色的现代化之路。世界的精彩之处在于各自发展的不同创造了多样的文明，中国五千多年的悠久历史文化和发展实际，注定了我们要走的现代化道路是一条与众不同的道路，是一条有自身特色的道路。纵观西方现代化道路，虽然促进了人类文明的进步，但也产生了许多诸如生态环境恶化、贫富差距扩大、周期性经济危机等问题。这些问题都充分暴露了西方现代化过程中有一些弊端存在，后发国家可以吸收其经验教训以开创更好的现代化模式。因此，从"一化"到"两化"再到"四个现代化"，从改革开放中国特色社会主义道路"三步走"战略到新时代中国式现代化"两步走"战略，中国共产党始终坚持在"两个结合"中把马克思主义基本原理不断创新，从而推进马克思主义中国化时代化，在吸收现代化发展一般规律基础上开辟出独具中国特色的现代化之路。因此，中国式现代化道路不是西方现代化发展道路的复刻，也不是苏联现代化模式的再版，更不是部分发展中国家依附于发达国家发展的翻版，而是一条以实现中华民族伟大复兴为奋斗目标，具有中国特色、符合中国国情的现代化新路。中国式现代化道路摒弃西方资本主义现代化片面追求物质财富和资本增殖的发展模式，统筹推进"五位一体"总体布局、协调推进"四个全面"战略布局，是一条以实现人的现代化为目标的全方位、全领域发展道路。总之，中国式现代化道路既体现出了全球现代化发展的一般规律，同时兼具了中国自身独有特色，实现了普遍性与特殊性的完美结合。

二、坚持客观必然性与主体选择性相统一

中国式现代化道路是在中国共产党领导下，团结带领人民在革命、建设、改革、发展中奋斗探索形成的一条现代化道路。这条道路既符合客观世界发

展的必然性规律,也体现了实践主体的历史自觉与主动作为,是合规律性与合目的性的辩证统一。

(一) 中国式现代化道路是遵循社会基本矛盾运动规律的道路

马克思恩格斯在《德意志意识形态》中,较为全面地论述了生产力与生产关系、经济基础与上层建筑的内在辩证运动规律,揭示了社会历史前进的发展机制,指出了社会基本矛盾运动即生产力与生产关系、经济基础与上层建筑之间的矛盾运动,是推动社会发展的根本动力,决定着社会发展的总体进程和基本趋势。生产力与生产关系的相互作用过程,体现了马克思主义辩证法矛盾运动的内在本质规律。生产力决定生产关系,生产关系必须适应生产力的发展,两者在"适应"与"不适应"的动态"矛盾"转化中循环往复,由此推动了社会生产进步,从而推动人类社会向着更高级阶段发展。从人类历史发展来看,人类社会的阶段跃升总是随着生产力的不断发展,特别是科学技术水平的不断提高来实现的,因此,任何生产关系都必须适应生产力的变化而随之变革发展。马克思指出:"手推磨产生的是封建主的社会,蒸汽磨产生的是工业资本家的社会。"[①]

生产力发展作为推动实现现代化的根本力量和对现代化程度衡量的客观标准,从根本上制约中国式现代化道路的发展方向。在中国式现代化道路的发展探索过程中,中国共产党始终自觉认识到解放发展生产力的重要性,通过建立先进的社会主义生产关系,促进了生产力的大发展、经济水平的大提高、现代化建设物质基础的大夯实。同时要清醒认识到,我国当前仍处于并将长期处于社会主义初级阶段的基本国情没有变,仍然是世界上最大的发展中国家的国际地位没有变,要继续解放发展生产力,坚持以经济建设为中心,完整准确全面地贯彻新发展理念,发挥主观能动性,因时而变地主动构

---

① 《马克思恩格斯选集》第 1 卷,人民出版社 2012 年版,第 222 页。

建新发展格局，把发展作为解决所有问题的关键，推动我国实现高质量发展。

经济基础与上层建筑之间的矛盾规律作为社会基本矛盾之一，对人类社会发展有着同样重要的意义。遵循经济基础决定上层建筑、上层建筑一定要适合经济基础状况的发展规律，是中国在探索实践现代化过程中取得辉煌成就的重要原因之一。中国通过吸取西方现代化经验并结合自身实际，通过"并联式"现代化发展将各个领域的现代化在时间和空间上同时推进，在以经济建设为中心的过程中实现了政治制度的调整完善，社会水平的发展提高，文化生活的多样丰富，生态环境的关注保护，超越了同阶段西方现代化发展的速度和成果，展示出社会主义制度下经济基础与上层建筑良性动态调节的先进性。当前，以习近平同志为核心的党中央在新时代征程上，实现了对中国式现代化道路的向前推进，擘画出中国式现代化发展蓝图。这张蓝图正确把握经济基础与上层建筑的基本矛盾，坚持把经济基础发展和上层建筑变革结合统一，统筹推进"五位一体"总体布局，协调推进"四个全面"战略布局，推动党和国家机构等上层建筑的调整改革，以更好地适应新时代中国式现代化道路的发展。这一系列顶层设计的谋划，显示出中国式现代化道路是在全面深化经济体制改革、完善社会主义经济基础、持续解放发展生产力的同时，推动上层建筑领域与时俱进地进行调整和完善，从而有效适应了经济基础的发展变化的科学道路。

（二）中国式现代化道路是党领导中国人民在奋斗中开创的道路

马克思主义认为，人民群众是历史的主体，是历史的创造者，是推动历史变革发展前进的根本力量。人民群众的合力在一定程度上，对社会发展的历史选择产生影响。每个国家地理位置、历史发展、文化传承、具体实际都不尽相同，各自选择的现代化道路就会有所不同，呈现出发展的多样性。每个国家选择何种发展道路,必然要以遵循与自身发展实际和社会发展的基本规律为基础,并在历史发展的进程中积极开拓进取、主动为之。纵观中国现代化的历史发展,我们实践探索得出的这条现代化道路不是"飞来峰",而是中国共产党人团结带领人民在奋斗中战胜各种艰难险阻,成功应对各种风险挑战走出的一条符合中国发展实际的正确道路。鸦片战争以来,帝国主义大举入侵,封建统治阶级腐败无能,致使中国被迫打开国门,逐渐沦为半殖民地半封建社会,无数仁人志士前赴后继积极探索救国之路,但因为其阶级的局限性最终都以失败告终。随着马克思主义传入中国,中国共产党应运而生,并团结带领人民浴血奋战 28 年,最终推翻了帝国主义、封建主义、官僚资本主义三座大山,夺取了新民主主义革命的伟大胜利,人民成为国家的主人,中国人民从此站了起来。随后,在党的带领下,中国人民开启了迈向现代化的奋斗之路,把一个一穷二白、贫困落后的国家建设成当今世界第二大经济体。中国共产党作为中国式现代化道路的开创者、引领者和推动者,从根本上决定着中国社会发展的性质和方向,决定着中国式现代化道路的性质和方向,而人民群众作为中国式现代化道路的实践主体,在中国共产党的领导下不断推进中国式现代化道路朝着光明的未来前进。

三、坚持前进性与曲折性相统一

辩证唯物主义认为,任何事物的发展都不是一帆风顺的,都体现为从肯定到否定再到否定之否定的辩证过程。这一辩证否定规律,揭示了中国式现代化道路是在前进性与曲折性的统一中向前发展的。中国的发展经历了近代百年的屈辱抗争,经历了中国共产党百年坚强领导,我们在血与火的斗争中建立新中国,在团结奋斗中探索现代化建设规律,在改革开放中创造中国特色社会主义,在新时代新征程中推进中国式现代化道路。站在全面建设社会主义现代化国家的新征程上,只有始终持之以恒地推进和拓展中国式现代化,中华民族伟大复兴的宏伟目标才能终将变为现实。

（一）　中国式现代化道路是具有光明未来的道路

新中国成立七十多年来，从成立之初的一穷二白，到如今取得经济快速发展和社会长期稳定两大奇迹，成为世界第二大经济体的辉煌成就，都是因为中国共产党人坚持"两个结合"，在不断经受变化着的实践检验中探索创造出具有中国特色的现代化发展道路。实行改革开放四十多年来，我们用事实证明了不走西方现代化老路，不依附于西方独立自主发展，根据自身历史文化、现实情况，走有自己发展特色的现代化道路同样能取得成功，并且能走得更远更好。从世界范围看，世界在西方资本主义的扩张下逐渐联系紧密，凭借着对外扩张和殖民掠夺，西方部分资本主义国家率先实现了现代化，并且在全世界范围内长期掌握着对于现代化的话语阐释权力。1840年鸦片战争前，当时在清政府无能腐朽的统治下沉浸于天朝大国的迷梦中无法自拔，造成了被动打开国门、被迫卷入资本主义世界市场、被动进入近代化的局面，由此中国开始进入百年屈辱历史。在此期间，中国也有许多仁人志士"觉醒"，开始探索救国之路，封建地主阶级、资产阶级等不同派别纷纷提出各自方案，但都因为其阶级局限性，没有抓住根本矛盾纷纷失败。只有中国共产党的诞生，拯救了中国，拯救了中华民族。从第一个五年计划的初步探索到如今第十四个五年规划的科学制定，从基本小康到全面建成小康社会的如期实现，从毛泽东首次提出"四个现代化"到如今全面建设社会主义现代化国家，尤其是党的十八大以来，以习近平同志为核心的党中央将中国式现代化极大地开拓，使中国式现代化道路更具活力、特色更加鲜明、未来更加光明。对中国而言，中国式现代化道路因其能够在党的领导下实现国家富裕、社会和谐、人民幸福，推进强国建设民族复兴而具有光明的未来；对世界而言，中国式现代化道路的开创为世界带来新的现代化发展方式，给发展中国家走向现代化提供了新的启示，发展中国家可以不依附于发达国家，采取适合本国实际的现代化发展道路，独立实现现代化发展而具有光明的未来；对于人类发展史而言，中国式现代化道路以其超越西方现代化发展的先进性、发展理念的创新性、发展道路的独立性、发展内涵的全面性,开辟了人类文明新形态,为人类未来发展提供了新的方向,带领人类走向新的光明未来。历史和实践充分证明,中国人民已经从历史的奋斗中走出了一条中国式现代化道路,必将沿着这条光明大道走向实现中华民族伟大复兴的未来,也必将为世界发展与人类未来开创光明前景。

(二) 中国式现代化道路是需要在不断斗争中实现的道路

习近平总书记在党的二十大报告中,深刻阐明了在推进中国式现代化新征程上必须进行伟大斗争的重要意义,告诫全党同志"务必敢于斗争、善于斗争"①,强调"坚持发扬斗争精神"是推进中国式现代化的一项重大原则。敢于斗争、敢于胜利是中国共产党百年奋斗的宝贵历史经验,是党和人民在面对各种艰难险阻挑战下不断从胜利走向新的胜利的强大精神力量。在中国共产党的百年风雨历程中,从最初几十人发展到今天拥有近亿党员的世界第一大党,历经了无数曲折和困难,但每一次伟大的胜利都是在不断斗争中获得的。百余年来,我们党牢记初心使命,团结带领人民发扬斗争精神,先后夺取了新民主主义革命伟大胜利、完成了社会主义革命和推进社会主义建设、进行了改革开放和社会主义现代化建设、开创了中国特色社会主义新时代。历史不断证明,我们只有在斗争中才能谋发展,只有在斗争中才能获得更大的胜利。当前,世界大局变化波谲云诡,各种传统与非传统问题交织发展,局部地区争端加剧,世界经济在新冠疫情的影响下复苏乏力,来自外部的风险挑战日益加剧。后疫情时代,我国经济发展恢复迫在眉睫,改革发展进入深水区,许多改革领域进入啃"硬骨头"的攻坚阶段,各种"黑天鹅""灰犀牛"事件随时可能发生,诸多矛盾交织叠加,各种风险挑战接踵而至。曾经,我们党依靠不断斗

---

① 习近平:《高举中国特色社会主义伟大旗帜 为全面建设社会主义现代化国家而团结奋斗——在中国共产党第二十次全国代表大会上的报告》,人民出版社 2022 版,第 1 页。

争战胜了一个又一个看似不可能的挑战；如今，我们踏上全面建设社会主义现代化国家新征程，事业越发展、目标越接近，就越是处于吃劲阶段，我们更要敢于斗争，勇于斗争，在奋斗中开创辉煌未来。

惟其艰巨，所以伟大；惟其艰巨，更显荣光。中国式现代化是中国共产党和中国人民在长期实践中探索而来的伟大成果，是党领导人民不断接续奋斗开创的历史伟业。中国式现代化以其丰富的中国特色、本质要求和内在规律，深刻回答了中国实现的现代化是什么样的现代化，以及如何实现现代化的重大理论和实践问题，拓展了现代化的内涵特征。新征程上，我们必须坚定道路自信、文化自信立足中国特色，以坚定信念锚定前进方向，不断推进和拓展中国式现代化道路；必须坚定制度自信、理论自信把握要求本质，以勇于斗争开创新的胜利，不断朝着实现中华民族伟大复兴的宏伟目标奋勇前进；必须深刻把握规律、利用规律，以坚持科学真理的务实态度，开辟世界现代化发展新道路。

第六章　立足国情：中国式现代化道路的价值意蕴

中国共产党的诞生和发展,始终和中国式现代化的推进与拓展紧紧联系在一起,中国式现代化道路的展开过程,实质上就是在中国共产党的领导下不断创造人间奇迹的过程。百年历程上,中国共产党从全局高度谋划中国革命、建设、改革事业,领导人民在顺应历史发展大势的同时把握历史主动,走出了一条实现民族复兴的正确道路,这赋予了现代化道路独特的中国叙事。实质上,中国式现代化道路的"中国式"定语,不仅仅是表示现代化道路的中国特色的修饰定语,更代表了中国式现代化道路的本体规定。中国式现代化道路始终坚持人民主体地位,追求全体人民共同富裕,进而以全面推进中华民族伟大复兴为最终目标,使中国的现代化事业有了属于自身的本体规定。这意味着中国式现代化道路主体价值的自我觉醒,从而成为对中华民族具有独特价值意义的"现代化新道路"。

第一节　价值立场：坚持人民至上

"中国式现代化是亿万人民自己的事业,人民是中国式现代化的主体,是全面建成社会主义现代化强国的决定性力量。"①中国式现代化道路是在中国人民的生动实践中开创和拓展的,是中国人民凝心聚力的结果,凝结着人民群众的汗水和智慧。在此过程中,中国共产党以人民的根本利益为出发点,不断从理论和实践层面双向出发,对中国式现代化道路的根本价值立场进行积极探索,将人民作为现代化的主体与动力,使得中国式现代化道路的人民性逐渐显现。因此,只有始终坚持为了人民,充分发挥人民的力量,维护好最广大人民根本利益,才能真正凝聚起推动中国式现代化道路发展的澎湃势能。

一、中国式现代化道路坚持发展为了人民

为了人民的发展,发展才有意义。人民是现代化事业发展的动力来源和目标归宿,现代化事业绝不能与人民割裂开来。中国式现代化道路中人民主体力量的发挥,需要一以贯之地坚持以人民为中心的发展思想,把"人民满意"作为工作衡量标准,落实于不断满足人民对美好生活的需要,推动现代化发展为人的全面发展和社会的全面进步服务。

(一) 坚持以人民为中心的发展思想

党的二十大报告鲜明提出,前进道路上必须牢牢把握"五项重大原则",其中第三条就是"坚持以人民为中心的发展思想"。坚持以人民为中心的发展思想是党的奋斗历程和实践经验的深刻总结,也是中国式现代化道路发展的应有之义。坚持以人民为中心的发展思想,蕴含着中国共产党人的初心使命、价值立场、根本宗旨,体现着现代化建设的本质要求,是理解中国式现代化道路发展的价值原点和历史逻辑起点。

在波澜壮阔的现代化实践中,中国共产党坚守马克思主义人民观,坚持"一切为了人民"的政治立场,始终保持马克思主义政党的鲜明品格。在革命

---

① 《习近平新时代中国特色社会主义思想学习纲要(2023 年版)》,学习出版社、人民出版社 2023 年版,第 56—57 页。

战争年代,中国共产党自觉作为人民维护和实现自身利益的工具,为了把全国人民从剥削压迫中解救出来,团结带领人民推翻帝国主义、封建主义、官僚资本主义的压迫,开辟了中国历史上从未有过的民族独立、人民解放的新纪元,使我国现代化道路能够独立自主地进行发展。在和平建设年代,中国共产党为了使人民摆脱贫困、尽快富裕起来,团结带领人民开展社会主义革命和建设,实行改革开放和推进社会主义现代化建设,找到了实现强国富民的现代化发展之路。在新时代,以习近平同志为核心的党中央更是充分认识到人民的重要地位,从全面建设社会主义现代化国家的战略高度不断强调和凸显人民的主体地位。在2015年十八届中央政治局第28次集体学习时,习近平总书记在讲话中首次提出要坚持以人民为中心的发展思想。此后,他在多个场合强调,要把以人民为中心作为治国理政的核心理念,并不断熔铸于"五位一体"总体布局的伟大实践之中,进一步拓展了以人民为中心的发展思想在中国式现代化道路中的理论和实践空间。

回顾中国共产党推进和拓展现代化的历程,我们可以总结出一条基本经验:只有坚定不移地将以人民为中心的发展思想贯穿到党的一切工作始终,将"为人民谋幸福"的初心和使命付诸现代化建设的实践中,才能发挥人民群众的决定性作用,开创中华民族伟大复兴的光明前景。正如习近平总书记所指出的:"人民为中心的发展思想,不是一个抽象的、玄奥的概念,不能只停留在口头上、止步于思想环节,而要体现在经济社会发展各个环节。"①可以说,坚持以人民为中心的发展思想贯穿于治国理政的各领域、各环节,以人民为中心为价值内核的中国式现代化道路,必将成为人民幸福的必由之路。

(二) 满足"人民对美好生活"的新期待

美好生活既是人民的向往期待,也是现代化建设的出发点和落脚点。党

---

① 《习近平谈治国理政》第二卷,外文出版社2017年版,第213—214页。

的二十大报告对现代化建设作出的一系列战略安排,归根结底就是为了让人民过上好日子,不断提升人民群众的获得感、幸福感、安全感。正如习近平总书记所指出的:"我们的目标很宏伟,但也很朴素,归根结底就是让全体中国人都过上更好的日子。"①人民的美好生活是多方面的,不再是以单一的物质层面的富裕为衡量标准。作为适合中国国情、满足人民需要的发展道路,中国式现代化道路坚持经济、政治、文化、社会和生态文明建设协同推进,实现中国式现代化发展与实现人民美好生活有机统一。

在物质文明建设上,中国共产党始终坚持以经济建设为中心、以高质量发展为主题,完整准确全面贯彻新发展理念,通过创新、协调、绿色、开放、共享的内在统一,来推动制约经济社会发展关键领域的突围跃升;在物质财富的积累、生产力的发展、科学技术的改进中释放出实现美好生活的持久动能,持续增进人民福祉、提高人民生活品质。在政治文明建设上,中国共产党始终坚持党的领导、人民当家作主和依法治国有机统一,以党的政治建设为统领,坚定不移推进全面从严治党向纵深发展;发展全过程人民民主,拓展民主渠道、丰富民主形式,从各层次各领域扩大人民有序政治参与;完善以宪法为核心的中国特色社会主义法律体系,满足人民对新时代法治现代化的需求。在精神文明建设上,中国共产党牢牢掌握意识形态工作的领导权,加强社会主义核心价值体系建设,巩固全国各族人民共同奋斗的思想基础;坚定文化自信,推动中华优秀传统文化创造性转化、创新性发展,不断丰富人民的精神力量,建设社会主义文化强国。在社会文明建设上,中国共产党始终坚持底线思维,精准扶贫,在中华大地上全面建成了小康社会;以保障和改善民生为重点加强社会建设,建立起覆盖城乡的社会保障体系,推进民主法治、医疗卫生、科学教育事业的发展,社会公平正义和民生福祉达到新水平。在生态文明建设上,中国共产党始终坚持"绿水青山就是金山银山"理念,把绿色发展的理念融入经济、政

---

① 《习近平谈治国理政》第三卷,外文出版社 2020 年版,第 134 页。

治、文化、社会建设等各个领域,促进人与自然和谐共生;推动形成绿色发展、循环发展、低碳发展的新局面,美丽中国建设迈出坚实步伐,2030 年前碳达峰、2060 年前碳中和目标如期实现。

总之,人民的美好生活涵盖人与人、人与自然、人与社会等多重关系,是经济、政治、文化、社会和生态文明建设统筹推进的动态过程。中国式现代化道路坚持在高质量发展中,构建经济繁荣、政治开明、文化先进、社会和谐、生态友好的美好生活,不断满足人民多样化、多层次、多方面的需求,进一步明晰了人民对美好生活向往的新图景。

(三) 把"人民满意"作为工作的衡量标准

知屋漏者在宇下,知政失者在草野。对中国式现代化道路而言,检验其实践成效的唯一标准就是群众的满意程度。社会主义现代化建设的远景目标是否能如期实现,归根结底还是要看人民的生活水平是否得到明显提高,人民的利益诉求是否得到充分表达,人民的合法权益是否得到切实保障。鉴于此,"人民满意"是衡量中国式现代化道路发展成果的根本标尺,体现了客观规律与主观价值的有机统一。

以"人民满意"为衡量标准,是中国式现代化道路展开的根本目的。影响现代化道路发展目标的因素有很多,如自然地理环境、历史传统文化、国内国际环境等。这些因素并非独自作用于现代化道路,而是通过人的主体作用形成合力共同作用于现代化道路。因此,现代化的进程是否有人民的参与、是否"以人民为中心"、是否以"人民满意"为根本目的,决定着现代化道路的成败。正是从这个意义上来说,"人民满意"与中国式现代化道路的发展目标是完全一致的,是中国式现代化道路的具体化、现实化的根本彰显与最终结果。

以"人民满意"为衡量标准,是中国式现代化道路推进的现实导向。"人民满意"凝聚着人民的利益追求,反映了对党和国家的信任程度,现代化的事业必须紧紧围绕满足人民对党和国家工作的期待展开。在现代化的探索中,中国共产党以"人民满意"作为开展各项工作的现实依据,在畅通民心民意、解决人民反映强烈的问题的实践过程中,不断推动历史车轮滚滚向前。党的十八大以来,以习近平同志为核心的党中央立足新的发展阶段,分析国内外环境现状,在实现"两个一百年"奋斗目标的历史交汇期,更是把"人民满意"放在党和国家政治活动、治理活动的关键位置,在人民不满意的地方下功夫,让人民拥有更加稳定的收入、更加充实的精神生活、更加高质量的医疗和教育水平,保证人民获得真正幸福。

以"人民满意"为衡量标准,是中国式现代化道路最深厚的情怀。习近平总书记曾用"小康不小康,关键看老乡""时代是出卷人,我们是答卷人,人民是阅卷人"等通俗的语言表达,昭示人民群众的满意程度是治国理政的关键。在现代化的新征程上,只有将社会发展目标与人民的根本利益结合起来,把人民的评判作为工作的重要组成部分,我们党才有执政的深厚底气,才能在现代化的道路上行稳致远。

可见,中国式现代化道路要持之以恒地向前推进,一定要把"人民满意"作为根本目的、现实导向和情感追求。"人民满意"深刻体现了中国式现代化道路客观规律与主观能动性、真理性与价值性的有机统一,积淀着深厚的文化底蕴,蕴含着人心向背的历史规律,制约着中国式现代化道路的基本走向。

二、中国式现代化道路坚持发展依靠人民

依靠人民的发展,发展才有动力。在中国式现代化道路中,依靠人民是关键环节,它既是"为了人民"思想的延续与发展,又是"发展成果由人民共享"思想的前提与基础。中国式现代化道路在认识和实践上的每一次突破,无不来自亿万人民群众的智慧和力量。因此,应当充分认识人民群众在中国式现代化道路中的力量和意义,充分尊重人民的历史主体性、实践主体性和价值主体性,探索出以人民的能动性推进中国式现代化道路发展的实践路径。

（一）人民历史主体性：中国式现代化道路的历史根据

"历史活动是群众的事业"①，人民的创造精神不容忽视，必须从实实在在的历史沿革中考察人民群众对现代化事业的推动作用。如果抛开谈人民对中国式现代化道路历史性出场的重要意义，而单纯地谈人民品格、人民权益、人民地位，不是陷入空泛抽象的概念，就是滑向抹杀人民能动性、否定人民作用的历史虚无主义的深渊。中国共产党之所以能战胜现代化道路上的一个又一个困难，创造一个又一个举世瞩目的成就，铸就现代化事业的辉煌功绩，其核心因素在于中国共产党重视人民群众在现代化事业中的作用，紧紧依靠人民开拓现代化道路。

人民历史主体性是中国式现代化道路的重要前提。在新民主主义革命时期，中国共产党依靠人民通过武装斗争和土地革命，对外终结了被压迫、被剥削的历史，实现了民族独立，对内实现了国家的统一和整合，开创了现代化事业的光明前景和崭新局面。新中国成立后，中国共产党以全面实现农业、工业、国防和科学技术现代化为目标，依靠人民一心一意搞建设，建立起社会主义制度、完整的工业体系和国民经济体系，取得现代化建设重大成就。改革开放后，中国共产党依靠人民开创并不断推进中国特色社会主义事业，从家庭联产承包责任制到发展乡镇企业，从鼓励非公有制经济到建立完善的社会主义市场经济体制，都是人民群众实践和智慧的产物。党的十八大以来，以习近平同志为核心的党中央依靠人民推进"五位一体"总体布局，落实"四个全面"战略布局，提出了关于中国式现代化的中国特色和本质要求，制定了战略安排，赋予现代化以全新含义，推动党和国家现代化事业取得历史性成就、发生历史性变革，中国式现代化道路越走越宽广。

由此可见，人民对中国式现代化道路的历史性贡献以及中国式现代化道

---

① 《马克思恩格斯文集》第 1 卷，人民出版社 2009 年版，第 287 页。

路发展对人民的依靠，是中国式现代化道路得以成功开辟并继续前行的动力源泉，也是彰显中国式现代化道路的历史与现实主体性的认识论基础。中国式现代化道路的历史性主体是人民，只有植根人民和造福人民，始终依靠人民和团结人民，才能使党的现代化事业立于不败之地。因此，应当将扎根人民、拜人民为师作为中国式现代化道路的重要前提，紧紧依靠人民推进伟大斗争、伟大工程、伟大事业、伟大梦想，确保中国式现代化道路拥有坚强的群众基础。

（二）人民实践主体性：中国式现代化道路的现实向度

实践是人类特有的有目的、有意识地改造自然界和人类社会的物质性活动，实践的观点是马克思主义哲学首要和基本观点，也是中国式现代化道路的重要哲学依据。在中国式现代化道路的历史进程中，任何具体事件的发生都是依靠人民的实践活动而展开的，因而，只有激发人民的主观能动性和实践主体性，才能最大限度地汇聚力量、凝聚共识，为中国式现代化道路发展提供实践保障。

人民实践主体性是中国式现代化道路的现实依据。中国式现代化道路是以全面推进中华民族伟大复兴为主题、以党的全面领导为保障、依靠人民开辟出来的独立自主、全面协调的社会主义现代化道路。作为中国式现代化道路的重要主体，人民不仅应当是现代化建设的参与者，更应该享有中国式现代化道路的实践成果，成为现代化建设的受益者。但是，在现代化建设的过程中还存在诸多问题，例如，发展不平衡不充分的矛盾凸显，结构性、体制性、周期性问题相互交织，等等。这些现实问题深刻影响着人民的生活、制约着人民主体性的发挥，因此，中国式现代化道路要以人民实践为问题导向，在发展中解决人民急难愁盼的问题，维护人民的利益，激发人民的首创精神，使广大人民自觉投身推进中国式现代化的伟大实践。

需要指出的是，意识与实践有着千丝万缕的联系。纵观马克思主义发展史，我们可以看到，人类社会的发展离不开实践，在实践中我们获得了更深层次的认识,用于更好地指导实践。因此,只有当个体拥有了鲜明的实践意识,并在其指导下开展实践活动,才能收获预期的实践成果。中国式现代化道路就是人民有意识、有目的的实践活动成果。只有进一步强化人民群众对中国式现代化道路的认识,才能得到他们的鼎力支持。但是,人们的意识只能是对他们生活的反映,也就是说,有什么样的社会实践就会有什么样的社会意识,要通过脱离社会存在去改变人们的意识是不可能实现的。因而,要通过改变人民的意识,推动中国式现代化道路发展,必须从人民所处的社会实践环境入手,培养人民的实践主体性。只有通过全面深化改革,精准聚焦民生领域的突出问题和短板痛点,切实解决好人民反映强烈突出的问题,才能使人民群众的权益得到充分保障,以增进人民对中国式现代化道路的认同,保证我国现代化建设一直在人民认可和支持的轨道上向前推进。

(三) 人民价值主体性:中国式现代化道路的价值归宿

价值是客体满足主体需要的效益关系,主体的需要是理解价值关系的出发点。换言之,满足何种主体的需要,也就是对何种主体的价值。中国式现代化是"人口规模巨大的现代化",内在地要求中国式现代化道路覆盖人口全面、惠及全体人民。这也就意味着,中国式现代化道路的目的是满足人民的需要,践履了价值主体复归人民的需求。中国式现代化道路始终将人民置于至高无上的地位,以全心全意为人民服务为根本宗旨,以"美好生活"为奋斗目标,这是对人民价值主体性的深刻阐释与充分肯定。新时代新征程上,以中国式现代化全面推进中华民族伟大复兴,突出并维护人民价值主体性显得尤为迫切和重要。

人民价值主体性是中国式现代化道路的价值依循。马克思认为,"全部人类历史的第一个前提无疑是有生命的个人的存在。"①由此,我们应该首先

---

① 《马克思恩格斯选集》第 1 卷,人民出版社 1995 年版,第 67 页。

确定人类存在的前提即人类必须能够生活，为了生活，人类必须吃、穿、喝以及使用其他一些东西。因此，人类历史就是个体为了生存而进行物质生产活动的历史，人类所进行的一切物质生产活动的实践，都是为了满足自己的需要。人民自觉推动中国式现代化道路的发展，就是为了在发展中维护自身的利益，中国式现代化道路之所以被人民选择、支持和推进，根本原因在于它把人民最关心最直接最现实的利益问题置于核心地位，与全体人民的根本利益追求具有高度一致性。由此可知，在中国式现代化道路的伟大历史实践中坚持人民价值主体性，就是要维护和满足人民的利益和需要，激发人民群众的主体性要素活力，充分激发人民参与和推动现代化建设的积极性、主动性和创造性，不断释放出"人的现代化"概念的普遍性内涵。

毋庸置疑，作为中国式现代化道路的价值主体，人民的价值追求、利益诉求、现实需要等，都会直接影响中国式现代化道路的方向和效果。历史地看，中国式现代化道路的发展也是人民生活水平不断提高的过程。但从横向比较上看，我们不难发现，在全体人民生活水平普遍提高的基础上，部分人的生活水平和质量已远远超过大多数人的步伐，长此以往会导致理论上的价值主体与中国式现代化道路实践中的价值主体错位，使人民慢慢丧失对中国式现代化道路的热情。因此，只有将"不断满足人民对美好生活的向往，不断创造新的历史伟业"①结合起来，将发展的效率与发展的公平有机统一起来，将追求价值创造和价值享用贯通起来，才能持续激发人民的历史主动精神，扫清实现"全面建设社会主义现代化国家"道路上的障碍。

三、中国式现代化道路坚持发展成果由人民共享

成果由人民共享的发展才有实效。发展成果的分配方式是判定现代化道路性质的重要指标，始终与人民共享发展成果，是中国式现代化道路性质的最

---

① 《习近平谈治国理政》第三卷，外文出版社 2020 年版，第 79 页。

好体现。坚持发展成果由人民共享,就是要坚持共享发展理念、确保人人参与共建、维护社会公平正义。唯有如此,人民才能在发展中获得切切实实的利益,更加积极广泛地参与现代化建设事业。

(一) 共享发展理念是发展成果由人民共享的理论基石

理念引领行动,思路决定出路。习近平总书记指出:"发展理念搞对了,目标任务就好定了,政策举措也就跟着好定了。"①发展理念是否有效,决定着一个国家发展的成败。为与我国经济发展进入新常态相适应,党的十八届五中全会提出创新、协调、绿色、开放、共享的发展理念。其中,共享发展理念注重的是解决社会公平正义问题,是五大发展理念的最终归宿,也是发展成果由人民共享的理论基石,更是中国共产党的执政要求,对于推进和拓展中国式现代化具有重要意义。

作为五大发展理念的最终归宿,共享发展理念如何体现出人民共享? 总体而言,主要体现在以下两个方面:其一,主体共享。也就是说,全体人民都能享受发展的成果。共享发展理念首先是要将人民看作发展的目的,而不是达到目的的工具。基于此,发展的目的就是更好地满足人民的现实需要,使各个地区、各个阶层的人民都能享受发展带来的效益和成果。其二,内容共享。内容共享首先是物质财富的共享,主要表现为社会的物质财富日益增长并能够得到公平合理的分配,贫富差距能够不断缩小,形成一个合理的社会利益分配格局来维护社会的秩序和稳定。其次是精神财富的共享,是内容共享的高层次需求。精神财富的共享,涵盖政治、文化、社会、生态等诸多方面。尤其是随着中国式现代化道路的持续推进,人民对政治昌明、文化进步、社会稳定、生态良好等方面的需求不断增长。需要注意的是,物质财富的增长虽然是内容共享的主要部分,但精神财富的共享同样不可或缺。如果把共享的内容单纯等

---

① 《习近平谈治国理政》第二卷,外文出版社 2017 年版,第 197 页。

同于物质财富的增长,而忽视精神方面的需求,就会导致人民共享质量的狭隘化和低层次化。因此,内容共享应该在经济发展的基础上,追求更高层次发展,使人民从低层次到高层次的需求都能得到满足,最终促进人的全面发展,共享的终极目标得以实现。

总之,共享发展理念最终要体现在保障全体人民经济、政治、文化、社会、生态等方面的权益,并以创造条件促进人的全面发展为最终目的。只有社会物质财富丰裕、精神财富充足,人的生存环境、精神健康不断得到改善,促进人的全面发展的社会条件才能够成熟,共享发展理念才能够得到人民认可。

(二) 全体人民共同参与是发展成果由人民共享的必要前提

习近平总书记指出:"共建才能共享,共建的过程也是共享的过程。"[①]共享与共建辩证统一,共建为共享提供物质基础和前提保障,共享为共建提供力量源泉和目标指向。如果只重视共建而忽视共享,会导致社会贫富差距加大,违背共同富裕的原则;如果只重视共享而忽视共建,会导致社会成员产生严重的依赖思想和非劳动意识,共享逐渐演变成"共穷"。从长远来看,共享的目的是充分激发人的潜能,促进人的全面发展,从而行之有效地推动高质量的共建。中国式现代化道路,既是一个建设过程,也是一个享有过程。在这个过程中,只有充分调动人民共建现代化的积极性,共享现代化建设成果才能有坚实的物质保障;只有充分保证人民公平享有现代化建设成果,共建现代化才能取得更为突出的实效。

辩证唯物主义认为,任何事物的变化发展都是内因和外因共同作用的结果,内因是根据,外因是条件,外因通过内因起作用。人民作为历史的主体,既是现代化的贡献者,也应是现代化的最终受益者,是现代化建设的内因和动力源泉。每一个社会成员都对现代化建设负有一定的责任,共同参与现代化建

---

① 《习近平谈治国理政》第二卷,外文出版社 2017 年版,第 215 页。

设,创造充裕的物质财富,是每个社会成员都必须遵守的准则。如果社会成员没有参与现代化建设的意识和行动,即使党和国家的顶层设计再完善、政策支持力度再大,不仅不会把现代化建设事业向前推进,反而助长"靠着墙根晒太阳,等着别人送小康""干部着急,群众不急""等、靠、要""搭便车"等思想,甚至落入"福利主义"养懒汉的陷阱。党的十八大以来,党中央把脱贫攻坚摆在治国理政的突出位置,以前所未有的力度推进脱贫攻坚,经过持续八年奋斗,我们如期完成了新时代脱贫攻坚目标任务,并在中华大地上全面建成了小康社会,推动我国社会主义现代化建设不断开创新局面。之所以能取得如此辉煌的成就,其中一条重要的经验就是依靠全体人民的共同奋斗、智慧和勇气干出来的。

功崇惟志,业广惟勤。我国仍处于并将长期处于社会主义初级阶段,以中国式现代化全面推进中华民族伟大复兴任重道远。同时,人民对更好的教育、更稳定的工作、更满意的收入等方面的需求也日益增长。开启高品质生活,离不开人民共同参与现代化建设这把钥匙。因此,全社会要积极鼓励人民共同参与、辛勤劳动,让更多人深度参与到社会主义现代化建设中,积极引导人民在现代化事业建设中焕发热情、释放潜能,让每个人都能成为现代化建设的参与者和贡献者,都能在现代化建设中实现自己的人生价值。

(三) 社会公正是发展成果由人民共享的现实依循

促使发展成果由人民共享,不仅要求社会生产力的不断提升、社会利益分配格局的不断改善,更要确立一种社会成员接受、认可并愿意遵循的制度规范和价值理念,即社会公正。对于一个国家来说,仅仅依靠资金、技术、对外贸易等外在力量推动现代化建设是难以持续的,只有通过社会公正这一内生力量的推动,现代化建设才能持续有效地推进。"一些国家虽然也一度实现快速发展,但并没有顺利迈进现代化的门槛,而是陷入这样或那样的'陷阱',出现经济社会发展停滞甚至倒退的局面。后一种情况很大程度上与法治不彰有关。"①资本主义的现代化过程，从某种意义上来说，就是通过市场的方式，利用商品的等价交换，实现社会财富分配的过程。然而，这种看似公正的分配，真正意义上只是少数人的公正，是"资本的公正"，广大无产阶级和劳动者在本质上仍然处于被剥削、被压迫的不公平地位。相比之下，中国式现代化则按照"人民逻辑"来展开，要求发展成果由人民共享，要求社会公平正义，每个人都能拥有自由发展的机会，而不能有剥削和压榨。这就使现代化建设与人民的切身利益结合在一起，使现代化建设获得巨大的内生动力和创造活力。

　　具体而言，社会公正的核心理念包括公平和正义。社会公平追求的是最低限度的不平等，它要求每个社会成员在现代化建设中，能够各尽其才、普遍享有、共同受益，是对社会秩序的现实要求。社会正义则是追求最大限度的平等，是对社会秩序的理想追求。必须看到，社会公平和社会正义两者相辅相成，缺一不可。社会公平是确保"平等"，为每个社会成员提供"兜底性"和"保障性"措施，以最大限度地消除不平等、凝聚社会成员的共识，使现代化建设成为每个人的共同事业。社会正义是确保"自由"，使每个有差异的个体通过共同的利益紧紧凝聚在一起，共同朝着全面建设社会主义现代化国家的目标而努力。总之，社会公平和社会正义是一个完整的有机体，缺少其中任何一项，社会公正便失去了完整的意义，就会走向不公正，发展成果由人民共享的现代化也难以兑现。

　　在现代社会和市场经济条件下，随着社会生产力的不断提升，社会成员的平等意识普遍形成，社会公正逐渐成为社会成员普遍认同的价值取向和行为准则，也成为现代化建设中的基本定向。只有在社会公正的基础上，现代化建设才能形成目标明确、路径清晰的科学规划，中国式现代化道路才能全面、持续、协调地推进。相反，如果现代化建设偏离了这一基本导向，就会背离原有的方向，甚至产生严重的负面效应、出现颠覆性的失误，进而影响整个社会的

---

① 《习近平关于全面依法治国论述摘编》，人民出版社 2015 年版，第 12 页。

平稳运行。一言以蔽之,中国式现代化道路离不开社会公正,积极维护社会公平正义,是一个国家现代化建设得以成功的关键。

第二节　价值追求:促进全体人民共同富裕

治国之道,富民为始。实现共同富裕是人民群众的共同期盼,也是全面建设社会主义现代化国家新征程的重大历史使命,体现了中国式现代化道路的本质要求和重要特征。如果共同富裕实现不了,就不能说社会主义在中国是成功的,也不能说中国式现代化道路是成功的。中国共产党探索现代化进程的起点是贫困,经过百余年的探索,共同富裕的理论意义和实践成效日益凸显。作为一个动态的概念,共同富裕在中国式现代化的进程中形成了基于现代化实践的理论框架和丰富内涵,使中国式现代化道路与共同富裕在基本内涵、目标要求、本质属性等方面具有多重逻辑关联,两者相互影响、相互促进,其耦合产生推进中国式现代化的持续动力。

一、中国式现代化道路是实现共同富裕的正确道路

共同富裕是一个长期的历史课题,是一个逐步实现目标的历史过程。中国共产党根据不同历史时期的任务不断丰富共同富裕的理论内涵,并提出一系列创新举措,取得了世所罕见的伟大成就。全面系统地梳理中国共产党推进共同富裕的现代化进程,对于科学理解共同富裕的深刻内涵,准确把握中国式现代化道路的价值意蕴具有深远意义。

(一) 新民主主义革命时期:革命求富

新民主主义革命时期,中国共产党在挽救民族危亡的革命斗争中,孕育了共同富裕的思想。这一时期,对中国式现代化道路的探索集中体现为"革命求富",即通过革命争取民族独立、人民解放,通过"打土豪、分田地"实行"耕

者有其田"，从而消除财产私有制导致的贫富差距，为摆脱贫困落后、实现共同富裕提供根本政治前提。

党的创始人面对国家衰弱的情况，对共同富裕作出了美好的设想，规划了实现共同富裕的途径，提出了实行生产资料公有和社会主义的分配原则等。陈独秀在《青年杂志》创刊之际就指出："财产私有制虽不克因之遽废，然各国之执政及富豪，恍然于贫富之度过差，决非社会之福。"①李大钊认为，生产力是人类社会发展的根本动因，"社会主义是要富的，不是要穷的，是整理生产的，不是破坏生产的。"②也就是说，社会主义只有在生产力高度发达的基础上，才能创造出更加丰富的物质和精神产品，为实现共同富裕提供雄厚的物质条件和充裕的精神财富。这些设想奠定了共同富裕思想萌芽的基础，成为中国共产党追求共同富裕的精神之源。

以毛泽东同志为主要代表的中国共产党人，在长期的革命实践中，深刻认识到土地问题是农民最关心的问题，在后来的井冈山时期、延安时期、西柏坡时期等，中国共产党带领人民开展区域性土地改革，"打土豪、分田地"成为当时中国共产党探索共同富裕的重要手段。抗日战争时期，为了解决抗日根据地财政困难、改善农民生活状况等问题，毛泽东提出了"自己动手"，号召广大农民开展大生产运动，以保证物资的正常供给。解放战争时期，中国共产党采取了有利于生产发展的土地政策和工商业政策，制定并通过的《中国土地法大纲》，掀起了土地制度改革的热潮，使贫苦农民获得了生产所必需的土地。

总之，中国共产党经过艰辛探索，找到了实现民族独立与共同富裕统一起来的现代化道路。在这条道路的探索中，中国共产党始终将救亡图存的政治斗争与以土地革命为重点的经济斗争结合起来，让农民分配到了土地资源，成为土地的主人，为实现共同富裕的现代化发展之路起到了积极的作用。

---

① 《陈独秀文集》第一卷，人民出版社 2013 年版，第 99 页。
② 《李大钊全集》第四卷，人民出版社 2006 年版，第 354 页。

（二）社会主义革命和建设时期：建设致富

社会主义革命和建设时期，中国共产党人在社会主义建设的实践中更加注重农民群众的共同富裕问题。这一时期，对中国式现代化道路的探索集中体现为"建设致富"，即中国共产党通过完成对生产资料私有制的社会主义改造，建立共同富裕的生产资料公有制基础。此外，中国共产党从经济文化长期落后的农业大国特点出发，在结合中国经济社会发展现实状况的基础上，寻找一条符合国情的工业化道路，初步形成了我国工业化和国防现代化的基础。

从 1950 年冬到 1952 年底，中国共产党继续领导广大人民在新解放区进行土地制度的改革，帮助全国约 3 亿无地少地的农民无偿获得约 7 亿亩土地，免除了过去每年向地主交纳的 3000 万吨以上粮食的地租。1953 年，中国共产党提出了"一化三改"的过渡时期总路线，大力推进国家工业化。同年，毛泽东在资本主义工商业社会主义改造问题座谈会上明确提出"共同富裕"的概念，"现在我们实行这么一种制度，这么一种计划，是可以一年一年走向更富更强的，一年一年可以看到更富更强些。而这个富，是共同的富，这个强，是共同的强，大家都有份"①。随着社会主义三大改造的完成，我国经济结构得到了根本性改变，从原来多种经济成分并存的状态，转变为公有制经济占比 90% 以上的集体所有制经济。虽然这一转变为共同富裕奠定了坚实的制度基础，但由于过度强调财富的"均享"，追求过程的公平，在实质上更接近于"平均主义"，虽然实现了"共同"但并未达到"富裕"。

总之，社会主义革命和建设时期，中国共产党在现代化进程中对共同富裕的探索既取得了显著的成效，也出现过失误。整体上来看，中国共产党为实现共同富裕采取的一系列措施，使人民的生活水平得到显著提高。由此说明，中国共产党在探索共同富裕的现代化道路的艰难曲折中，依旧兑现着带领人民

---

① 《毛泽东文集》第六卷，人民出版社 1999 年版，第 495 页。

走向共同富裕的承诺。

（三）改革开放和社会主义现代化建设新时期:改革促富

改革开放和社会主义现代化建设新时期,中国共产党对经济发展中存在的问题有了更加清醒的认识,在总结社会主义建设正反两方面经验与教训的基础上,推进共同富裕进入新的发展阶段。这一时期,对中国式现代化道路的探索集中体现为"改革促富",即通过改革开放,快速提高生产力,促使人民尽快富裕,使我国在社会主义现代化建设历程与推进共同富裕进程的紧密结合中,探索出一条具有中国特色的现代化道路。

1978 年,邓小平在中央工作会议上提出,让一部分先富起来,先富带动后富,最终实现共同富裕的发展目标。这从本质上论证了共同富裕在目标与过程上的差别,"共富"是目标,但实现"共富"的过程是有次序的,允许一部分人依靠诚实劳动和合法经营首先富起来,再帮助和带动其他人富裕起来,最终达到"共富"的目标。1980 年,邓小平明确强调社会主义首先要发展生产力,经济长期处于停滞、人民生活水平长期处于落后状态,"不能叫社会主义"①。1986 年,邓小平提出,社会生产力和社会主义公有制是手段,增加全民所得是目的,允许一些地区、一些人先富起来,最终达到共同富裕,"这就叫社会主义"②。1992 年,在南方谈话中,邓小平对社会主义的本质进行了科学概括:"社会主义的本质就是解放生产力,发展生产力,消灭剥削,消除两极分化,最终达到共同富裕"③。在战略安排上,我们党把"逐步实现共同富裕"纳入社会主义现代化建设的总体战略目标中进行考量,并制定了人民从温饱到小康再到比较富裕的"三步走"战略。在改革开放过程中,邓小平在肯定毛泽东关于共同富裕的正确观点的基础上,与时俱进地拓展和丰富共同富裕的内涵,深

① 《邓小平文选》第二卷,人民出版社 1994 年版,第 312 页。
② 《邓小平文选》第三卷,人民出版社 1993 年版,第 195 页。
③ 《邓小平文选》第三卷,人民出版社 1993 年版,第 373 页。

化了对共同富裕的认识。此后,中国共产党人对中国特色的实现共同富裕之路进行了持续探索,更加注重社会公平,采取缩小区域发展差异、建设社会主义新农村、取消农业税等措施,使人民的生活水平得到进一步提高。

总之,在改革开放和社会主义现代化建设新时期,中国共产党对推动共同富裕进行了一系列理论和实践探索,制定出了"先后带后富""最终走向共同富裕"的方略,为实现社会主义现代化建设构筑了深厚的物质基础。

(四) 中国特色社会主义新时代:发展共富

中国特色社会主义新时代,中国共产党以"一个都不能少"的庄严承诺,团结带领全国人民完成了消除绝对贫困的艰巨任务,揭开了中国特色共同富裕之路的全新篇章。这一时期,对中国式现代化道路的探索集中体现为"发展共富",即中国共产党在新发展阶段,围绕"促进全体人民共同富裕"这个根本目标,追求更高质量、更高水平、更加全面的共同富裕,实现了中国式现代化道路与共同富裕的良性互动。

2012 年,习近平总书记就指出,中国道路要"逐步实现全体人民共同富裕"[①],明确了共同富裕与中国道路两者之间的内在一致性。为了破解生产关系与生产力不适应的情况,以党的十八届三中全会为起点,开启了全面深化改革、系统整体设计推进改革的新时代,奠定了实现共同富裕的生产关系基础。党的十八届五中全会,首次提出五大发展理念,其中共享发展理念,集中体现了逐步实现共同富裕的要求,奠定了实现共同富裕的思想基础。党的十九大和十九届二中、三中、四中、五中、六中全会,始终把共同富裕作为社会主义现代化建设的重要目标,并将促进共同富裕与实现人的全面发展和社会全面进步高度统一起来,奠定了共同富裕的社会基础。党的二十大把实现全体人民共同富裕摆在更加突出的位置,并将其作为中国式现代化的中国特色和本质

---

① 习近平:《紧紧围绕坚持和发展中国特色社会主义 学习宣传贯彻党的十八大精神——在十八届中共中央政治局第一次集体学习时的讲话》,人民出版社 2012 年版,第 4 页。

要求之一,充分彰显了我们党在新时代新征程上坚定不移促进共同富裕的决心。

总之,中国特色社会主义新时代,中国共产党从经济、政治、文化、社会、生态等方面,系统探索全体人民共同富裕取得更为明显的实质性进展的实践路径。尤为重要的是,中国共产党对扎实推进共同富裕作出一系列重要部署,提出"共同富裕本身就是社会主义现代化的一个重要目标"[①]的重要论断,深刻彰显了共同富裕与中国式现代化道路相互贯通、相辅相成的内在规律性,为以中国式现代化扎实推进共同富裕提供科学指南。

二、中国式现代化道路丰富了共同富裕的内涵维度

基于历史唯物主义的视角,共同富裕目标的实现程度要受生产力发展水平的制约,物质财富越富足、精神生活越富有、社会制度越完善,人们对于共同富裕的现代化道路的追求愈加多样化。中国式现代化道路继承和发展了马克思主义文明观的整体结构论,着力追求物质、政治、精神、社会、生态文明等方面的全面提升,突出强调社会财富分配问题,通过社会的全面繁荣来逐步促进和实现人的现代化。由此,中国式现代化道路不仅拓展了文明的各个维度,而且丰富了共同富裕的内涵要义。

（一）以高质量发展为主题推进物质文明

共同富裕是以更高质量的物质文明为前提基础。中国式现代化道路不断推动经济高质量发展,着力解决发展不平衡不充分问题,提高发展的平衡性、协调性、包容性,为共同富裕打下基础。

首先,立足新发展阶段,以全新的起点创造共同富裕新成就。党的十九届五中全会提出,我国在全面建成小康社会之后,进入新发展阶段。这是我国在

---

① 习近平:《全党必须完整、准确、全面贯彻新发展理念》,《求是》2022 年第 16 期。

现有基础上不断超越的起点,也是从全面建成小康社会向全面建成社会主义现代化强国"升级跨越"的新阶段。在新发展阶段,共同富裕有了坚实的物质基础。数据显示,2022年,国内生产总值达121.0207万亿元,人均国内生产总值达85698元。同时,城乡差距逐步缩小、工业门类齐全、教育水平逐年提升等,共同富裕具备了良好的物质基础。

其次,贯彻新发展理念,以科学的发展理念助力实现共同富裕。实现共同富裕要解决好发展不平衡不充分问题,而要解决发展问题,首要必须明确以何种发展观或发展理念为指导。习近平总书记在党的十八届五中全会上提出了创新、协调、绿色、开放、共享的发展理念,为实现共同富裕打下了坚实的基础。创新发展理念指明了共同富裕要不断通过创新促使经济保持高质量发展,以满足人民不断增长的需要;协调发展理念要求共同富裕是物质文明和精神文明相协调,产业、区域、城乡统筹发展的全面富裕;绿色发展理念要求在推进共同富裕的进程中要实现人与自然和谐共生;开放发展理念表明只有在与整个世界的开放、融合中,才能推动更高质量的共同富裕的实现;共享发展理念要求共同富裕的成果要惠及全体人民。

最后,构建新发展格局,以高质量的国民经济循环促进共同富裕。我国经济迈入"三期叠加"的新常态发展阶段以来,依靠外需推动经济增长的动能减弱。同时,世界百年未有之大变局正在加速演进,世纪疫情影响深远,我们既面临着新的战略机遇,也面临着难以预料的风险挑战。这就要求我们加快构建新发展格局,确保国内大循环高水平顺畅循环,依托国内大循环吸引全球商品和资源要素,更好地联通国际国内两个市场、两种资源,为实现共同富裕提供重要保障。

(二) 以发展全过程人民民主为主题推进政治文明

民主是政治文明的重要内容,从政治发展的历史来看,中国共产党探索共同富裕的历史也是一部追寻民主价值的历史。中国共产党在借鉴人类先进政治文明的基础上,结合中国具体实际,推动着社会主义政治文明走向更高的层次。作为全链条、全方位、全覆盖的民主,全过程人民民主有助于走好中国式现代化道路,在高质量发展中推动共同富裕。

首先,全过程人民民主的过程是全链条的,反映在"酝酿—决策—执行—监督—反馈"过程中,贯穿于选举、协商、决策、管理和监督等各程序中,有效将人民的诉求融入国家的法律法规中,不断扩大人民的有序政治参与。因此,全链条的人民民主能最大限度地将人民组织起来,参与公共事务商议、国计民生重大决策、经济社会事务管理,科学有效化解矛盾,不断凝聚社会共识,构建起共同富裕与全过程人民民主良性互动的应然状态。

其次,全过程人民民主的主体是全方位的,是全体人民。中国共产党始终立于人民这个决定性力量,开拓民主渠道、创新民主手段,保障全体人民参与民主过程、享受民主权利。这与共同富裕的"全民性"原则不谋而合。只有在全过程人民民主中扩大主体参与范围,尤其是注重听取弱势群体的利益诉求,全体人民才能平等地享受民主权利,共同富裕才能在真正意义上实现。

最后,全过程人民民主的内容是全覆盖的,包括经济民主、政治民主、文化民主、社会民主和生态民主等。共同富裕不仅是人民物质生活的充裕,还包括精神世界的满足,体现为经济、政治、文化、社会、生态等领域的可持续。因此,全过程人民民主能满足人民各方面的需要,绘就了实现共同富裕的基本轮廓。

(三) 以增强人民精神力量为主题推进精神文明

人民精神高质量发展是科学社会主义基本原则的内在要求,也是共同富裕的必然要求。精神文明的共同富裕,意味着丰富人民精神生活资源得到合理配置。在此基础上,人民可以追求更高层次、更高水平的精神生活,其本质是人民精神生活平衡、充分发展。人民精神生活的富裕,离不开物质生活的富裕与向上向善的舆论环境。

一方面,物质富裕是精神富裕的前提,精神富裕是物质富裕更高的追求,只有在保持二者的合理张力中,才能将人民对共同富裕的追求转化为更加具体的实践要求。人的物质生活是最为基础的前提要求,物质生活越富足,精神生活的可塑性也就越强,物质生活的日益完善,为精神生活的发展提供了更高的起点。同时,作为实现难度更高的精神生活,可以有效防止人的全面物化。新时代,随着经济的快速发展,人民的物质生活得到了极大的满足,一些人因过度追求物质生活的享受,导致精神生活的荒芜,促进精神生活的协调、可持续发展,是实现社会精神状态正常化的应然之举。因此,只有在保持物质文明和精神文明的合理张力中,才能实现人的精神世界的提升。

另一方面,社会主义核心价值观是最持久最深层的精神力量,展现出一个处于历史上升通道的民族应有的精神状态,引导社会形成实现共同富裕良好的舆论环境的精神导向,有利于维护社会的秩序,促进社会的发展。当前,国内国外形势加剧,各种风险挑战接踵而至,意识形态领域面临着长期而复杂的斗争。这就要求我们进一步夯实社会主义核心价值观的根基,科学防范和有效应对意识形态领域面临的风险挑战,以人民对精神生活中的共同理想信念的巩固,为走中国式现代化道路实现共同富裕提供思想基础。

(四) 以实现人的全面发展为主题推进社会文明

实现人的全面发展是社会文明的重要内容,也是共同富裕的应有之义。人的全面发展水平作为衡量社会文明程度的重要指标,应与实现共同富裕的现代化进程保持一致。实现共同富裕的道路是否正确,从根上取决于人是否得到了全面而充分的发展。

实现人的全面发展,是马克思主义对人的"终极关怀"。马克思主义认为,人的发展和社会的发展在本质上是统一的,"人的本质不是单个人所固有的抽象物，在其现实性上，它是一切社会关系的总和。"①由此说明，人不仅是社会关系的产物，而且在社会关系中不断发展和完善。因此，以人的全面发展为核心的社会文明，直接践行着马克思关于"人类社会"的崇高理想，并在中国特色社会主义的伟大实践中，成功开创出更为丰富的内涵。

习近平总书记指出，"现代化的本质是人的现代化"②。现代化不仅包括物质、制度、思想等方面的现代化，也是人的现代化进程，即实现人的全面发展。全面发展的人，就个体而言，表现为个人的智力、品德、情感、技能等方面的全面发展，体现在与他人、社会的交往中遵守社会规则、道德规范，是对人的各种素养的本质性概括；就群体而言，表现为由无数个人构成的群体的整体性发展。在全面建设社会主义现代化国家的进程中，人的全面发展统一于社会文明建设之中，统一于实现全体人民共同富裕之中。

（五）以促进人与自然和谐共生为主题推进生态文明

实现共同富裕，离不开特定的空间载体。加大生态环境保护力度，实现经济社会全面绿色转型，是实现共同富裕的必然之举。习近平总书记强调，在实现共同富裕过程中，要"妥善处理好生态和民生的关系，实现生态保护和民生保障相协调"③。环境就是民生，实现全体人民共同富裕，就是要紧紧扭住生态环境红线，统筹好经济发展与环境保护之间的关系，不断满足人民日益增长的良好生态环境需要。

生态环境本身就是生态财富，内含于共同富裕的价值目标之中。共同富裕是全面的富裕，自然地包括生态环境的指标要素。良好的生态环境不仅是经济社会持续健康发展的支撑点，也是构成共同富裕不可或缺的显性要件，铸

---

①　《马克思恩格斯选集》第 1 卷，人民出版社 2012 年版，第 135 页。

②　《十八大以来重要文献选编》（上），中央文献出版社 2014 年版，第 594 页。

③　习近平：《坚持以人民为中心深化改革开放深入推进青藏高原生态保护和高质量发展》，《人民日报》2021 年 6 月 10 日。

就共同富裕的绿色基底。同时,生态环境是典型的公共福利,体现着共同富裕"共性"的要求,为人民创造更多的公共福利,有助于提升人民身心愉悦性,更好地激发人民的智慧与创造,进一步推动共同富裕的实现。

需要指出的是,西方的现代化道路在创造巨大物质财富时,加速了对自然资源的开发力度,打破了地球原有的生态平衡。中国式现代化道路坚决抛弃轻视、破坏自然的发展模式,坚决不走西方以牺牲环境为代价换取经济发展的老路,而是顺应自然规律,走出一条生态优先、绿色发展的新路子,在不断破解生态难题中回应人们对生态环境的要求,使人与自然和谐共生成为实现共同富裕的可持续发展动力。

三、中国式现代化道路构筑了共同富裕的现实基础

共同富裕的实现绝非朝日之功,而是一项长期的系统工程,对其复杂性、艰巨性需要进行充分估量。改革开放以来,我们党从社会主义初级阶段的最大实际出发,始终坚持以经济建设为中心,始终不渝解放和发展生产力,人民生活水平不断迈上新台阶。但是,由于社会主义初级阶段的国情决定,我国发展不平衡不充分问题仍然突出,成为制约实现共同富裕的主要因素。在中国式现代化道路的新征程上,既要善用历史经验有效防范化解风险,又要根据实际情况,打破惯性思维,敢为人先,蹄疾步稳推进改革开放,助推共同富裕早日实现。

(一) 以经济高质量发展激发共同富裕的内生动力

马克思指出:"一切重要历史事件的终极原因和伟大动力是社会的经济发展。"[1]发展是实现共同富裕的基础,离开发展,共同富裕就会成为空想,离开高质量发展,共同富裕将无从谈起。进入新时代,我国经济已由高速增长阶

---

[1] 《马克思恩格斯选集》第3卷,人民出版社2012年版,第760页。

段转向高质量发展阶段,发展的内外部环境发生了重大变化,高污染、高能耗的传统经济发展方式难以为继,全球新一轮科技革命和产业变革正在蓬勃兴起,科技对生产力的贡献力度也越来越大,这就要求我们必须推动发展由重视"量"到重视"质"的转变。

一是要在高水平供需动态平衡中促进共同富裕。从宏观角度来说,推动经济高质量发展促进共同富裕,必须实现高质量供给与高品质需求之间的动态平衡。经过多年供给侧结构性改革,无效和低端供给显著减少,有效和中高端供给不断扩大,但供需错位、不匹配等现象尚未得到根本解决。有效供给的不足,造成"需求外溢",导致消费能力严重流失。这就要求我们必须以深化供给侧结构性改革为主线,转变发展方式,增强高质量供给能力,使供给更好适应需求变化,实现更高水平的供需动态平衡,持续推动共同富裕。

二是要在加大人力资本投入中促进共同富裕。人力资本是经济持续增长的重要源泉,各国经济发展的差异,主要是在人力资本方面的积累和国际贸易中的人力资本优势所带来的。在一个拥有 14 亿多人口的国家里,如何将人口红利转化为人力资本红利,是我们面临的一个重大课题。这就要求我们加强对人力资本的投资,加大对教育的投入,把义务教育、高等教育、职业教育和终身学习结合起来,培养更多高素质的劳动者;要完善相关配套制度,不断优化产业结构、就业结构、人力资本结构,最大限度地把人力资本的红利释放出来,让人才成为促进共同富裕的强大引擎。

三是要在建设全国统一大市场进程中促进共同富裕。建设全国统一大市场,有助于使全国资源进行有效整合,进一步促进区域经济协调发展。建设全国统一大市场要建立公平公正的市场规则,解决重点领域和关键环节存在的不正当干预、隐性壁垒门槛等突出问题;要推动信息平台互通共享,解决信息不对称问题;要提升要素资源配置效率,破除阻碍要素自主有序流动的机制体制,以全国统一大市场来保持经济发展的动态平衡。

（二）以制度优势筑牢共同富裕的重要保障

制度是带有根本性、全局性、稳定性和长期性的问题。在实现共同富裕这一项长期而光荣的工程中，中国特色社会主义制度以其科学合理的制度性安排，不仅集全国之力做大"蛋糕"，而且公平合理地分好"蛋糕"，使人人同等地享有发展成果，进一步激发人民的积极性，共同做好"蛋糕"。

一是要坚持和完善党的全面领导制度，为实现共同富裕提供制度保障。党的全面领导，是进行共同富裕顶层设计和保证政策有效落实的根本政治保障。坚持和完善党的全面领导制度，不仅能够保证共同富裕目标和方向的正确性，而且能够有效地整合资源、动员各方力量，克服实现共同富裕道路上的种种困难，进一步将制度优势转化为共同富裕进程中的治理效能。为此，要毫不动摇地坚持党的领导制度体系，充分发挥党在实现共同富裕中总揽全局、协调各方的作用。各级党组织要推动建立实现共同富裕的体制机制和政策框架，将党的路线方针政策"一张蓝图绘到底"，把坚持和完善党的全面领导制度落实到共同富裕各个环节。

二是要坚持"以公有制为主体、多种所有制经济共同发展"的经济制度，为实现共同富裕提供制度活力。社会主义基本经济制度，既有利于推动经济高质量发展，保障广大人民享受发展带来的成果，又有利于维护社会公平正义，充分调动各个经济主体的积极性，是实现共同富裕的显著优势。为此，要毫不动摇巩固和发展公有制经济，理直气壮做强做优做大国有企业，全力破除影响和制约国有企业发展的顽瘴痼疾，全面发挥国有企业在资本、技术、人才等方面的优势，不断提升经济发展水平，助力实现共同富裕。当然，非公有制经济是实现共同富裕的另一重要组成部分，要毫不动摇鼓励、支持、引导非公有制经济发展，营造公平竞争的市场环境、政策环境、法治环境，培育更多有活力的市场主体，为实现共同富裕提供有力补充。

三是要完善"以按劳分配为主体、多种分配方式并存"的分配制度，为实现共同富裕持续注入动力。改革开放以来，我国经济发展持续向好，但收入分配存在着极为复杂的情况，经济增长并不意味着收入差距的减小，探索和完善按劳分配的实现形式，构建起初次分配、再次分配、第三次分配制度，使三种分配方式形成一道促进共同富裕的合力。为此，要提高初次分配中劳动报酬的比重，鼓励人民勤劳致富，形成全社会尊重劳动、热爱劳动、崇尚劳动的良好风尚；要发挥好政府在再分配中的调节作用，进一步壮大中等收入群体、做好低收入人群的保障、加强对高收入的规范和调节，促进社会公平正义，进一步释放社会活力；要进一步探索发挥好第三次分配的调节作用，通过营造"先富帮后富，最终实现共同富裕"的社会氛围，动员广大社会主体积极参与到慈善公益事业中，共同主动推动共同富裕的实现。

（三）以道德力量守住共同富裕的最后底线

共同富裕外在地体现为物质层面和精神层面的双重富裕，内在地蕴含着实现物质层面和精神层面双重富裕的道德价值。实现共同富裕涉及经济发展、利益分配、精神充裕等要素和环节，需要发挥经济、政治等刚性力量，但也离不开道德这一柔性力量发挥作用。因此，实现共同富裕要充分考虑道德的作用，充分发挥道德的认知、规范、调节功能，如此才有助于形成实现共同富裕的价值共识。

一是要发挥道德的认知功能，引导个体树立正确的价值观。共同富裕是在承认差别的基础上，各社会主体存在一定差距的富裕。因此，要发挥社会主义核心价值观的导向作用，引导人们树立正确的义利观、劳动观和慈善观，在符合社会道德规范的基础上追求个人利益，同时，关照弱势群体的特殊利益，通过慈善捐赠、志愿活动等形式帮扶弱势群体，在全社会形成以实现共同富裕为荣的良好风尚。

二是要发挥道德的规范功能，激发个体的主动性和积极性。道德规范发挥作用的前提是依靠道德自觉，而道德自觉必须建立在公正合理的市场秩序上。因此,要以竞争性、自主性、平等性为前提,以平等互利、公平效率、诚实守信为原则,建立起一整套的市场经济伦理道德规范。这种市场经济伦理道德规范,既要肯定市场主体基于道德约束合理追求自身的正当利益,又要发挥先进群体的榜样作用,督促个体自觉用道德榜样的行为严格要求自己,以良好的道德形象和务实的道德行为引领全社会向精神生活共同富裕的目标迈进。

三是要发挥道德的调节功能,规范个体的道德行为。在社会主义市场经济中,如何发展经济、为谁发展经济、靠谁发展经济等问题,需要接受社会道德的评判,需要用道德规范进行调节。因此,要充分利用各种媒体的力量,大力宣传自力更生、勤劳致富、先富带后富的光荣事迹,正向引导实现共同富裕的社会舆论。同时,要发挥监督的作用,对违反公平正义、违背诚信原则,通过不正当手段获取利益的行为进行监督和报道,利用社会监督和舆论压力,进而在一定程度上抑制这种不良行为,确保公平正义得到真正实现。

第三节　价值目标:全面推进中华民族伟大复兴

中国式现代化道路见证了中华民族为实现民族独立、人民解放而浴血奋战、百折不挠的责任担当,承载了中华民族为实现从新民主主义到社会主义的转变而自力更生、发愤图强的艰辛探索,刻画了中华民族为使人民摆脱贫困、尽快富裕起来而解放思想、锐意进取的历史画面,开启了中华民族为实现“两个一百年”奋斗目标而自信自强、守正创新的坐标航向。中华民族伟大复兴之所以能够顺利推进,很重要的一个原因就在于中华民族成功走出了一条现代化道路,为实现中华民族伟大复兴提供历史经验与坚实基础,推动中华民族伟大复兴走向更加光明的未来。

一、中国式现代化道路为全面推进中华民族伟大复兴提供历史经验

探索中国式现代化发展之路，与实现中华民族伟大复兴是一体共进的。在实现民族复兴的伟大探索中，我们党对中国式现代化道路在认识上更加深入、理论上更加成熟、实践上更加完备，进一步把民族复兴与现代化的认识提升到新的高度，为以中国式现代化全面推进中华民族伟大复兴创造良好开局、打下坚实基础。

第一，中国式现代化道路在顺应历史发展规律中，推动中华民族伟大复兴进入不可逆转的历史进程。实现中华民族伟大复兴，意味着我们要全面赶超西方经过几百年发展积累起来的物质文明、政治文明、精神文明等，重新站在人类文明前沿，引领人类社会的发展进程。毛泽东早就高瞻远瞩地指出，中华民族向来有不畏强权勇于同敌人血战到底的气概，"有在自力更生的基础上光复旧物的决心，有自立于世界民族之林的能力"[1]。在推进现代化的非凡历程中，中国共产党始终怀揣着实现中华民族伟大复兴的梦想，经过革命、建设、改革各个历史时期的历练，我们完全有信心有决心、有基础有条件推动实现中华民族伟大复兴。中国式现代化道路清晰地呈现了中华民族伟大复兴的历史轨迹：从列强环伺、积贫积弱、任人宰割的旧中国变成了充满活力、朝气蓬勃、自信开放的新中国。这些历史性的转变向世界庄严宣告：中国式现代化是强国建设、民族复兴、人民幸福的唯一正确之路，沿着这条道路，中华民族"正信心百倍推进中华民族从站起来、富起来到强起来的伟大飞跃"[2]。

第二，中国式现代化道路在遵循"两个结合"中，推动中国实现从"大国"到"强国"的历史性迈进。中国式现代化的推进和拓展，既要依托马克思主义

---

[1]　《毛泽东选集》第一卷，人民出版社1991年版，第161页。

[2]　习近平：《高举中国特色社会主义伟大旗帜　为全面建设社会主义现代化国家而团结奋斗——在中国共产党第二十次全国代表大会上的报告》，人民出版社2022年版，第15页。

基本原理,用马克思主义的真理性和科学性激活中华民族历经几千年创造的文明,也要依托中国的具体实际和源远流长的中华优秀传统文化,不断夯实中国化时代化的马克思主义的历史基础和群众基础。单纯地依靠马克思主义基本原理,中国式现代化道路失去了民族性、独特性;单纯地依靠中华优秀传统文化,中国式现代化道路无法赶上时代、超越时代。只有在马克思主义的指导下,推动中华优秀传统文化与当代文化相适应、与现代社会相协调,中国式现代化道路才能有跨越时空、超越国界的价值意义。在推进现代化的伟大实践中,中国共产党遵循现代化发展规律,立足中国国情,坚持把马克思主义基本原理同中国具体实际相结合、同中华优秀传统文化相结合,让中华文明洗去旧日尘埃再次迸发出强大的精神力量。当前,我们正处于实现第二个百年奋斗目标的新征程,正朝着实现中华民族伟大复兴的宏伟目标继续前进。同时,必须清醒认识到,在国内外形势日益复杂的今天,党和国家各项事业的发展正面临着难以预料的风险和挑战。只有深入推进"两个结合",坚持用马克思主义解读中国具体实际,用马克思主义中国化的最新理论成果破解发展难题、瞄准发展目标、打开发展新局面,为中国式现代化道路的发展提供理论指导;坚持用马克思主义真理的力量激活中华文明的现代生命力,深入挖掘和阐释其中蕴含的思想精华,从历史文化中汲取治国理政的智慧和力量,更好地服务于新时代新征程党的使命任务。

此外,习近平总书记在文化传承发展座谈会上的重要讲话中,深刻揭示了"两个结合"的重大意义,深入阐明了"第二个结合"的精髓要义,是中国共产党人从理论自觉、文化自觉到理论自信、文化自信转变的集中体现。中华优秀传统文化为中华民族生生不息、繁荣发展提供了重要滋养,已深深融入社会有机体的各个方面,成为中华民族的独特标识。从本质上看,马克思主义与中华优秀传统文化具有内在融通性,中国式现代化道路发展的过程,也是马克思主义与中华优秀传统文化双向融合的过程。面向新征程,我们尤其需要坚持继承与发展、守正与创新的有机统一,寻找马克思主义与中华优秀传统文化的契合点，在两者的持续构建、双向生成、互相成就中，推动建设中华民族现代文明，为中国式现代化道路提供强有力的文化支撑。

二、中国式现代化道路为全面推进中华民族伟大复兴打下坚实基础

历史的发展总是在不断积累量变中，通过质变来为自己开辟前进的道路。历经革命、建设、改革和发展的中国式现代化道路，在物质、政治、精神等方面积累了深厚的基础，创造了世所罕见的经济快速发展和社会长期稳定的奇迹，中华民族伟大复兴展现出光明的前景。

第一，中国式现代化道路坚持以经济建设为中心，以发展生产力为基本追求，为实现中华民族伟大复兴奠定了雄厚的物质基础。历史唯物主义认为，生产力是人类社会发展的最终决定性力量。实现中华民族伟大复兴，必然离不开生产力的发展。经济落后，就要挨打，民族复兴的道路就会充满未知和变数，这是中华民族用沉重的代价换来的经验和教训。中国共产党在时序推进现代化进程中，一以贯之地将解放和发展生产力当作自己的根本任务，最大限度调动一切积极因素，从而极大地促进了生产力发展。通过改革开放不断解放和发展生产力，我国国内生产总值由 1949 年的 358 亿元增长到 1978 年的 3679 亿元，2020 年首次突破 100 万亿元大关，到 2022 年跃升到 121 万亿元，全国居民人均可支配收入由 1949 年的 66 元增长到 1978 年的 171 元，再发展到 2022 年的 36883 元，我国从一穷二白成长为世界第二大经济体，经济总量和全国居民人均可支配收入实现跨越式增长，实现了"用几十年时间走完西方发达国家几百年走过的工业化历程"[1]。最为重要的是，到 2020 年底，中国如期完成新时代脱贫攻坚目标任务，脱贫攻坚战全面胜利，让近 1 亿贫困人口实现脱贫，消除了绝对贫困和区域性整体贫困，如期全面建成小康社会实现了

---

① 习近平：《正确理解和大力推进中国式现代化》，《人民日报》2023 年 2 月 8 日。

中华民族的千年梦想，写下了中国经济社会发展、人类文明进步历史上浓墨重彩的一笔，为推进中华民族伟大复兴迈出了关键性、决定性的一步。可以说，在中国式现代化的伟大历程中，我们积累的物质基础是实现中华民族伟大复兴并抵御外部风险的根本依托。

第二，中国式现代化道路坚持以丰富人民的精神世界为本质要求，在精神生产、精神生活等方面对人民的精神生活进行重构，从个性差异上满足人民更为特殊、更为深刻的精神需求，为实现中华民族伟大复兴提供了更为主动的精神力量。习近平总书记指出："经济总量无论是世界第二还是世界第一，未必就能够巩固住我们的政权。经济发展了，但精神失落了，那国家能够称为强大吗？"①一个民族的复兴既要不断厚植富足的物质条件，更要持续激发推动中国式现代化道路发展的精神力量。回顾历史，不难发现，文化得到繁荣发展、人民精神生活得到丰富的时期，也必然是中华民族强盛发展的时期，相反，在文化蒙尘的时期，社会也必然呈现出动荡不定、经济政治难以发展的局面。因此，在中国式现代化道路稳步推进的历程中，广大人民的精神生活是否得到满足、精神世界是否得到丰富、精神力量是否得到提升，越来越关乎到实现中华民族伟大复兴的大业。此外，人类文明新形态的创造是实现中华民族伟大复兴的标志性成果，它既扎根于中华民族五千多年的历史文明中，又熔铸于中国式现代化道路的伟大实践中，并引领着人类文明的前进方向。从本质上来说，人类文明新形态是人民精神文明的宏观层面，它通过中华民族共有的文化基因和精神印记，使中华文明在民族复兴的伟业中走向自信自强，并具体地通过全体人民共同富裕的精神世界得以表现。因此，人民的精神文明是人类文明新形态更为具象的表达，使人类文明新形态展现出更加具体生动、充沛丰盈的民族气象。

第三，中国式现代化道路坚持和完善中国特色社会主义制度，深入推进国

---

① 习近平：《做焦裕禄式的县委书记》，中央文献出版社2015年版，第35页。

家治理体系和治理能力现代化,为中华民族伟大复兴提供了充满活力的体制制度保证。从本质上来说,国家治理体系与一个国家的政治制度有着密切的联系,规制着国家治理机制的服务对象和最终目标,决定着国家治理能力所能发挥的空间范围和实际成效;国家治理能力是国家治理体系的衍生产物和具体体现形式,融入并推动着国家治理体系的进一步完善,两者相辅相成、相得益彰,推动中华民族走向伟大复兴。这主要表现在:一方面,国家治理体系和治理能力现代化与全面建成社会主义现代化强国的战略安排高度契合。党的二十大报告所强调的全面建成社会主义现代化强国的"两步走"战略安排的时间节点,与党的十九届四中全会《中共中央关于坚持和完善中国特色社会主义制度 推进国家治理体系和治理能力现代化若干重大问题的决定》提出的到 2035 年基本实现国家治理体系和治理能力现代化、到新中国成立 100 年时全面实现国家治理体系和治理能力现代化的时间节点具有同步性。正是这种同步性,充分体现了两者之间相互依赖、相互促进的作用。作为全面建成社会主义现代化强国的题中应有之义,国家治理体系和治理能力现代化推动、规范、引领着社会主义现代化强国的建设。另一方面,国家治理体系和治理能力现代化的推进,有助于全面建成社会主义现代化强国的实现。国家治理体系和治理能力的显著优势,体现在党的领导和经济、政治、文化、社会、生态文明、军事、外事等 13 个方面。这些显著优势内在地贯穿于全面建成社会主义现代化强国的方方面面,为我们抓好新时代新征程国家治理体系和治理能力现代化建设、不断开辟"中国之治"提供有力保障。

总之,中国式现代化道路取得了举世瞩目的成就。可以说,自鸦片战争中国被动卷入现代化以来,我们国家从来没有像今天这样繁荣富强,人们生活从来没有像今天这样幸福安康,中华民族从来没有像今天这样接近实现民族复兴的宏伟目标。可以说,中国式现代化道路在以经济建设为中心的同时,全面协调推进政治、文化、社会、生态以及其他各方面建设,为新时代新征程上实现中华民族伟大复兴增添了强大底气。

三、中国式现代化道路为全面推进中华民族伟大复兴指明光明前景

一切成功振兴的民族,都是找到了适合本民族实际的发展道路。中国式现代化道路的开辟、形成与发展,不仅为实现中华民族伟大复兴提供宝贵经验、打下坚实基础,而且再次让中华民族走向世界文明的前列,向世界全景展现了中华民族伟大复兴的光明前景。

从性质上看,中国式现代化道路坚持社会主义的目标和方向,并赋予社会主义更加鲜亮的中国特色,保证了中华民族不会走上封闭僵化的老路和改旗易帜的邪路。社会主义性质,是中国式现代化道路与西方现代化道路最本质的区别。资本主义国家凭借先发优势,开启了现代化进程,并标榜和推广西方现代化模式。在相当长的一段时间内,通过资本主义实现现代化,被视作唯一的通途,不少发展中国家也纷纷效仿,走上了资本主义道路。但是,由于多种因素的影响,中国失去了通过资本主义实现现代化的可能性。社会主义革命在俄国的胜利,使中国的先进分子看到了希望,找到了方向。因此,中国共产党成立伊始,就主张用社会主义救中国,并开辟了从新民主主义革命到社会主义革命的新道路。进入新的历史时期,中国共产党人愈发重视社会主义与现代化建设的统一,提出了建设有中国特色的社会主义的全新命题,使中国式的现代化在中国特色社会主义的发展过程中得到不断确立。党的十八大以来,以习近平同志为核心的党中央以高度的历史自觉,推动社会主义基本原理同中国实际深度结合,明确提出"我们推进的现代化,是中国共产党领导的社会主义现代化"[①]。可以说,现代化与社会主义的一体发展,是贯穿于中国式现代化道路形成与发展的一条红线。中国共产党人紧紧围绕社会主义的性质来推进现代化建设,同时通过现代化建设来推进社会主义在中国的巩固和发展。

---

① 习近平:《高举中国特色社会主义伟大旗帜 奋力谱写全面建设社会主义现代化国家崭新篇章》,《人民日报》2022 年 7 月 28 日。

两者的有机结合、双向贯通，使中国式现代化道路展现出蓬勃的生机和活力。中国共产党在促进现代化与社会主义的良性互动中，坚持把科学社会主义基本原理同中国实际和时代要求相结合，在解决实际问题中进行新的理论思考和新的理论创造，始终根据社会主义现代化建设事业的目标和任务推进社会主义事业，构成社会主义在中国落地生根、发展壮大的现实基础，为实现中华民族伟大复兴提供方向保证。

从结构上看，中国式现代化道路坚持工业化、信息化、城镇化、农业现代化叠加式发展，让中华民族全速奔跑在现代化的赛道上，成为世界现代化新的"增长极"。西方的现代化遵循的是工业化、城镇化、农业现代化、信息化依次发展的"串联式"过程，发展到目前水平用了二百多年时间。中国要后来居上，就要学会"弯道超车"，这就意味着中国在整个现代化进程中必须保持一个显著高于西方经济的增速，这也决定了中国的现代化必然是工业化、信息化、城镇化、农业现代化"并联式"发展的过程。在这个过程中，我们创造了经济快速发展奇迹和社会长期稳定奇迹，我国跃升为世界第二大经济体，综合国力稳步增强，国际影响力显著提升，人民生活水平不断改善；我国社会长期稳定和谐，既充满活力又拥有良好秩序，人民获得感幸福感安全感持续增强，成为国际社会公认的最有安全感的国家之一。同时，也要清醒认识到，"并联式"的现代化发展道路是一个时空"高度压缩"的过程，各种复杂的任务和问题也是"并联式"存在，当前一个任务尚未得到充分完成时，就不得不开启下一阶段的任务，使上一阶段发展遗留下来的任务同新发展阶段的任务叠加在一起，导致风险和矛盾的积累，形成更为复杂的复合型矛盾。例如，西方在"串联式"的现代化发展中不必同时兼顾物质、精神等文明的协调发展，只需在某一发展阶段专注于一两个发展目标，在阶段性目标得到充分实现后，再进行下一阶段的发展，而中国"并联式"的现代化发展不得不考虑多方面文明的全面协调发展，因此，其面临的风险和挑战是"串联式"的现代化发展无可比拟的。在西方发达国家几分之一的时间内消化工业化、信息化、城镇化、农业现代化等带来的聚集性、突出性矛盾和冲突，这对我们现代化的发展战略和政策措施都提出了更加科学和更高的要求。

从优越性上看，中国式现代化道路以最小的成本实现最大的目标，运用革命、改革等方式破除牵制我国现代化事业发展的阻碍，在理论和实践上把实现中华民族伟大复兴推向更高的境界，使中华民族前所未有地接近实现民族复兴的宏伟目标。一方面，中国式现代化道路摒弃了依靠扩张掠夺、剥削压迫等充满血腥罪恶的方式来积累资金，而是通过鼓励全体人民一起奋斗来发展壮大自己；另一方面，中国式现代化道路妥善处理好"发展与稳定"的难题，通过一整套符合国情的、行之有效的治国理政方案，在发展中平衡和协调各种利益关系。一些国家尤其是快速推进现代化的国家，在发展过程中往往伴随着社会的动荡，而社会的动荡又反过来制约经济的健康发展，造成"发展与稳定"难以兼容的局面。中国共产党在吸取本国和其他国家现代经验教训的基础上，在制度层面上做好了破解现代化"发展与稳定"难题的各种准备，消除了经济社会发展的各种羁绊，有效避免了西方国家现代化的弊端，把实现中华民族伟大复兴推向更高的境界。

总之，中国式现代化道路从理论和现实等层面上，正视并回答了"如何推进中华民族伟大复兴"的时代课题。这一道路是回应时代之问、响应人民心声的正确道路，为实现国家富强、民族振兴、人民富裕的中国梦提供了正确航向。新时代新征程上，有充分的理由相信，随着中国式现代化道路的持续推进，我们将无限接近于实现中华民族伟大复兴的目标。

第七章 胸怀天下:中国式现代化道路的世界贡献

迈向现代化是世界各国的普遍追求,道路问题则是实现现代化的根本问题。发端于西方国家的现代化道路实现了人类从农业社会步入工业社会、从传统步入现代的历史性跨越,然而西方现代化道路在创造众多成果的同时,衍生出一系列无法解决的"异化"症候,造成社会贫富分化和阶级对立对抗,这也使得后发国家不得不重新思考走向同质化的西方现代化道路的代价和可行性。中国式现代化道路既坚守中国立场,体现着特殊的"原体性规定",又遵循现代化一般发展规律,具有现代化共同的"空间性规定",在立足本土中又折射出世界性意蕴。因此,中国式现代化道路才有了突出的世界性意义——生成了一条不同于西方模式的现代化道路,极大增强了人们对于社会主义事业的信心,给广大发展中国家带来了重要启示,也为解决人类面临的现代性问题贡献了更多中国智慧。

第一节 廓清思想之谜:打破了"现代化 = 西方化"的迷思

现代化发轫于西方社会,西方国家在资本逻辑的引导下创造出了经济快速发展的繁荣景象。也正因如此,现代化一度成为西方国家的"特权",落后国家要实现现代化,就必须走西方国家的"老路"。然而,当我们考察西方现代化的发展历程时就会发现,西方的现代化道路以掠夺和压榨落后国家的资源为开端,以"中心—外围"为发展路径,遵循"国强必霸"的发展逻辑,是一条充满血腥与罪恶的现代化道路。"吹灭别人的灯,并不会让自己更加光明;阻挡别人的路,也不会让自己行得更远。"①中国式现代化道路坚持社会主义的基本方向,立足中国基本国情,以独立自主为本质特征、以和平崛起为重要方式、以关注人的需要为突出优势,赋予现代化以全新内涵,推动人类社会向着光明的前途前进。

一、突破了对西方现代化发展模式的膜拜

纵观近代以来的世界历史,现代化往往与工业化相伴而生。西方国家凭借先发优势,牢牢占据了现代化发展的主导权。正因如此,西方国家走向现代化的成功经验被视为"唯一模板",不少发展中国家也寄希望于通过"复制"西方国家的现代化模式来实现自身的现代化,但由于基本国情、历史传统、风俗习惯等客观因素限制而遭遇了各种困难和陷阱,未能成功跻身于现代化国家行列。与此形成鲜明对照,中国式现代化道路在立足自身发展的基础上,努力破解人类社会发展的种种难题,实现了对西方现代化道路整体性的解蔽与超越。

(一) 西方现代化发展模式的困境挑战

在资本主义发展史中,工业化和技术革命的演进,使西方现代化取得了重大进展,为世界上其他国家追求现代化提供了可资借鉴的经验,曾一度被认为是寻求现代化发展的唯一模式,被拉美地区等国家争先模仿。长期以来,西方

---

① 习近平:《携手同行现代化之路——在中国共产党与世界政党高层对话会上的主旨讲话》,《人民日报》2023 年 3 月 16 日。

国家因占据现代化发展早期红利，凭借先发优势和话语权强势，牢牢掌握了现代化话语霸权，试图将自身的现代化标定为人类走向现代化的唯一模式，通过"现代文明＝资本主义文明""现代化逻辑＝资本逻辑"等话语极力营造现代化就是西方化的"美丽神话"。美国学者福山曾高调宣称，作为一种政体的自由民主制，"也许是'人类意识形态演化的终点'和'人类政体的最后形式'，并因此构成'历史的终结'"①，强调西方理念、西方模式的不可逾越性。西方现代化道路在资本主义运动中，凭借先发优势和自由民主的价值取向，使自身发展的合理性得到证明，进而影响着整个世界现代化进程。尽管西方站在了现代化最前沿，但光辉的背后产生过"现代的灾难"，其外溢效应给许多发展中国家带来血雨腥风般的灾难。这一矛盾来自社会化大生产和私人占有生产资料的内在矛盾，在现代化进程中表现为物的现代化与人的现代化、资本与劳动之间的对立和冲突。

首先，物的现代化与人的现代化的对立，造成人的异化。在西方实现现代化进程中，出现了物的支配性与人的降格，把"人是目的"倒转为"人是手段"，使"物的世界的增值同人的世界的贬值成正比"②。在资本主义社会里，工人生产的财富越多，他自身就变得越廉价。因为在资本主义制度下，工人不仅仅生产劳动产品，而且还生产自身。因此，工人作为一种商品，必然遵循商品生产规律，当机器不断增多，使用工人的数量也就不断减少，工人之间就会形成一种竞争，迫使自身越来越成为一个廉价的商品。同时，那些本该属于工人、用来满足他们需求的劳动成果，却成了他们望尘莫及的东西。工人的劳动不再是为了满足自身的需要，而是为了满足劳动以外的一种手段。在劳动过程中工人是感到不幸的，他们只有在进行吃、喝、睡等无异于动物本能的活动时，才能感受到自身的存在，假使有一天物质需要得到满足，他们就会像躲避瘟疫

---

① ［美］弗朗西斯·福山：《历史的终结与最后的人》，陈高华译，广西师范大学出版社 2014年版，第 9 页。

② 《马克思恩格斯文集》第 1 卷，人民出版社 2009 年版，第 156 页。

一样逃避劳动。西方现代化道路的一个显著特征,就是把人的需要还原成本能的需要,把自己的本质变成仅仅维持自身生存的手段,使物化和异化成为人沉重的枷锁。

其次,资本与劳动的对立,造成贫富差距悬殊。马克思指出,"资本是对劳动及其产品的支配权力"①,因此,资本必然表现为"到处否定人的个性",从而使资本与劳动处于对立之中。资本主义社会财富源于资本家对劳动者剩余价值的剥削,资本家在乎的只有如何实现最大化的增殖,获取最大化的利润,而人本身的一切活动,皆从属于资本最大限度的自我增殖运动。资本家通过延长劳动者的劳动时间,尽可能多地榨取剩余价值。这种剥削状态必然导致劳动与资本的对立,贫富差距的加大。此外,资本与劳动的对立还体现在资本家内部与劳动者内部之间的对立。在异化劳动下,劳动者的生命活动在外化的过程中失去了改造自身的本质力量,造成了劳动者与自身相对立,当劳动者同自身相对立的时候,就必然也把他人视为手段。在这种情况下,劳动者与劳动者之间是一种互为手段的关系,"每个人都按照他自己作为工人所具有的那种尺度和关系来观察他人"②。马克思还指出:"凡是在工人那里表现为外化的、异化的活动的东西,在非工人那里都表现为外化的、异化的状态。"③也就是说,不仅在劳动者内部存在对立关系,资本家与资本家之间也呈现出一种对立状态。西方现代化道路为资本家提供了强大的发展动力,但无法解决资本主义固有矛盾下资本与劳动对立的状态。据《2022年世界不平等报告》显示,全球收入最低的一半人口仅获得总收入的8%,拥有累积财富的2%,收入最高的10%所占份额从欧洲的36%到中东和北非的58%不等。巨大的贫富差距说明,西方现代化的本质是推动财富向少数人聚集。随着西方现代化的发展,这种贫富差距也进一步加深,从而使西方国家深陷贫富分化、社会撕

---

① 《马克思恩格斯文集》第1卷,人民出版社2009年版,第130页。
② 《马克思恩格斯文集》第1卷,人民出版社2009年版,第164页。
③ 《马克思恩格斯文集》第1卷,人民出版社2009年版,第168页。

裂、种族矛盾、金钱政治、政党对立等困境。

（二） 中国式现代化道路对西方现代化发展模式的超越转型

与生产资料私有制的"基因"不同，中国式现代化是以人本逻辑摒弃资本逻辑、以共同富裕为重要特征的现代化全新道路。中国式现代化道路努力规避资本逻辑的困境，从资本逻辑与人本逻辑的张力中找到平衡点，从而在根本上破解了资本对人的宰制，消除了资本主义现代化内在的对抗性矛盾，消解了物的现代化与人的现代化、资本与劳动之间的对立和冲突，超越了西方现代化理论的历史局限，破除了"西方模式是通往现代化的唯一路径"的思维定式，展现了现代化的另一幅图景。

一方面，中国式现代化道路以人的现代化为价值归宿，消解了物的现代化与人的现代化之间的对立性。中国式现代化道路摒弃人的"异化"与"物化"，让人作为众灵之长能够真正创造属于自己的生活和历史。从中国式现代化道路的出场逻辑来看，实际包含着两个既相互区别又相互联系的现代化发展阶段：中国早期现代化和社会主义现代化。前者是以鸦片战争为开端的"被动卷入型"的现代化，这种现代化以西方现代化为模板，带有典型的资本主义色彩，其出场渗透着西方国家的文明逻辑，自然也表现出对人的束缚。后者是中国共产党所开创的现代化道路，这一现代化道路创造性地将"中国"作为理论基底，充分吸收现代文明的有益成果，通过革命、建设、改革、发展开辟出一条人民至上的现代化发展道路，从根本上将中国式现代化道路与西方现代化道路区别开来。从性质上看，中国式现代化道路最根本的特点，就是"对私有财产即人的自我异化的积极的扬弃"①，把人从"异化"的状态中解放出来，把人的各种关系回归于人自身，实现对人的本质的真正复归，最终促进人的全面发展。从动力上看，中国式现代化是以人民为主体动力的现代化道路。中国式

---

① 《马克思恩格斯文集》第1卷，人民出版社2009年版，第185页。

现代化道路是全体人民共建的伟大事业,其成果由人民享,其成效由人民检验。这种现代道路化并不是对物的现代化的排斥和否定,而是在更高水平、更高阶段、更高层次上实现物的现代化与人的现代化的统一。从内容上看,中国式现代化道路始终坚持"以人为本"的价值理念,以"增进人民福祉"为首要任务,不断创新为人民服务的体制机制以满足人民群众多样化、多方面、多层次的需求;以"人民满意"为衡量标准,在人民群众拥不拥护、高不高兴、满不满意、赞不赞成的深刻检视中,对标对表,及时校准偏差;以"人民对美好生活的向往"为目标追求,着力解决人民群众最关心最直接最现实的利益问题,让现代化建设成果更多更公平惠及全体人民。概言之,中国式现代化道路创造性地解决了西方现代化中"真正的人"的生成困境,从而使得行进在中国式现代化道路上的人摆脱了物化性、抽象化的窠臼,逐渐成为具有主体意识、进行主体创造的"真正的人",在现代化的语境下创造着属于自己的历史。

另一方面,中国式现代化道路积极引导资本发展,消解了资本与劳动之间的对立性。资本不仅能够极大地推动生产力的发展,而且为人的现代化提供必要的物质条件,因此,资本的本质虽是物的平等而非人的平等,却是人的现代化的开端。中国式现代化道路想要实现人的现代化,就必须合理利用资本,使资本参与到生产与分配之中,并为其制定相关法律法规和制度保障,充分激发资本对推动国民经济发展的积极影响。资本按其本性来说,是通过无限度地扩大生产规模来追求剩余价值和实现自我增殖,在为社会创造巨大财富的同时,又会带来一系列不可避免的危机。究其原因在于,社会制度对资本位置的根本性规定。在资本主义社会,对资本采取盲目崇拜的非理性态度,将资本置于整个社会体系的主导地位,使整个社会以资本为"主义",无限式地追求资本增殖。与西方国家成为资本的附庸不同,中国在推进现代化的进程中,理性地对待资本和引导资本,明确把资本限定在了经济领域,只能将其作为促进经济发展的手段,而不能作为整个社会发展的最高原则,使资本在合理范围内运行,以达到建设社会主义现代化国家的目的。就目前而言,在推进现代化的进程中,也存在着一些同西方现代化类似的问题,例如,环境污染加剧、贫富差距拉大、道德水平下滑等,但这些问题并非社会内部的本质问题,而是在现代化进程中产生的局部性、暂时性问题,可以通过中国式现代化道路的发展得到解决。因此,正是在对资本的规范和引导中,中国式现代化道路打破了西方唯资本逻辑是从的陈旧逻辑,从根本上揭开了"现代化就是西方化"的幻象,为那些囿于现代化困境的国家提供新的选择方案。

二、形成了对西方现代化发展路径的超越

以工业革命和资本主义生产关系的确立为标志,西方国家率先开启了现代化进程,享受到了现代化发展成果。与此同时,许多发展中国家将西方的现代化奉为圭臬,脱离自己的国情,纷纷照抄照搬西方现代化模式,走上"中心—外围"的发展道路。虽然这一发展路径使发展中国家在一定时间内得到快速发展,但对西方国家的过度依赖使其在经济、政治等方面丧失了独立性,陷入了从飞跃式发展到持续走向地面,甚至造成社会动荡的发展陷阱。中国式现代化道路的成功开辟,打破了追求发展与让渡独立性的悖论,彻底改写了现代化的发展定式,实现了对现代化价值理念的重构。

(一) 西方"中心—外围"的发展路径难以使后发国家走上现代化道路

20世纪中叶以来,阿根廷学者劳尔·普雷维什在思考造成拉美经济困局的原因时,引入了"中心—外围"概念,并在实践中产生了广泛的影响。普雷维什认为,世界经济体系由"中心"和"外围"这两极构成,"中心"与"外围"的关系是不平等的,"中心"凭借在全球范围内的扩张,将大部分生产资料占为己有,最后形成"中心"日益发达、"外围"持续贫困的状态。不同的国家和民族,无论发展水平、意识形态、文化背景等有多大差异,只要进入世界市场,其实质都在为"中心"国家服务。处于"中心"的西方国家利用不平等的交换,对

"外围"国家进行剥削来维持自身发展,而"外围"国家不得不依赖"中心"国家的技术、资金等来发展自己的现代化,造成了"不发达的发展"。

一方面,"外围"国家试图通过主动依附"中心"国家来实现自身的现代化。率先完成现代化的"中心"国家凭借"身位优势",向"外围"国家兜售"西方化就是现代化"的观念,使"外围"国家自然地认为,实现现代化无非只有两种选择:或是模仿"中心"国家现代化的发展路径,或是与"中心"国家产生经济联系,为其现代化创造条件。在这种观念影响下,很多"外围"国家几乎全盘接受了"中心"国家的现代化理论,走上了资本主义道路。虽然在一定时间内"外围"国家的现代化得到一定程度的发展,但"外围"国家对"中心"国家的过度依赖在经济上造成其经济结构单一,产品的生产、加工、流通等全部都由"中心"国家控制;在政治上,培养了一个依附于"中心"国家、没有自主决策权的政府;在文化上,"中心"国家的价值观念的渗透,破坏了本国文化生存发展的土壤,导致这些国家不可避免地落入"中心"国家的意识形态和价值判断中去。因此,这种"主动"选择的现代化引发的直接后果是:"外围"国家的现代化进程直接受控于"中心"国家,一旦"中心"国家出现了经济政治危机,将波及"外围"国家,甚至在"外围"国家中引致更大的灾难。

另一方面,"中心"国家将对外援助作为投射本国价值观的重要途径,对"外围"国家实现现代化的方式施加影响。为了加快现代化进程,"外围"国家罔顾援助中的不平等条件,不同程度地接受了"中心"国家的援助。虽然这些援助明显改善了"外围"国家的财政状况,但这些附加的援助条件加大了"外围"国家发展的风险性和不确定性。在"中心"国家看来,给"外围"国家提供多少援助,不是取决于"外围"国家的需求和它经济状况的好坏,而是取决于"中心"国家能从"外围"国家获得多少政治经济上的好处,其目标都是保护和促进"中心"国家的利益。当"外围"国家由于种种原因不得不接受"中心"国家附带条件的援助时,"中心"国家就会通过经济、技术的控制来带动对其政治的控制,进而将这种控制渗透到社会的各个领域。这就决定了在"中心"国家的有条件的援助下,"外围"国家不仅很难实现自身的现代化,而且在这一过程中成为"中心"国家的附庸。

(二) 中国式现代化道路是独立自主的新道路

实现现代化的规律是不能违背的,但通往现代化的道路是可以选择的。每个国家可以根据自身历史、文化和社会的传统,作出符合自己国情的路径选择,收获属于自己的现代化发展成果。中国有着独特的文化基因和现实国情,既不会走上殖民扩张和殖民统治的现代化老路,也不会走上依附西方国家发展自身现代化的弯路,而是通过扬弃现代性本身,以理性态度进行分析、甄别、取舍,牢牢掌握自己发展的前途命运。

一方面,独立自主的政治经济体系为中国式现代化道路提供了重要保障。西方国家通过战争、不合理的国际政治经济关系体系掠夺和控制发展中国家,使发展中国家在加深对西方国家的依赖中,逐渐丧失自主权,进而陷入无法逆转的"后发劣势"。"中国这么大、人口这么多,只能把国家和民族发展放在自己力量的基点上。"①中国特色的政治经济体系在国家政权、经济形势等方面表现出的独特性与自主性,使中国能够独立于"中心—外围"的发展路径之外,创造出一条不同于西方的现代化道路。在现代化征程中,我们实行社会主义市场经济体制,推动有为政府和有效市场更好结合,确保能够抵御来自资本主义世界经济发展的各种消极影响,为有效应对全球经济发展面临的诸多难题提供中国方案;我们坚持工人阶级领导的、以工农联盟为基础的人民民主专政的国体和人民代表大会制度的政体,不断推进社会主义民主政治制度化、规范化、程序化,确保更好地把制度优势转化为治理效能,充分彰显中国特色社会主义政治制度的优越性;我们坚持独立自主的和平外交政策,确保中国式现代化道路能够获得良好的外部环境,同时在独立的基础上与世界各国友好交

---

① 参见《习近平关于中国式现代化论述摘编》,中央文献出版社 2023 年版,第 141 页。

往,在开放的环境中促进世界各国共同发展。中国的现代化道路的实践证明,我们既没有依附模仿他人,滑向西方国家的轨道,也没有与人类文明"脱钩",而是积极融入现代化的历史大势,在历史发展大势中走出属于自己的新道路。

另一方面,独立自主的精神为中国式现代化道路提供了精神支撑。拥有强烈民族自尊心和自豪感的中华民族,在现代化的进程中始终坚持自信自立、守正创新,决不做他国的附庸,决不仰人鼻息苟生,始终保持走中国式现代化道路的战略定力和战略自信。纵观新中国史,面对西方国家进行讹诈、遏制、封锁、极限施压等阻碍我们发展时,中华民族独立自主的信心从来没有被动摇过,在任何情况下都没有向强权势力低头,而是不信邪、不怕压,依靠自身顽强奋斗、锐意创新,一次次打破西方国家的经济封锁,开辟了属于自己的现代化道路,以崭新的姿态屹立在世界民族之林。进入新时代,我们坚持中国的事必须由中国人民自己来处理,始终把国家和民族的发展放在自己力量的基点上,以不可逆转之势推动中华民族伟大复兴。独立自主并不意味着盲目排外,任何文明都不可能在自我封闭中独立发展,相反,面对丰富的外部世界,要保持开放的心态,积极学习借鉴世界各国人民创造的文明成果,在中西方的张力中不断发展完善自己的现代化道路。总之,中华民族之所以能够从被动挨打、饱受欺凌走向主动开放、自信自强,从一穷二白、封闭落后走向繁荣富强、全面小康,靠的就是镌刻在中华民族心里、流淌在中华儿女血液中的独立自主精神。独立自主是中华民族走现代化道路最强大的精神支撑。

三、实现了对西方现代化发展逻辑的重构

西方现代化道路往往藏匿着霸权逻辑,通过对内残酷剥削人民、对外无止境殖民掠夺和殖民扩张,谋取尽可能多的经济利益,以维护其霸权地位。历史与现实充分证明,这种弱肉强食、以邻为壑的做法带来的只会是动荡和战争。反观中国式现代化,走的是一条和平崛起、合作共赢的人间正道。在推进现代化进程中,中国人民视和平为生命,秉持睦邻友好、平等互利、合作共赢的理

念，坚决反对各种形式的霸权主义和强权政治，做世界和平的执着追求者和坚定维护者。

（一）西方现代化道路"国强必霸"的发展逻辑

首先，西方现代化道路对落后国家和地区进行殖民与掠夺，给落后国家的人民带来深重苦难。绝大多数西方国家在 14、15 世纪迈向了现代化进程，但西方现代化的崛起，无一不是通过残暴侵略、野蛮掠夺等手段得以实现的。从 15 世纪末开始，葡萄牙、西班牙、法国、英国等更加肆无忌惮地侵略和扩张，通过武力征服海外殖民地，肆意屠杀其他民族的人民，大量贩卖黑人奴隶，给世界各国造成了严重的人道主义灾难。据著名历史学家 W.E.B.杜波依斯估计，被殖民主义者从非洲贩卖到美洲大陆的黑人奴隶，16 世纪为 90 万人，17 世纪为 275 万人，18 世纪为 700 万人，19 世纪为 400 万人，共计约 1500 万人。然而，这只是活着到达美洲大陆的黑人奴隶数量，在运输过程中被折磨致死的黑人奴隶人数更多。这种贩卖黑人奴隶的贸易是人类历史上最野蛮的行径，其背后隐藏着的是资本对利润的极度渴求。数据显示，贩卖黑人奴隶的商人出航一次，便可获得 100%—300% 的利润，高者甚至可达 1000% 的利润。这种一本万利的贸易能够让资本践踏人间一切法律，无视一切人权、自由和民主。然而，资本并不满足于此。18、19 世纪，西方国家以传播"自由民主"为名，依靠军事扩张来占领世界市场，倾销本国商品。例如，19 世纪初，英国就开始对中国进行鸦片倾销。1800 年，输入中国的鸦片是 2000 箱，1820 年为 5147 箱，1821 年为 7000 箱，1824 年为 12639 箱，1834 年为 21785 箱，1837 年为 39000 箱，1856 年已经超过 56000 箱。鸦片贸易规模日益扩大，烟毒泛滥成灾。19 世纪 30 年代，上至达官贵族、下至平民百姓，几乎各个阶层都染上了吸食鸦片的恶习。人们在日复一日地吸食鸦片中逐渐变得羸弱无力，精神恍惚，最终走向死亡。正如英国人蒙哥马利·马丁所说：不是吗，"奴隶贸易"比起"鸦片贸易"来，都要算是仁慈的。在殖民时代，整个世界充斥着这样一幅景象：一边是西方国家的欣欣向荣,一边是落后国家的血泪和灾难。

其次,西方现代化道路导致大国之间的冲突与斗争加剧,无法避免地落入"修昔底德陷阱"。在传统的"国强必霸"的发展逻辑中,"国强称霸、霸则必战"。作为后起之秀的"崛起国"引起了"守成国"的"排他性焦虑",为了维护自身的利益和地位,"守成国"必然采取相应的措施,二者之间的战争不可避免。从历史上看,这种担心并非全无道理,古希腊的崛起与斯巴达的焦虑,使二者陷入长达 30 年的漫长战争之中;大航海时代,荷兰几乎垄断了全球贸易和航运,从西班牙和葡萄牙手上夺取了霸权,成为世界经济中心;18、19 世纪,英法两国也难逃这一定律,双方交战长达 150 多年;20 世纪的美苏争霸,更是印证了这"铁一般的定律"。此后,苏联解体,美国成为世界唯一超级大国。可以看出,"修昔底德陷阱"的本质,就是"国强必霸"逻辑所引发"守成国"的"地位恐慌""安全威胁",致使二者之间不可调和的矛盾必须通过战争这一极端方式来解决。改革开放四十多年来,中国成为世界第二大经济体,2013 年至 2021 年,对全球经济增长的平均贡献率超过 30%。出于对中国的强烈意识形态偏见和实力的忌惮,以美国为首的西方国家对中国极尽抹黑、打压,利用话语霸权恶意炮制失理、失据、失真的"中国崩溃论""中国威胁论"……明显可以看出,中国的发展已经引起了美国的极度恐慌,美国作为"守成国",为了维护自己的地位和利益,不惜一切代价来遏制中国的发展,多次挑起对华贸易摩擦,数次干涉中国内政,屡次颠覆中国价值理念,千方百计地阻止中国的进步和发展,给中国推进现代化造成了严重的障碍。

(二) 中国式现代化道路的发展逻辑

中国走和平发展的现代化道路不是外交辞令,更不是权宜之计,而是积淀于五千多年的中华文明中,传承于从过去到现在的历史发展中,有着深厚的历史逻辑和实践基础。鸦片战争后,列强的欺辱、腐朽的政府、不平等的条约……成为中国人民心中的痛。消除战争、实现和平,是近代以来中国人民最迫切愿望。历经一系列苦难的中国人民更加懂得和平的珍贵，也决不会把自身遭遇的苦难强加于别人。因而，中国式现代化道路开启了后发国家实现现代化的全新典范，突破了"国强必霸"的西方现代化固有逻辑，历史性地重塑和匡正了现代化的价值范畴。

首先，中国走和平发展的现代化道路是根植国情的必然选择。走和平发展的现代化道路，与中华优秀传统文化紧密相连。五千多年的中华优秀传统文化涵养了"己所不欲，勿施于人"的处世智慧，造就了"海纳百川，有容乃大"的博大胸襟，催生了"亲仁善邻，国之宝也"的邦交之道，留下了"和合故能谐"的精神传承，开辟了一条不同于武力掠夺的和平发展道路。两千多年前，中华民族就开辟了古丝绸之路，留下了东西方平等合作的交流印记。到了唐代，由于得到了政府的大力扶持，海上丝绸之路进一步延伸，涉及的范围更广。明代航海家郑和七次远涉南洋，船队始终奉行"共享太平之福"的宗旨，所到之处，传播中华文化、开展经贸合作、平息战乱纷争，使沿线各个国家和地区均受益匪浅。近代以来，中国遭受了外敌入侵、内部战乱的巨大灾难，中国共产党团结带领人民浴血奋战，打败国内外一切反动势力，创造了新民主主义革命的伟大胜利。新中国成立后，中国共产党坚持维护世界和平，参加了抗美援朝、抗美援越战争，坚定地同发展中国家站在一起，积极支持"第三世界"国家为争取民族独立而斗争。改革开放以来，中国坚定不移以经济建设为中心，始终不渝走和平发展道路，成为维护世界和平的重要一极。当前，和平发展仍是时代的主题，合作共赢的时代潮流不可阻挡，中国共产党顺应和平发展的历史潮流，坚定地站在历史正确的一边，与世界各国共同分享发展成果、共同加强合作沟通，携手应对各种风险挑战，致力于让和平与发展美好愿景变为现实。这是中国共产党对世界的庄严承诺，是基于国情的必然选择，更是中国式现代化道路发展的现实要求。

其次，中国式现代化道路致力于维护世界和平。中国共产党始终以世界眼光关注人类前途命运，广泛关注他国合理关切，同世界上一切进步力量共同推动历史车轮向着光明的前途前进,努力为人类和平作出贡献。面对全球发展困境,中国根据本国国情制定相应目标和任务,立足实际用发展的办法推进减贫进程,如期打赢脱贫攻坚战,让14亿多人口告别绝对贫困,为中国式现代化道路的发展提供了稳定的内部环境。同时,中国在消除自己贫困的同时,竭诚帮助其他国家摆脱贫困。据世界银行研究报告称,到2030年,共建"一带一路"将使相关国家760万人摆脱极端贫困、3200万人摆脱中度贫困。作为全球和平与发展的倡导者,中国积极参加联合国维和行动,加强同国际社会的发展合作,张开双臂欢迎各国人民搭乘中国发展的"快车""便车"。中国奉行的和平发展外交政策,也使得自身"朋友圈"不断扩大。截至2022年9月底,中国建交国总数增至181个,同110多个国家和地区组织建立伙伴关系,全球伙伴关系网络越织越密。这一切充分证明:一个国家的崛起并不代表另一个国家的衰退,一种文明的发展也不会取代另一种文明,中国式现代化道路是对"国强必霸"思维模式的摒弃,是对"修昔底德陷阱"的否定与超越,"强起来"的中国成为维护世界和平稳定的重要力量,"肩负着不止给半个世界而是给整个世界带来政治统一与和平的命运"。①

第二节 解码活力之谜:引领了
世界社会主义发展

社会主义作为一种政治思潮已有五百多年的历史,它的发展取得了辉煌的成就,积累了丰富的经验,同时也遭遇过历史性挫折,留下了深刻的教训。从世界社会主义范围来看,中国式现代化道路正是中国共产党人在顶住苏东剧变的国际压力下,汲取社会主义建设正反两方面经验教训而形成的适合我国国情的现代化发展之路。作为社会主义世界历史进程的重要组成部分,中

---

① [英]阿诺德·汤因比等:《展望二十一世纪——汤因比与池田大作对话录》,荀春生等译,国际文化出版公司1985年版,第282页。

国式现代化的成功推进必然影响社会主义的发展趋势，逐步消解了人们对于社会主义的疑惑和迷茫，激发人们对社会主义发展前途命运的信心，重新燃起了人们追求社会理想的希望，在世界社会主义发展史上具有重要的历史和现实意义。

一、推动了世界范围内社会主义力量的壮大

历史的发展从来都不是笔直的，而是既有凯歌高奏的辉煌时期，也有经历曲折低潮的沉寂时期。20 世纪 80 年代末 90 年代初，东欧剧变、苏联解体，第一个社会主义国家和东欧社会主义国家不复存在，帝国主义和一切反社会主义势力弹冠相庆，世界社会主义遭受了史无前例的世纪之痛。中国对现代化道路的探索和追求，使一度走入低谷的世界社会主义运动迎来"柳暗花明又一村"的光明前景。中国式现代化道路对世界社会主义的辐射效应是明显的，对人类社会未来发展的影响是深远的，中国在世界社会主义运动中的重要作用也得到广泛认同。

（一）20 世纪世界社会主义运动在曲折中发展

马克思恩格斯创立的科学社会主义理论，在 20 世纪的世界社会主义运动中变为现实，但世界社会主义运动的发展并不是一帆风顺的，既取得过辉煌成就，也不可避免地遭遇失败，经历过"高潮—低潮—再次高潮—再次低潮"的曲折发展，充分展现了世界社会主义运动的曲折性和复杂性。

第一次高潮是以 1917 年俄国十月革命胜利为起点，形成了 1917—1923 年的欧洲革命浪潮。1917 年，在以列宁为首的布尔什维克党的领导下，俄国取得了十月革命的胜利，使社会主义由理论变为现实，开辟了人类历史新纪元。在十月革命的影响下，印度等亚洲国家先后掀起了声势浩大的反帝反封建的民族民主革命运动。与此同时，欧洲也爆发了无产阶级革命风暴。1918 年 1 月，芬兰率先爆发革命。此后，德国、匈牙利、捷克斯洛伐克、波兰、保加利

亚等也相继爆发了革命。中国也于 1919 年爆发了五四运动,揭开了全民族进行彻底的反帝反封建斗争的序幕。在这次世界革命风暴中,各国的先进知识分子积极推动马克思列宁主义与本国工人运动相结合,先后成立了共产党组织。但随后不久,由于欧洲其他国家的无产阶级革命相继失败,以及 1927 年中国大革命的失败,除苏维埃俄国外,其他社会主义力量均遭到来自国内外反动势力的绞杀,资本主义进入相对的、暂时的稳定状态,社会主义运动转入低潮和沉寂状态。

第二次高潮是以第二次世界大战结束为起点,形成了 1945—1959 年的世界无产阶级革命新浪潮。第二次世界大战结束以后,世界社会主义运动得到了空前的发展。占世界人口 1/3、土地面积 1/4 的 15 个国家,在共产党的领导下相继取得了革命上的胜利,形成了强大的社会主义阵营。中国作为世界上最大的半殖民地半封建社会国家,在中国共产党的领导下,经过 28 年浴血奋战,取得新民主主义革命的伟大胜利,把世界社会主义运动的第二个高潮再次推向新的高峰。社会主义在这些国家的胜利,促使亚非拉美民族解放运动蓬勃高涨,先后有一百多个殖民地国家实现了民族独立或民族解放,资本主义世界殖民体系逐渐崩溃。然而,到了 60 年代,由于社会主义国家在意识形态等领域出现了分歧,社会主义阵营内部出现大动荡、大分裂局面,世界社会主义运动开始向低潮转化。特别是 20 世纪 80 年代末 90 年代初,东欧剧变、苏联解体,地处欧亚的十个社会主义国家倒退到资本主义,世界社会主义运动受到重创,由此跌入谷底。

在当前和今后一段时间内,世界社会主义运动可能仍将处于低潮,但在原苏东地区国家、西方发达国家和发展中国家也有所回升,出现了局部复兴。特别是中国特色社会主义的蓬勃兴起、中国式现代化道路的成功开辟,必将掀开世界社会主义运动新篇章。这造成的冲击力和意义,将是史无前例的。

（二）中国式现代化道路引领世界社会主义运动走出低谷

众所周知，东欧剧变、苏联解体是国际共产主义运动史和世界社会主义史上的悲剧，苏东地区的社会主义国家纷纷改旗易帜，全人类解放事业遭遇至暗时刻。"人类历史终结"等谬论如黑云压城、甚嚣尘上，社会主义一度成为一些人口中的"早产儿"，社会主义国家在资本主义国家的"唱衰"中甚至失去信心。

在这种背景下，中国走上什么样的道路，不仅关系到自身的发展前途，而且对整个世界社会主义运动产生重大影响。在世界社会主义运动处于危难时刻，以邓小平同志为核心的党的第二代中央领导集体，深刻洞察时代发展大势、深刻总结社会主义经验教训，坚定"只有中国特色社会主义才能发展中国"的信念，走出一条具有中国特色的现代化道路，使我们在改革开放和社会主义现代化建设中取得了辉煌的成就，从而经受住了来自资本主义国家的压力，使社会主义国家不仅在"量"上得到了扩充，更是在"质"上得到了显著提升，增强了社会主义在整个世界的生命力。正如邓小平所指出的，"只要中国社会主义不倒，社会主义在世界将始终站得住"①。正是由于中国共产党人毫不动摇地坚持马克思主义的基本立场，坚定共产主义信念，根据本国国情积极稳妥地推进社会主义现代化建设，成功把中国特色社会主义推向21世纪，宣告了"马克思主义破产论"的破产、"社会主义失败论"的失败、"历史终结论"的终结，成功坚持、捍卫、挽救了世界社会主义，促使社会主义向着更加健康的方向发展。

需要指出的是，以中国特色社会主义的成功为标志的第三次世界社会主义运动高潮，与前两次高潮有着明显的差别。就其范围而言，第三次高潮的影响范围远不如前两次，因为没有像前两次那样使众多国家涌入社会主义阵营，

---

① 《邓小平文选》第三卷，人民出版社1993年版，第346页。

因而,也就不能说,世界社会主义运动就此走出低潮,走向高潮。但是,称这次世界社会主义运动为第三次高潮,不是因为广泛性的扩大,更重要的是其内涵的不断深化,中国特色社会主义在"质"上赋予了世界社会主义运动全新内涵,实现了对传统社会主义的创新,能够以一种全新的方式得以发展。改革开放四十多年来,中国在国内外一系列事务中的卓越表现,特别是在 2021 年,我国如期打赢脱贫攻坚战,如期全面建成小康社会,使更多的外国专家和学者看到了中国式现代化道路的正确性和合理性。如巴基斯坦学者、全球化智库研究员明竺指出,中国是独一无二的。虽然中国的发展道路无法完全复制,但任何一个国家或民族都可以通过观察中国的发展,更好地探索适合本国国情的发展道路。中国式现代化道路不是简单的对传统社会主义的机械模仿,而是立足伟大的民族复兴实践,在理论和实践上对传统社会主义的创新,让社会主义在 21 世纪焕发出新的蓬勃生机。

二、推进了世界社会主义运动的新发展

一般来说,现代化进程开端于 16 世纪到 18 世纪的资本主义和工业文明。现代化与资本主义的结合,极大地提高了社会生产力,创造了人类历史上前所未有的财富。但从人类社会发展规律来看,资本主义日益激化的矛盾决定了其被社会主义所代替的历史必然性,因此,社会主义能否与现代化有机结合,成为当前时代发展的一个重要课题。中国式现代化道路实现了现代化与社会主义的有机结合,打破了传统社会主义发展桎梏,破解了社会主义建设和发展的难题,开辟了社会主义现代化道路的全新选择,赋予了世界社会主义运动以全新的理论和实践意义。

(一) 中国式现代化道路破解了社会主义建设和发展的难题

按照马克思恩格斯原初的设想,社会主义革命将首先在生产力高度发达的资本主义国家取得成功,然而,社会主义革命却首先发生在了俄国。此后,

在社会主义的繁荣时期，社会主义革命也是发生在包括中国在内的经济文化条件相对落后的国家。

这些国家在走上社会主义道路后，没有现成的理论可以遵循，也没有前人的经验可以借鉴。如何立足国情和社会矛盾探索社会主义建设道路，如何巩固和发展社会主义，成为必须面临的难题。列宁曾指出："我们的革命是开始容易，继续比较困难，而西欧的革命是开始困难，继续比较容易。"[①]这也说明，世界上第一个社会主义国家的领导者已经意识到，相比于西欧的革命，社会主义革命在夺取政权、建立社会主义制度上是比较容易的，但在世界范围内巩固和发展社会主义是十分艰难的。特别是在东欧剧变、苏联解体之后，这一"世界难题"不仅得到进一步印证，而且更尖锐地摆在所有社会主义国家面前。如何破解这一"世界难题"，使社会主义能在全世界持续复兴成为可能？中国式现代化道路的开辟，从理论和实践的双重视域为破解这一"世界难题"提供启发。中国式现代化打破了"公有制＋计划经济"模式一统天下的局面，走上了社会主义市场经济道路，开辟了市场经济和社会主义有机结合的新途径。四十多年来，我们不断深化对市场经济运行规律和社会主义发展规律的认识，强调"有效市场"和"有为政府"的统一，主动参与经济全球化进程，加快构建新发展格局，有效实现国内国际双循环互促共进，使社会主义制度的优越性和先进性得到充分彰显，引发了国际社会对马克思主义和社会主义的重新思考，使马克思主义和社会主义的合理性得到确证。

作为世界上最大的发展中国家，中国对于如何在经济文化相对落后的国家建设和巩固社会主义的探索，具有普遍性和代表性，为其他发展中国家破解这一"世界难题"提供宝贵的经验。

（二）中国式现代化道路创新和发展了科学社会主义理论

科学社会主义理论创新的根本，就在于与时俱进地回答好革命、建设与改

---

① 《列宁全集》第 34 卷，人民出版社 1985 年版，第 343 页。

革中的理论与实践问题。在实践发展中，中国式现代化道路没有将科学社会主义理论视为一成不变的教条，而是不断在实践中积极探索和运用，以其独特的理论创新和实践创造，丰富了科学社会主义的当代理论形态，体现了科学社会主义的理论逻辑与中国社会发展的历史逻辑有机统一。正是因为中国式现代化道路实事求是、与时俱进地对科学社会主义理论的运用和创新，让科学社会主义理论的普遍性和真理性愈加鲜明地展现在全人类的面前，从而彰显出中国式现代化道路的先进性本质。中国式现代化道路对科学社会主义理论的创新和发展，主要集中在以下几个方面：

第一，创新和发展了社会主义本质理论。对于什么是社会主义，马克思、恩格斯、列宁等马克思主义经典作家在不同的场合、不同的时代都作出过重要论述，但由于历史条件的限制，都没有对社会主义的本质作出完整概括。邓小平在总结新中国成立后现代化建设正反两方面经验教训以及世界社会主义运动得失成败的基础上，科学揭示了社会主义的本质是"解放生产力，发展生产力，消灭剥削，消除两极分化，最终达到共同富裕"①。这一重要论断突出强调了生产力与生产关系，克服了过去离开生产力只讲生产关系的局限性。它从生产力的角度阐明社会主义的本质是"解放生产力，发展生产力"，这是实现社会主义本质的基础；从生产关系的角度揭示"消灭剥削，消除两极分化"，这是与资本主义及其他一切剥削社会的本质区别；从社会主义的根本目标角度论述"最终达到共同富裕"，这是体现社会主义本质的一个东西。这一科学论述，既把解放和发展生产力摆到了首要的位置，又突出强调了以生产关系为基础的社会关系问题，为我们搞清"什么是社会主义"、探索"怎样建设社会主义"，奠定了科学理论基础、开辟了广阔的前景。

第二，创新和发展了社会主义初级阶段理论。马克思主义经典作家将未来的共产主义社会划分为第一阶段和高级阶段，前者为社会主义社会，后者为

---

① 《邓小平文选》第三卷，人民出版社 1993 年版，第 373 页。

共产主义社会。按照马克思主义经典作家的理论构想,社会主义革命在"欧美发达国家首先取得胜利",但遗憾的是率先进入社会主义的,普遍都是经济文化相对落后的国家。如何建设一个比资本主义更加优越的国家,是摆在他们面前的一大难题。邓小平明确提出:"社会主义本身是共产主义的初级阶段,而我们中国又处在社会主义的初级阶段,就是不发达的阶段。"①这个论断包含两层含义:一是就性质而言,我国已经进入社会主义社会,必须坚持社会主义的性质和方向;二是就发展阶段而言,我国的社会主义成熟度还很低,必须从实际出发,不能超越这个阶段。社会主义初级阶段理论的确立,明确了我国发展的历史方位,为我国的社会主义建设指明了正确方向和根本任务,为构筑起中国特色社会主义理论大厦提供坚实的柱石。

第三,创新和发展了社会主义发展动力理论。马克思恩格斯科学揭示了社会的基本矛盾,是生产力与生产关系、经济基础与上层建筑之间的矛盾,并指出这两对矛盾存在于一切社会形态之中,共同推动人类社会由低级向高级发展。以毛泽东同志为主要代表的中国共产党人将马克思主义关于社会发展动力的一般原理运用于中国实际,提出社会主义社会仍然存在着基本矛盾,社会主义社会是在基本矛盾的辩证运动中发展的,形成了社会主义社会发展的基本矛盾动力论。此后,邓小平在继承毛泽东关于社会主义基本矛盾理论的基础上,深入具体地研究我国社会基本矛盾的现实状况,提出了"改革动力论"。随着改革的深入,江泽民提出"创新动力论"、胡锦涛提出"全面统筹动力论",进一步丰富和发展了马克思主义社会发展动力理论。党的十八大以来,习近平总书记亲自推动全面深化改革,对社会基本矛盾运动规律的认识达到新高度,在理论和实践上丰富和发展了社会主义发展动力理论。

总之,科学社会主义的本质特征,既体现为理论的科学性,也表现为实践的必然性。中国式现代化道路正是在立足科学社会主义理论的基础上,不断

---

① 《邓小平文选》第三卷,人民出版社 1993 年版,第 252 页。

将其与中国具体实际、中华优秀传统文化相结合,形成中国特色社会主义理论体系,既具有科学社会主义的基本特征,又具有鲜明的中国特色,为科学社会主义理论宝库增添了许多新的内容。我们完全有理由相信,随着中国式现代化道路的持续推进和拓展,这一道路将进一步为科学社会主义理论提供新的理论和实践支点,以原创性贡献标注科学社会主义发展的新高度。

三、提振了人们对社会主义事业的信心

"现代化不是少数国家的'专利品',也不是非此即彼的'单选题',不能搞简单的千篇一律、'复制粘贴'。"①中国式现代化道路不是凭空照搬的"飞来峰",也不是马克思主义经典作家预测的"模板",而是马克思主义与中国发展实际的深度融合,是马克思主义的"中国化版";也不是其他社会主义国家建设的"再版", 而是对世界社会主义运动经验教训的吸收借鉴,是遵循社会主义发展规律的"创新版";更不是西方现代化建设的"翻版",而是在吸收西方文明成果的基础上实现了质的飞跃,是理论和实践双重创新的"新版"。作为开放包容的现代化新道路,中国式现代化在合理吸收和借鉴资本主义的一切优秀文明成果中,重构了与资本主义的关系,在开创社会主义"民族形式"和追求人民美好生活中,唤起了人们对社会主义事业的信心。

(一) 中国式现代化道路重塑了社会主义与资本主义的关系

回顾 20 世纪的两制关系发展史可以看出,两种社会制度呈现出互相斗争、互为取代的关系。特别是在第二次世界大战结束以后,社会主义由一国扩展到多国,形成了一个能与资本主义抗衡的社会主义阵营,甚至一度出现了"东风压倒西风"的全球发展态势。然而,好景不长,以苏东社会主义国家的剧变为标志,资本主义与社会主义的力量发生了历史性转折,社会主义国家的

---

① 习近平:《携手同行现代化之路——在中国共产党与世界政党高层对话会上的主旨讲话》,《人民日报》2023 年 3 月 16 日。

数量锐减,资本主义呈现出"压倒性胜利",以致一些人放肆宣称"马克思死了,耶稣活着"。

当我们把资本主义与社会主义的关系置于历史长河中考察时,就能非常清楚地看到,资本主义与社会主义在本质上是对立统一的,既有合作共存,又有对立斗争。中国式现代化道路对社会主义事业的一个重要意义,就是在处理资本主义与社会主义的关系上,既看到了两者之间的区别,又正视两者之间的依存关系。面对资本主义世界,中国式现代化道路既不搞"自我封闭"也不搞"全盘西化",而是在借鉴与继承资本主义"一切肯定的成就"的基础上实现了与它关系的重塑。一方面,中国式现代化道路占有了资本主义所创造的文明成果。中国式现代化道路的开辟过程,实质上是在现有的、直接碰到的和从过去继承下来的条件中进行的。资本主义文明作为人类文明不可剥离的核心,必定是中国式现代化道路发展的沃土。因此,中国式现代化道路不可避免地要占有资本主义的生产生活方式、科学技术、思想文化等方面的有益成果来发展自己,也就不可避免地带有资本主义的某些印记。另一方面,中国式现代化道路克服了资本主义文明的固有缺陷。资本主义文明以利益最大化为价值圭臬,以资本逻辑统摄社会运行,造成劳动者被自己创造的物品所支配的异化现象,使社会矛盾达到前所未有的高度。中国式现代化道路以完善的社会制度作为坚实保障,在制度层面消除了资本主义文明的弊端。同时,中国式现代化道路强调在"集体主义"原则上大力发展生产力,弱化"个人至上"的剥削式发展,进而在生产关系上化解了资本主义经济危机。可以说,社会主义社会生产的目的不是实现两极分化,而是实现全体人民共同富裕;社会发展的路径不是掠夺、剥削,而是走共商共建共享的文明新路子;社会发展的目标不是发展成为一个霸权主义国家,而是建成富强民主文明和谐美丽的社会主义现代化强国。我们完全有理由相信,随着中国特色社会主义的现代化建设的目标、路径、任务的更新和完善,中国式现代化道路必然出现新的内涵、范式和建构。

中国式现代化道路对资本主义进行具体分析,把资本主义所创造的先进文明同资本主义制度剥离出来,强调不能对资本主义制度照搬照抄,但要努力吸收蕴藏于资本主义中的先进文明,使自身得到更快发展。通过对资本主义与社会主义关系的重塑,中国式现代化道路把中国纳入人类文明的发展大道之中,以自身对社会主义的价值追求影响着人类文明的发展方向,为其他社会主义国家正确处理两者的关系提供了光辉典范。

(二) 中国式现代化道路昭示了社会主义的光明未来

唯物史观认为,人类社会是在曲折中发展的。自社会主义诞生以来,就经历了从高潮到低潮再逐步回升到高潮再到持续低潮。在这样的发展过程中,很多人对社会主义还能持续多久、社会主义是否还能振兴产生了动摇和怀疑。中国式现代化道路的开辟和取得的举世瞩目的成就,给人们以精神上的鼓舞,让人们看到了社会主义的光明未来。

中国式现代化道路开创了社会主义建设的"民族形式",重塑了社会主义在人们心目中的形象。长期以来,社会主义是否有固定的模式、是否能被复制,成为困扰共产党人和社会主义者的一个问题。十月革命的胜利,使得人们不当地认为社会主义只有一种模式,只有借鉴和模仿苏联模式才能取得社会主义的成功。这种不当的认知使得世界上其他社会主义国家或多或少都采用过苏联模式,但由于苏联模式并不完全符合其他社会主义国家的国情,导致各国在社会主义建设中出现发展困境。虽然 20 世纪七八十年代东欧国家掀起了世界社会主义改革的潮流,试图突破苏联模式,但最终也没有找到符合国情的"民族形式"。相比之下,中国共产党人找到了适合本国国情的发展道路,实现了社会主义与现代化的有机融合。新中国成立后,苏联模式确实对我国社会主义建设产生了较大的影响,比如高度集中的计划经济体制、优先发展重工业等,都是向苏联学习的产物,但在学习过程中我们党强调独立自主,特别是在苏共二十大上及苏联暴露出一些问题之后,毛泽东更加明确要"以苏为鉴",走自己的路。正是在"以苏为鉴"下,中国共产党打破了苏联模式的条条框框，走出了一条有别于苏联社会主义建设的现代化道路，较为成功地创造了社会主义建设和发展的"民族形式"，指明了社会主义前进的方向。

中国式现代化道路开创了人民生活的美好道路，充分显示了社会主义制度的优越性。中国式现代化道路将现代化由资本逻辑回归至人的逻辑上来，把社会主要矛盾的分析同自身的初心使命紧密联系起来，不断探求满足人民多样化、层次化需求的实现方式，不断增进民生福祉，提高人民生活品质。中国式现代化道路立足人民的需要这个最大的实际，从人民的整体和长远利益出发，制定了一系列政治设计和制度安排，保证人民当家作主得以实现。中国式现代化道路的成功已经初步显现：它大大促进了生产力水平的提高，改善了14亿多中国人民的生活条件；它集中全国所有力量来对抗自然灾害、抵御社会危机，全力保障全国人民的生命和财产安全；它厚植道德沃土，以社会主义核心价值观为引领，积极探索在新的历史条件下精神文明建设的有效途径，促进人民精神生活共同富裕……这些伟大成就激荡起中国人民和世界人民对社会主义的新希望，为推动世界社会主义走出低谷、走向复兴增添了极大的信心。正如邓小平所说："只要中国不垮，世界上就有五分之一的人口在坚持社会主义。"①随着中国式现代化的进一步推进和拓展，我们完全有理由相信，社会主义并没有过时，社会主义的前途和方向并没有迷失，21世纪的科学社会主义依然散发着真理的光芒，"隧道尽头是社会主义的复兴"②。

第三节　破解发展之谜：拓展了发展中国家
走向现代化的路径选择

中国是最大的发展中国家，与广大发展中国家一样曾遭遇过西方国家的侵略，都有过相似的历史遭遇，都有实现现代化的强烈愿望和价值诉求。因

---

① 《邓小平文选》第三卷，人民出版社1993年版，第321页。
② ［俄］娜塔莉娅·莫罗佐娃：《隧道尽头是社会主义的复兴》，《燧石》1994年第2期。

此,中国式现代化道路的成功,能够为发展中国家提供可借鉴的经验。纵观发展中国家走向现代化的历史进程,在东欧剧变、苏联解体后,纷纷选择了西方现代化道路。因循西方现代化道路的发展中国家,罔顾本国具体国情,盲目移植西方现代化模式,使自身陷入"现代化困境",经济社会发展停滞、社会治理失效、社会动荡不安,与现代化渐行渐远。中国式现代化道路的探索与发展,既不是资本主义现代化道路的简单复制,也不是传统的社会主义道路的挪用再现,而是在深刻把握中国基本国情的基础上将现代化规律运用于建设、改革时期的创造性体现。科学分析中国式现代化道路对发展中国家经济发展、政治稳定、文化选择等一系列难题的突破,不仅有助于增强中国式现代化道路的政治定力和战略自信,而且为发展中国家独立自主迈向现代化提供参考借鉴。

一、发展中国家现代化建设的困境与选择

天下同归而殊途。实现现代化是每个国家的共同追求与选择,但在追求的过程中表现出来的差异性相当明显。西方国家凭借特殊的社会历史条件,率先开启了现代化进程。广大发展中国家奋起直追百余年之久,却收效甚微,仅有极少数国家在付出巨大牺牲之后实现了中等现代化,绝大多数国家仍在实现现代化的进程中苦苦挣扎。到目前为止,实现现代化的国家也不超过 30个,人口不超过 10 亿。从应然的角度讲,"每个国家都有发展的权利,各国人民都有追求幸福生活的自由"。① 每个国家都有权利根据自己的发展实际,选择适合自己的现代化道路,但实际上,在西方国家的影响下,发展中国家自觉或不自觉地按照西方逻辑发展本国现代化,深陷西方势力范围所及的各种关系却无法摆脱。

(一)发展中国家现代化建设的时代境遇

第二次世界大战结束后,发展中国家随着政治上的独立,逐步迈入探索现

---

① 《习近平关于中国式现代化论述摘编》,中央文献出版社 2023 年版,第 305 页。

代化发展阶段的历史进程。但是，发展中国家的现代化历程深受西方国家的影响和支配。这种影响和支配并不完全是主观因素的影响，在很大程度上是因为经济全球化客观因素的结果。

20 世纪 70 年代，石油危机的爆发对发达经济体造成了剧烈的冲击，引发了新一轮的经济危机。为摆脱经济危机的影响，西方国家推行新自由主义政策，实行经济自由化，取消资本管制。在这样的背景下，经济全球化也悄然升起。西方国家的商业资本和工业资本，也转移到一些具有相对优势的发展中国家，为发展中国家奠定了现代化建设的物质基础。发展中国家不仅可以借鉴西方国家在发展战略、资金积累、技术开发等方面的现代化经验，以增强自身在现代化发展过程中的判断能力和选择能力，而且可以引进西方国家先进的技术和设备，在消化吸收的基础上进行创新。与此同时，西方国家也将"华盛顿共识"无情地推向发展中国家。在拉美，智利、阿根廷、乌拉圭等国家先后进行了新自由主义改革"试验"，在短暂收获繁荣之后，付出了高昂的代价。1982 年至 1991 年，拉美地区经济增长率仅为 1.8%，远低于世界 3.3% 的平均增长率，甚至低于非洲地区 2.25% 的经济增长率。在非洲，西方国家以"胡萝卜+大棒"的方式，强行向非洲推行了一套极其荒诞的私有化和市场化改革方案，加剧非洲治理失序，导致财富大量外流。在俄罗斯，由于采用了以新自由主义的经济学理论为核心的"休克疗法"，引发了持续的转型性经济危机，导致人民生活水平不断下降，社会贫困化和不平等化也日益加剧。由此可见，那些简单复制西方现代化道路的发展中国家，并没有找到成功走向现代化的灵丹妙药，反而让自己深陷现代化发展困境。

（二）发展中国家现代化建设的困境挑战

发展中国家在实现现代化的进程中，有着完全区别于西方国家发展难度的特殊困境与挑战。之所以特殊，是因为这些困境与挑战很少或没有在西方国家的现代化进程中出现过。这些困境与挑战往往具有"悖论"性质，在发展中国家呈现出"两难困境"。虽然在不同的发展中国家表现出的困境与挑战在性质和程度上有所不同,但总体来说,发展中国家在实现现代化的过程中避免不了这些矛盾。

第一,超前与滞后矛盾。西方国家的现代化道路遵循"串联式"的发展路径,是在一个阶段发展得比较完善之后,再进入下一个阶段的发展,因而,在社会生活中各方面彼此协调,不会出现较大的发展矛盾,社会发展的"瓶颈"现象也不容易发生。发展中国家为了把失去的几百年的现代化进程补回来,就决定了其不能走四平八稳的现代化发展道路,由此便引发出发展与滞后的现代化难题。一方面,发展中国家为了尽快赶上西方国家现代化进程,不能亦步亦趋地在现有的基点上缓慢发展,而是要有超前的眼光和理念,紧盯世界现代化发展趋势,顺应世界现代化发展潮流,力求加快现代化发展进程。另一方面,发展中国家普遍存在着资金、技术、人才、制度、观念、文化等方面的劣势,这成为其走向现代化的制约因素。这种超前与滞后的"拉锯式"掣肘,严重影响着发展中国家的现代化进程。

第二,渐进与压缩矛盾。西方国家的现代化道路都大致经历了萌芽、发展到日臻成熟的完整阶段。在这种循序渐进的环境中发展起来的现代化道路内部,已经形成了健全的自我调节和自我运行机制,能够有效化解现代化进程中遇到的风险和矛盾。作为后发追赶型的发展中国家,已经失去了这种得天独厚的发展环境,它的发展条件、发展方式,甚至是在现代化进程中面临的问题,都出现了巨大的变化。当发展中国家启动现代化进程时,西方国家现代化的激烈竞争留给发展中国家的时间和空间都比较少,导致发展中国家要在有限的时间和空间里,解决经济发展、制度变迁、文化发展等"一揽子"矛盾。这就意味着他们不仅要完成物质的积累,还要完成社会的转型;不仅要完成器物层次的革命,还要完成观念层次的革命,等等。从这个意义上说,这些历时性的矛盾都转化为共时性的矛盾。这些矛盾的空前集中,使得解决这些矛盾也成了发展中国家的难题。现代化的展开是有步骤、需要时间的,由于发展中国家在现代化进程中走的是"时空压缩"的道路,因此,在时间上缺少解决发展问题的余地。这也是许多发展中国家在现代化道路中出现曲折反复的原因所在。

第三,发展与代价矛盾。没有付出代价的发展是不存在的,发展必然要以付出一定代价的方式来实现,现代化道路的发展都是建立在一定的代价之上的。在发展与代价的实践过程中又形成了两种基本的形态,即高代价的发展和低代价的发展。当发展的所得小于代价的付出,特别是在发展中付出了大量非必要代价,这就是高代价的发展;反之,则为低代价的发展。纵观现代化发展历程,发展中国家走的基本上都是高代价的发展道路。例如,发展中国家为了加快本国经济发展,不得不采取高投入、高生产、高污染的传统粗放模式,导致经济快速增长的同时,出现了政治动荡、社会两极分化、人文道德失落等"现代病"。与此同时,发展中国家在为自己现代化发展付出代价的同时,还要承担西方国家的发展代价。比如,西方国家在发展现代化时对环境的严重破坏;对亚非拉美殖民地的疯狂掠夺和无情屠杀;传播资本至上的价值观念,对人文精神熟视无睹;等等。这使发展中国家的发展更为艰难,付出的代价更为沉重。

(三) 发展中国家现代化建设的道路选择

在以往的现代化发展中,不论每个国家的具体情况有何不同,在总体上可以分为资本主义现代化道路和社会主义现代化道路。几百年来,资本主义在经济、政治、文化等方面都取得了卓越成就,为人类文明作出了巨大贡献。但资本无限扩张的秉性,"使每一个文明国家以及这些国家中的每一个人的需要的满足都依赖于整个世界"①,一些非西方国家被迫卷入资本主义的世界体系,资本主义国家由此走上了牺牲落后国家的利益而换取自身快速发展的殖

---

① 《马克思恩格斯文集》第1卷,人民出版社2009年版,第194页。

民现代化之路。俄国十月革命的胜利印证了跨越资本主义"卡夫丁峡谷"的现实性,也修筑了一条国家集中统筹的指令性计划经济体制的道路,使国家计划指令凌驾于各种经济活动之上。这一现代化道路,在很长一段时间内成为社会主义国家参照的样板,被称颂为实现现代化的最佳最快途径。但随着历史环境条件的变化,这一现代化道路体制僵化、发展不平衡等弊端日益暴露,高度集中的计划经济和单一的公有制背离了经济活动规律,重工业和国防工业消耗过多资源,农业和轻工业长期落后,造成国民经济比例严重失衡。更为严重的是,高度集中的意识形态管理体制,使苏联社会主义现代化道路日益走向封闭和僵化。

对于发展中国家来说,现代化道路的选择往往与政权属性的结合相挂钩。相当一部分发展中国家走上了资本主义现代化道路,在发展的前期由于劳动生产率的提高和科学技术的运用,确实带来了巨大的社会财富,但也带来了一些灾难性后果;率先推进现代化的国家往往表现出以牺牲弱小国家的利益和代价为前提来实现自身发展,这些弱小国家在资本主义国家的钳制下,难以实现现代化的可持续发展,被动吞下资本主义国家现代化带来的苦果。另一部分发展中国家,则把视线放在了苏联社会主义现代化道路上。但随着苏联的解体,苏联社会主义现代化道路也以失败告终。

比较资本主义现代化道路和社会主义现代化道路,不难发现,这两条道路各有优劣,但由于发展中国家在选择道路时没有考虑到自身发展实际,在发展的过程中往往不相兼容,甚至出现各种矛盾和问题,限制或阻碍着现代化的发展,因而,发展中国家急需找到一条既能保持社会经济的快速发展又能保持独立自主的现代化发展道路,主动积极融入世界现代化的潮流与趋势中。

二、中国式现代化道路对发展中国家现代化建设困境的破解

中国共产党在推进现代化的进程中,善于总结历史经验教训,在历史中把

握发展规律，善于把理念转化为行动，坚持适时调整优化发展战略，在创造我国经济快速发展和社会长期稳定奇迹的同时，有效避免了一些发展中国家在现代化道路上面临的困境与挑战，成为发展中国家跳出各种发展"陷阱"的鲜明标杆。

（一）中国式现代化道路能有效规避发展中国家现代化道路上的"陷阱"

在人类现代化进程中，每个国家都会出现各种各样的发展困境，都有可能遇到不同程度的某种"陷阱"。有的国家没能成功识别和规避现代化"陷阱"，从而出现了经济停滞甚至倒退、社会陷入动荡和冲突；有的国家貌似跨越了现代化"陷阱"，但实际上以牺牲其他国家发展为代价。因此，一个国家的现代化能否成功推进，很大程度上取决于这个国家能否有持续不断地规避这些发展"陷阱"负面效应的能力。中国式现代化道路的形成过程，业已包含了中国跨越这些"陷阱"的丰富实践，能为发展中国家突破发展困境、跳出发展"陷阱"提供全新参考。

第一，跨越"中等收入陷阱"。"中等收入陷阱"是指一个经济体发展到中等收入水平以后，由于不能转变发展方式和发展模式，出现经济停滞、收入徘徊不前的问题，甚至重新跌落至低收入水平。2022 年，我国的经济总量突破120 万亿元，按年均汇率计算，约 18 万亿美元。按照世界银行的标准，已经进入中等偏上收入阶段，是跨越"中等收入陷阱"的关键时期。这个阶段，我国紧扣社会发展突出矛盾，针对经济发展进入新常态，提出贯彻新发展理念、构建新发展格局，挖掘经济增长潜力；提出规范收入分配秩序，推动形成橄榄型分配结构；提出实现高水平科技自立自强，完善新型举国体制，强化关键核心技术攻关，不断开辟经济发展的新领域新赛道；等等。这无疑有助于现代化内生动力的形成，为我国跨越"中等收入陷阱"、迈向现代化发展更高阶段提供了重要条件。

第二，破除"塔西佗陷阱"。现代化语境下的"塔西佗陷阱"的焦点，是政府公信力与现代化的关系。良好的社会环境、公正的社会秩序是现代化的重要标志，其中政府扮演着重要的角色。如果一个政府不能赢得民众的信任，就意味着要付出极高的成本来维护社会的稳定和团结，且终将不可持续而走向崩溃。早在延安时期，针对如何跳出历史周期率的"窑洞之问"，毛泽东给出了"让人民来监督政府"的第一个答案。如今，面对中国共产党执政的"四大考验"和"四种危险"，习近平总书记在党的十九届六中全会上给出了第二个答案：自我革命。

第三，跳出"环境库兹涅茨陷阱"。"环境库兹涅茨陷阱"是指一个国家的生态环境质量受到各种因素的影响，但迟迟未能跨过环境库兹涅茨曲线顶点的现象。从各国的现代化进程来看，西方国家曾奉行"先污染，后治理"的理念，试图在经济得到发展后再来强调环境保护，但实际上，经济高度发展之后环境恶化的现象并未得到明显的改善。我国坚持走"边发展、边保护、边治理"的环境友好之路，把打好污染防治攻坚战列入决胜全面建成小康社会三大攻坚战，作出"二氧化碳排放力争于 2030 年前达到峰值，努力争取 2060 年前实现碳中和"的庄严承诺。环境保护与经济增长的齐头并进，让中国式现代化道路获得了可持续的发展动力，能够主动识别、预防、跳出可能面临的"环境库兹涅茨陷阱"。

（二）中国式现代化道路积极回应构建人类命运共同体的时代呼唤

命运与共、共同发展是整个人类社会的共同价值追求。早在古希腊，犬儒学派的第欧根尼就提出了"世界公民"的概念，他拒绝被本地出身和本地社会属性所定义，认为人不应该受到国家的界限的限制。随着工业革命的不断推进，人们的物质和精神生产更是包含着全球性质。时至今日，人类社会的联系有增无减，越来越成为你中有我、我中有你的命运共同体。中国在探索现代化进程中,提出了推动构建人类命运共同体的伟大构想。这一伟大构想包含的理论意义和实践范式,也必将赋予中国式现代化道路崇高的时代使命,成为引领人类前进方向的鲜明旗帜。

中国式现代化道路为人类命运共同体的构建提供存在基础。跨越现有地理界线进行主体交流,是中国式现代化道路获取世界意义的唯一路径。因此,在现代化进程中提出的人类命运共同体也就有了世界意义。同时,人类命运共同体致力于解决人类社会普遍存在的问题,着眼于人类的共同福祉,并基于全人类共同价值提出了主体的努力方向、实践范式和美好前景,已被世界各国人民广泛认同和践行。因此,推动构建人类命运共同体并不是中国的一厢情愿,必然有着在世界范围存在的客观逻辑性。唯有如此,人类命运共同体才能在中国式现代化道路中生长出来。

中国式现代化道路为人类命运共同体的构建提供价值基础。共同体的存在依托于各个国家或民族,意味着各个国家或民族在价值利益方面存在着一致性,如果没有共同的利益或价值作为基础,那么共同体也就没有存在的必要性。中国式现代化道路倡导和平、发展、公平、正义、民主、自由的全人类共同价值,要求各个国家或民族在追求自身利益的同时,兼顾其他国家的合理关切,成为构建人类命运共同体的价值依托。当然,人类命运共同体不是没差别的"抽象同一",而是"有差别的同一"。只有在求同存异的基础上引导各个国家和民族在利益关系中超越冲突和分歧,追求共同价值,才能打破利己主义的国际关系原则,让人类命运共同体成为普照世界的阳光。

总之,中国式现代化道路主张从人类整体利益出发,要求用求同存异、合作共赢的国际关系,取代原有的、不公平的压迫和剥削关系,为推动构建人类命运共同体作出巨大贡献,在人类社会历史上彰显着独特的现实意义和深远的历史意义。

三、中国式现代化道路为发展中国家走向现代化提供示范意义

"现代化就是摆脱不发达状态、赶超发达国家的发展过程"①。中国式现代化道路向世人展示了中国共产党团结带领人民,把一个一穷二白的国家建设成为繁荣富强国家的壮丽图景。中国式现代化道路能为广大发展中国家走向现代化提供示范意义,得益于中国能够从国情出发选择现代化道路,通过深化改革开放推动现代化进程,在依靠和平的外部环境取得发展的同时,又推动建构有助于和平发展的外部环境。这是中国式现代化道路的成功经验,也是发展中国家可资借鉴的中国智慧。

(一) 从国情出发选择现代化道路

如何选择现代化发展道路,是长期困扰包括中国在内的发展中国家的一道难题。每个国家的历史底蕴、现实情况不同,决定了实现现代化的道路也不尽相同。现代化道路的多样性业已被人类历史所证明,选择何种通往现代化的道路是每个国家的自由,走适合自己的路才是不变的法则、永恒的真理。中国式现代化道路从生发之初就强调从国情出发进行探索,在后续的推进和拓展中更是保持了独立自主性,没有照搬照抄其他国家的现代化道路,而是将道路的选择权牢牢掌握在自己手中。这是中国式现代化道路取得成功的重要经验之一。

国情和道路的不同,决定了一个国家的现代化的目标也不完全相同。中国式现代化道路首先致力于经济发展,在经济发展的基础上进一步实现国家富强、民族振兴、人民幸福。发展的最终目的是为民造福。中国式现代化道路将国家富强、民族振兴、人民幸福三者统一起来,把人民幸福置于国家富强和民族振兴的基础之上,不断为实现人民的美好生活而不懈奋斗。实现现代化

---

① 罗荣渠:《现代化新论——中国的现代化之路》,华东师范大学出版社 2013 年版,第12—13 页。

的目标有多种衡量标准，但人民幸福是最重要的因素，也是现代化道路的最终归宿。

现代化目标的不同，也意味着发展战略和发展任务的不同。实现现代化是一个漫长的过程，应该依据现代化的目标将这一过程划分为多个具体阶段，积小步为大步，通过阶段性目标的实现来达成总目标。我国仍处于并将长期处于社会主义初级阶段的基本国情，决定了中国式现代化道路面临着诸多发展难题，要在短期内解决，是不能实现的。正因如此，邓小平制定了"三步走"战略，对现代化的战略步骤进行分解，明晰了现代化的发展目标。党的十八大以来，习近平总书记提出"两个一百年"奋斗目标，并对第二个百年奋斗目标进行了科学谋划和布局，即"从二〇二〇年到二〇三五年基本实现社会主义现代化；从二〇三五年到本世纪中叶把我国建成富强民主文明和谐美丽的社会主义现代化强国"[①]。在这一奋斗目标中，前一阶段目标是后一阶段目标实现的基础，后一阶段目标是前一阶段目标的跃升，既明确了全面建成社会主义现代化强国的宏伟目标，又指明了实现这目标的时间表、路线图。

中国式现代化道路从实际出发制定现代化目标、谋划现代化进程，为广大发展中国家提供了可供参考的借鉴意义。但世界上不存在放之四海而皆准的现代化道路，适合本国国情的现代化道路才是最好的选择。发展中国家在选择现代化道路时，不必"向西看"，也不必"向东看"，而是"向里看"，实事求是地找到一条适合自身的现代化道路。

（二）以深化改革开放推动现代化进程

现代化道路要持续推进，动力从何而来？这是发展中国家必须思考和回答的问题。西方国家通过对内残酷剥削，对外殖民掠夺，在获取现代化发展推动力的同时，为广大亚非拉国家带来巨大灾难。中国式现代化道路的成功，在

---

① 习近平：《高举中国特色社会主义伟大旗帜　为全面建设社会主义现代化国家而团结奋斗——在中国共产党第二十次全国代表大会上的报告》，人民出版社2022年版，第24页。

于克服了改革、发展、稳定之间的张力,通过深化改革开放,逐步打开了现代化建设的崭新局面。

每个走向现代化的国家都无法避免改革,改革是推动现代化不断发展的动力之源。改革的过程,实质上也是走向现代化的过程。中国式现代化道路以改革为起点、以改革促发展,不断化解现代化进程中的内在矛盾和外在压力。通过全面深化改革,有效破除现代化道路中各方面体制机制弊端,实现体制机制变革创新,持续释放出现代化建设的动能。经济体制的改革进一步聚焦市场与政府的关系,激发社会主体创业创新的活力,从而释放出经济增长的潜能;政治体制的改革追求执政与民心、稳定与秩序、法治与德治等政治价值和治理要素的统一,谱写"中国之治"新篇章;文化体制的改革更好满足人民文化需求,增强人民精神力量,促进人的全面发展;社会体制的改革更好保障和改善民生,促进社会公平正义,确保社会既充满活力又和谐有序;生态文明体制的改革促进经济社会发展全面绿色转型,生态文明"四梁八柱"性质的制度体系基本形成,美丽中国建设迈出重大步伐;国防和军队的改革重塑了领导指挥体制,优化了规模结构和力量编成,推进了军事政策制度改革,人民军队体制一新,结构一新,格局一新,面貌一新;党的建设制度的改革使党的先进性和纯洁性得到提升,党的领导体制和执政方式不断完善,党的创造力凝聚力战斗力显著增强。

开放是改革的重要举措,也是我国繁荣发展的必由之路。党的十一届三中全会以来,我们以对外开放为基本国策,既坚定打开国门、大胆尝试,又坚持独立自主、自力更生的方针,成功实现了从封闭半封闭到全方位开放、从世界贸易组织的成员到世界经济增长的主要稳定器和动力源的历史性转折。现在,我国同世界的联系日益紧密,越是面对复杂多变的国际形势、应对西方国家的遏制打压,越是要主动作为、把握机遇,积极地参与经济全球化与国际竞争,越是要推动构建公正、合理、透明的国际经贸规则体系,提升我国在国际事务中的话语权和主动权,向世界展示具有中国独特魅力的开放之路。

发展中国家要想成功走向现代化，必须充分发挥改革开放的关键作用，对内要创新体制机制变革、增强自主创新能力，打破西方国家的技术封锁，对外要以我为主，吸收西方国家一切先进技术、管理和现代化经验，为推动本国现代化建设注入持久动力。

（三）构建现代化发展的外部环境

任何一个国家要走向现代化，都必须参与到世界现代化的发展潮流之中，这是人类社会发展的必然趋势。中国式现代化道路取得巨大成就的一个重要原因，就在于它始终以世界的眼光关注人类前途命运，顺应人类社会发展规律，既尊重了各国现代化道路的多样性，又专注于走好自己的现代化道路，体现了对世界现代化大势的准确把握。中国式现代化与世界现代化形成了良好的互动：融入世界，共享世界发展机遇；拥抱世界，分享中国发展红利。

"放眼世界，我们面对的是百年未有之大变局。"[1]在百年未有之大变局下，中国式现代化道路既要应对发达国家对我们的打压、遏制、封锁，又要面对发展中国家带来的不确定因素的挑战。短期来看，这些外部环境的风险和挑战会对中国式现代化道路的推进产生负面影响。但这种负面影响总体而言是有限的，不会迟滞中国的现代化进程。从长远来看，中国式现代化是一条动态的发展道路，能够根据外部环境的变化不断调整、变革以获得自身的进一步发展，实现与世界现代化的良性互动。特别是党的十八大以来，习近平总书记提出以构建人类命运共同体为总目标，以和平、发展、合作、共赢为价值理念，开展全方位外交布局、积极发展全球伙伴关系，维护周边环境的总体稳定、倡导高质量合作共建"一带一路"，在实现自身发展的同时，积极营造良好的外部环境。和平的外部环境，对中国式现代化道路至关重要，使其没有因为暂时的国际冲突和不稳定因素而中断现代化进程，同时，中国式现代化道路的世界价

---

① 《习近平谈治国理政》第三卷，外文出版社 2020 年版，第 421 页。

值和全球影响也在日益凸显。一方面,中国式现代化道路的巨大成功,是构建和平的外部环境的积极动因,不断展现出这条道路增进人类福祉、引领人类进步的重要作用。另一方面,和平的外部环境又成为中国式现代化道路获得更大成功、造福更多人民的新的历史起点,是中国式现代化道路发展和完善的外部动因。

打铁必须自身硬。发展中国家要想取得现代化的长足发展,必须建立现代化的经济体系,打造完整的产业链,生成现代化的乘数效应,有效抵御来自外部的风险和挑战。同时,要积极参与全球经济、政治、气候、公共安全的治理,利用好现有的国际组织与平台,在其行动框架内开展活动,维护好自身的发展利益。更为重要的是,发展中国家要做好自己的事情,解决好内部的矛盾与问题,确保内部的团结整合,齐心协力应对来自外部的负面影响。

第四节　解开文明之谜:创造了人类文明新形态

从人类文明形态的角度看,一部人类社会发展史,就是一部人类文明演进史。不同社会的价值取向、意识形态,会塑造出内涵不同、特征迥异、类型多样的文明形态。作为迄今人类最新的文明形态,人类文明新形态是在中国式现代化道路上创造出来的。这种基筑于中国式现代化的文明新形态,充分彰显了一种新的文明已经突破旧文明的界限,正以不可阻挡之势引领人类文明发展前进方向。因此,厘清人类文明新形态由何而来、以何而成、意旨何在,是确证人类文明新形态存在的理论前提,也是推动其走出中国、走向世界的应然之举。

一、由何而来:中国式现代化道路承载着人类文明新形态的探索

在人类社会发展历程中,现代化的叙事与文明的叙事相关联。现代化是

推动人类文明进步发展的重要动力,人类文明是现代化进程中的阶段性成果,两者有机统一,同行共进。人类文明新形态的萌芽以中国式现代化道路的酝酿为标志,伴随着中国式现代化道路的开辟和拓展而显现和生长,最终成熟于中国式现代化道路的不断强化中,是中国式现代化道路合规律性与合时代性的产物。因此,对人类文明新形态历史脉络的把握,必然要聚焦于两者的辩证关系和交互历程之中。

(一) 人类文明新形态在中国式现代化道路酝酿中萌芽

近代以降,中国处于内外交困、新旧时代交替的变局之中,中华民族饱受西方列强的欺凌,国家蒙辱、人民蒙难、文明蒙尘。中国人民在深感西方列强殖民扩张的血腥和残酷的同时,也首次体会到以科技为支撑的西方文明的先进性。于是,中国的有识之士将目光投向了西方工业文明,试图通过套用、照搬西方工业文明来改变落后挨打的局面。但是,各式各样的方案都不符合当时中国的国情和社会基础,都未能使中国脱身于西方列强的压迫。

所幸,十月革命后,马克思主义传入中华大地。这一理论犹如壮丽的日出,给正在苦闷和黑暗中苦苦探求现代化方案的中国知识分子带来了希望,成为引领中华文明祛除"蒙昧"的"灯塔"。1921 年,中国共产党诞生,这是一个以共产主义文明为引领的使命型政党。在中国共产党的领导下,中国人民开始探求挽救民族危亡的科学真理,为建设一个具有现代文明的社会主义国家而不懈努力。但是,在革命的过程中反复出现的教条主义,使中国革命遭受严重挫折。在总结经验教训的基础上,毛泽东提出了"使马克思主义在中国具体化"[①]的要求。如何才能使马克思主义具体化、中国化? 毛泽东又提出了"不割断历史"的重要观点。正是在"不割断历史"观念的指导下,中国共产党立足"承继珍贵遗产"的自觉追求,既吸取中华优秀传统文化的精华,又深深

---

① 《毛泽东选集》第二卷,人民出版社 1991 年版,第 534 页。

扎根新民主主义革命的实践,不断推动马克思主义具体化、中国化,形成了马克思主义中国化的第一个历史性成果——毛泽东思想。正是在这一思想的指导下,中国共产党带领人民以武装的革命反对武装的反革命,进行了 28 年浴血奋战,终于推翻三座大山,建立了新民主主义国家,彻底结束了国家蒙辱、人民蒙难、文明蒙尘的历史。新民主主义国家作为中国现代化进程中的必然产物,是不可跨越和不可易移的阶段,是基于中国国情的独特文明形态。这一文明形态不同于以"资本至上"为核心逻辑的资本主义文明,也不同于苏联僵化封闭的社会主义文明,它是在中国共产党的领导下,"创造出了世界上从未有过的新民主主义文明形态"[1],并将在未来显现出更为成熟的形态。

(二) 人类文明新形态在中国式现代化道路开辟中显现

"人类文明进步历程从来没有平坦的大道可走"[2]。新中国成立之初,生产力水平低下、基础设施建设落后、人民生活温饱不足。一穷二白、举步维艰是中国现代化建设的起点。如何将一贫如洗、满目疮痍的新中国建设成一个具有现代化文明的社会主义国家,是迫切需要回答的现实问题。新中国成立后,中国逐步建立了社会主义制度,为社会主义文明奠定了制度基础,实现了中国历史上深刻而伟大的社会变革。但是,中国共产党对社会主义制度的探索经历了一个比较曲折的过程。

1951 年 2 月,在中央政治局扩大会议上,毛泽东提出了"三年准备、十年建设"的设想,并要求 1953 年起实施第一个五年计划。1953 年后,又提出了"党在过渡时期的总路线",并在 1954 年通过的《中华人民共和国宪法》中,以根本大法的形式,把中国共产党在过渡时期的总路线作为国家在过渡时期的总任务确定下来。这一转变,体现了中国共产党人审时度势、抓住时机建设社

---

① 刘进田:《人类文明新形态的伟大探索者和实践者——写在中国共产党成立 100 周年》,《社会科学辑刊》2021 年第 3 期。

② 《习近平谈治国理政》第二卷,外文出版社 2017 年版,第 487 页。

会主义现代化国家的决心。为了实现这一目标，周恩来在 1954 年一届全国人大《政府工作报告》中提出"四个现代化"。1958 年，党的八大将"四个现代化"正式写入党章。1964 年，周恩来用现代化"科学技术"取代现代化"交通"，最终确定为农业、工业、国防和科学技术的现代化，人类文明新形态的雏形也逐步显现。从此，社会主义现代化建设有了更明确的目标，不仅创造性地解决了中国在进行社会主义建设中遇到的范式问题，而且为人类文明新形态的创造奠定了制度基础，推动了人类文明新形态在社会进步和人民创造实践中展开。不仅如此，中国共产党还提出"以苏为鉴"，在吸取苏联经验教训的基础上，对社会主义商品生产和价值规律、社会主义计划经济、社会主义分配制度等作出有益的探索。从 1949 年到 1976 年的二十多年间，中国共产党在积贫积弱的新中国，领导人民进行广泛而深刻的社会变革，确立了社会主义基本制度，极大改变了中国人民饥寒交迫的生活境遇。虽然在探索之中不可避免地历经曲折，但所取得的独创新成就，为人类文明新形态提供了制度保障。

（三）人类文明新形态在中国式现代化道路拓展中生长

人类文明新形态最根本的载体是社会形态。改革开放新时期，中国共产党在对现代化的探索中，开启了社会主义文明形态的历史建构，不断丰富了文明的理论内涵和实践要求。可以说，中国共产党人对现代化道路探索的中国特色社会主义实践，在一定意义上也是人类文明新形态获得巨大生长动能的实践。

在现代化的探索过程中，中国共产党认识到"发展生产力"是现代化建设的首要任务。中国共产党以经济建设为中心，在稳步推进各项事业中着力补齐短板，在以自身资源禀赋的优势融入国际大循环中发展经济体量，以"富起来"的事实有力回击了国际社会对"社会主义"的各种质疑和诘难，增强了社会主义的影响力和感召力。特别是充满活力的社会主义市场经济体制的建立，彻底突破了以往现代化观念中"市场与政府"完全对立的"二元误区"，解放了促进人类文明新形态生长的生产力要素。随着经济建设的发展,精神文明建设也逐渐恢复并得到发展。1980 年的中央工作会议上,邓小平强调,"我们要建设的社会主义国家,不但要有高度的物质文明,而且要有高度的精神文明"①。新时期现代化建设仍以"四个现代化"为目标,但在实践过程中"实现四个现代化"的内涵随着具体实际而发生着变化,人类文明新形态也以"两个文明"的形式逐步呈现出来。此后,党的十六大报告中正式提出了"不断促进社会主义物质文明、政治文明和精神文明的协调发展"②的奋斗目标,人类文明新形态开始丰富为物质、政治、精神"三个文明"形态。为了适应现代化发展要求,党的十六届四中全会首次提出"和谐社会"的概念,党的十七大报告进一步阐明了"四个文明"协调发展。除了社会民生问题以外,我国生态环境问题的严峻性和人民群众对良好生态环境的迫切性也引起了我们党的高度关注,党的十七大适时提出了"社会主义生态文明"的概念。这一时期,随着现代化建设的不断发展,人类文明新形态的具体内涵日益丰富,特别是"和谐社会"和"社会主义生态文明"概念的提出,表明社会主义文明的提升绝不仅限于物质和精神层面,而是物质、精神、社会、生态层面的全面提升,为人类文明新形态的生长提供了更为广阔的空间。

(四)人类文明新形态在中国式现代化道路强化中成熟

党的十八大以来,中国式现代化在新的时间空间开启了新征程,以习近平同志为核心的党中央统筹把握"两个大局",围绕中国式现代化、人类文明新形态、社会主义现代化强国等,进行战略部署和统筹谋划,为人类文明新形态的成熟提供了制度保证、物质基础和精神力量。

党的十八大正式将生态文明建设纳入总体布局之中,"五个文明"形态由此初步构建。2017 年,党的十九大明确提出要推进物质文明、政治文明、精神

---

① 《邓小平文选》第二卷,人民出版社 1994 年版,第 367 页。
② 《十六大以来重要文献选编》(上),中央文献出版社 2005 年版,第 43 页。

文明、社会文明、生态文明全面发展，标志着中国共产党对人类文明新形态实现了理论上的成熟清醒和实践上的全面展开。新时代，以习近平同志为核心的党中央秉持与时俱进、求真务实的精神品质，对中国式现代化和人类文明新形态提出了诸多创造性举措。2021年，习近平总书记在庆祝中国共产党成立100周年大会上首次提出"人类文明新形态"的概念。2022年，又在党的二十大报告中创造性地提出了中国式现代化的中国特色和本质要求，并把"创造人类文明新形态"作为中国式现代化的本质要求之一，推进拓展了对中国式现代化道路与人类文明新形态的认识的广度和深度。

中国共产党在艰苦卓绝的百年探索中创造出来的人类文明新形态，内涵丰富、逻辑缜密，既蕴含着深厚的历史文化与理论根基，又是在革命、建设与改革中不断总结出来的现代文明成果，是中国共产党和中国人民在自己的现代化征程上走出的一条文明发展新道路。进步是人类文明发展的必然趋势，从"四个现代化"到"中国式现代化"，从"两个文明"到"五个文明"，虽然在现代化征途中经历过挫折、遭受过打击，甚至走过弯路，但中国共产党对中国式现代化道路和人类文明新形态的探索从未停歇。可以肯定的是，在中国式现代化历史场域开创的人类文明新形态，也必将展现出更大的信服力、感召力和引领力，二者必将为重构更为广阔和深远的文明叙事作出新的更大的贡献。

二、以何而成：中国式现代化道路与人类文明新形态的辩证统一

21世纪的世界正经历着"文明重心"的转移，向亚太地区转移聚集已成为趋势。中国式现代化道路有力承接了人类文明的发展趋势，它以开放包容、全面协调、交流互鉴的文明特质，重新定义了人类文明的内涵和外延，创造了人类文明新形态，彰显了文明的开放性、系统性和融合性。经过百年探索走出的中国式现代化道路，其成就具有世界性，经验具有独创性，"其结果可能为人

类的文明提供一个全新的文化起点"①。

（一） 中国式现代化道路彰显文明的开放性

中华文明海纳百川,有容乃大。世界四大文明唯有中华文明绵延至今、不曾断绝,并展现出强大的生命力、凝聚力和创造力,根本原因在于中华文明具有突出的包容性。正是由于中华文明突出的包容性,中国式现代化道路既能形成自己鲜明的主流价值观,又能不断接受外来文化的滋养,从而使自身获得更可持续的发展力量。

在古代,因为长期坚持开放包容的对外政策,形成了长时间繁荣昌盛的太平盛世文明,绘就了各民族交往交流交融的壮美文明画卷。但由于近代闭关自守,对文化的包容性逐渐降低,中国逐渐落伍于世界发展潮流。新中国成立后,由于特定历史条件的限制,在相当长的一段时间内中国仍处于相对封闭的环境。改革开放以来,我们主动打开国门搞建设,以包容的态度面对经济发展水平相差很大的世界,与各国开展深层次交流合作,促进了我国经济的长期与高速发展。2001 年,中国正式加入世界贸易组织,经济发展驶入快车道,为中国式现代化道路发展带来新的机遇。历史充分证明,开放包容能带来社会进步,社会进步才能造福于人民;而盲目自大,或者奉行冷战思维,只能导致封闭落后;封闭落后必然降低人民生活水平和质量,最终导致人民遭殃。党的十八大以来,在以习近平同志为核心的党中央坚强领导下,坚定不移推进高水平对外开放,实行更加积极主动的开放战略,深化与世界各国利益融合,对外开放的广度和深度得到全面拓展。

改革开放四十多年来,中国人民始终敞开胸襟,拥抱世界,使中国式现代化道路取得了空前的发展业绩。未来我国将持续提高对外开放水平,构建开放型世界经济,开辟包容性增长和可持续发展路径。这是中国式现代化道路

---

① [英]阿诺德·汤因比:《历史研究》,刘北成、郭小凌译,上海人民出版社 2000 年版,第394 页。

的发展要求,也是中国分享发展经验、以自身发展惠及其他国家的重要途径。新时代新征程上,我们面临的国际形势更为复杂严峻,只有坚持高水平对外开放,主动顺应经济全球化潮流,扩大和深化同各方利益的汇合点,才能为中国式现代化道路的进一步发展注入不竭动力。

(二) 中国式现代化道路彰显文明的系统性

唯物史观认为,人类社会是由多种要素构成的相互依存、相互作用,不断发展、运动着的有机体。社会有机体中的每一个要素的变化,都会制约或推动社会整体的运行,因此,要用系统的观念来审时度势、谋划布局,把社会的发展容纳在人类社会有机体中来考虑,以推动社会平稳运行。全面协调是马克思主义唯物辩证法的根本要求,也是中国式现代化道路发展的题中应有之义。全面是协调的基础,协调是全面的结果。中国式现代化是全面发展的现代化道路,是各领域各方面相互协调的现代化道路,二者的统一使中国式现代化行稳致远。

首先,中国式现代化是全面发展的现代化道路。新中国成立后,面对极其落后的生产力水平和资本主义国家的封锁围堵,中国共产党将工作重心放在了生产建设上,国民经济很快得到恢复。改革开放后,我们逐渐形成了由"两个文明"统筹发展到"五个文明"协调推进的总布局,实现了从量的积累日益接近质的飞跃。进入新时代,中国共产党着眼新目标,把握新要求,统筹推进"五位一体"总体布局,协调推进"四个全面"战略布局,推动建设经济发展、政治昌明、文化创新、社会进步、生态美丽的社会主义现代化国家,有利于推进中国式现代化整体化并不断向前发展。

其次,中国式现代化是协调发展的现代化道路。从人与人之间的关系看,以生产资料公有制为基础的中国式现代化道路,其目标既定位于生产力发展,又致力于要求实现共同富裕,超越了资本主义私有制基础上人逐渐沦为物化人、"单向度的人"的问题;通过将人的发展与社会现代化进程有机融合,消除了人自身的物化和人与社会发展之间的矛盾,成为人与社会协调发展的最佳选择。中国式现代化道路追求共同富裕的价值目标,强调通过缩小城乡区域发展差距和收入分配差距,不断完善好切"蛋糕"的分配制度体系,旨在实现人与人之间的和谐。从人与社会之间的关系看,中国式现代化道路强调下更大力气推动"两个文明"协调发展,在家家仓廪实衣食足的同时,实现人人知礼节明荣辱,超越了西方现代化以资本为核心造成的人的精神荒芜、思想贫瘠、道德滑坡的精神文明建设困境。从人与自然之间的关系看,中国式现代化道路把人与自然协调发展贯穿经济社会全过程。西方现代化对自然资源的过度使用和对生态环境的过度破坏而引致的全球性生态危机,时刻警醒着中国式现代化不能走上"先发展,后治理"的西方现代化老路子,必须走出一条经济建设与生态建设并行的新路子。中国式现代化道路遵循马克思主义生态观,秉持绿色发展理念,科学把握绿水青山和金山银山之间的辩证关系,在释放生产能力的同时,保护好发展潜力,积极推进经济社会全面绿色转型。从人与世界之间的关系看,中国式现代化道路肩负着既造福中国人民又促进世界共同发展的双重使命。比起西方带有"依附"或"从属"色彩的现代化道路,中国式现代化既不输入别国模式,反对一切其他国家将自身意志强加给中国的做法,也不输出中国模式,要求别国复制中国的做法。总之,中国式现代化有别于西方现代化片面追求物质财富和资本增殖的"单向度"文明,它是以经济、政治、文化、社会、生态等方面全面发展的现代化道路,既规避了现代化建设中发展失衡问题,又在提升自身协调性中实现对人类文明发展走向的引领,充分彰显了文明的系统性。

(三) 中国式现代化道路彰显文明的融合性

物之不齐,物之情也。"文明多姿多彩、发展道路多元多样,这是世界应有的样子。"①不同文明由不同民族在特定的自然条件和社会历史条件下创造,

---

① 《习近平关于中国式现代化论述摘编》,中央文献出版社 2023 年版,第 306 页。

其自身存在具有合理性。不同的自然社会条件构成了文明存在的基础，文明之间的交流对话、学习借鉴则是文明生长的根本动力。中国式现代化道路在尊重文明多样性的前提下，强调文明间的交流、互动、互学、互鉴，推动文明朝着平衡、积极、向善的方向前行。

首先，中国式现代化是尊重文明差异性的现代化道路。人类文明具有多样性，在过去不止存在一种文明，未来也绝不会只有一种文明，人类文明多样性的本质决定了不同文明之间会有差异和不同。文明的差异性并不是要分出高低，借机贬低其他文明，而是要肯定不同文明的独特性和价值性，在此基础上进行文明交流。中国式现代化道路在处理本国文明与其他文明的差异时，认识到每一个国家和文明都是独特的，不会千方百计地去攻击、贬低、损害其他文明。这是一种文明理性，它要求不能以自己的文明标准作为衡量一切文明的标尺，在与自己文明有差异时，企图去改造、同化甚至以自己的文明取而代之。文明之间的差异不是交流的沟壑，而是应当成为交流的桥梁。

其次，中国式现代化是强调文明互学互鉴的现代化道路。互学互鉴是人类文明演进的客观推动力。西方工业文明虽然开创世界历史，但没有带来文明的普遍交往，有的只是一种文明对另一种文明的践踏、侵略和排挤，使文明多样性遭受到严重破坏。以和平为基因的中国式现代化道路，既不轻视任何一种文明，也不诋毁其他文明，而是在互学互鉴中融合不同文明优势，促进各国共享文明成果。一方面，中国式现代化道路把握不同文明之间的相通属性，在寻求共同性中增进对其他文化的认同和了解，形成一定程度上的普遍共识，减少不同文明间的交往摩擦。另一方面，中国式现代化道路克服不同文明存在的缺陷，以宽阔胸怀借鉴外来文化中的有益成分，并根据本国本民族的具体情况，求同存异、兼收并蓄，凝聚起文明和谐共生的强大力量。

最后，中国式现代化是谋求文明合作共赢的现代化道路。文明交流理所当然,但不同文明交流的目标何在,是合作共赢,还是一种文明取代另一种文明? 不同文明之间应当超越隔阂,进而超越冲突,以一种超然的状态对待不同文明。当然,这并不是否定和抛弃别的文明,而是寻求文明之间合作的可能性,实现文明的共赢发展。当前,地区冲突和局部战争多点频发,和平赤字、发展赤字、安全赤字、治理赤字有增无减,仅仅依靠单一的文明难以应对诸多风险挑战,合作共赢才是不同文明未来发展的科学方案。中国以开放包容的精神充分尊重世界各种文明,在与世界各种文明的交流互动中促进世界文明的共同繁荣,表明中国式现代化道路致力于为谋求文明合作共赢,提出更加合理可行的解决方案。

三、意旨何在:中国式现代化道路创造人类文明新形态的意义

在世界整体运行逻辑中,中国式现代化道路既助推中华文明的现代性转型,又勘破了西方文明发展旧理论,引领人类文明走向"和合共生"的美好前景。从人类文明新形态的高度把握中国式现代化道路对中华文明、西方文明、人类文明的重大意义,有助于重塑人类文明格局,推动人类文明走向历史进步的应然方向。

(一) 塑造中华文明发展新生机

现代化理论的重要奠基人马克斯·韦伯认为,现代化的核心就是理性化。理性化是一种反传统、"去传统"的过程,现代化必将冲破传统主义的堤坝而一往无前。在此境遇下,现代化的传统文明根基被割裂,导致了现代化与传统陷入"二元对立"的悖论。中国式现代化道路创造的人类文明新形态所蕴含的现代化因素,突破了中华文明现代转型的瓶颈,将其带入现代形态,从根本上摆脱了传统与现代对立的吊诡泥淖。

一方面,中国式现代化道路创造的人类文明新形态,是对中华文明的延续和创新发展。中华文明源远流长、博大精深,但在现实中由于各种主客观原

因,其精髓没有得到有效践行和传承。人类文明新形态创造性地解决了重视"民本思想",但无法消除"民本思想"服从于和服务于统治阶级利益、倡导"以和为贵",无法避免被列强入侵的悲惨现实等一系列矛盾和问题,通过发展全过程人民民主,让广大人民有序参与国家政治生活和社会生活的管理,保障人民当家作主的权利得以实现;通过奉行独立自主的和平外交政策,全面推进中国特色大国外交,坚定维护国际公平正义,使中国拥有和平稳定的发展环境。

另一方面,中国式现代化道路创造的人类文明新形态,突破了制约中华文明现代性转型的瓶颈。放眼中华文明自身发展的历史进程,中华文明曾长期居于领先地位,推动了人类文明进程,成为轴心文明的主体之一。但随着西方帝国主义的入侵,中华文明遭遇历史性延误,经历长期曲折和痛苦发展的中华文明急需新的生机活力。马克思列宁主义进入中国与中国共产党的成立,成为中华文明现代性转型的关键节点。中国共产党把中华优秀传统文化的精华与马克思主义的思想精髓历史地交融在一起,激活了中华优秀传统文化的内在生命力,让马克思主义成为中国的,中华优秀传统文化成为现代的。这就意味着,中华文明不再总是向后看,把恢复"周礼"、实现"三代之治"作为理想目标,而是开始往前看,在马克思主义的指导下,造就一个有机统一的新的文化生命体。总之,经历过与马克思主义基本原理相结合,历经过革命、建设、改革不同时期,遭遇过与国际社会不同文明碰撞的中华文明,必将以中国特色社会主义文明形态向前发展。这是中华文明现代性转型的必然产物,也是现代社会主义的全新的文明展开形态。

(二) 超越西方文明发展旧理论

近代以来,率先完成现代化的资本主义国家凭借"身位优势",牢牢占据"文明逻辑"的制高点。因此,中国式现代化道路和人类文明新形态是在西方文明的裹挟中所创造的,因而在展开的过程中不可避免地带有西方文明的

"烙印"。但中国并没有被西方文明所同化,而是在吸收西方文明成果的基础上开启了独立自主的现代化探索之路,突破了"历史终结论""西方中心论""文明冲突论"等的理论桎梏,实现了对西方文明理论和实践的重大超越。

中国式现代化道路创造的人类文明新形态终结了"历史终结论",展现了不同于西方现代化道路的新图景。苏东剧变后,世界社会主义运动受到严重冲击,15个社会主义国家只剩5个,原苏东地区的共产党或解散消亡或改旗易帜,其他发达或不发达资本主义国家的共产党也大多陷于危机。一时之间,"历史终结论"等论调喧嚣四起,影响甚大。"历史终结论"的拥护者们认为,"苏联模式"的失败,是整个世界社会主义运动的失败,鼓吹资本主义制度的永恒胜利和社会主义制度的历史性退场,资本主义自由民主制是人类最后一种统治形式。这一理论在国际共产主义运动陷入低潮的背景下引起了巨大的反响,时至今日仍有众多学术流派从不同层面对其展开批判与指责,但理论上的批评,没有从根本上动摇"历史终结论"的根基。而中国式现代化道路创造人类文明新形态的实践,使"历史终结论"黯然退场。具体而言,中国共产党领导人民经过不懈努力和奋斗,确立了"政府"与"市场"有机结合的社会主义市场经济,发展了以"人民当家作主"为核心的人民民主政治,形成了能包容外来异质文化的"多元融合型柔性文化观念",等等。中国式现代化道路用铁一般的事实证明,人类通向现代化的道路具有多样性,资本主义的现代化之路不是实现现代化的唯一通途,通过社会主义的方式也能实现现代化。这就开辟了科学社会主义发展的新境界,让马克思主义的科学性和真理性在中国得到充分检验,使从西方现代化影响中国的时代,向中国的现代化影响世界的时代转变。

中国式现代化道路创造的人类文明新形态驳斥了"西方中心论",为各国探索符合国情的现代化道路提供中国智慧。在"西方中心主义"者看来,东方就是传统,西方就是现代,通过将西方现代化模式作为一种"超历史"的公式强加于其他国家，并宣扬西方现代化是通往现代化的唯一路径，试图打造一个"中心—外围"的同质化世界。许多发展中国家为了谋求富强，罔顾国情片面模仿西方现代化道路，结果非但没有助力本国发展，反而深陷经济发展停滞、社会两极分化、民族冲突对抗严重的泥潭。中国式现代化道路的成功之处，就在于在遵循现代化发展规律的基础上，结合自身发展实际，进行独立自主的探索，创造了现代化"共性"与中国特色"个性"并存的文明新形态，实现了人类社会的伟大变革。作为世界现代化的重要组成部分，中国式现代化道路在其展开的过程中实现了价值外溢，不仅迫使西方国家不得不跳出"西方中心"的窠臼来审视世界，致使资本主义文明统领世界的神话趋于没落，而且为那些既希望保持自身独立又希望加快自身发展的国家探寻新的文明形态，提供了全新的可能。尽管中国的现代化道路已经取得了举世瞩目的成就并赢得国际社会广泛赞誉，但中国不会像西方国家那样把自己的现代化模式强加到其他国家和民族身上，而是鼓励其他国家和民族牢牢掌握发展主动权，立足本国的历史背景和具体实践，探索出一条适合自己的现代化道路。

中国式现代化道路创造的人类文明新形态突破了"文明冲突论"，使人类文明历史朝着更加平等、更加包容的趋势演进。持有"文明冲突论"观点的人认为，国家间文明的频繁交流，在产生跨文明交流的可能性的同时，也在产生文明间的摩擦。换言之，一种文明的发展以破坏甚至毁灭其他文明为代价。西方的"文明冲突论"将文明之间的差异视为冲突的根源，这无疑无视了文明的开放性和包容性。从"文明冲突论"的狭隘视角出发，任何一种强势的文明都逃不过"修昔底德陷阱"。事实上，尽管冷战结束后世界政治中仍存在文明冲突的风险，但开放包容才是主流趋势。新中国成立七十多年来，中国共产党带领人民在现代化的道路上艰苦奋斗，推动我国综合实力进入世界前列，成为国际影响力领先的国家，创造了现代化史上和平崛起的发展奇迹。作为一种崭新的人类文明新形态，中国式现代化道路具有高度的包容和涵化能力，它立足中华文明发展逻辑，以辩证的方式处理不同文明之间的关系，既尊重文明之间的差异性,又充分吸收人类创造的一切文明成果来完善自己、发展自己,在开放包容的文明场域实现自身文明的创新发展。

(三) 昭示人类文明发展新前景

万物得其本者生,百事得其道者成。中国式现代化道路本着"对内对外负责任、积极作为有担当"的价值追求,致力于解决人类文明发展的"阵痛",探索出了一条既符合中国国情、具有中国特色,又观照世界、具有普遍价值的文明发展之路。这一鲜明的特点,集中体现了中国式现代化道路的现实状态和未来态势。正因如此,中国式现代化道路与人类文明发展的逻辑相互确证,必将对世界现代化格局产生重大影响,创造出引领未来人类发展的崭新文明理念。

中国式现代化道路创造的人类文明新形态,是应对全球现代性危机的现实方案。经济全球化的今天,竞争模式下的经济和政治模式导致了一系列生存和发展危机,西方国家推行的强权政治扰乱了国际秩序,战争威胁、能源危机、生态灾难、道德滑坡等问题的全球性扩散,给整个人类文明带来巨大冲击。在世界范围内面临的一系列发展困境和生发的一系列现代性危机,迫切需要新的文明的到来。中国式现代化道路始终发挥自身在人类文明中的积极作用,以不断推动经济现代化、政治现代化、生态现代化等,在国际社会担负起解决全球现代性危机的使命责任。特别是人类命运共同体的提出,体现了对中国与世界良性互动的清醒认识,既契合中国发展的实际,又是对当今出现的失序、失值、失控的全球现代性危机提供解决之道,彰显出对人类命运的终极关怀。中国式现代化道路始终以实践回应如何解决全球现代性危机,最终在全球化的构筑模式上高扬和平、发展、合作、共赢旗帜,为人类进步事业注入强劲动力。

中国式现代化道路创造的人类文明新形态,是世界文明共生的崭新形态。马克思主义唯物史观认为,人类文明发展兼具统一性和多样性。每个国家和地区都有其独特的基本国情、历史传统、风俗习惯、宗教信仰等,文化的发展也因此会呈现出多样性的态势。但在西方话语体系中,否认了未来人类文明多元并存的可能性,人类要走向现代文明除了接受西方的现代化道路,没有其他可选择的道路。中国式现代化道路在建构自身文明多样性的同时,消解了资本主义单一文明向度的永恒化,重塑了人类文明发展的方式,占据了人类真理和道义的制高点。其一,中国式现代化道路减少了人类文明的冲突。中国式现代化道路直面异质文明之间的矛盾与冲突,提倡在不同文明的交流互鉴中取长补短,谋求更加广泛的合作空间。其二,中国式现代化道路为人类文明提供丰厚滋养。蕴含中华优秀传统文化的中国式现代化道路,因独特的文化底蕴对其价值追求、发展路径、最终目标等产生深刻影响。这种影响必然随着中国式现代化道路世界意义的凸显,而为人类文明作出更大贡献。

总之,实现现代化是世界各国、各民族的共同价值追求。由于时空条件的差异,各国走向现代化的道路与方式也不尽相同。中国共产党领导人民推进和拓展的中国式现代化道路,彻底打破了"现代化=西方化"的迷思,摆脱了苏联模式集中僵化的弊端,破解了发展中国家"依附"发展或"脱钩"发展的二元难题,开启了人类文明发展的新篇章。随着中华民族伟大复兴的全面推进,中国式现代化道路将为世界其他国家的现代化事业提供更多更有益的经验,引领全球现代化进程不断向前。

第八章　未来进路：中国式现代化道路的航向指引

党的二十大擘画了以中国式现代化全面推进中华民族伟大复兴的宏伟壮阔图景,奏响了砥砺奋进新征程的时代强音。推进和拓展中国式现代化是一项前无古人的开创性事业,中国式现代化道路如何在实践创新与理论发展中持续向前,是新时代中国共产党人必须以智慧和魄力积极回应的时代之问。未来中国式现代化道路要走得通、行得稳,必须坚持党的全面领导、坚持为民造福、坚持科学理论指引、坚持中国特色社会主义制度、坚持系统观念,只有以此作为中国式现代化道路的航向指引,才能在新征程上全面扎实推进中国式现代化建设。

第一节　政治保证：坚持党的全面领导

习近平总书记指出:"坚持和加强党的全面领导,关系党和国家前途命运,我们的全部事业都建立在这个基础之上,都根植于这个最本质特征和最大优势。"①中国共产党的领导是中国式现代化最大的优势和最鲜明的旗帜,坚

---

① 《党的二十大报告辅导读本》,人民出版社 2022 年版,第 546 页。

持党的全面领导是走好中国式现代化道路的根本政治保证。要稳步推进中国式现代化，就必须将党的全面领导贯彻落实到现代化建设的各领域、各方面以及全过程，在中国式现代化道路的实践过程中坚持和完善党的领导制度体系，不断增强全面从严治党的政治自觉。

一、党的全面领导引航中国式现代化建设全局全域全程

中国式现代化道路要行稳致远，必须将党的全面领导贯彻落实到现代化建设的各领域、各方面以及全过程。"五位一体"总体布局是新时代推进和发展中国特色社会主义的战略目标，最为广泛地涉及并覆盖了经济、政治、文化、社会、生态文明五大方面。因此，要实现中国式现代化就应当在党的全面领导下，以"五位一体"全系统要素之间的相互协调推进为着力点，走好经济、政治、文化、社会和生态文明建设的现代化道路，促使中国共产党的全面领导能够充分贯彻到未来中国式现代化道路建设的全局全域全程之中。

第一，坚持党的全面领导引航经济建设现代化道路，全力构建起新发展格局与现代化经济体系。我国经济总量稳居世界第二位，是占世界经济比重达18.5%的超级经济体，这一数据会随着我国现代化进程的不断发展而进一步变化。因此，在未来要保证中国这样的一艘经济巨轮在社会主义现代化中深航行远，就必须始终坚持中国共产党掌舵引航。中国式现代化的五大基本特征本身具有的经济内涵，决定了构建经济体系现代化是实现中国式现代化的必然要求。中国共产党强有力的领导能够在构建经济体系现代化进程中，及时有效地纠正各种可能出现的偏差，全面落实深化各项经济发展政策。一方面，只有坚持党的领导才能确保科教兴国战略与人才强国战略的有效落地，以科技创新和经济体制改革引领经济现代化发展。党的领导是不断强化创新驱动的关键所在，只有发挥党总揽全局、协调各方的核心作用，才能实现经济与科技、教育的深度创新融合，使传统经济产业能够在未来实现技术、模式与业态上的有效升级，推动新兴产业与数字经济健康发展，培育经济体系现代化的

新动能与新优势。另一方面,只有坚持党的领导才能确保产业体系现代化的整体进程优势,明确产业现代化的着力方向,有效引导经济循环高效畅通。进一步强化、深化、细化党的全面领导,是未来建设现代化产业体系的关键所在。同步推进农业、工业、服务业三大实体经济核心产业现代化,离不开中国共产党聚力三大产业,实现最大程度的深度贯通和智能发展。只有在经济现代化关键处谋篇布局、落子着力,才能在定位明晰、方向准确的前提下促进产业结构、产量数据、产能模型的系统优化与全面升级,才能整合经济要素的空间效能与时间效益,达成内外联动、城乡融创、供需平衡的畅通高效经济循环体系。

第二,坚持党的全面领导引航政治建设现代化道路,持续完善中国特色社会主义法治体系保障全过程人民民主。法者,治之端也。中国特色社会主义法治体系是党的领导、人民当家作主、依法治国三者的有机统一,始终坚持党的领导,为实现社会主义政治现代化、充分保障全过程人民民主提供了最坚实有力的支撑。坚持中国共产党领导,是进一步坚持和实现人民主体地位、全面依法治国、走好中国道路的根本所在。在实现中国式现代化的道路上,只有始终坚持党的全面领导,才能构建起中国特色社会主义法治体系,以此从根本上保障人民主体地位,实现全过程人民民主。就实际的未来进路而言,要实现我国政治建设现代化,需要依靠党的领导构筑和完善中国特色社会主义法治体系,以畅通全过程人民民主之路。首先,坚持党的领导才能够保障法治体系建设的正确方向。全面推进依法治国、保障全过程人民民主,必须坚持党的领导。只有"牢牢把握中国特色社会主义这个定性"①,才能够在推进中国式现代化的进程中坚定不移地走好中国特色社会主义法治道路,立场坚定地切实保证人民当家作主。其次,坚持党的领导有利于通过重点领域立法,保障全过程人民民主稳定运作。"立善法于天下,则天下治"②。针对全过程人民民主这一重点领域,应当不断完善完备法律制度,始终坚持党领导立法,以明法善

---

① 《习近平谈治国理政》第四卷,外文出版社 2022 年版,第 301 页。

② 《习近平法治思想学习纲要》,人民出版社 2021 年版,第 80 页。

法全力保障全链条、全方位、全覆盖的民主有效落实。最后,坚持党的领导能够有效加强民主法治理论的研究宣传工作。民主法治理论的研究与宣传,是有效落实全过程人民民主、构建社会主义政治建设现代化的必要环节。只有在党的领导下不断加强对于我国民主法治理论原创性概念与范畴的学理阐释和大众宣传,才能使民主法治思想真正深入人民群众的民主政治生活之中,扩大人民有序政治参与,推动全过程人民民主走深落实。

第三,坚持党的全面领导引航文化建设现代化道路,推进中国特色社会主义文化蓬勃发展。党的二十大报告明确指出,"全面建设社会主义现代化国家,必须坚持中国特色社会主义文化发展道路"[①]。民族兴旺与国家强盛离不开强有力的文化支撑,实现中国式现代化要以中国特色社会主义文化繁荣发展为基础条件。只有坚持党的领导,才能始终坚持马克思主义的一元指导地位,确保中国特色社会主义文化发展道路的正确方向。在实现文化建设现代化的未来道路上,必须坚持以马克思主义为指导思想,才能在世界百年未有之大变局"加速演进"的世界态势中,厘清文化建设的性质内核以及文化发展的方向前途,才能确保中国特色社会主义文化的健康繁荣发展。只有坚持党的领导才能有力推动文化事业和文化产业的协调发展,实现我国公益性质文化事业与营利性质文化产业"一体两翼"的同行并进,驱动着公共文化服务体系与文化产业链条向更加智能、更富创意、更具有竞争力的现代化模式升级,实现中国特色社会主义文化发展道路的长效驱动。只有坚持党的领导才能聚力构建中华民族的共同精神家园,筑牢中国特色社会主义文化发展道路的血脉根基。文化现代化的道路,是将中华优秀传统文化、红色革命文化与社会主义先进文化深度融合的发展道路。在文化建设现代化的发展过程中,既要根植民族历史文化的深厚土壤,筑牢中华民族共同体意识,又要面向现代化建设、面向未来发展、面向世界文明,充分展现民族性与时代性特征相统一,构建起具有

---

① 习近平:《高举中国特色社会主义伟大旗帜 为全面建设社会主义现代化国家而团结奋斗——在中国共产党第二十次全国代表大会上的报告》,人民出版社 2022 年版,第42—43 页。

鲜明文化标识与内涵的中华民族共同精神家园。

第四,坚持党的全面领导引航社会建设现代化道路,进一步满足人民高品质生活新期待。"团结带领中国人民不断为美好生活而奋斗"①,是中国共产党的历史任务、现实追求与未来目标。在走好中国式现代化道路的进程中,只有始终坚持党的领导才能在发展过程中真正实现保障民生与改善民生。首先,坚持党的领导才能深层聚焦新时代的高品质美好生活诉求。社会建设现代化之路与最广大人民群众追求美好生活之路联系紧密、相辅相成,因此,只有坚持党的领导才能在社会建设现代化的过程中,深层次地聚焦人民在新时代对于更加美好生活的现实需求,在实践调研与实际工作开展中,深入了解、深刻剖析人民群众关于未来社会生活的各种切实诉求与美好畅想。其次,坚持党的领导才能在社会建设现代化过程中有效补齐民生短板。中国共产党的领导决定了在走好社会建设现代化道路时,将始终注重社会发展过程中产生的一系列民生问题与民生短板,始终坚持在实现社会建设现代化的长足发展中大力改善民生和保障民生,进一步聚焦社会弱势群体实现幼有所育、老有所养、弱有所扶,更好落实教育资源配置公平、医疗资源有效倾斜、文化资源实现均等、住房资源满足需求。最后,坚持党的领导才能持续提升社会治理总体效能。全局全域的社会治理现代化是必须在中国共产党坚强领导下实现的重大政治任务,只有不断强化党建引领才能实现社会治理全要素间服务为先、互融互促的整体格局,以社区基层党建为重要窗口平台激活社会基层治理效能,有效构筑现代化社会治理体系。通过党的引领实现"提高保障和改善民生水平"以及"加强和创新社会治理"两大核心内容的现代化,不断将党的政治优势转换为中国式现代化的社会治理效能,持续推进国家治理效能现代化。

第五,坚持党的全面领导引航生态文明建设现代化道路,确保美丽中国目标全面实现。生态文明建设现代化道路旨在保护"绿水青山"的基本前提下,

---

① 《习近平谈治国理政》第四卷,外文出版社 2022 年版,第 9 页。

创造符合绿色健康、低碳环保与环境效益的"金山银山"，其实质是坚持党的领导聚合各方力量全力建设美丽中国，最终有效实现人与自然和谐共生的中国式现代化。其一，只有坚持党的领导才能在未来加速生产方式的绿色高效转型。中国式现代化道路，必然要在未来持续推动我国经济社会发展走低碳化、绿色型的高质量发展之路。在中国共产党领导下有利于全面实施资源节约与集约利用国家战略，加快优化调整产业能源体系与交通运输结构，支持完善绿色发展政策和标准方案的制定出台，积极推广节能减排降碳技术研发推广。其二，只有坚持党的领导才能在未来稳步提升生态系统的整体多样性与稳定性。一方面，以党的领导推进国家级生态功能区和重点自然保护地带的全方位落地，牢牢守住生态环境保护的红线与底线，通过生态系统修复和保护工程维护生物多样性与丰富性。另一方面，在党的领导下充分重视国土绿化行动的科学有效开展，以及林权集体所有制的深化改革，集中统一规划草原、森林、河流、湖泊、湿地与海洋等生态系统整体要素的保护与轮流休养生息，进一步落实生态保护补偿机制。其三，只有坚持党的领导才能在未来深入推进生态环境防污治理工程。中央生态环境保护督察与巡视的持续发力，是健全现代化生态环境治理体系的坚实保障，有利于实行污染物协控消除重污染天气打赢蓝天保卫战，有利于统筹水生态治理城市污染水体打赢碧水保卫战，有利于加强土壤污染源区域治理打赢净土保卫战，高效防控和化解各项环境风险与危机挑战。

二、坚持和完善党的领导制度体系推进中国式现代化

中国式现代化道路要行稳致远，必须在新时代的社会主义事业中进一步坚持和完善党的领导制度体系，以制度体系的不断完善确保党始终总揽全局、协调各方，确保在中国式现代化建设的行进道路上，能够始终保持全党全军全国各族人民在思想上政治上行动上做到与党中央保持高度一致。新时代党的领导制度体系深刻体现着权威性、规定性与政治性，党的领导制度建设是贯穿

于党未来时期全部工作中的重要内容,为不断提高党的科学民主依法执政水平、推动实现中国式现代化提供最为坚实有力的制度保障。

第一,未来前进路上要坚守中国共产党人的初心使命,在建设中国式现代化的整体进程中,有效建立不忘初心、牢记使命制度。正如党的二十大报告所指出的,"以中国式现代化全面推进中华民族伟大复兴"①是中国共产党在新时代新征程的使命任务,而中国式现代化最终所要达成的坚实任务成果,也正是中国共产党人初心使命的现实写照与深层反映。因此,在中国式现代化道路的历程中,要以长效化、机制化、周期性的"不忘初心、牢记使命"主题教育深层赋能党的建设,长效激活全体中国共产党人的内在信念感。通过党中央集中统一领导下的指导机制、巡视机制与监督机制,在高效务实的学习教育活动中不断锤炼中国共产党人以忠诚干净担当为关键要素的政治品格,以饱满精神与十足干劲奋力推进中国式现代化。

第二,未来前进路上要保证全党行动高度统一与团结一致,在建设中国式现代化的整体进程中,持续完善坚定维护党中央权威和集中统一领导的各项制度。一方面,要在中国式现代化的进程中进一步加强顶层设计,从横向视野出发完善党中央对重大工作的领导体制。为了确保党的所有工作令行禁止,要进一步强化党中央通过决策议事来协调各方机构的职能,执行严密的向党中央请示报告的专门制度以及党中央重大决策落实机制。另一方面,要在实现中国式现代化的进程中充分体现全局思维,从纵向视野出发维护党的集中统一组织制度。中国式现代化必须确保从党的中央组织到党的地方组织再到基层组织能够协同一致,能够上传下达、上下贯通,以严密的组织体系高效开展并落实各项现代化工作。

第三,未来前进路上要始终坚持中国共产党的领导地位,在建设中国式现代化的整体进程中,不断健全党的全面领导制度。一是要依靠坚实有力的制

① 习近平:《高举中国特色社会主义伟大旗帜 为全面建设社会主义现代化国家而团结奋斗——在中国共产党第二十次全国代表大会上的报告》,人民出版社 2022 年版,第 21 页。

度力量,保障党领导所有国家机构、司法机关、武装力量、企事业单位、人民团体、社会组织等,实现党的领导全方位、全覆盖,让党的红色旗帜始终高高飘扬在中国式现代化的光明大道上。二是要在中国式现代化道路的进程中,有效制定并稳步推行党领导各项事业的具体制度,实现关系到中国式现代化的改革发展事业、国防外交事业以及治国强军事业等领域,在党的全面领导下长足发展。三是要进一步健全完善党和国家机构的职能体系与整体架构,使党的领导能够依托相关职能部门高效地贯穿于所有机构履职全过程之中。

第四,未来前进路上要坚信人民是强党兴国的根基所在,在建设中国式现代化的整体进程中,健全落实为人民执政、靠人民执政的各项制度。中国共产党始终坚守人民立场,最紧密地依靠人民群众,并将党的宗旨与使命以制度的形式落到实处,群众工作与群众路线也始终贯穿党带领中国人民实现中国式现代化的全部工作之中。要真正做到集智于民献策现代化、聚力于民推动现代化,就必须在中国式现代化实践中,不断完善党员干部与群众的联系制度,健全更为长效、更符合时代的群团工作制度,使人民群众通过群团体系能够更加紧密地团结在党的周围。针对所处的信息化时代要聚焦互联网,制定出创新性的网络联系群众工作机制,培养更为适应互联网环境的党政人才队伍,以交互式的互联网平台和多媒体矩阵为载体推进为人民执政、靠人民执政的各项有力制度。

第五,未来前进路上要落实强化党的长期执政能力建设,在建设中国式现代化的整体进程中,健全提高党的执政能力和领导水平制度。一是要始终坚持党的组织制度,通过民主集中制这一党的根本组织原则和领导制度充分发扬党内民主,以正确的民主实现正确的集中,充分展现党领导中国式现代化的优越性。二是要根据新时代新征程上中国式现代化建设的实践新需求,不断改进党的领导与执政方式,以更为科学的调研机制与决策机制,保障现代化建设各项决策制定则能行、行之则有效;以更为健全的干部人事机制与人才发展机制,培养党内现代化建设的专门人才队伍;以更为完善的基层组织建设制度,高效赋能基层党组织。

三、以全面从严治党的政治自觉推进中国式现代化

中国式现代化道路要行稳致远,必须始终坚持党要管党,增强全面从严治党的政治自觉。"办好中国的事情,关键在党、关键在全面从严治党。"①坚持全面从严治党是中国共产党作为百年大党能够永葆蓬勃生机的奥义所在,也是中国共产党在中国式现代化道路的艰辛历程中能够不断锐意进取、破解百年大党独有难题、夺取关键胜利的奥秘所在。因此,无论中国式现代化道路发展到什么程度,全面从严治党也要持续伴随着整个中国式现代化进程不断向前推进,全面从严治党一直在路上也永远在路上。

首先,中国式现代化的进程中要坚定不移地推进党的自我革命,以全面从严治党的各项制度为牢固抓手,增强全面从严治党的政治自觉。党的自我革命是跳出治乱兴衰历史周期率的第二个答案,也是党能够始终作为核心力量领导中国式现代化道路的必然要求。全面从严治党各项制度的制定与修改,就是要确保在中国式现代化的探索中能始终保持党的先进性与纯洁性,通过制度的形式彰显中国共产党进行自我革命的决心与信心,有效增强全面从严治党的政治自觉。一是要以党的政治建设为引领,抓实党的组织建设、思想建设、作风建设等各个方面,严把全面从严治党的质量关。二是要与时俱进制定和修改党内法规,明确全面从严治党各项党内法规的责任主体,严肃落实、全方位执行《关于新形势下党内政治生活的若干准则》等党规党纪。三是要扎牢制度的笼子,坚决与现代化建设过程中党内可能出现的形式主义、官僚作风等问题作斗争,营造廉政清朗的党内政治生态。

其次,中国式现代化的进程中要高度重视中国共产党人"政治三力"的培养,从不断提高全体党员的政治判断力、政治领悟力、政治执行力着手,增强全

①《党的二十大报告辅导读本》,人民出版社 2022 年版,第 196 页。

面从严治党的政治自觉。中国式现代化的实现是对中国共产党人政治大局的重大考验,这就需要中国共产党人善于从政治上把握中国式现代化道路中所存在的各种问题和挑战。"政治三力"关乎现代化建设的思维、关乎对于中国式现代化的认识,更关乎中国式现代化道路的实践,对于提升全党推进现代化各项工作的政治自觉、引航中国式现代化道路,具有极强的针对性、现实性和指导性。要通过切实培养"政治三力",使共产党人在现代化道路的重要环节和关键问题上保持头脑清醒,善于从现代化建设的复杂矛盾中把握政治逻辑,不断增强现代化建设道路上的政治担当,坚决落实、执行党中央关于中国式现代化的各项决策与指示。

最后,中国式现代化的进程中要进一步加强全党理想信念教育与党风廉政建设,切实把握并长期坚持"严"这一主基调,增强全面从严治党的政治自觉。一方面,理想信念是中国共产党人在现代化征程上能够观察大势、应对变局、走向未来的引航灯塔,要不断通过形式与内容相结合的主题教育与学习实践,增强明辨是非的能力与获得防止侵蚀腐化的抗体,铸牢信仰之魂、补足精神之钙。另一方面,腐败问题是党长期执政所要面临的最大威胁所在,政治问题与经济问题相交织的腐败,更是中国式现代化道路上所要面临的重大挑战所在。党风廉政建设是制度与文化的双重约束,能够有效推进现代化道路上的反腐败斗争,以高压态势做到内外兼顾、标本兼治,取得全面从严治党的更大成效。

第二节　价值驱动：坚持为民造福

为治之本,在于安民;安民之本,在于足用。中国式现代化道路是不断实现人民对美好生活向往的伟大道路,是为民造福的幸福之路、为民谋福的富裕之路和为民创福的美好之路。因此,在中国式现代化道路的进程中要坚持人民至上的根本立场,以为民造福、谋福于民、增进民生福祉为根本价值驱动。

"现代化不仅要看纸面上的指标数据,更要看人民的幸福安康"①。中国式现代化道路的稳步推进,要始终以切实保障与改善人民生活为基准线,始终着力于有效解决人民群众"急难愁盼"的各种突出问题,也要始终注重民生发展的均衡性与可及性,坚持在中国式现代化的发展道路上扎实推进共同富裕,以共同奋斗之姿态创造属于中华民族的中国式现代化美好生活图景。

一、在推进中国式现代化建设中不断完善我国分配制度

中国式现代化道路要始终以为民造福作为价值驱动,就必须在现代化进程中不断完善我国分配制度。党的二十大报告明确指出:"中国式现代化是全体人民共同富裕的现代化。"②分配制度是中国式现代化道路进程中有效实现共同富裕的基础性制度,要实现全体人民共同富裕的现代化,必须基于我国的人口结构、知识构成和社会激励三大要素的未来动态规律,以符合中国式现代化特征需求的分配制度改革作为切好分好"蛋糕"的依据,通过系统全面的具有支持性的现代化分配制度,有效防范化解两极分化问题。

第一,实现全体人民共同富裕的现代化道路上,必须系统性协调市场、政府与社会三大主体,在坚持按劳分配为主体、多种分配方式并存的基础上进一步构建起初次分配、再分配与第三次分配相互协调适应的阶段式、层级化分配制度体系与分配格局。初次分配要充分遵循市场法则,不断健全生产要素参与市场、市场主体评价贡献、最终贡献决定所得的原则,以保障初次分配的合理性。通过扩大就业规模和提高就业质量实现就业新形态,完善劳动者工资合理增长机制以及支付保障机制,有效提高"两个比重"的占比、保持"两个同步"的稳定。再分配要遵循行政法则,再分配作为政府这只有形之手,应该更

① 习近平:《携手同行现代化之路——在中国共产党与世界政党高层对话会上的主旨讲话》,《人民日报》2023年3月16日。

② 习近平:《高举中国特色社会主义伟大旗帜　为全面建设社会主义现代化国家而团结奋斗——在中国共产党第二十次全国代表大会上的报告》,人民出版社2022年版,第22页。

好地与市场这只无形之手实现相互协作配合，国家税收与各项财政支出要针对不同的收入主体，做到兼顾效率与公平，并且更加注重公平。第三次分配则要遵循社会法则，通过激励完善社会企业自愿参与公益事业、社会团体自觉形成公益力量、群众自发参与慈善活动的机制，有效地整合社会资源与社会财富，积极引导财富合理转移、缩小社会差距。总之，要充分奏响市场行之有效，政府大有可为，社会奉献爱心的三重和谐乐章。只有通过对"蛋糕"的合理分配释放改革红利与中国式现代化红利，才能充分调动最广大人民群众的劳动生产积极性，为实现中国式现代化积蓄力量。

　　第二，实现全体人民共同富裕的现代化道路上，必须稳步扩大中等收入群体，完善财富按照要素分配的政策制度，在此基础上进一步探索如何以制度形式，多渠道、多路径增加人民群众的要素收入与财产性收入。一方面，要在现代化进程中大力弘扬勤劳致富观念、保障各项机会公平，实现低收入者向中等收入群体的转化。从高校毕业生、产业技术工人、基层公务员、中小微企业与个体创业者、新时代农民工等群体着手，通过提升教育质量、参与技术培训、改革工资待遇、优化营商环境等形式，使其获得能够进入中等收入群体的能力，扩充我国中等收入家庭的整体占比。另一方面，要不断健全各生产要素参与分配的创新机制与方式，通过全要素参与分配激活创收之源，有效拓宽中低收入群体的要素收入来源与财产性收入渠道。一是要以金融资产和农村土地为抓手，将资本和土地要素作用于农村中低收入群众要素收入，通过深化农村土地改革实现农民土地以及宅基地转化为农民的财产权益，并适当将农村集体经济效益向困难群众倾斜。二是要以企业科研创新为着力点，鼓励知识、技术以及管理等要素参与企业期权、股权分配，落实科研、技术、管理人员的成果转化与权益共享。三是要以互联网大数据为新目标，在大数据条件下正确认识到数据以及数据市场对于现代化的价值意义，完善数据要素参与收益分配的机制，释放大数据红利。

　　第三，实现全体人民共同富裕的现代化道路上，必须有效强化税收制度、社会保障制度以及转移支付制度的调节能力与力度,依靠收入分配秩序的完善和规范对社会财富进行适当的有机调控。新阶段推进我国税收现代化,要围绕税收改革发展与税收服务国家治理效能两大主题,通过科学的税务实践创新总结出符合中国式现代化要求的税收方式方法与制度措施,将制度与算法融入税务软件程序,以大数据和信息化为载体优化中国税务算法和标准。社会保障现代化的核心思路,是在现代化进程中逐步实现人均基本公共服务均等化,要加强完善对于低收入人口和弱势群体的各项生活保障服务和专项救助制度,通过普惠性人力资本投入保障教育公平,通过医疗资源的有效扩容与区域平衡完善医疗体系,同时,要解决好人民群众住房、文化、养老、出行等全方位需求。转移支付则能够有效促进我国区域协调发展,财政转移支付制度的完善落实以及转移支付结构和管理的调整优化,将为中国式现代化的整体性推进作出重要贡献。同时应当注意到,过大的贫富差距与人民群众对于实现共同富裕共创美好生活的预期是不相符的,中国式现代化要求以符合新时代中国现实国情的现代化分配制度,对贫富差距问题作出回应,进而推动实现共同富裕,满足人民美好生活向往。正因如此,党的二十大报告极具前瞻性和创新性地提出了要"规范财富积累机制",逐步探索在推进中国式现代化的进程中不断缩小贫富差距。财富积累机制在中国式现代化进程中的不断规范和完善,能够切实保护社会全体成员的合法收入,并且通过限制传统垄断行业等方式有效限制薪酬,合理调节过高收入,依法取缔、坚决打击非法收入。

二、在推进中国式现代化建设中积极实施就业优先战略

中国式现代化道路要始终以为民造福作为价值驱动,就必须在现代化进程中积极实施就业优先战略。"就业是最基本的民生"[1],就业问题关系千家万户,保持就业形势长期平稳向好,是人民幸福美好生活之所系,更是国家长

---

[1]　习近平:《高举中国特色社会主义伟大旗帜　为全面建设社会主义现代化国家而团结奋斗——在中国共产党第二十次全国代表大会上的报告》,人民出版社 2022 年版,第 47 页。

足发展与社会繁荣稳定之关窍。因此，以就业优先、就业优质与就业充分为导向，大力实施就业优先战略，是中国式现代化进程中切实保障最基本民生、实现共同富裕的关键所在。面对中国式现代化道路上依然存在的就业需求向城镇集中、劳动人口老龄化加速、结构性就业供需不匹配、就业服务不完善等矛盾，就业优先战略提供了未来发展方向与优化措施。

一是在中国式现代化道路上持续推进为民造福的就业优先战略，要不断健全就业公共服务体系，全面优化就业公共服务职能。就业公共服务体系是由职业介绍、职业辅导以及职业培训等多个点位构成的完整链条，要全面加快推进就业公共服务的均等化、标准化与差异化。就业公共服务均等化，就是要保障不同的劳动者群体都能够在新发展阶段充分享受到面向大众的同等的优质的就业服务。就业公共服务标准化，是这一体系能够落地与运转的基础，要通过基本要求、服务内容和服务方式的统一标准，确保不同区域、不同服务点能够提供相对一致的就业服务项目。就业公共服务差异化，则是在确保就业公共服务体系惠及全体的同时，更注重就业服务资源的统筹兼顾与适当倾斜，针对不同的重点群体提供差异化、定制化特征显著的专业服务，并进一步加强对于弱势群体、困难群体有侧重性的就业帮扶力度。

二是在中国式现代化道路上持续推进为民造福的就业优先战略，要有效统筹城乡就业政策体系，破除劳动力就业选择的各种壁垒。城乡发展的不平衡是中国经济社会所存在的现实矛盾，实现共同富裕的现代化进程中，要统筹好城市与农村的关系，依靠一体化、全覆盖的城乡就业政策。一方面，要通过宏观调控与政策性调整，不断强化市场对于劳动力要素的配置能力，以户籍制度改革为突破口统筹好城乡一体化的就业政策，通过就业落户政策的完善，打破城乡壁垒、地域壁垒以及行业壁垒，消除就业歧视，不断完善城乡间、区域内各种社会保障机制以及就业政策的无缝隙衔接，实现劳动力资源以及市场所需要的人才能够畅通无阻地双向流动。另一方面，要充分重视脱贫人口就业帮扶成果的巩固工作，建立并完善专门的资料数据库，通过准确的数据支撑以及定向关注,持续跟进农村脱贫人员的就业情况与工资收入情况,保障脱贫人员有就业能力与就业岗位,将脱贫人口就业帮扶作为长期性工作落实。

三是在中国式现代化道路上持续推进为民造福的就业优先战略,要完善终身职业技能培训制度,有效解决结构性就业供需矛盾。结构性就业供需矛盾,是中国式现代化道路上由产业结构调整转换所产生的就业问题,要不断提升高技术人才的数量、调优专业性人才的结构,使其与中国式现代化道路的要求相协调、相适应。首先要弘扬和强化崇尚技能、精于技术的终身职业技能培训理念,以新时代工匠精神和劳模精神为导向,培育重视技术、尊重技术人才的良好社会氛围。其次要加强技术人才基础教育工作,完善职业技术教育体系与培育结构,建立起校企联动、工学同轨、科技结合、竞赛突出的职业技术教育培训机制,推进技术人才"传帮带"的成长规划机制。最后要针对新型业态的需求加强职业指导与调控,对人才培养的需求进行精准预测和规划,对于职业技术人才的培养要有阶段性目标和重点培养路径,通过建立职业技能培训中心以及人才智能平台,促进高质量的技能人才、技术人才就业。

四是在中国式现代化道路上持续推进为民造福的就业优先战略,要以创业促就业保障机制,培育符合中国式现代化要求的新型就业形态。习近平总书记多次提出,要"鼓励创业带动就业"[①]。创新创业能够有效打通就业通道、拓展就业空间,为破除就业结构性问题以及就业供需矛盾提供有力支撑。既要不断完善创新创业的政策性支持和改革调整,深化"放管服"改革以及商事制度,以新型实体创业与互联网创业为突破口,通过场地基础设施支持、税收租金减免、信息数据共享等方式,加强对于创业者和企业的扶持力度,有效降低市场准入门槛与创业交易成本,有效拓宽创业企业特别是中小微企业的投资融资渠道。同时,要大力孵化具备现代化特征的创新、科技、绿色、开放的创业基地与创业园区,形成产业集聚效应与规模效益,以高校毕业生、职业技术

---

① 习近平:《决胜全面建成小康社会　夺取新时代中国特色社会主义伟大胜利——在中国共产党第十九次全国代表大会上的报告》,人民出版社 2017 年版,第 46 页。

人才等创新创业重点群体为着力点,切实推进高质量的返乡入乡创业、核心技术创业等项目的认定帮扶工作,形成创业驱动就业的链条式、传导式畅通渠道。

五是在中国式现代化道路上持续推进为民造福的就业优先战略,要加强劳动法律法规以及相关制度的制定与实施,充分保障就业劳动者的各项权益。《中华人民共和国劳动法》作为保障劳动者合法权益、有效调整劳动关系的国之公器,要针对现代化道路上出现的新型劳动业态、新型劳动关系、新兴劳动群体不断进行完善与发展。同时,要加强劳动法、劳动合同法、就业促进法、劳动争议调解仲裁法等法律法规的普及教育和宣传工作,用广大劳动人民能听懂、能明白的话语宣传劳动法与劳动保障机制,让劳动者能够在需要的时候拿起法律的武器合理维护自身的权益。还应当在发展中不断完善劳动关系协商协调机制,协调好普通劳动者与企业之间的利益平衡点,加快制定、完善并落实劳动者权益保障制度,全面保障灵活就业以及新形态就业劳动者的各项权益和诉求。

三、在推进中国式现代化建设中健全完善社会保障体系

中国式现代化道路要始终以为民造福作为价值驱动,就必须在现代化进程中健全完善社会保障体系。民生无小事,社会保障关乎最根本的民生,也是广大人民群众在中国式现代化道路上最关心、最在意的切身利益问题。全力构筑起多层次、全覆盖、可持续的社会保障体系,是中国式现代化进程中有效保障人民生活质量的紧密安全网,也是维持社会运转的坚实稳定器。正因如此,在发展中国式现代化的进程中,要从不断增强社会保障制度建设的公平性、流动性与适应性出发,全面完善实施社会保险制度,改革调优各项社会救助保障与福利关爱制度,同步推进健康中国建设。

一是要以社会保险的全面覆盖和精准管理为目标方向推行全民参保计划。全民参保计划是通过社会保险制度,使得每一个人都能获得基本生存生

活保障的利民之举。在整个参保工作的开展程序中,相关部门必须严格遵守包括社会保险法在内的各项法律法规,利用互联网以及大数据,实现参保信息全面采集、参保数据动态检测、参保人员参数信息库精准管理和实时更新,形成专人专用的社保标识。同时,进一步做好重点参保人员与新兴业态群体的管理与引导工作,利用政策宣传鼓励重点人员持续参保,使得各项社会保险能够精准灵活地覆盖不同类型的保障需求。

二是要健全养老保险制度与医疗保险制度,构建现代化养老保险新体系,形成现代化医疗保险新体系。人口老龄化是世界各国在现代化进程中需要应对的客观发展趋势,面对老年群体对于养老问题多层次多样化的现实需求,以及千家万户对于老有所养这一关系民生福祉的集中关注,必须完善基本养老保险全国统筹的重要制度。城乡居民养老保险制度要在城乡一体化的前提下,落实缴补原则、扶助原则以及保障原则,职工基础养老金应当实现全国统筹与城乡统筹,并有效推进养老基金的综合管理与运营投资,提升基础养老保险业务经办单位与人员的专业能力与服务水平。要在中国式现代化道路上推行养老保险制度改革总体方案,配合渐进式延迟退休年龄方案的调整优化,构建起职业年金、企业年金以及商业保险等多方供养、多方支撑的具有层次划分的现代化养老保险完整体系。

三是要不断健全和完善分层次、分类别、有重点的社会帮扶制度与社会救助体系,注重妇女儿童的权益保护,注重退役军人的优抚保障体系,落实关于城乡低保对象、特殊困难人员以及低收入家庭的各项社会保障制度,建立覆盖范围更广、针对性更强的新型待遇保障体系,进一步加强以社会慈善团体的活动开展助力新时代弱势群体的关爱服务。根据现代化进程与我国社会发展,同步落实其他各项社会保障与社会保险制度,落实社会保险与补充保险、商业保险的有效衔接与交叉覆盖,以保障基础性兜底工作为出发点,健全、完善包括失业保障、工伤保障、生育护理保障等在内的各项有力制度。

四是要在发展中国式现代化的进程中同步推进健康中国建设。"健康是促进人的全面发展的必然要求,是经济社会发展的基础条件,是民族昌盛和国家富强的重要标志,也是广大人民群众的共同追求。"①健康中国建设是中国式现代化进程中切实保障人民身心健康的重要战略,从以下三个维度提升健康中国建设质量,是中国式现代化要实现的健康价值目标,也是满足人民对于美好健康生活期待的未来发展方向。首先,要实现全社会医疗保障体系与我国整体医疗水平在现代化进程中的稳步提升,构建以大型中心医院为医疗体系核心点,嵌套社区医院、乡镇诊所在内的现代化医疗服务大圈层,大力推进医疗服务与康养服务事业。其次,要实现健康生活方式与健康生活观念在现代化的进程中得到有效普及,不断强化人民群众作为"身体健康第一责任人"的主体观念,通过有效科普宣传途径,让人民群众能够更加有效地掌握和学习卫生健康知识,增强人民群众习得重要医疗急救技能与慢性病、传染病科学防控知识的主动性与积极性。最后,要实现医疗技术的发展进步与全社会医学科技创新水平在现代化进程中不断获得提升。通过加大对卫生健康领域的经费投入,支持医药技术研究重大项目能够持续、长效发展,保障医疗科技仪器、创新药物制剂的研发水平不断实现突破。

第三节　行动指南：坚持科学理论指引

党的二十大报告强调:"马克思主义是我们立党立国、兴党兴国的根本指导思想。"②中国式现代化是在坚持马克思主义作为一元理论指引基础上得以不断向前推进与拓展的科学道路,要在新时代新征程行稳中国式现代化道路以致远,必须将马克思主义这一科学思想作为前进道路上的方向引领和行动指导。科学理论引航光明道路,中国式现代化道路要立足马克思主义社会发

---

① 《习近平谈治国理政》第二卷,外文出版社 2017 年版,第 370 页。

② 习近平:《高举中国特色社会主义伟大旗帜　为全面建设社会主义现代化国家而团结奋斗——在中国共产党第二十次全国代表大会上的报告》,人民出版社 2022 年版,第 16 页。

展理论学说,并在此基础上始终把握马克思主义基本原理与中国具体实际相结合、与中华优秀传统文化相结合的内在逻辑。同时,在实践的创新发展中要以中国化时代化的马克思主义为指引,持续推进中国式现代化理论的创新发展,牢牢掌握中国式现代化问题研究的话语权,形成中国式现代化理论研究与实践研究的专门学术体系与学科体系,构筑具有中国智慧、中国特色和中国气派的中国式现代化理论体系,以科学理论武装、引领和推动中国式现代化稳步前进。

一、行稳中国式现代化道路必须坚持马克思主义

马克思主义诞生于人类现代化进程之中,是揭示人类历史规律和引领人类社会进步的科学真理,是人类迈向现代化进程中创造的优秀文明成果,随着人类文明与现代化进程的前进而继续发展,并且始终作为真理发出耀眼光辉,照亮中国式现代化的具体实践与未来进路。中国式现代化道路要实现稳定发展,必须坚持马克思主义基本原理,在未来进程中始终立足辩证唯物主义与唯物史观,以中国化时代化的马克思主义现代化理论指引中国式现代化道路。

辩证唯物主义认为,世界存在着普遍的联系,而事物间普遍的有机的联系实现了世界的变化与永恒发展。整个自然、历史以及精神的世界,都处于不断的"运动、变化、转变和发展中"①。人类社会历史的发展与人类的现代化进程,其总体趋势也是在系统性联系的基础上不断前进和上升的。唯物辩证法作为一种科学方法论,对于引导中国式现代化道路具有其宝贵的价值意蕴,是新时代中国共产党人能够在中国式现代化道路的未来探索中厘清思维、深化认识、把握规律并以此指导实践的关键所在。马克思主义现代化理论揭示了人类社会的现代化,围绕社会化生产普及、科学技术发展、时空界限突破、城市化进程提速等要素,在世界范围渐次展开,其实质是人类发展过程中呈现出与

---

① 《马克思恩格斯选集》第 3 卷,人民出版社 2012 年版,第 793 页。

以往各个历史时期与发展阶段都具有明显差异性特征的质的飞跃。可见，现代化进程是人类历史中已然发生并持续发生的漫长进程，中国式现代化正是在世界历史发展与人类文明跃迁的必然趋势中生发的崭新道路。

也正因如此，要在未来走通走稳走好中国式现代化道路，必须将中国式现代化全面地、联系地作为一项系统性工程进行全面统筹与顶层设计。既要深刻地、精准地洞察世界发展之大趋势，将中国式现代化有机融入世界现代化进程之中，顺势而为、因势利导地在全球性活动中把握战略主动，有效整合国内国际两大发展空间；也要前瞻地、准确地把握时代脉动之规律，把握发展前进之趋势，以科学的战略性眼光预见中国式现代化的未来方向，引领中国式现代化的未来发展进路，并在此基础上依靠改革创新的锐意探索，实现中国式现代化突破性进程。

唯物史观认为，人民群众是社会物质财富和精神财富的创造者，更是社会变革的决定性力量。"历史活动是群众的事业"[①]，任何历史活动都离不开人民群众的力量，人民群众的实践活动推动着社会进步和现代化进程。唯物史观所强调的人民性是建立在实践基础上的，其理论目标是通过社会的发展与现代化生活体系的构建，确立人类主体地位和最终实现全人类的解放。马克思主义现代化理论也针对资本主义社会的现代化模式与实现方式进行了深刻反思与批判，明确指出了现代化虽然生成于资本主义生产方式，但血腥的资本原始积累与工人阶级的悲惨境遇，表明了社会现代化进程与生活方式改善和民生福祉增长之间并不一致的巨大弊端。坚持马克思主义的根本指引，就是要在中国式现代化道路的未来进路中，清晰认识并始终明确现实的人及其活动是社会历史能够存在和发展的前提，社会现实状况及未来变革发展也会对处于现代化进程中的人产生巨大的影响。正因如此，要走通走稳并走好中国式现代化道路，既要始终坚持群众观点、群众路线，坚持人民至上，以实现人的

---

① 《列宁选集》第 1 卷，人民出版社 1995 年版，第 127 页。

现代化为中国式现代化的基本落脚点,观照人民群众在现代化进程中的主体需求与现实问题,将最终实现人的自由解放与全面发展作为中国式现代化的根本价值追求,有效激活并发挥人民群众在现代化建设中的首创精神;更要在未来发展进程中,确保中国式现代化道路的发展与人民群众文明生活方式的改进和社会民生福祉的增值保持高度统一,促使中国式现代化所释放的红利,充分调动最广大人民的积极主动性与创造活力,并进一步依靠人的全面发展和劳动创造,对中国式现代化道路发挥巨大推动作用。

二、行稳中国式现代化道路必须坚持"两个结合"

党的二十大报告指出:"只有把马克思主义基本原理同中国具体实际相结合、同中华优秀传统文化相结合,坚持运用辩证唯物主义和历史唯物主义,才能正确回答时代和实践提出的重大问题。"[①]从历史经验而言,中国式现代化是中国共产党坚持"两个结合"在百年奋斗中总结探索出的正确道路。从未来进路而言,中国式现代化道路是对中国共产党坚持"两个结合"与时俱进、全面推进马克思主义中国化时代化的生动诠释。正因为中国式现代化道路是根植中华优秀传统文化历史土壤与中国现实土壤之中的未来发展道路,是具有理论创新性的中国式实践创造,所以,在新时代要发展好中国式现代化道路,必须坚持并深化"两个结合",将马克思主义基本原理与中国具体实际相结合,将马克思主义基本原理与中华优秀传统文化相结合,以此解决中国式现代化未来道路上,将会出现并面临的一系列重大问题与可能产生的各种社会矛盾。

中国式现代化的理论成果与实践成果要实现创新性发展,必须将马克思主义基本原理与中国具体实际相结合,以中国化时代化的马克思主义推进中国式现代化道路。中国共产党的百年历史,就是一部通过"两个结合"不断推

---

① 习近平:《高举中国特色社会主义伟大旗帜　为全面建设社会主义现代化国家而团结奋斗——在中国共产党第二十次全国代表大会上的报告》,人民出版社 2022 年版,第 17 页。

进马克思主义中国化时代化的理论创新史。习近平新时代中国特色社会主义思想作为中国化时代化的马克思主义，为新时代中国共产党人深度聚焦中国特色社会主义实践，积极回应时代召唤和人民需求提供重要思想指引，为中国共产党人全面把握"两个大局"，实现以中国式现代化夺取中华民族伟大复兴胜利提供强大精神力量。中国式现代化作为习近平新时代中国特色社会主义思想的原创性贡献，是应对世界百年未有之大变局正在加速演变的科学理论，更是实现中华民族伟大复兴关键时期必须走稳走实的正确道路。只有坚持解放思想和实事求是相统一、坚持培元固本和守正创新相统一，才能在把握历史规律与时代主题中推进马克思主义中国化时代化，以中国化时代化的马克思主义引航中国式现代化发展，以进一步明确现阶段和未来一段时间的中心任务、战略目标和实现路径，促使实现中国式现代化的步伐愈加坚定。党的二十大结合中国当前实际，对中国式现代化的未来进路形成了更加深刻的认识与研判，并依据新时代新征程具体的实践，提出了中国式现代化道路未来发展的明确时间表与计划书，以"两步走"的战略安排，奋力建设社会主义现代化国家。

中国式现代化的理论成果与实践成果要实现创造性转化，必须将马克思主义基本原理与中华优秀传统文化相结合，以中国化时代化的马克思主义推进中国式现代化道路。中国式现代化道路既坚持了马克思主义基本原理的本质要求，也蕴含着中华优秀传统文化的丰富内容。马克思主义进入中国引发了中华文明深刻变革，也走过了一个逐步中国化的过程，因此，坚持把马克思主义基本原理同中华优秀传统文化相结合指引中国式现代化道路，有其必要性与必然性。其一，中华优秀传统文化赋予了马克思主义中国化的具体性特征和民族性特色。中国式现代化道路要走稳走好，必须在这一进程中不断从中华优秀传统文化与历史瑰宝中汲取养分，促使中华民族的文化血脉与基因能够和现代文化相契合、同现代社会相适应，始终保证中国式现代化是符合中国历史特征、文化传统以及民族特征的现代化道路。其二，马克思主义能够有效激发中华优秀传统文化的时代性特性。马克思主义真理的力量能够促使中华民族历经几千年创造的伟大文明在新时代迸发出新的力量,其宝贵成果也将进一步促使中华文明产生实质性变革,不断推动中华优秀传统文化在中国式现代化道路上实现有机性转化与内生式发展。在此基础上,更应当做好关于我国优秀传统文化的赓续传承和弘扬,推动实现中华优秀传统文化和马克思主义达成有机结合,以中国式现代化的建构为依托,赋予其更为丰富的时代内涵,不断开辟中华优秀传统文化新境界。

三、行稳中国式现代化道路必须推进中国式现代化理论创新

习近平总书记在学习贯彻党的二十大精神研讨班开班式上的重要讲话中进一步强调,中国式现代化理论是"党的二十大的一个重大理论创新,是科学社会主义的最新重大成果"①。理论的创新离不开实践的发展,社会主义现代化强国的建设和实现,也必然体现鲜明的中国式现代化特征。中国式现代化理论坚持了科学社会主义的真理标准,是中华民族在实现中华民族伟大复兴的实践中创造的中国式伟大理论,其必将伴随着中国式现代化实践进程不断发展,并进一步引导中国式现代化道路越走越宽。

首先,未来道路上要持续立足实践,并在此基础上推进中国式现代化理论发展创新,在新时代发展历程中掌握中国式现代化理论研究的牢固话语权。话语权是主体所具有的能够展现其社会影响力与地位特殊性的一种表达力量,有效的理论叙事能够加强话语权,进一步推动理论的发展与传播。中国式现代化道路创造了中华民族走向复兴的历史性成就,也创造了为世人所瞩目的人类文明新形态。也正因如此,在这样的情况下如何讲好中国式现代化这一中国特色社会主义事业蓬勃发展所取得的具有标志性的伟大成就,就成为中国式现代化理论创新过程中面临的重要课题。要有效实现理论创新,就必

---

① 习近平:《正确理解和大力推进中国式现代化》,《人民日报》2023 年 2 月 8 日。

须将中国式现代化理论的话语权牢牢掌握在自己手中，构建具有鲜明中国特色与时代特征的中国式现代化话语体系。从具体的实践来看，这需要依靠智囊智库深刻理解并把握中国式现代化道路的理论意义、价值内涵以及未来前景，再完成中国式现代化理论由内化转为输出的有机过程。通过对中国式现代化理论话语权的把握与话语体系的构建和完善，完成好讲好这一中国故事的明确任务，以"中国话"讲好"中国化"，助推中国在现代化话语权上占据主导性地位。

其次，未来道路上要持续推进实践基础上的中国式现代化理论创新，就应当在新时代理论研究中形成中国式现代化学术体系与学科体系。中国式现代化的理论研究是一个伴随着实践创造而不断深化的进程，理论的深度研究离不开现代化的学术体系以及学科体系的强力支撑。中国式现代化理论研究是中国哲学社会科学中的重要领域和重点研究内容，要实现中国式现代化理论的创新性突破，就应当实现从传统学术体系向现代学术体系的转换，建立具有中国特色的现代学术体系基本框架，以全局化和整体性的学科理论作为基础，进一步阐释中国式现代化理论作为学术内容的研究对象、研究方法、研究目的以及包含学科交叉在内的体系。同时，在此基础上还应当进一步提高对哲学社会科学的投入，促进包含中国式现代化理论在内的相关学术成果转换，以此推动中国式现代化理论学术队伍建设、学术期刊平台扩容，建立起相应的学术管理体制和高效运作机制，以中国式现代化学术体系与学科体系的形成，持续推进实践基础上的中国式现代化理论创新，在新时代具体的学术性创造性实践中，构建具有中国特色、展现中国智慧、体现中国哲思的现代化学术体系与学科体系。

最后，未来道路上要持续推进实践基础上的中国式现代化理论创新，就应当在新时代具体实践中构建有中国特色与中国气派的现代化理论。中国式现代化理论要不断发展，需要依托未来现代化实践的深化，不断适应新时代、新要求、新目标。运用符合现代化标准的新视角、新思维、新方法，对中国式现代化理论进行更为系统和复合的研究工作,实现突破性成果以及成果的创造性转换。一是要树立具有宏阔视野的贯穿过去、现在与未来的大历史观,以纵横交织的宏阔历史视野,观察中国式现代化道路在世界历史进程以及人类现代化道路中所处的历史坐标与时代坐标。二是要形成有强支撑性与强解释力的中国式现代化理论整体概念框架,有效突破传统现代化理论的价值预设与目标预设,围绕现有的以及未来将会产生的相关实践,提出具有代表性和中国标识性的现代化概念,体现习近平新时代中国特色社会主义思想的世界观与方法论,以中国式现代化概念群为核心构建整体性的中国式现代化理论框架。三是要把哲学社会科学理论研究与中国式现代化道路建设中所出现的各类问题进行结合与分析,在现代化具体实践中解决问题,在实践与发展中升华中国式现代化理论,使中国式现代化理论能够与社会生产实践交叉融合,通过持续、科学且智能的理论发展,不断贴近人民现实生活需求、面向未来美好生活。

第四节 制度依托:坚持中国特色
社会主义制度

"中国特色社会主义制度是当代中国发展进步的根本制度保障,是具有明显制度优势、强大自我完善能力的先进制度。这一制度,是一个严密完整的科学制度体系,起四梁八柱作用的是根本制度、基本制度、重要制度。"①中国特色社会主义制度是一个由根本制度、基本制度和重要制度相互支撑构建的具有层次性、系统性的科学制度体系。制度具有根本性、全局性与长期稳定性的特征,走通走稳走好中国式现代化道路要以中国特色社会主义制度为依托,必须加强中国特色社会主义根本制度、基本制度和重要制度之间的相互衔接与上下联动,始终坚定对中国特色社会主义制度的高度自信,推动中国特色社会

---

① 《习近平新时代中国特色社会主义思想学习纲要(2023年版)》,学习出版社、人民出版社2023年版,第40—41页。

主义制度在现代化进程中更加成熟稳定，为中国式现代化注入充足的制度之动能，以更高效能的国家治理推动中国式现代化道路不断前进。

一、中国式现代化道路上要坚持社会主义根本制度不动摇

中国特色社会主义根本制度以党的集中统一领导制度和全面领导制度这一根本领导制度为核心，涵盖我国经济政治、发展稳定、意识形态、社会治理、军事安全等方面，集中体现了中国特色社会主义制度鲜明的质的规定性，在整个中国特色社会主义制度体系中起到奠定基础、确定方向以及覆盖全局的根本性作用。中国式现代化道路上，要坚持社会主义根本制度不动摇。

一是要始终坚持党的集中统一领导制度和全面领导制度这一根本领导制度，引领中国式现代化道路行稳致远。坚持党的领导从本质上决定了中国式现代化的根本性质、发展方向、命运前途以及最终成败，坚持党的领导制度则是实现国家现代化和民族复兴道路上艰辛探索与实践凝结而成的根本经验总结。因此，在实现中国式现代化的道路上要始终坚持党的领导，就必须发挥好党的集中统一领导制度和全面领导制度，在现代化发展进程中"坚持和完善党的领导制度体系"①，依靠这一根本领导制度领航中国式现代化光明前景。首先，要坚持党的领导制度确保中国式现代化能够在未来始终锚定奋斗目标而行稳致远。中国式现代化是由一个个重要环节、一段段关键历程构成的完整道路，党的集中统一领导制度和全面领导制度，保障了未来这些环节与历程能够在一以贯之的核心主线下，进行有机结合与稳步接力推进，以包含不忘初心、牢记使命制度在内的长效化、机制化、周期性的党的领导机制，促使中国式现代化目标毫不动摇。其次，要坚持党的领导制度充分激发未来建设中国式现代化的强劲动力。只有依靠党的全面领导与全方位创新，才能不断破除现代化进程中存在的体制机制弊端与局限，通过健全提高党的执政能力和领导

---

① 《习近平谈治国理政》第四卷，外文出版社 2022 年版，第 506 页。

水平的各项制度,"为中国式现代化注入不竭动力"①。最后,要坚持党的领导制度最广泛地凝聚起建设中国式现代化的磅礴伟力。党的领导制度要始终秉持为了人民执政、依靠人民执政的制度价值导向,党的群众工作与群众路线也要通过党的领导制度,始终贯穿党带领中国人民实现中国式现代化的全部工作之中,并在中国式现代化进程中依靠制度优势发展全过程人民民主,更加充分地引导人民群众有序参与政治生活,有效激发人民群众的主人翁意识。

二是要充分发挥人民代表大会制度作为根本政治制度在中国式现代化道路中的独特优越性。人民代表大会制度作为根本政治制度扎根于我国历史与现实土壤之中,鲜明而深刻地反映了我国政治生活的全貌。因此,人民代表大会制度是中国式现代化道路上,有效发挥和实现全过程人民民主的重要制度载体。在新征程上进一步坚持和完善人民代表大会制度,对于不断推进中国式现代化的民主政治生活而言具有重大意义。习近平总书记指出,各级人大及其常委会要切实履行好"自觉坚持中国共产党领导的政治机关、保证人民当家作主的国家权力机关、全面担负宪法法律赋予的各项职责的工作机关、始终同人民群众保持密切联系的代表机关"②的"四个机关"职能定位。这也为中国式现代化道路上人民代表大会制度的自身建设完善,提出了新要求和新方向。首先是要始终坚持在党的领导下进一步建立健全并维护好人民当家作主制度体系的法治支撑与制度保障,不断推动解决人民群众最为关心最为直接的现实利益问题。其次是要以互联网和智能终端为依托,积极打造并整合完善人大的民主民意表达平台和有效载体。中国式民主政治现代化的进程中,要充分利用已有的点位、平台、系统以及数据库,创建覆盖一整套有固定体系的成型的信息综合体,依靠信息化手段和大数据技术,逐步完善畅通地方人

---

① 习近平:《正确理解和大力推进中国式现代化》,《人民日报》2023年2月8日。
② 《习近平谈治国理政》第四卷,外文出版社2022年版,第256页。

大的民意民情表达渠道,形成上下贯通、层层协作的社情民意管网。最后是要切实发挥各级人大代表的作用和职能。这是人民当家作主在实践路径上的重要体现,也是做好新时期人大工作的重要基础。要通过推行直接联系人大代表制度、人大代表联席联座制度,组织落实人大代表的各项调研培训工作等行之有效的措施,让人大代表能够真正做到代表民意、反映民智,成为党和国家密切群众、联系群众的纽带桥梁。积极推动实现人大代表的议案不断提质优化,组建起各级人大牵头人大代表为主力的覆盖城乡、街道、社区全域的代表特色活动与站点服务,让人民群众能够通过人大代表的窗口作用和阵地作用,切身感受我国根本政治制度的优势所在。

三是要在中国式现代化道路的未来进程中始终坚持马克思主义在意识形态领域指导地位的根本制度。党的二十大报告指出:"要坚持马克思主义在意识形态领域指导地位的根本制度。"①马克思主义在意识形态领域指导地位实现制度化,是直接关系到我国现代化进程中对于文化前进方向与发展道路的重大制度创新,其作为必须长期坚持和发展的根本制度,将在中国式现代化进程中凝聚起磅礴精神力量,并进一步指导社会主义先进文化发展与社会主义文化强国建设。坚持马克思主义在意识形态领域指导地位的根本制度,必须将贯彻落实习近平新时代中国特色社会主义思想作为首要任务,以科学辩证的世界观与方法论要求武装头脑、指导实践、拓展工作。要进一步加强党对意识形态阵地的领导权,以宣传教育工作推动党的创新理论不断深入人心、社会主义核心价值观更加广泛传播,促进社会主义文化事业在与中华优秀传统文化的相互融合、创新发展中更加繁荣,营造更为风清气正的健康网络生态环境以及切实丰富人民群众文化生活与精神家园的途径平台。

四是要在中国式现代化道路的未来进程中始终坚持共建共治共享的社会治理制度。党的二十大报告提出,要"健全共建共治共享的社会治理制度,提

① 习近平:《高举中国特色社会主义伟大旗帜　为全面建设社会主义现代化国家而团结奋斗——在中国共产党第二十次全国代表大会上的报告》,人民出版社 2022 年版,第 43 页。

升社会治理效能"①。这通过制度的形式,进一步明确了国家治理现代化的整体谋篇布局与未来实施方案。实现社会治理现代化是中国式现代化的必然要求,更与最广大人民群众的现实生活息息相关。新时代要实现社会治理现代化,必须依靠共建共治共享制度的保障,更加广泛持续地吸纳全部社会力量,有效整合当前各类社会资源,搭建社区治安防控与公共安全保障体系,构建符合现代化要求的基层社会治理新格局,以多元主体为基础架构起具有中国式现代化鲜明特征的社会治理综合体与共同体。

五是要在中国式现代化道路的未来进程中始终坚持党对人民军队的绝对领导根本制度。党对人民军队的绝对领导作为根本制度,形成于党领导人民军队在革命、建设与改革开放中的伟大实践,是中国特色社会主义制度体系的重要支柱。党对军队绝对领导的制度机制不断健全完善,是新时代兴军强军之关键所在。现代化国防安全事业以及现代化人民军队建设各项内容,都必须在党的绝对领导下展开行动。中国式现代化进程中要不断强化人民军队的使命担当,以强军支撑强国,以坚如磐石之伟力护航中国式现代化道路。

二、中国式现代化道路上要保障社会主义基本制度稳运行

中国特色社会主义基本制度是对国家经济社会发展具有重大影响的系列政治经济制度,体现社会主义国家性质的同时,从制度层面规定了国家政治经济生活的基本原则与整体模式。社会主义基本制度平稳运行并持续完善,将有力保障中国式现代化道路向前推进,我国各领域各方面的基本制度,也会随着中国式现代化进程的不断发展而实现新的发展与有机扩容。

中国特色社会主义基本制度在政治领域,是指中国共产党领导的多党合作和政治协商制度、民族区域自治制度以及基层群众自治制度。三大基本政

---

① 习近平:《高举中国特色社会主义伟大旗帜 为全面建设社会主义现代化国家而团结奋斗——在中国共产党第二十次全国代表大会上的报告》,人民出版社 2022 年版,第 54 页。

治制度切实保障中国式现代化道路上民主政治长期稳定发展，为中国政治建设现代化提供制度上的有力支撑。

中国共产党领导的多党合作和政治协商制度，是根植中国历史土壤与社会现实的理论逻辑与实践逻辑相统一的新型政党制度，是中国共产党、中国人民以及各民主党派、无党派人士在长期现代化历程中，创造的具有社会主义民主政治鲜明特征的制度形式与独特优势。中国式现代化是一条全过程人民民主之路，中国共产党领导的多党合作和政治协商制度，将为中国式现代化建设画好最大同心圆，依靠能够代表和实现广大人民根本利益的基本政治制度，建设助力中国式现代化道路发展。一方面，要通过制度化与规范化的民主程序广泛收集并集中处理各项建议，积极推动各项决策更加民主化科学化。在现代化进程中要加强新的制度设计和安排，强化民主监督与参政议政作用，既要健全自觉监督、相互监督、专项监督机制，也要进一步完善民主党派直接向中国共产党提出建议的制度，以此充分发挥中国共产党领导下多党派共同合作与各界人士民主协商之政治优势，展现具有现代化特征的新型政党制度优势。另一方面，要发挥人民政协作为实现多党合作与政治协商重要机构的政治职能，为各民主党派和无党派人士参与国家重大方针政策讨论协商进一步创造有利条件。人民政协应当构建起层级相互衔接、以全体会议为核心、以专题议政性常务委员会会议以及各类座谈协商会渐次展开的政治协商新格局，依托制度平台更加充分有效吸收各专业领域政协委员在政治协商会议中，对于我国现代化进程中经济政治、社会文化、生态健康等方面的重要意见方案，发挥人民政协作为重要政治形式和组织形式的关键优势以及民主党派协商、监督、智囊的作用。

民族区域自治制度是中国共产党团结带领各族人民在实践中探索出的具有创造性的、用以解决民族问题的制度安排，其实质是国家统一领导下实行各少数民族聚居区域设立自治机关以行使自治权。中华民族多元一体的整体格局与 56 个民族"大杂居，小聚居"的分布情况，从现实上决定了民族区域自治制度是中华民族实现共同迈进中国式现代化的、符合我国统一多民族国家的独特制度保障,有利于在中国式现代化道路上铸牢中华民族共同体意识,构筑共同团结奋斗、共同繁荣发展的中华民族共同体。首先,我国民族区域自治制度的稳定实行受到宪法与法律的充分保障,要通过符合现代化要求的安排部署,不断完善和落实民族区域自治制度,充分发挥其作为我国国家制度和保障少数民族与民族地区发展基本制度的显著优势。其次,必须牢固树立起马克思主义祖国观与民族观,始终坚持各民族一律平等原则,构建起平等团结互助和谐的社会主义民族关系。最后,要实现国家政策支持与民族同胞内生活力有机结合,助力民族地区现代化发展,不断提高各民族群众的生活水平。实现中国式现代化的康庄大道上,56个民族一个也不能落下,必须有效实行促进民族地区和人口较少民族发展的系列措施,积极开展兴边富民、对口援建等行动规划,充分发挥民族地区优势特长实现各民族共同发展。

基层群众自治制度是以农村村民委员会、城市居民委员会和企业职工代表大会三大基层民主制度形式为内容载体,展开的党领导人民群众在基层政治、经济、社会、文化等领域直接行使各项民主权利,参与管理基层公共事务以及公益事业的基本制度。随着中国式现代化进程的快速发展与向前推进,工业化与城镇化促使我国城乡利益格局出现了深刻变化,城市以及农村社会的基层治理与基础管理也呈现出新问题和新样态。因此,要在实践中不断健全完善基层群众自治制度,以应对现代化进程中对于基层治理提出的新要求与新目标。一是要加强基层党组织对基层群众自治的领导,实现基层党组织和基础群众自治组织两套班子交叉任职,保障共产党员在村(居)委会成员与村(居)民代表中能够起到关键性作用。二是要健全基层直接民主的相关制度体系,以明晰的制度、规范的程序和完善的方案推动民主选举公平公正,以行之有效的议事协商决策制度和监督反馈机制,保障居民村民能够充分行使讨论决定权和民主监督权。三是要进一步探索企事业单位民主管理制度构建的有效途径,保障企业职工能够积极参与企业内部的事务管理与规章制度设计,切实维护职工各项合法权益。

中国特色社会主义基本制度在经济领域,则是指公有制为主体、多种所有制共同发展,按劳分配为主体、多种分配方式并存以及社会主义市场经济体制。社会主义基本经济制度,以生产资料所有制、分配方式以及资源配置方式三大经济基本要素为核心,有效支撑中国式现代化道路上构建起新发展格局,为经济整体平稳运行以及中国现代化经济建设高质量发展形成制度上的坚实保障。

公有制为主体、多种所有制共同发展的经济制度,是社会主义市场经济体制的根基所在,是我国经济社会发展的重要基础。中国式现代化道路上必须"毫不动摇巩固和发展公有制经济"①,以国有资产和国有企业改革为着力点调整优化国有经济整体布局,构建起具有中国特色的现代化企业制度以提升国资国企核心竞争力。与此同时,要"毫不动摇鼓励、支持、引导非公有制经济发展"②,以简政放权、放管结合和优化服务改革为突破口,不断优化民营企业发展环境与营商环境,培育支持中小微企业健康成长。按劳分配为主体、多种分配方式并存,则是中国式现代化进程中分好"蛋糕",有效实现共同富裕的制度保障。此外,还要在坚持按劳分配为主体、多种分配方式并存的基础上,构建起"三次分配"三管齐下的分配制度与分配体系,并不断完善社会财富按照要素进行分配的经济制度,探索如何通过制度的形式拓展收入渠道,稳步增加人民群众的要素收入与财产性收入。党的二十大报告明确指出,要"构建高水平社会主义市场经济体制"③。只有在构建现代化经济体系与现代化市场体系的探索过程中理顺市场与政府的关系,使市场在社会主义国家宏

---

①　习近平:《高举中国特色社会主义伟大旗帜　为全面建设社会主义现代化国家而团结奋斗——在中国共产党第二十次全国代表大会上的报告》,人民出版社 2022 年版,第 29 页。

②　习近平:《高举中国特色社会主义伟大旗帜　为全面建设社会主义现代化国家而团结奋斗——在中国共产党第二十次全国代表大会上的报告》,人民出版社 2022 年版,第 29 页。

③　习近平:《高举中国特色社会主义伟大旗帜　为全面建设社会主义现代化国家而团结奋斗——在中国共产党第二十次全国代表大会上的报告》,人民出版社 2022 年版,第 29 页。

观调控下对资源配置起决定性作用,才能全面实现市场机制行之有效、微观主体健康活力、宏观调控有效有度的良性经济循环,构建起系统更加完备、模式更加成熟的现代化高水平社会主义市场经济体制。

三、中国式现代化道路上要完善社会主义重要制度相适配

中国特色社会主义重要制度是在根本制度和基本制度统摄下,涉及党的领导、法治、经济、政治、文化、社会、生态、军事等各方面各领域的,维持国家社会正常稳定运转的具体制度以及相应配套的体制机制。从整个中国特色社会主义制度的结构来看,重要制度的核心作用体现在既承接国家治理顶层的根本制度和基本制度,又具体联结着受制度和规范影响的社会基础治理一切活动,即重要制度与根本制度、基本制度是枝与干、目与纲的派生关系。如果形象地将中国特色社会主义制度比作一棵繁茂的参天大树,根本制度和基本制度可以看作大树的根系与树干,重要制度就是树枝的部分连接着树干与树叶。

党的十九届四中全会通过的《中共中央关于坚持和完善中国特色社会主义制度 推进国家治理体系和治理能力现代化若干重大问题的决定》重点强调:"推进全面深化改革,既要保持中国特色社会主义制度和国家治理体系的稳定性和延续性,又要抓紧制定国家治理体系和治理能力现代化急需的制度、满足人民对美好生活新期待必备的制度,推动中国特色社会主义制度不断自我完善和发展、永葆生机活力。"①该决定中所提及的"国家治理体系和治理能力现代化急需的制度"与"满足人民对美好生活新期待必备的制度",都属于中国特色社会主义重要制度的范畴,且具有更大的完善空间与创新空间。

也正因如此,中国式现代化的全面推进,与国家重要制度在实践经验中的

① 《中国共产党第十九届中央委员会第四次全体会议文件汇编》,人民出版社 2019 年版,第 67 页。

发展和创新是紧密联系在一起的双向主体，中国特色社会主义重要制度的不断完善与中国式现代化道路的发展，也具有相互适配、相互配套、相互支撑的伴随性发生这一鲜明特征。一方面，在中国式现代化进程中要合理制定国家治理体系和治理能力现代化所急需的各项重要制度，依靠政府治理相关重要制度体系以及中国特色社会主义法治体系的现代化模式运转，构建起从中央到地方权责明晰、运行稳定的整体工作机制体系，为有力推进中国式现代化的发展进步提供坚强有力保障。另一方面，在中国式现代化进程中也要创新发展与人民对美好生活新向往匹配适应的各项重要制度，进一步坚持完善事关人民生活境遇的民生保障重要制度，积极推动就业创业、教育学习、社会保障、卫生健康、信息通讯、生态环保等民生领域各项重要制度的有效衔接与稳步运行，共同编织具有现代化特征的国家公共服务生态制度网络体系，实现幼有所育、学有所成、业有所盼、居有所归、病有所医、弱有所扶、老有所养的中国式现代化美好生活社会图景。

第五节　实践遵循：坚持系统观念

习近平总书记在学习贯彻党的二十大精神研讨班开班式上发表的重要讲话中指出："推进中国式现代化是一个系统工程，需要统筹兼顾、系统谋划、整体推进，正确处理好顶层设计与实践探索、战略与策略、守正与创新、效率与公平、活力与秩序、自立自强与对外开放等一系列重大关系。"① 这一重要论述对未来推进中国式现代化需要处理好的若干重大关系，作出了深刻阐释并提出了明确要求。大力推进中国式现代化是一项需要统筹兼顾一系列相关因素、处理协调好一系列重大关系的系统工程，必须在中国式现代化的实践进程中始终坚持好系统观念、运用好系统思维。系统观念作为马克思主义唯物辩证

---

① 习近平：《正确理解和大力推进中国式现代化》，《人民日报》2023 年 2 月 8 日。

的重要认识论与方法论,旨在用普遍联系、全面系统以及发展变化的总体观点来观察事物,并以此把握事物发展趋势与规律。因此,要在新阶段全面推进中国式现代化,必须将坚持系统观念作为根本实践遵循,自觉运用和发挥系统观念这一科学思想方法,来观察把握中国式现代化进程中出现的新形势新特点,分析解决中国式现代化进程中面临的新问题新矛盾,最终实现推动中国式现代化新跨越新发展。

一、顶层设计与实践探索:统筹中国式现代化全局发展

习近平总书记强调指出:"进行顶层设计,需要深刻洞察世界发展大势,准确把握人民群众的共同愿望,深入探索经济社会发展规律,使制定的规划和政策体系体现时代性、把握规律性、富于创造性,做到远近结合、上下贯通、内容协调。"①重视顶层设计就是要在把握世界大势与时代规律的前提下,将理论与实践充分结合形成的具有全局性的中国式现代化道路总体时间表、路线图与计划书,通过自上而下的中国式现代化传导路径贯通中国式现代化全局工作。习近平总书记进一步强调指出:"推进中国式现代化是一个探索性事业,还有许多未知领域,需要我们在实践中去大胆探索,通过改革创新来推动事业发展,决不能刻舟求剑、守株待兔。"②坚持实践探索则意味着在现代化道路建设上仍需要"摸着石头过河",在脚踏实地的具体实践基础上做到大胆探索和勇于突破,敢于先行先试,既允许锐意进取的改革者试错,也有效避免出现不可挽回的错误,不断适应新形势所带来的新挑战,不断征服改革创新所开拓的新领域。

正因如此,在全面推进中国式现代化道路的未来实践中,必须深刻把握高屋建瓴的顶层设计与"摸着石头过河"实践探索之间的辩证统一。作为一项阶段性持续性推进的、涉及各大领域的复杂系统性工程,中国式现代化对于各

---

① 习近平:《正确理解和大力推进中国式现代化》,《人民日报》2023 年 2 月 8 日。
② 习近平:《正确理解和大力推进中国式现代化》,《人民日报》2023 年 2 月 8 日。

个阶段的发展目标与发展战略,都需要进行系统性的顶层设计与创造性的实践探索,两者相结合能够实现上下有效贯通、内外相互协调的整体局面与优势。党的二十大报告就针对中国式现代化的中国特色、本质要求、重大原则等方面进行了深刻阐释,凸显出整体性、协同性、前瞻性的特点,为推进中国式现代化道路强化了顶层设计,充分考虑了当前条件下实现中国式现代化各层次、各领域、各要素之间的相互统筹协调,在实践摸索中通过试验、试水、试点不断形成总结中国式现代化的丰富经验,掷地有声地回应未来关键五年面对不确定性与可能存在的风险挑战。中国式现代化道路的实践探索工作应该如何稳步向前,让中国式现代化的创新理念与实践经验在加强顶层设计的前提下,不断取得局部事业的阶段性实践探索胜利成果。

二、战略与策略:把握中国式现代化历史主动

毛泽东在对党内的通报中曾强调"政策和策略是党的生命"[1],并作《政策和策略是我党我军的生命》一文。邓小平认为,要根据国家具体的情况"制定和执行正确的战略和策略"[2]。习近平总书记则在讲话中着重指出:"战略问题是一个政党、一个国家的根本性问题。战略上判断得准确,战略上谋划得科学,战略上赢得主动,党和人民事业就大有希望。"[3]由此可见,充分重视战略与策略问题,是中国共产党人一以贯之的优良历史传统。作为历经峥嵘岁月的百年大党,中国共产党在每一次重大历史关头都能从战略上正确研判所要面临的历史抉择与重大课题,并制定正确战略策略以战胜无数风险挑战。这充分证明了战略与策略问题对于中国共产党人的意义所在。深刻把握战略和策略的辩证统一关系并将其运用于伟大历史实践中,是中国共产党能够不断从胜利走向胜利的坚强有力保证。

---

① 《毛泽东选集》第四卷,人民出版社 1991 年版,第 1298 页。
② 《邓小平文选》第一卷,人民出版社 1994 年版,第 340 页。
③ 《习近平谈治国理政》第四卷,外文出版社 2022 年版,第 301 页。

从中国式现代化道路的具体实践而言,战略是具有相对稳定性的,直接关系到党和国家推进现代化事业发展的整体路线方针。策略则是随着中国式现代化形势任务和发展进度而变化的,具有相对灵活性且便于调整的手段方式。一方面,"策略是在战略指导下为战略服务的"①。中国式现代化道路要走得好、走得远,必须将战略思维和战略眼光放得长远,锚定中国式现代化的未来发展进路与发展目标,制定更具有前瞻性、全局性与稳定性的战略。另一方面,"正确的战略需要正确的策略来落实"②。中国式现代化道路并不会一蹴而就,前行路上要根据现实情况的变化及时调整各项策略,确保在合理适配的策略支持下能够稳步实现中国式现代化战略。正因如此,在未来全面推进中国式现代化的实践进程中要掌握战略主动权,就必须深刻理解并运用好这对重要辩证关系,有效地将"战略的坚定性和策略的灵活性结合起来"。在实现中国式现代化的道路上以稳定战略谋未来之发展,以机动策略应外界之变化,因时制宜、因地制宜,顺势而为牢牢把握战略主动。

三、守正与创新:激发中国式现代化生机活力

党的二十大报告强调,要始终坚持守正创新。坚持守正创新是新时代中国共产党人必须遵循的世界观与方法论,坚持好、运用好这一立场观点,也是新时代新征程持续开展工作、推进工作的实践要求。守正是坚定方向的根本,创新是引领时代的关键。对于中国式现代化建设的未来实践遵循而言,守正就是要在中国式现代化的前进道路上始终以稳舵之姿保持正确方向,必须"守好中国式现代化的本和源、根和魂"③,将中国式现代化的中国特色、本质要求与重大原则毫不动摇地坚持下去。创新就是要在中国式现代化的前进道

---

① 《习近平谈治国理政》第四卷,外文出版社 2022 年版,第 31 页。
② 《习近平谈治国理政》第四卷,外文出版社 2022 年版,第 31 页。
③ 习近平:《正确理解和大力推进中国式现代化》,《人民日报》2023 年 2 月 8 日。

路上始终以开创之态应对时代变化,必须"不断塑造发展新动能新优势"①,有效激活全社会共同实现中国式现代化的创造性活力。

从守正与创新的辩证关系来看,要在中国式现代化的未来进程中正确认识和处理守正与创新这对重大关系。首先要坚持以我为主,始终坚定"四个自信"建设中国式现代化道路。中国式现代化的稳步推进必须以基本国情为依据,要清晰认识当前我国社会所处的发展阶段,明确把握当前我国社会的主要矛盾。只有认清自己才能坚定自信,只有坚定自信才能坚定守正,并以此为基础深刻把握坚定"四个自信"与发展中国式现代化道路的内在联系,中国式现代化方向正确性根植中国特色社会主义道路的正确性之中。再者,正确认识和处理守正与创新这对重大关系,还应当做到积极识变应变求变,以重大理论与实践创新助推中国式现代化跨越式发展。创新是实现发展的动力所在,创新要立足中国自身的发展需求,更要放眼世界之变与时代之变,以主动求变的积极姿态推进中国式现代化道路上的改革与创新,在以我为主的基础上挈其瑰宝,合理借鉴一切有益文明成果并将其转化为自主创新优势,为中国式现代化发展进一步培育塑造发展新动能新优势。

四、效率与公平:维持中国式现代化质速平衡

效率与公平问题,是一个社会能否维持平衡稳定的关键所在。中国式现代化未来进程中如何正确处理效率与公平的关系,是关乎经济社会健康发展的重要议题。中国式现代化是实现全体人民共同富裕的现代化道路,只有处理好效率与公平的关系,才能准确把握中国式现代化"建得快"与"建得好"这一速度与质量间平衡点的关键问题,才能保障实现共同富裕的各项基本环节与核心要素更加高效积极地运转,才能让在现代化建设实践中所取得的丰厚成果更多更好更加公平地惠及全体人民,使全体人民朝着共同富裕目标扎实

① 习近平:《正确理解和大力推进中国式现代化》,《人民日报》2023 年 2 月 8 日。

迈进。

习近平总书记针对推进中国式现代化进程中如何统筹好处理好效率与公平这一对重要关系时强调指出："既要创造比资本主义更高的效率,又要更有效地维护社会公平,更好实现效率与公平相兼顾、相促进、相统一。"① 做大"蛋糕"与分好"蛋糕",是关于如何正确处理效率与公平关系问题的形象比喻。实现中国式现代化的过程,就是一个不断做大"蛋糕"再将"蛋糕"分好的过程。解放和发展生产力,以高质量的现代化经济体系为途径做大"蛋糕",是分好"蛋糕"的基本前提,以实现共同富裕为价值追求把做大的"蛋糕"合理分配好,则保证了进一步做大"蛋糕"的基础动力。既做大"蛋糕"又分好"蛋糕",才能充分展现出社会主义制度的鲜明优越性。从两者辩证关系来看,公平以效率为基础,效率以公平为前提。中国式现代化道路所强调的公平,是构筑于效率基础之上的公平,中国式现代化道路发展的效率,也要将公平作为前置性必然条件才能持续推进。就现实国情来看,实现共同富裕的中国式现代化,首先要坚持经济发展实现"富裕",在"富裕"的基础上进一步达成"共同"的目标。正因如此,只有在发展中正确处理好做大"蛋糕"与分好"蛋糕"的辩证关系,才能有效释放不同主体的经济活力,推动实现经济体系现代化,促使一切可以创造社会财富的源泉充分涌流,在效率和公平的统筹兼顾中谋求实现共同富裕的中国式现代化道路。

五、活力与秩序:保障中国式现代化动态稳定

"一个现代化的社会,应该既充满活力又拥有良好秩序,呈现出活力和秩序有机统一。"② 现代化国家从社会结构而言,是繁荣发展与安全稳定的有机统一。现代化社会理应在充满积极向上活力的同时,拥有良好稳定的内部秩序,这是习近平总书记关于现代化社会所展开的生动构想。历史经验也昭示

---

① 习近平:《正确理解和大力推进中国式现代化》,《人民日报》2023 年 2 月 8 日。
② 习近平:《在经济社会领域专家座谈会上的讲话》,人民出版社 2020 年版,第 9 页。

我们，正是因为正确有效处理了秩序与活力的关系，我国社会才能在波澜壮阔的发展与翻天覆地的变化中，保持长期稳定与规范有序的运行。新中国成立以来，中国共产党始终维持着发展社会活力与稳定社会秩序之间的动态平衡，创造了经济飞速发展与社会长期稳定并存的伟大奇迹。

习近平总书记指出："要统筹发展和安全，贯彻总体国家安全观，健全国家安全体系，增强维护国家安全能力，坚定维护国家政权安全、制度安全、意识形态安全和重点领域安全。"①在习近平总书记的重要论述中，统筹好发展与安全两个重要问题以实现活力与秩序有机统一，是中国式现代化理应具备的内在稳定属性。从活力与秩序两者辩证统一的关系来看，活力是秩序的目的，秩序是活力的保障，活力与秩序两者相互赋能，共同推动更高质量的新发展。中国式现代化从社会样态和社会心理两个层面来说，必然是充满活力且秩序井然的统一体。活力是中国社会繁荣发展的重要体现，伴随着中国式现代化进程的不断推进，呈现出更加团结一致、积极向上、充满阳光与希望的和谐社会面貌。秩序是中国社会安全稳定的基础要求，国家安全是重如泰山的头等大事，国家充满活力、繁荣发展的前提，正是筑牢国家安全观。以完备之安全体系实现对外维护国家主权与安全，对内维护政治安全与社会稳定，以秩序良好的安全环境为经济社会发展撑起坚实后盾，并进一步通过发展与发展成果的运用，不断提升国家整体安全实力，达成中国式现代化高质量发展与高水平安全共重并举。

六、自立自强与对外开放：拓展中国式现代化发展空间

中国式现代化道路是一条内外联动的双向发展之路，持续推进中国式现代化需要具备国内与国外双重视野以及纵向与横向双重思维，正确处理自立自强与对外开放这对重要关系。中国式现代化道路的发展，必须建立在自立

---

① 习近平：《正确理解和大力推进中国式现代化》，《人民日报》2023 年 2 月 8 日。

自强的坚实基点之上。当今世界正处在百年未有之大变局加速演进的重要阶段,世界风云激荡变幻,只有保持独立自主、自力更生,才能以"稳坐钓鱼台"的姿态从容应对外部环境所发生的各种变化以及带来的冲击。中国式现代化道路的推进,还必须依托更高水平的对外开放。对外开放是有效助推中国经济跨越式前进的动力所在,中国对外开放的大门也会越开越大,只有在中国式现代化的征程上进一步扩展对外开放的水平与深度,才能更好地发展自身、造福世界。

处理好自立自强与对外开放这对重要关系,必须注重中国与世界、内部环境与外在因素之间的联系与内在张力。自立自强与对外开放两者间是辩证统一的,如果不能坚持对外开放就会导致故步自封、难以向前迈进,如果不坚持自立自强就会如同无根浮萍、随波逐流失去前进方向。只有在独立自主的坚实基础上以开放包容的态度合理吸收借鉴优秀文明成果,才能在中国式现代化道路上真正做到不忘本来,吸收外来,以共同的发展创造美好未来。也正因如此,推进中国式现代化必须坚持自立自强与对外开放相统一。一方面,"要坚持独立自主、自立自强"①,在中国式现代化的未来进程中必须向内求发展,只有把发展进步的命运牢牢掌握在自己手中,才能在面对挑战与风险时化险为夷、稳中求进。另一方面,"要不断扩大高水平对外开放"②,中国式现代化离不开世界的客体环境与有效资源,只有顺应世界潮流深度参与全球产业的分工合作、构建高水平对外开放经济体系,才能充分利用好国内国际两种资源,"弘扬立己达人精神"③,谋求人类命运共同体,为中国式现代化拓展更为广阔的发展空间、营造更加良好的外部环境。

习近平总书记指出:"中国式现代化走得通、行得稳,是强国建设、民族复

---

① 习近平:《正确理解和大力推进中国式现代化》,《人民日报》2023 年 2 月 8 日。
② 习近平:《正确理解和大力推进中国式现代化》,《人民日报》2023 年 2 月 8 日。
③ 习近平:《携手同行现代化之路——在中国共产党与世界政党高层对话会上的主旨讲话》,《人民日报》2023 年 3 月 16 日。

兴的唯一正确道路。"①中国式现代化道路赓续历史、立足现在,更面向中华民族实现伟大复兴的未来。历史经验与伟大实践昭示,党的领导确保了中国式现代化道路能够锚定奋斗目标行稳致远。只有坚持为民造福的价值驱动、正确科学的理论指引、稳定坚固的制度保障、系统全面的实践遵循,才能汇集强大合力实现中国式现代化向未来持续迈进,开创党和国家现代化事业发展新局面,谱写全面建设社会主义现代化国家的新篇章。

---

① 习近平:《正确理解和大力推进中国式现代化》,《人民日报》2023年2月8日。

结　语

习近平总书记指出，"中国式现代化是我们党领导全国各族人民在长期探索和实践中历经千辛万苦、付出巨大代价取得的重大成果"①。中国式现代化道路的形成与发展并非历史偶然，而是具有深刻的历史渊源、理论依据、文化土壤与实践遵循，依托近代以来中华民族为改变积贫积弱、任人宰割的命运而对现代化孜孜以求的历史进程，源于马克思主义经典作家与西方现代化理论对现代化作出的科学判断，植根中华优秀传统文化与现代化深相融通的文化沃土，是百年大党在不断探索中走出的一条从外源到内生、从解决温饱到实现共同富裕、从单一模式到高质量发展的独特发展道路。

中国式现代化道路的生成逻辑，是几代中国共产党人始终秉持历史主动精神，深刻认识和把握现代化建设理论和实践规律的生动诠释，充分展现了中国共产党百年奋斗的历史意义和世界意义。中国式现代化因其丰富的内涵特质、鲜明的中国特色和明确的本质要求而具有伟大意义。对于中国而言，它让饱经磨难的中华民族走上了人民至上、共同富裕的现代化道路，成为实现中华民族伟大复兴的唯一通途。对于世界而言，它证伪了只有西方模式才能走上现代化道路的唯一性，展现出世界现代化道路的多元性，开创了世界社会主义

---

① 习近平：《正确理解和大力推进中国式现代化》，《人民日报》2023 年 2 月 8 日。

在新时代条件下发展的新境界，引领了人类文明进步的发展方向，为世界各国特别是广大发展中国家探寻现代化提供了经验借鉴和方法论指引。

其作始也简，其将毕也必巨。人类对现代化理论和实践的探索，是一个波浪式发展、曲折式前进的过程。中华民族探索现代化的进程从来都不是一帆风顺的，中国式现代化尚在前进中，远远没有达到完成时。在全面推进中华民族伟大历史复兴的新征程中，我们必须在科学理论的指导下，一以贯之地坚持党的全面领导、坚持为民造福，以完善的制度推动中国式现代化迈上历史新台阶，以系统的观念标定中国式现代化道路历史新坐标，不断续写中国式现代化道路的中国新奇迹。展望未来，我们完全有理由相信，中国式现代化道路所蕴含的积极外溢效应，必将在人类历史向世界历史的转变中不断迸发，它的成功必将进一步造福全世界、福满全人类，为建设持久和平、普遍安全、共同繁荣、开放包容、清洁美丽的世界作出更大贡献。

参 考 文 献

一、经典著作与文献资料类

[1]《马克思恩格斯文集》第1—10卷,人民出版社2009年版。

[2]《马克思恩格斯选集》第1—4卷,人民出版社2012年版。

[3]《马克思恩格斯全集》第31卷,人民出版社1998年版。

[4]《列宁选集》第1—4卷,人民出版社2012年版。

[5]《列宁全集》第10、11、16、24、33、34、36、38、42卷,人民出版社2017年版。

[6]《康有为政论集》上册,中华书局1981年版。

[7]《严复集》第五册,中华书局1986年版。

[8]《孙中山全集》第二、八卷,人民出版社2015年版。

[9]《孙中山选集》(上),人民出版社2011年版。

[10]《孙文选集》上卷,广东人民出版社2006年版。

[11]《李大钊全集》第三卷,河北教育出版社1999年版。

[12]《李大钊选集》,人民出版社1959年版。

[13]《陈独秀文集》第一卷,人民出版社2013年版。

[14]《方志敏全集》,人民出版社2012年版。

[15]《毛泽东选集》第一、二、三、四卷,人民出版社1991年版。

[16]《毛泽东文集》第一至第八卷,人民出版社1993年、1996年、1999年版。

[17]《毛泽东年谱(一九四九——一九七六)》第二、五、六卷,中央文献出版社2013年版。

[18]《毛泽东书信选集》,中央文献出版社2003年版。

[19]《周恩来选集》下卷,人民出版社1984年版。

[20]《周恩来年谱(一九四九——一九七六)》中、下卷,中央文献出版社1997年版。

[21]《邓小平文选》第一、二卷,人民出版社1994年版。

[22]《邓小平文选》第三卷,人民出版社1993年版。

[23]《邓小平年谱(一九七五——一九九七)》上卷,中央文献出版社2004年版。

[24]《江泽民文选》第一、二、三卷,人民出版社2006年版。

[25]《江泽民论有中国特色社会主义(专题摘编)》,中央文献出版社2002年版。

[26]《胡锦涛文选》第二、三卷,人民出版社2016年版。

[27]《习近平著作选读》第一、二卷,人民出版社2023年版。

[28]《习近平谈治国理政》第一、二、三、四卷,外文出版社2018年、2017年、2020年、2022年版。

[29]《习近平关于中国式现代化论述摘编》,中央文献出版社2023年版。

[30]习近平:《在纪念马克思诞辰200周年大会上的讲话》,人民出版社2018年版。

[31]习近平:《在纪念孙中山先生诞辰150周年大会上的讲话》,人民出版社2016年版。

[32]《习近平关于全面建成小康社会论述摘编》,中央文献出版社2016年版。

[33]《习近平关于"三农"工作论述摘编》,中央文献出版社2019年版。

[34]习近平:《在纪念五四运动100周年大会上的讲话》,人民出版社2019年版。

[35]习近平:《在纪念红军长征胜利80周年大会上的讲话》,人民出版社2016年版。

[36]习近平:《论坚持全面深化改革》,中央文献出版社2018年版。

[37]《习近平法治思想学习纲要》,人民出版社2021年版。

[38]《习近平新时代中国特色社会主义思想学习纲要(2023年版)》,学习出版社、人民出版社2023年版。

[39]习近平:《全党必须完整、准确、全面贯彻新发展理念》,《求是》2022年第16期。

[40]习近平:《正确理解和大力推进中国式现代化》,《人民日报》2023年2月8日。

[41]习近平:《携手同行现代化之路——在中国共产党与世界政党高层对话会上

的主旨讲话》，《人民日报》2023 年 3 月 16 日。

[42]《习近平在文化传承发展座谈会上强调：担负起新的文化使命　努力建设中华民族现代文明》，《人民日报》2023 年 6 月 3 日。

[43]《中共中央关于党的百年奋斗重大成就和历史经验的决议》，人民出版社 2021 年版。

[44]《中国共产党简史》，人民出版社 2021 年版。

[45]《中国共产党的九十年——社会主义革命和建设时期》，中共党史出版社 2016 年版。

[46]《建国以来重要文献选编》第七册，中央文献出版社 1993 年版。

[47]《建国以来重要文献选编》第九册，中央文献出版社 1994 年版。

[48]《建国以来重要文献选编》第十五册，中央文献出版社 1997 年版。

[49]《改革开放三十年重要文献选编》（上），中央文献出版社 2008 年版。

[50]《改革开放三十年重要文献选编》（下），中央文献出版社 2008 年版。

[51]《中国共产党第十九届中央委员会第四次全体会议文件汇编》，人民出版社 2019 年版。

[52]《十三大以来重要文献选编》（中），人民出版社 1991 年版。

[53]《十三大以来重要文献选编》（下），人民出版社 1993 年版。

[54]《十四大以来重要文献选编》（上），人民出版社 1996 年版。

[55]《十四大以来重要文献选编》（下），人民出版社 1999 年版。

[56]《十五大以来重要文献选编》（上），人民出版社 2000 年版。

[57]《十六大以来重要文献选编》（上），中央文献出版社 2005 年版。

[58]《十六大以来重要文献选编》（中），中央文献出版社 2006 年版。

[59]《十六大以来重要文献选编》（下），中央文献出版社 2008 年版。

[60]《十九大以来重要文献选编》（上），中央文献出版社 2019 年版。

[61]《十九大以来重要文献选编》（中），中央文献出版社 2021 年版。

[62]《十九大以来重要文献选编》（下），中央文献出版社 2023 年版。

二、学术著作类

[1]罗荣渠：《现代化新论》，北京大学出版社 1993 年版。

[2]胡绳主编：《中国共产党的七十年》，中共党史出版社 1991 年版。

[3]高放：《科学社会主义的理论与实践》，中国人民大学出版社 1994 年版。

［4］萧贵毓等:《社会主义思想史纲》,中共中央党校出版社 1998 年版。

［5］周振华:《中国式的现代化道路概说》,四川省社会科学院出版社 1984 年版。

［6］何传启:《第二次现代化——人类文明进程的启示》,高等教育出版社 1999 年版。

［7］高清海等:《社会发展哲学——中国现代化的理性思考》,高等教育出版社 1999 年版。

［8］尹保云:《什么是现代化:概念与范式的探讨》,人民出版社 2001 年版。

［9］虞和平:《中国现代化历程》,江苏人民出版社 2001 年版。

［10］周穗明等:《现代化:历史、理论与反思——兼论西方左翼的现代化批判》,中国广播电视出版社 2002 年版。

［11］秦刚:《中国特色社会主义道路研究》,中共中央党校出版社 2004 年版。

［12］孙健:《20 世纪的中国:走向现代化的历程》,人民出版社 2010 年版。

［13］严立贤:《现代化模式与近代以来中国历史进程》,九州出版社 2010 年版。

［14］何爱国:《当代中国现代化的理论与实践》,科学出版社 2011 年版。

［15］孙占稳:《比较视野下中国现代化问题研究》,人民出版社 2011 年版。

［16］钱乘旦主编:《世界现代化历程(总论卷)》,江苏人民出版社 2012 年版。

［17］清华大学国学研究院主编:《现代世界的诞生》,上海人民出版社 2013 年版。

［18］洪银兴:《社会主义现代化读本》,江苏人民出版社 2014 年版。

［19］中共中央宣传部理论局:《世界社会主义五百年》,党建读物出版社、学习出版社 2014 年版。

［20］李君如:《中国道路与中国梦》,外文出版社 2014 年版。

［21］丰子义:《现代化的理论基础:马克思现代社会发展理论研究》,北京师范大学出版社 2017 年版。

［22］韩庆祥等:《中国道路能为世界贡献什么(修订版)》,中国人民大学出版社 2018 年版。

［23］陈曙光:《大国复兴》,人民日报出版社 2018 年版。

［24］贺新元:《道路:新时代中国特色社会主义道路》,人民日报出版社 2018 年版。

［25］吴忠民:《中国现代化论》,商务印书馆 2019 年版。

［26］许耀桐:《中国之治:国家治理现代化的发挥路径》,东方出版社 2020 年版。

［27］严文波:《中国共产党发展理念创新研究》,人民出版社 2021 年版。

［28］人民日报理论部主编:《中国式现代化》,东方出版社 2021 年版。

［29］辛向阳:《中国式现代化》,江西教育出版社 2022 年版。

［30］戴木才:《实现人民美好生活之道:中国式现代化道路》,人民出版社 2022 年版。

［31］王立胜:《中国式现代化道路与人类文明新形态》,江西高校出版社 2022 年版。

［32］唐爱军:《中国式现代化道路研究》,商务印书馆 2023 年版。

［33］刘同舫:《唯物史观与中国式现代化》,北京师范大学出版社 2023 年版。

［34］［美］吉尔伯特·罗兹曼编:《中国的现代化》,国家社会科学基金“比较现代化”课题组译,江苏人民出版社 2018 年版。

［35］［美］塞缪尔·亨廷顿等:《现代化:理论与历史经验的再探讨》,罗荣渠主编,上海译文出版社 1993 年版。

［36］［英］阿诺德·汤因比等:《展望二十一世纪——汤因比与池田大作对话录》,荀春生等译,国际文化出版公司 1985 年版。

［37］［美］弗朗西斯·福山:《历史的终结与最后的人》,陈高华译,广西师范大学出版社 2014 年版。

［38］［英］马丁·雅克:《大国雄心》,孙豫宁等译,中信出版社 2016 年版。

［39］［英］罗素:《中国问题》,秦悦译,学林出版社 2012 年版。

［40］［美］路易斯·亨利·摩尔根:《古代社会》,杨东莼等译,江苏教育出版社 2005 年版。

［41］［印度］阿马蒂亚·森:《以自由看待发展》,任赜等译,中国人民大学出版社 2013 年版。

［42］［瑞典］冈纳·缪尔达尔:《亚洲的戏剧:对一些国家贫困问题的研究》,方福前译,首都经济贸易大学出版社 2001 年版。

［43］［美］伊曼纽尔·沃勒斯坦:《现代世界体系》第一卷,龙来寅等译,高等教育出版社 1998 年版。

［44］［美］德内拉·梅多斯等:《增长的极限》,李宝恒译,吉林人民出版社 1997 年版。

［45］［巴西］特奥托尼奥·多斯桑托斯:《帝国主义与依附》,杨衍永等译,社会科学文献出版社 1992 年版。

［46］［美］迈克尔·托达罗:《经济发展与第三世界》,印金强译,中国经济出版社 1992 年版。

［47］［法］弗朗索瓦·佩鲁:《新发展观》,张宁等译,华夏出版社 1987 年版。

三、期刊论文类

［1］严书翰:《具有中国特色的社会主义现代化研究》,《中国特色社会主义研究》1996 年第 1 期。

［2］荣开明:《党的第三代领导集体探索"中国社会主义现代化"的新贡献》,《长江论坛》2000 年第 6 期。

［3］秦宣:《邓小平理论与中国现代化》,《求索》2002 年第 2 期。

［4］包心鉴:《中国共产党与中国特色社会主义道路》,《江汉论坛》2011 年第 6 期。

［5］胡鞍钢:《中国现代化之路(1949—2014)》,《新疆师范大学学报(哲学社会科学版)》2015 年第 2 期。

［6］韩庆祥:《现代性的本质、矛盾及其时空分析》,《中国社会科学》2016 年第 2 期。

［7］吴忠民:《中国现代化建设的大国规模效应分析》,《马克思主义与现实》2018 年第 4 期。

［8］孟鑫:《中国式现代化道路的显著特征》,《科学社会主义》2020 年第 4 期。

［9］祝黄河:《中国道路的理论基础、历史进程与价值维度》,《马克思主义研究》2020 年第 1 期。

［10］严文波:《中国传统"和合"理念与构建人类命运共同体》,《红旗文稿》2020 年第 16 期。

［11］齐卫平:《习近平新时代中国特色社会主义思想与中国式现代化建设》,《江汉论坛》2021 年第 9 期。

［12］张占斌:《中国式现代化的共同富裕:内涵、理论与路径》,《当代世界与社会主义》2021 年第 6 期。

［13］孙代尧:《论中国式现代化新道路与人类文明新形态》,《北京大学学报(哲学社会科学版)》2021 年第 5 期。

［14］段妍:《中国式现代化道路及其实践的世界意义》,《思想理论教育》2021 年第 8 期。

［15］沈湘平:《中国式现代化道路的传统文化根基》,《中国社会科学》2022 年第 8 期。

［16］颜晓峰:《党的百年奋斗成功走出中国式现代化道路》,《思想理论教育》2022

年第 4 期。

[17] 辛向阳:《中国式现代化何以能够推进中华民族伟大复兴》,《世界社会主义研究》2022 年第 8 期。

[18] 唐爱军:《中国式现代化道路的意义叙事》,《北京大学学报(哲学社会科学版)》2022 年第 2 期。

[19] 肖贵清:《党的二十大对中国式现代化理论的丰富和发展》,《东北师大学报(哲学社会科学版)》2022 年第 6 期。

[20] 陈金龙:《中国式现代化的探索历程、鲜明特征及重要意义——基于习近平相关重要论述的思考》,《党的文献》2022 年第 2 期。

[21] 项久雨:《中国式现代化的显著优势》,《马克思主义研究》2022 年第 5 期。

[22] 陈曙光:《走中国式现代化的历史必由之路》,《红旗文稿》2022 年第 17 期。

[23] 顾海良:《中国式现代化的话语与学理探寻》,《理论视野》2022 年第 11 期。

[24] 臧峰宇:《马克思的现代性思想与中国式现代化的实践逻辑》,《中国社会科学》2022 年第 7 期。

[25] 孙正聿:《从大历史观看中国式现代化》,《哲学研究》2022 年第 1 期。

[26] 吴晓明:《世界历史与中国式现代化》,《学习与探索》2022 年第 9 期。

[27] 黄建军:《唯物史观视野下中国式现代化的历史坐标与世界意义》,《马克思主义研究》2022 年第 6 期。

[28] 燕连福:《中国式现代化的历史演进、内涵扩展和未来指向》,《西北师大学报(社会科学版)》2022 年第 3 期。

[29] 陈培永:《中国式现代化的拓展与马克思主义现代化理论的创新发展》,《求索》2022 年第 5 期。

[30] 王伟光:《中国特色社会主义创造"人类文明新形态"和"中国式现代化道路"》,《哲学研究》2022 年第 9 期。

[31] 韩振峰:《开辟中国式现代化道路新境界》,《人民论坛》2022 年第 20 期。

[32] 宋才发:《中国式现代化的现实逻辑、丰富内涵与世界意义——学习贯彻党的二十大精神》,《党政研究》2022 年第 6 期。

[33] 徐坤:《中国式现代化道路的科学内涵、基本特征与时代价值》,《求索》2022 年第 1 期。

[34] 宁吉喆:《中国式现代化的方向路径和重点任务》,《管理世界》2023 年第 3 期。

［35］骆郁廷:《中国式现代化道路的自主创新》,《世界社会主义研究》2023 年第 3 期。

［36］方世南:《以中国式现代化全面推进中华民族伟大复兴的政治宣言和行动指南》,《学术探索》2023 年第 1 期。

［37］田鹏颖:《中国式现代化世界观对"世界现代化之问"的创造性回答》,《理论探讨》2023 年第 5 期。

［38］田心铭:《中国式现代化怎样打破了"现代化＝西方化"的迷思?》,《世界社会主义研究》2023 年第 7 期。

［39］郝立新:《"第二个结合"与中国式现代化文化形态的建构》,《马克思主义理论学科研究》2023 年第 7 期。

［40］艾四林、徐若菲:《深入理解中国式现代化的价值观》,《思想理论教育导刊》2023 年第 6 期。

［41］韩保江、韩晓梅:《中国式现代化具有鲜明的"中国特色"》,《理论探索》2023 年第 4 期。

［42］程美东:《论中国式现代化的中国个性特征》,《马克思主义研究》2023 年第 7 期。

［43］庞立生:《中国式现代化的文明观》,《思想理论教育导刊》2023 年第 6 期。

［44］唐洲雁、李晔:《推进中国式现代化必须走高质量发展之路》,《红旗文稿》2023 年第 20 期。

［45］李健、陈学明:《跨越"卡夫丁峡谷"与中国式现代化》,《马克思主义与现实》2023 年第 4 期。

［46］李丹、夏文强:《习近平文化思想视域下中国式现代化的文明特质》,《厦门大学学报(哲学社会科学版)》2023 年第 6 期。

［47］赵士发、李倩倩:《习近平文化思想的原创性贡献——以中国式现代化为视角》,《学术研究》2024 年第 4 期。

四、古文献类

［1］《老子》《孟子》《荀子》《管子》。

［2］《论语》。

［3］《礼记·礼运》。

［4］《道德经》。

［5］《尚书·五子之歌》。

［6］《诗经·小雅·北山》。

［7］《周易·易经·乾卦》。

［8］《周官辨非》。

［9］《晏子春秋·内篇·问下》。

［10］《淮南子·氾论训》。

［11］《国语·郑语》。

［12］《司马法·仁本》。

后　记

　　拙作是笔者主持的国家社科基金青年项目"中国式现代化道路的生成逻辑与时代意蕴研究"（编号：22CKS027）的最终成果，该成果被全国哲学社会科学工作办公室鉴定为"优秀"等次结项。长期以来，笔者一直致力于社会发展理论、中国式现代化理论研究，先后出版专著《中国特色社会主义发展理论的内在逻辑研究》（人民出版社 2016 年版）、《中国共产党发展理念创新研究》（人民出版社 2021 年版）。拙作是笔者在前期成果基础上的进一步拓展和深化研究。

　　现代化是人类社会演变发展的客观趋向和追求的共同目标，但基于历史坐标、文化基因、社会结构、思维范式的差异，世界上并不存在定于一尊的现代化模式，也不存在放之四海而皆准的现代化标准。虽然现代化最初从西方开始，但是现代化并不是西方化。在近三百年的世界现代化进程中，现代化模式的全球话语权被西方所垄断，在"西方中心主义"的裹挟下，形成了"现代化＝西方化"的话语陷阱。需要辩证看待的是，人类社会的现代化也必然有其共性，比如，工业文明取代农业文明，工业化、城镇化、农业现代化等等，但由于时空条件的差异，不同国家走向现代化的道路更要有自身的特性。中国式现代化是现代化共性规律和中国实践有机结合的产物，深刻体现了人类文明发展进程中现代化的共性特征与中国国情决定的个性特征之间的辩证统一。中国式现代化的伟大实践打破了"现代化＝西方化"的迷思，厘清了现代化"单向趋同"的误区，拓展了发展中国家走向现代化的路径选择，为人类对更好社会制度的探索提供了中国方案。"处处绿杨堪系马，家家门底透长安"。中国式现代化的成功推进表明，人类通往现代化的道路不是单一的，任何国家、民族都应该而且也可以根据自己的历史、国情、文化等条件，独立自主地走出一条适合自身的现代化道路。

借此机会，真诚地感谢在学术人生中有幸遇到的每一位发现者、鼓励者和肯定者！感谢课题组成员邱其霖、沈卓群、李寅熊、唐晨智、张玲。古语云："孤举者难起，众行者易趋"。谢谢他们对课题研究工作的支持与参与。感谢人民出版社的责任编辑刘伟老师，刘老师与笔者相识多年，他儒雅、坦诚、严谨的品质与风范，是笔者学习的榜样。特别感谢中国社会科学院中国式现代化研究院党委书记、二级教授、博士生导师林建华老师。林老师是国内研究马克思主义理论、中国式现代化的著名专家，他为学博闻通识、为人谦和持重，方方面面都是笔者学习的楷模，尽管公务繁忙，仍欣然应允为拙作挥毫作序。在此，特向林建华教授表示最真挚的谢忱和最崇高的敬意！最后感谢家人，没有他们一直在背后的默默付出与勉励，笔者的学术之路不可能行进到今天。

学术之路，苦乐相循，贵在有恒。《周易》有言："渐者，进也。"没有人能一蹴而就、一跃而成，背后隐藏的，是无数次的坚持、拼搏、挫折与等待，只为那一次回响。但可能就这一次回响，让我们才能深切体会到一朝绽放、四座皆春的甜美，才有机会触摸到梦想的彼岸，成为自己心中所渴望的那个人！

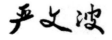

2024 年 9 月 15 日于瑶湖畔